Java-Training zur Objektorientierten Programmierung

Leitfaden für Lehre, Unterricht und Selbststudium

von
Prof. Dr. Rolf Dornberger und
Prof. Dr. Rainer Telesko

Oldenbourg Verlag München

Prof. Dr. Rolf Dornberger ist Leiter des Instituts für Wirtschaftsinformatik an der Hochschule für Wirtschaft der Fachhochschule Nordwestschweiz FHNW, Basel und Olten.

Prof. Dr. Rainer Telesko lehrt und forscht im Bereich Information & Knowledge Management des Instituts für Wirtschaftsinformatik an der Hochschule für Wirtschaft der Fachhochschule Nordwestschweiz FHNW, Basel und Olten.

Bibliografische Information der Deutschen Nationalbibliothek

Die Deutsche Nationalbibliothek verzeichnet diese Publikation in der Deutschen Nationalbibliografie; detaillierte bibliografische Daten sind im Internet über <http://dnb.d-nb.de> abrufbar.

© 2010 Oldenbourg Wissenschaftsverlag GmbH
Rosenheimer Straße 145, D-81671 München
Telefon: (089) 45051-0
oldenbourg.de

Lektorat: Kathrin Mönch
Herstellung: Anna Grosser
Coverentwurf: Kochan & Partner, München
Gedruckt auf säure- und chlorfreiem Papier
Gesamtherstellung: Grafik + Druck GmbH, München

ISBN 978-3-486-58739-5

Vorwort

Der fortschreitende Einzug von Computern aller Art ist mittlerweile aus unserem Alltag nicht mehr wegzudenken – sowohl bei der Arbeit als auch im privaten Umfeld: E-Mails schreiben und im Internet bzw. World Wide Web surfen sind nichts Besonderes mehr. Die Unterhaltungselektronik setzt Multimedia Devices ein; Telefone sind mobil, multimedial brillant und noch dazu online-, E-Mail- und GPS-fähig. Das reale Treffen mit Freunden wird durch virtuelle Welten und Social-Networks abgelöst. Behördengänge werden mit elektronischen Portalen und Prozessen im Internet unterstützt und werden dadurch teilweise in der realen Welt sogar schon obsolet. Das Einkaufserlebnis findet in verschiedenen Webshops mithilfe von Suchmaschinen für die günstigsten Angebote statt. Das Lesen von Romanen und Tageszeitungen geschieht zunehmend auf E-Books oder anderen mobilen Geräten. Autos regeln ihre Motorleistung entsprechend ihrer Fahrleistungen sowie Verkehrsverhältnissen und parken außerdem noch autonom in der kleinsten Lücke am Straßenrand. In der Schule lehrt die E-Learning-Software neben den Lehrkräften. In Zügen fährt und in Flugzeugen fliegt mehr der Computer als der Mensch …

Wir Menschen nehmen dies zunehmend als Selbstverständlichkeit wahr. Doch eine Frage, neben vielen anderen, bleibt: Wo kommt eigentlich die Software her, welche die Hardware erst dazu bringt, diese Funktionalitäten zu ermöglichen?

Während gegen Ende des letzten Jahrhunderts viel von Software-Entwicklung im großen Stil und speziell von der Programmierung gesprochen wurde, geht heute dieses Thema fast unter, obwohl mehr Software benötigt wird als je zuvor. Sicher, die Erstellung von Software ist einen großen Schritt über das alte Klischee hinausgekommen, dass bärtige, notorisch übernächtigte Programmierer im dunklen Kämmerlein Zeichen in den Computer hacken. Heute wird Software in industriellen Prozessen mit sinnvollen, unterstützenden Software-Werkzeugen entwickelt (welche übrigens auch einmal programmiert werden mussten).

Warum aber noch ein weiteres Buch über Java? Denn es gibt ja schon viele gute Bücher zur Programmierung mit Java, ob objektorientiert oder nicht.

Dieses Buch ist aus dem Bedürfnis entstanden, dass wir – zwei Professoren der Wirtschaftsinformatik – über Jahre hinweg versuchen, einen bestmöglichen Zugang für unsere Studierende zum Programmieren zu finden. Programmieren bedeutet hierbei nicht nur, syntaktisch korrekte Programme zu schreiben, sondern insbesondere auch die Philosophie der Programmierung und den Einstieg in die Objektorientiertheit zu verstehen. Da naturgemäß unsere Wirtschaftsinformatik-Studierenden nicht die Personen sind, die bereits mit den besten Programmierkenntnissen oder der größten Motivation starten, mussten wir das Buch ganz einfach beginnen und dennoch bemüht sein, innerhalb von zwei Semestern ein größeres Interesse für die Programmierung angefacht und fundiertes Wissen vermittelt zu haben. Das Buch ist dabei so konzipiert, dass jedes Kapitel mit den Unterkapiteln Lernziele und Aufgaben schließt, die zur Wiederholung bzw. Vertiefung des Stoffinhaltes dienen. Außerdem fassen wir in verschiedenen Kapiteln immer wieder einen Teil des Stoffes aus den vorherigen Kapiteln zusammen, so dass diese neben der Wiederholung auch den Einstieg von Quereinsteigern, die bereits gewisse Vorkenntnisse mitbringen, ermöglicht.

Nach einer kleinen Einleitung in Kapitel 1, was Java ist, und in Kapitel 2, wie Java auf dem eigenen Computer zum Laufen gebracht und mit Java programmiert werden kann, kommen wir in Kapitel 3 zur syntaktischen Struktur von Java, also welche Computersprachelemente, Datentypen und Operatoren in dieser Programmiersprache existieren. Kapitel 4 vertieft die Datenfelder, Datentypen und deren Umwandlung. Während sich Kapitel 5 mit elementaren Anweisungen und Bedingungen beschäftigt, stellt Kapitel 6 die verschiedenen Arten von Schleifen vor. Die erste Zusammenfassung der Möglichkeiten mit Java wird in Kapitel 7 geboten und sogleich auch für die Entwicklung von Algorithmen in Java angewendet. Kapitel 8 startet mit einem Einblick in die Objektorientiertheit mit Klassen und Objekten und deren Beziehung untereinander. Kapitel 9 erlaubt sich dann einen Ausblick auf die Möglichkeiten von Java und stellt Java-Applets – kleine Java-Programme fürs Internet bzw. World Wide Web – vor. Kapitel 10 fasst danach nochmals das Wichtigste zusammen und erweitert die objektorientierte Sichtweise um zusätzliche Elemente in Java.

Nach all diesen grundlegenden Themen bieten wir in Kapitel 11 einen Einstieg in die Grafik-Programmierung mithilfe der Java-Grafikpakete AWT, Swing und des Java 2D API. In Kapitel 12 gehen wir dann über zur Programmierung von grafischen Benutzeroberflächen (GUI) und dem Event-Handling. In Kapitel 13 fassen wir nochmals unser Wissen zur objektorientierten Programmierung zusammen und reichern es um fortgeschrittene Konzepte wie Interfaces und Polymorphismus an. Kapitel 14 stellt Klassen und Methoden für die Programmierung von Input und Output von Daten vor. In Kapitel 15 geht es um Threads, eine interessante Möglichkeit in Java-Programmen parallele Aufgaben gleichzeitig ausführen zu lassen. Kapitel 16 schlägt den Bogen zur Modellierung von Software-Spezifikationen mit der Modellierungssprache UML und deren Programmierung in Java. Kapitel 17 stellt danach die Java Enterprise Edition Technologie vor, mit welcher internetfähige Anwendungen und Datenbankanbindungen mit Java Server Pages (JSP) programmiert werden können. Die nachfolgenden Kapitel beschließen dann das Buch mit Ausblicken, Einblicken und Lösungen zu den Aufgaben.

Dieses Buch erscheint uns nun für die Lehre an der Hochschule (beispielsweise in der Wirtschaftsinformatik, Informatik, dem Ingenieurwesen oder sonstigen Disziplinen), aber auch für den Oberstufen-Informatikunterricht an Schulen sehr gut geeignet zu sein. Als Leitfaden führt es sanft in Java ein, zeigt das Wichtigste zu Objektorientierter Programmierung und bietet in übersichtlicher Form eine Vertiefung in verwandte Themen. Somit ist das Buch natürlich auch bestens fürs Selbststudium geeignet.

Wir wünschen Ihnen nun viel Spaß und Erfolg mit Java und der Objektorientierten Programmierung!

Prof. Dr. Rolf Dornberger und Prof. Dr. Rainer Telesko

Inhalt

Vorwort		**V**
1	**Einleitung**	**1**
1.1	Programmierung und Programmiersprachen	1
1.1.1	Programmierung	2
1.1.2	Grundlegende Programmstrukturen	3
1.1.3	Programmiersprachen	5
1.2	Was ist Java?	9
1.2.1	Ursprung von Java	9
1.2.2	Vorzüge von Java	10
1.2.3	Missverständnisse zu Java	11
1.3	Beispiele für Java	12
1.4	Lernziele und Aufgaben	13
1.4.1	Lernziele	13
1.4.2	Aufgaben	13
2	**Java Development Kit und Java Entwicklungswerkzeuge**	**15**
2.1	JDK und seine Versionen	15
2.1.1	Übersicht JDK	15
2.1.2	Versionen JDK	17
2.2	Installation und Dokumentation	18
2.2.1	Erste Installation von Java	19
2.2.2	Nach der Installation von Java	21
2.2.3	Erstes Java-Programm – der Klassiker *Hello World*	21
2.3	Java Entwicklungs-Tools	23
2.3.1	Standard-Tools	23
2.3.2	Integrated Development Environments (IDE)	24
2.4	Lernziele und Aufgaben	25
2.4.1	Lernziele	25
2.4.2	Aufgaben	25

3   Token, Kommentare, Datentypen, Operatoren   27

3.1   Java-Token 27
3.1.1   Schlüsselwörter 28
3.1.2   Bezeichner 28
3.1.3   Literale 29
3.1.4   Trennzeichen 29
3.1.5   Operationen 29

3.2   Kommentare 30

3.3   Datentypen 32
3.3.1   Primitive Datentypen 32
3.3.2   Deklaration von Variablen 33
3.3.3   Literale 34

3.4   Operatoren 37
3.4.1   Arithmetische Operatoren 37
3.4.2   Arithmetische Zuweisungsoperatoren 38
3.4.3   Vergleichsoperatoren 39
3.4.4   Logische Operatoren 39
3.4.5   Bitweise Operatoren 40
3.4.6   Logische und bitweise Zuweisungsoperatoren 40
3.4.7   Fragezeichen-Operator 41
3.4.8   Operatoren-Priorität 42

3.5   Lernziele und Aufgaben 43
3.5.1   Lernziele 43
3.5.2   Aufgaben 43

4   Datenfelder, Parameterübergabe, Casting   45

4.1   Datenfelder 45
4.1.1   Erstellen von Arrays 46
4.1.2   Zugriff auf Array-Elemente 47
4.1.3   Dreiecksmatrizen 49
4.1.4   Referenztyp String 49
4.1.5   Kopieren von Datenfeldern 51

4.2   Parameterübergabe 53

4.3   Casting 55
4.3.1   Automatische Typenkonvertierung 55
4.3.2   Type-Cast-Operator 56

4.4   Lernziele und Aufgaben 58
4.4.1   Lernziele 58
4.4.2   Aufgaben 59

5	**Elementare Anweisungen und Bedingungen**	**61**
5.1	Elementare Anweisungen	61
5.1.1	Ausdrucksanweisung	61
5.1.2	Leere Anweisung	61
5.1.3	Blockanweisung	62
5.1.4	Variablendeklaration	62
5.2	Bedingungen	63
5.2.1	if-Bedingung	63
5.2.2	if-else-Bedingung	63
5.2.3	switch-Bedingung	65
5.3	Lernziele und Aufgabe	67
5.3.1	Lernziele	67
5.3.2	Aufgaben	68
6	**Schleifen**	**69**
6.1	Klassische Schleifen	69
6.1.1	do-Schleife	69
6.1.2	while-Schleife	70
6.1.3	for-Schleife	71
6.1.4	Varianten von for-Schleifen	72
6.1.5	Geschachtelte Schleifen	74
6.2	Sprunganweisungen	76
6.2.1	break-Anweisung	76
6.2.2	continue-Anweisung	78
6.3	Lernziele und Aufgaben	80
6.3.1	Lernziele	80
6.3.2	Aufgaben	80
7	**Methoden, Algorithmen und Rekursion in Java**	**83**
7.1	Auffrischung der grundlegenden Programmstrukturen	83
7.2	Grundelemente und Syntax in Java	84
7.2.1	Grundkonzept von Java	84
7.2.2	Sprachelemente, Datentypen und Variablen	84
7.2.3	Operatoren	85
7.2.4	Datenfelder	85
7.2.5	Zeichenketten	86
7.2.6	main-Methode und Parameterübergabe	86
7.2.7	Bedingungen und Schleifen	87
7.3	Methoden	88

7.4   Algorithmen 90
7.4.1   Sechsstellige Zufallszahl 90
7.4.2   Quadratwurzel nach Heron 94

7.5   Rekursion 96

7.6   Lernziele und Aufgaben 97
7.6.1   Lernziele 97
7.6.2   Aufgaben 98

8   Klassen, Objekte, Methoden, Vererbung, Konstruktoren   101

8.1   Konzepte objektorientierter Programmiersprachen 101
8.1.1   Klassen, Objekte, Instanz und Abstraktion 101
8.1.2   Attribute, Methoden, Kapselung und Botschaften 102
8.1.3   Beziehungen, Vererbung, Komposition, Aggregation, Assoziation 103
8.1.4   Polymorphismus, Überladen und Wiederverwendung 104

8.2   Implementierung objektorientierter Konzepte in Java 105
8.2.1   Klassen 105
8.2.2   Objekte 107
8.2.3   Mehrere Objekte von einer Klasse 111
8.2.4   Sukzessives Vorgehen in der Implementierung von Klassen und Objekten 113

8.3   Arrays von Objekten 113
8.3.1   Implementierung von Arrays von Objekten 113
8.3.2   Default-Werte von Objekten 116
8.3.3   Sukzessives Vorgehen in der Implementierung von Arrays von Objekten 117

8.4   Methoden 118

8.5   Vererbung 119

8.6   Konstruktoren 123
8.6.1   Definition von Konstruktoren 123
8.6.2   Anwendung von Konstruktoren 128

8.7   Lernziele und Aufgaben 133
8.7.1   Lernziele 133
8.7.2   Aufgaben 134

9   Applets   135

9.1   Internet 135

9.2   Funktionsweise des Internet 135

9.3   Java-Applets 138
9.3.1   Einführung Java-Applet 138
9.3.2   Standard-Methoden für Applets 143
9.3.3   Threads – Das Wichtigste für Applets in Kürze 146
9.3.4   Interfaces – Das Wichtigste für Applets in Kürze 146

9.3.5   Beispiel Applet mit Thread...148
9.3.6   Java-Archiv 150

9.4   Lernziele und Aufgaben 152
9.4.1   Lernziele...152
9.4.2   Aufgaben...152

10   Wiederholung der Grundelemente in Java   157

10.1   Java allgemein..157
10.1.1   Grundkonzept von Java...157
10.1.2   Sprachelemente, Datentypen und Variablen 158
10.1.3   Operatoren..159
10.1.4   Datenfelder...159
10.1.5   Zeichenketten 160
10.1.6   main-Methode und Parameterübergabe 160
10.1.7   Bedingungen und Schleifen...160

10.2   Wiederholung der grundlegenden Programmstrukturen.....................161

10.3   Konzepte objektorientierter Programmiersprachen............................161
10.3.1   Klassen und Objekte..162
10.3.2   Attribute, Methoden und Kapselung 162
10.3.3   Vererbung und Assoziation...162
10.3.4   Polymorphismus und Überladen 163

10.4   Implementierung objektorientierter Konzepte in Java 164
10.4.1   Klassen...164
10.4.2   Objekte...164
10.4.3   Mehrere Objekte von einer Klasse 165
10.4.4   Schrittweises Vorgehen zur Implementierung von Klassen und Objekten 165

10.5   Arrays von Objekten 166
10.5.1   Anlegen von Arrays von Objekten 166
10.5.2   Default-Werte von Objekten...166

10.6   Methoden...166

10.7   Vererbung 167

10.8   Konstruktoren..167
10.8.1   Definition von Konstruktoren...167
10.8.2   Anwendung von Konstruktoren 168

10.9   Pakete 168
10.9.1   Pakete und Klassen importieren 168
10.9.2   Wichtige Pakete...169
10.9.3   Pakete erstellen..170

10.10   Java-Dokumentation...171

10.11   Modifiers – Modifikatoren... 173
10.11.1 Modifiers für Zugriffsspezifizierung... 173
10.11.2 Modifiers für statische und konstante Ausdrücke 174
10.11.3 Anwendbarkeit der Modifiers 175

10.12   Lernziele und Aufgaben 175
10.12.1 Lernziele 175
10.12.2 Aufgaben.. 176

11   Grafik   177

11.1   Einführung 177

11.2   Erste Schritte mit AWT 178
11.2.1   Fenster öffnen 178
11.2.2   Fenster schließen.. 179

11.3   Grundlegende Grafikoperationen in AWT 182
11.3.1   Klasse Graphics 182
11.3.2   Klasse Font 184
11.3.3   Klasse Color... 185

11.4   Beispiele mit AWT... 186

11.5   Grundlegende Grafikoperationen in Swing.. 189

11.6   Grafik-API Java 2D 190
11.6.1   Einführung 190
11.6.2   Grundbegriffe und Definitionen 191
11.6.3   Farben 192
11.6.4   Formen 195
11.6.5   Painting und Stroking.. 196
11.6.6   Weitere Möglichkeiten mit Java 2D 198

11.7   Lernziele und Aufgaben 199
11.7.1   Lernziele 199
11.7.2   Aufgaben... 200

12   Grafische Benutzeroberflächen   201

12.1   Einleitung.. 201

12.2   Behälter – Container 202

12.3   GUI-Bedienelemente... 204

12.4   Menüs.. 207

12.5   Layout 209
12.5.1   Allgemeines zu Layouts 209
12.5.2   Flow-Layout.. 210
12.5.3   Border-Layout... 212

12.5.4   Grid-Layout..214
12.5.5   Weitere Layouts...216

12.6   Ereignisse und Verarbeitung...216
12.6.1   Event-Handling 216
12.6.2   *Handler*-Methode oder *inline* 219
12.6.3   *Listener*-Interfaces und *Adapter*-Klassen 220

12.7   Lernziele und Aufgaben 221
12.7.1   Lernziele..221
12.7.2   Aufgaben 221

13   Fortgeschrittene Konzepte der Objektorientierung   223

13.1   Exceptions 223
13.1.1   Behandlung von Ausnahmen mit try, catch und finally.............................223
13.1.2   Auswertung von Ausnahmen..225
13.1.3   Einlesen von Tastatureingaben mit try und catch.......................................228
13.1.4   Weitergabe von Ausnahmen mit throws...230
13.1.5   Auslösen von Ausnahmen mit throw...231

13.2   Pakete..233

13.3   Zugriffsspezifizierung 235
13.3.1   Modifier für Zugriffsspezifizierung...235
13.3.2   Botschaften...238

13.4   Abstrakte Klassen und Methoden..239
13.4.1   Abstrakte Klassen...240
13.4.2   Abstrakte Methoden 241

13.5   Methodenaufrufe und Polymorphismus 242
13.5.1   Methoden überlagern..242
13.5.2   Polymorphismus..243
13.5.3   Dynamische Methodenaufrufe 244

13.6   Die Klasse Object 244

13.7   Klassenmethoden, Klassenattribute und Konstanten.......................................246
13.7.1   Klassenattribute und Konstanten...247
13.7.2   Klassenmethoden 250

13.8   Interfaces 250
13.8.1   Interfaces anlegen..251
13.8.2   Interfaces verwenden..252

13.9   Lernziele und Aufgaben 256
13.9.1   Lernziele..256
13.9.2   Aufgaben 256

14   Input/Output   257

14.1   Einführung 257

14.2   Datei- und Verzeichnisverwaltung: `File` 259

14.3   Byte-Streams: `InputStream` und `OutputStream` 262

14.4   Zeichen-Streams: `Reader` und `Writer` 264

14.5   Filter-Streams 266
14.5.1   Filtern von bestimmten Datentypen beim Lesen und Schreiben 266
14.5.2   Ausgaben auf der Konsole 268
14.5.3   Eingaben von der Konsole 269

14.6   Lernziele und Aufgaben 270
14.6.1   Lernziele 270
14.6.2   Aufgaben 270

15   Threads   271

15.1   Was sind Threads? 271

15.2   Threads in Java 272
15.2.1   Klasse `Thread` und Interface `Runnable` 273
15.2.2   Der Einsatz von Threads 275

15.3   Schwierigkeiten mit Threads 277
15.3.1   Race Conditions 278
15.3.2   Deadlocks 279
15.3.3   Synchronisation 280

15.4   Thread-Zustände 280
15.4.1   Thread-Zustände `NEW`, `WAITING` und `RUNNABLE` 281
15.4.2   Thread-Zustände `TIMED_WAITING` und `BLOCKED` 282
15.4.3   Thread-Zustand `TERMINATED` 282

15.5   Organisation von Threads 283
15.5.1   Prioritäten 283
15.5.2   Thread-Gruppen 284

15.6   Lernziele und Aufgaben 285
15.6.1   Lernziele 285
15.6.2   Aufgaben 285

16   UML und Java   287

16.1   Grundlagen der Objektorientierten Modellierung 287

16.2   Zusammenhang zwischen UML und Java 287

16.3   Programmierumgebung Eclipse 290
16.3.1   Installation 290

16.4   UML-Plug-in für Eclipse 291

16.5 Lernziele und Aufgaben 296
16.5.1 Lernziele...296
16.5.2 Aufgaben 296

17 Einführung in die Java Enterprise Edition Technologie 297

17.1 Kurzüberblick Java EE..297

17.2 Installation der Infrastruktur für JSP 298

17.3 Sprachelemente von JSP 301
17.3.1 JSP-Ausdrücke (Expressions) 302
17.3.2 JSP-Scriptlets 302
17.3.3 JSP-Deklarationen...303
17.3.4 Implizite Objekte...304
17.3.5 JSP-Direktiven 305
17.3.6 Kommentare 305

17.4 Datenbankanbindung...306

17.5 Lernziele und Aufgaben 310
17.5.1 Lernziele..310
17.5.2 Aufgaben 310

18 Lösungen zu den Aufgaben 311

18.1 Kapitel 6: Schleifen..311

18.2 Kapitel 7: Methoden, Algorithmen und Rekursion in Java 314

18.3 Kapitel 8: Klassen, Objekte, Methoden, Vererbung, Konstruktoren 315

18.4 Kapitel 9: Java-Applets 316

18.5 Kapitel 11: Grafik...318

19 Literatur- und Bildnachweis 321

1 Einleitung

In diesem Kapitel versuchen wir, eine Übersicht über verschiedene Ausdrücke und Themenfelder, die im Umfeld der Programmierung anfallen, zusammenzustellen. Da in der Literatur manche Fachbegriffe nicht einheitlich verwendet werden, stellt dieses Kapitel einen Leitfaden dar, wie die Fachausdrücke in den nachfolgenden Kapiteln unseres Buches zu verstehen sind. Einerseits stellen wir damit einen roten Faden in diesem Buch her, andererseits erlauben wir der Leserschaft, Querbezüge zur Literatur herzustellen, wo oftmals das Gleiche mit anderen Fachausdrücken beschrieben wird.

1.1 Programmierung und Programmiersprachen

Software-Engineering ist die Wissenschaft, die Methodiken zur systematischen Erstellung von Software zur Verfügung stellt. Ein wichtiger Teil im Software-Engineering sind Konzepte bzw. Vorgehensweisen für eine gesteuerte bzw. planmäßige Entwicklung von Software. Die Software-Entwicklung lässt sich – unabhängig von den verschiedenen Vorgehensweisen – in Phasen einteilen. Der Entstehungs- und Lebenszyklus einer Software lässt sich im Allgemeinen mit folgenden Phasen charakterisieren:

- Planungsphase
- Definitionsphase
- Entwurfsphase
- Implementierungsphase
- Abnahme- und Einführungsphase
- Wartungs- und Pflegephase

Dass es nun genau sechs bis acht Phasen sein müssen, ist in der Literatur in den unterschiedlichen Konzepten nicht einheitlich.

Im Prinzip geht es darum, dass am Anfang die Kundenanforderungen aufgenommen werden (Requirements Engineering in der Planungs- und Definitionsphase). Dann werden diese Anforderungen in verschiedener Granularität auf Spezifikationen und Software-Architekturen heruntergebrochen (Definitionsphase und Entwurfsphase). Danach wird programmiert, also die Software-Komponenten erstellt (Programmcode geschrieben), die mittels der Spezifikationen alle gestellten Anforderungen erfüllen (Implementierungsphase). Die Software wird vom Auftraggeber (welches auch ein firmeninternes Team sein kann) abgenommen und bei ihm eingeführt. Nachträglich erstellte Software-Komponenten dienen zur Wartung der Software, um deren Lauffähigkeit über längere Zeit sicherzustellen, sowie zur Pflege der Software, um neue, erwünschte Funktionalitäten hinzuzufügen. Dieser gesamte Prozess ist begleitet von ständigem Testen, Dokumentieren und Projekt- sowie Qualitätsmanagement; je nach Prozessmodell werden verschieden häufig und umfangreich Iterationen mit oder ohne Einbezug des Kunden durchgeführt.

Im vorliegenden Buch widmen wir uns speziell der Implementierungsphase. In dieser Phase werden die Spezifikationen, die beschreiben, was die Software erfüllen und wie sie arbeiten soll, in Programmcode umgesetzt: Hier findet also die eigentliche Programmierung statt. Nur wo notwendig, werden wir Ihnen kurze Ausblicke in die anderen Phasen angeben. Zunächst starten wir aber noch mit ein paar allgemeinen Definitionen.

1.1.1   Programmierung

Einfach gesprochen bedeutet Programmierung, einen Text zu schreiben, den ein Computer verstehen und ausführen kann. Mittels der Programmierung wird ein *Algorithmus* zu einem lauffähigen Computerprogramm, auch *Programm* oder *Software* genannt. Ein Programm ist eine maschinenlesbare und maschinenverständliche Beschreibung eines Algorithmus und der benötigten Daten. (In unserem Fall denken Sie sich für Maschine noch Rechenmaschine oder Computer; dann passt dies.)

Man unterscheidet verschiedene Arten von Programmierung, wobei wir uns in diesem Buch auf zwei große Gruppen beschränken:

- Strukturierte Programmierung (oder auch modulare, imperative oder prozedurale Programmierung genannt)
- Objektorientierte Programmierung

Algorithmus
Ein *Algorithmus* definiert ein Verfahren, bei dem aufgrund eines Systems von Regeln gegebene Größen (auch Eingabeinformationen oder Aufgaben) in andere Größen (auch Ausgabeinformationen oder Lösungen) transformiert werden. Durch Algorithmen werden komplizierte Prozesse nachgebildet, welche dann von Computern (Rechnern, Maschinen, Automaten) abgearbeitet werden können.

Software
Als *Software* bezeichnet man alle Programme und Programmteile eines Computers; diese „soften" Teile stehen damit im Gegensatz zur „harten" Hardware. Zur Software werden auch diejenigen Daten (Initialisierungsdaten) hinzugerechnet, die beim Start eines Programms bereits bekannt sind.

Die Software wird unterschieden in Systemsoftware, die zusammen mit der Hardware das Rechnersystem bildet, und Anwendungssoftware, die einzelne spezielle Aufgaben erledigt: Systemsoftware dient der Funktionsfähigkeit des Computers. Anwendungssoftware bezeichnet entweder Standardsoftware, welche von vielen Anwendern eingesetzt werden kann, oder

Individuallösungen, welche jeweils nur ganz spezifische Anwendungen für einen kleinen Benutzerkreis ausführen.

Strukturierte Programmierung

Unter *strukturierter Programmierung* versteht man einen Programmieransatz für die Erstellung von Software, welcher die einzelnen Teile bzw. Module eines Programms als hierarchisch geordnete Bausteine repräsentiert. In jedem Modul werden spezifische Funktionen (Prozeduren, Methoden, Operationen) ausgeführt. Im Idealfall besteht jedes Modul aus einem speziellen Algorithmus.

Da die Unterscheidung zur modularen, imperativen oder prozeduralen Programmierung fließend und nicht immer offensichtlich ist, sprechen wir im Folgenden nur von strukturierter Programmierung.

Objektorientierte Programmierung

Unter *objektorientierter Programmierung*, abgekürzt als OOP, versteht man einen Programmieransatz, welcher die einzelnen Module eines Programms in separate Einheiten – so genannte Klassen – zusammenfasst. Diese Klassen beinhalten neben den benötigten und anfallenden Daten auch die auf diese Daten anzuwendenden Operationen (Methoden, Algorithmen). Da diese Klassen im Allgemeinen nur ein generisches Muster darstellen, werden während des Programmablaufs konkrete Exemplare der Klassen – als Objekte bezeichnet – erstellt und mit spezifischen Daten gefüllt.

Auf die Vorteile der objektorientierte Programmierung, wie Datenkapselung, Vererbung und Polymorphismus, kommen wir im zweiten Drittel des Buches im Detail zu sprechen.

1.1.2   Grundlegende Programmstrukturen

Setzt man Algorithmen in eine computerverständliche Form um, so tauchen nachfolgende drei (bzw. vier) grundlegende Programmstrukturen unabhängig von einer Programmiersprache immer wieder auf:

- Anweisungen
- Verzweigungen aufgrund von Bedingungen
- Wiederholungen mit Schleifen
- (Blöcke mit Aufruf anderer Algorithmen bzw. Module)

Diese Programmstrukturen werden entsprechend den verfügbaren Elementen (Schlüsselwörtern) der Programmiersprachen im Programmcode implementiert.

Die ersten drei Programmstrukturen sind ausreichend, um (nahezu) alle Algorithmen zu beschreiben. Fasst man mehrere einzelne solche Programmstrukturen zusammen, so ergibt sich eine weitere grundlegende Programmstruktur, hier die vierte, die je nach Programmiersprache respektive Programmiertyp irgendwie umschrieben werden kann als Modul, Block, Funktion, Methode, Unterroutine oder auch Objekt. Aber eigentlich ist dieser Aufruf nichts anderes als eine große komplexe Anweisung, die sich aus mehreren einzelnen Anweisungen zusammensetzt und in idealer Weise mehrfach in einem Computerprogramm an verschiedenen Stellen zum Einsatz kommt.

Anweisungen

In Computerprogrammen werden schrittweise die *Anweisungen* im Quelltext abgearbeitet. Vielleicht lässt sich dies am besten mit einem Brettspiel vergleichen. Allerdings würfelt der Computer nicht, sondern geht immer Feld für Feld vor. In Anlehnung an ein fiktives Brettspiel könnte dies so aussehen, wie in Abb. 1.1 dargestellt ist. Das Software-Engineering kennt für Sequenzen von Anweisungen verschiedene Darstellungsmöglichkeiten: Z.B. das Flussdiagramm oder das Struktogramm.

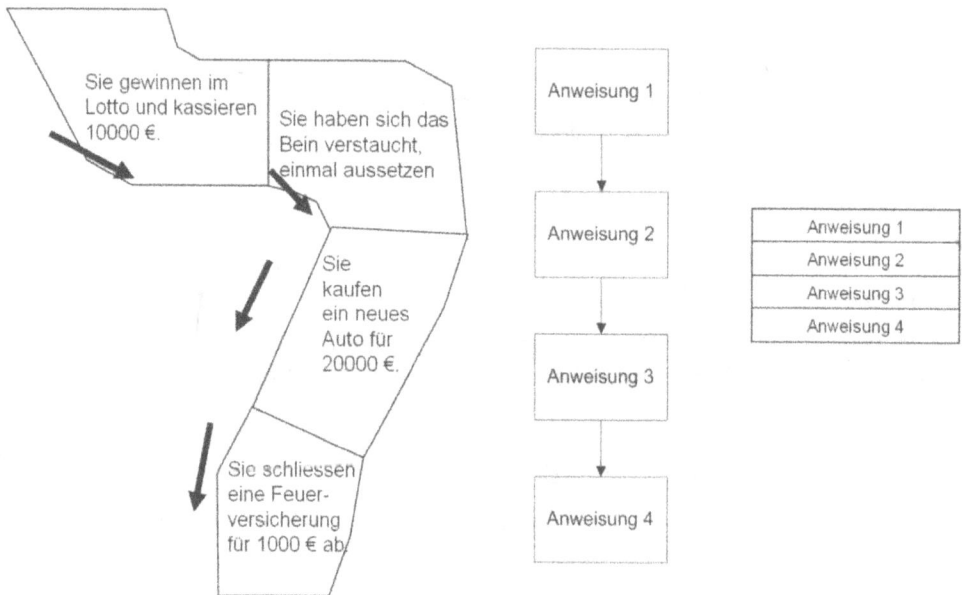

Abb. 1.1   *Eine Sequenz von Anweisungen in einem fiktiven Brettspiel (links), als Flussdiagramm (Mitte), als Struktogramm (rechts)*

Verzweigungen aufgrund von Bedingungen

In Computerprogrammen werden Verzweigungen bzw. Alternativen mit Bedingungen bzw. Entscheidungen bewirkt. An Verzweigungen können zwei oder mehrere Alternativen weitergehen. Dies lässt sich z.B. auch mit einem Struktogramm oder Flussdiagramm verdeutlichen, wie Abb. 1.2 zeigt.

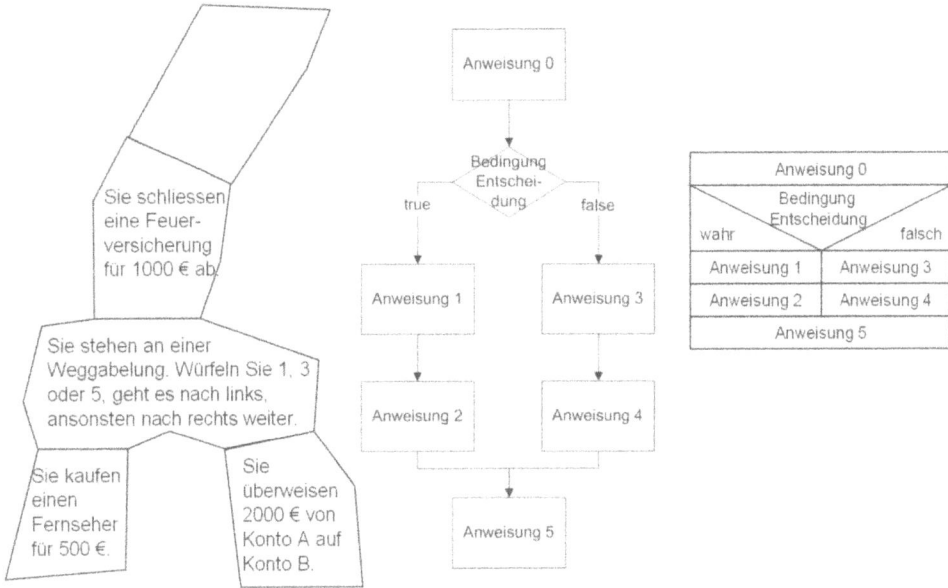

Abb. 1.2 *Verzweigung aufgrund einer Bedingung (Brettspiel, Flussdiagramm, Struktogramm)*

Wiederholungen mit Schleifen

In Computerprogrammen werden Wiederholungen mit Schleifen bewirkt. Schleifen können dabei mit einer fest vorgegebenen Anzahl an Durchläufen erfolgen oder so lange, bis eine bestimmte Bedingung erfüllt ist. Es gibt Schleifen, die auf jeden Fall einmal ausgeführt werden, und solche, die im Einzelfall auch gar nicht durchlaufen werden, also eigentlich in einem speziellen Fall gar keine Schleife sind. Schleifen lassen sich auch schachteln, d.h. in einer Schleife liegen wiederum weitere Schleifen. Schleifen werden – neben unserem Brettspiel – beispielsweise in einem Struktogramm oder Flussdiagramm verdeutlicht, wie Abb. 1.3 zeigt.

Module, Blöcke, Funktionen, Objekte

In Computerprogrammen werden gewisse Programmteile, die immer wieder vorkommen, in Blöcke (Module, Funktionen, Unterroutinen, Klassen, Objekte – oder wie auch immer genannt) gepackt. Diese Blöcke stehen nur über spezielle Schnittstellen mit der Umgebung in Kontakt, wie Abb. 1.4 versucht zu verdeutlichen.

1.1.3   Programmiersprachen

Ein Algorithmus wird in einem *Programmtext* – Programmcode, Sourcecode, Quellcode oder auch nur *Code* genannt – nach genau festgelegten Vorgaben notiert, die für eine bestimmte gewählte Programmiersprache gültig sind. Die Vorgaben für diese programmiersprachenabhängige Notation werden Syntax genannt.

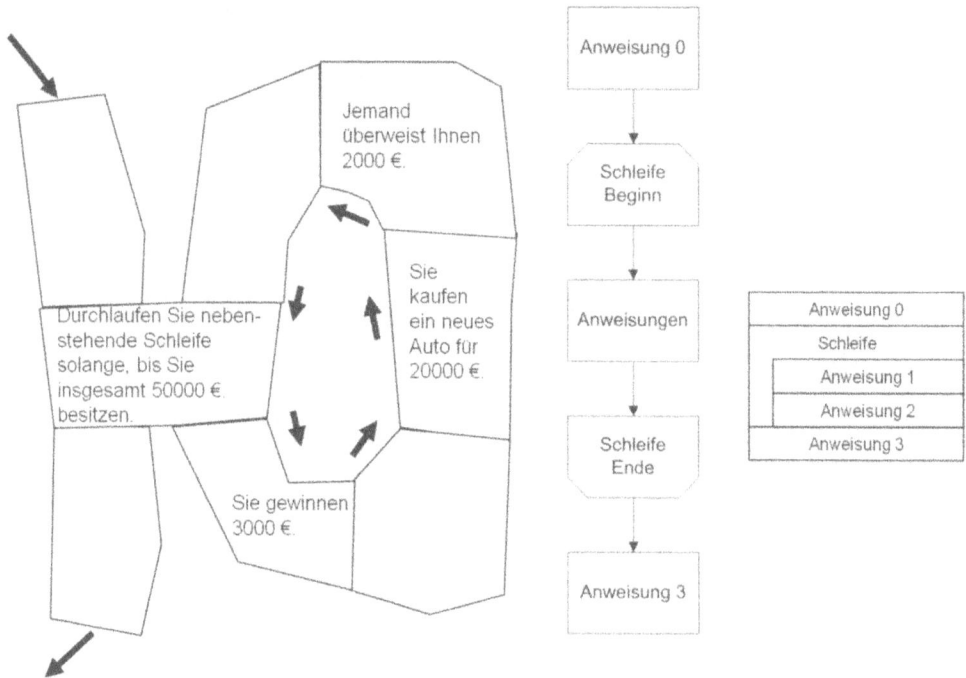

Abb. 1.3 *Wiederholungen aufgrund einer Schleife (Brettspiel, Flussdiagramm, Struktogramm)*

Die *Syntax* ist in jeder Programmiersprache eindeutig festgelegt, variiert aber unter den verschiedenen Programmiersprachen teilweise sehr deutlich. Dennoch gilt für alle Programmiersprachen und den damit geschriebenen Code:

- Programme müssen die Syntax einhalten, welche die Programmiersprache vorgibt.
- Jedes Zeichen (z.B. jeder Punkt, jedes Komma) hat seine Bedeutung; selbst kleinste Fehler führen im Allgemeinen dazu, dass das Programm vom Computer nicht oder falsch verstanden wird.

Für die Programmierung können verschiedenste Programmiersprachen eingesetzt werden. Prozedurale bzw. imperative Programmiersprachen sind beispielsweise C, FORTRAN, Modula, Pascal, Basic, Cobol, Assembler. Objektorientierte Programmiersprachen sind beispielsweise Java, C++, C#, Smalltalk, Eiffel, Simula. Daneben gibt es noch andere Unterscheidungen für Programmiersprachen, wie logische Programmiersprachen (Prolog), Skript-Sprachen (Shell-Skripte) Webskriptsprachen (HTML), Beschreibungssprachen (XML) und viele andere, teilweise proprietäre Sprachen. Die Literatur ist sich hierbei nicht immer einig, welcher Kategorie welche Programmiersprache zugehörig ist.

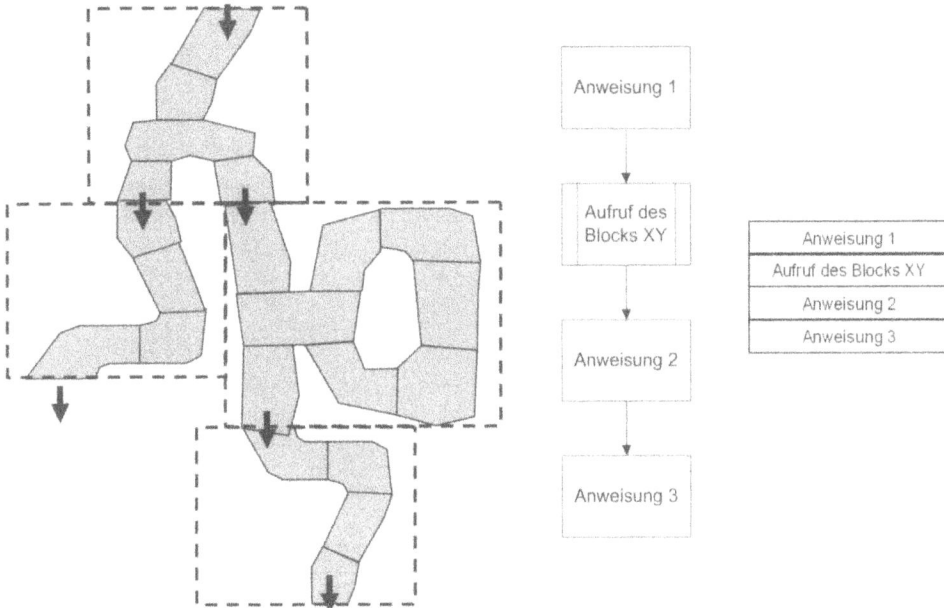

Abb. 1.4   *Blöcke (Module, Funktionen, Objekte) als separat aufzurufende Programmteile (Brettspiel, Flussdia-gramm, Struktogramm)*

Im Folgenden konzentrieren wir uns auf die Eigenschaften, wie Computer diese Sprachen verarbeiten. Frühe Programmiersprachen orientierten sich an den verfügbaren Operationen eines Computers, was als Maschinensprache oder maschinennahe Programmierung, wie z.B. mit Assembler, bezeichnet wird.

Um Sie zum Weiterlesen des Buches zu motivieren, sei gesagt, dass Java heutzutage eine der wichtigsten, wenn nicht so gar die wichtigste Programmiersprache ist. Wer eine Programmiersprache gelernt hat, versteht sehr schnell auch andere Program-miersprachen!

Moderne Programmiersprachen werden als *höhere Programmiersprachen* beschrieben und erlauben meist eine elegante abstrakte Formulierung eines Algorithmus. Die Eigenarten der Hardware spielen bei der Programmierung hier im Allgemeinen keine (große) Rolle mehr. Die Vorteile der höheren Programmiersprachen sind, dass die Programme oftmals ohne Än-derung ihres Programmtextes auf verschiedenen Rechnern ausführbar sind. Im Idealfall ist es dem Computerprogramm egal, ob es auf dem PC, einem Handy oder der Waschmaschine oder der Kaffeemaschine läuft, solange die Hardware nicht spezifische Funktionalitäten ausführen muss. (Kann ein Handy Wäsche waschen oder Kaffee kochen?)

Programmiersprachen unterscheidet man auch insofern, ob sie kompiliert oder interpretiert werden, oder sogar beides zusammen: Denn Programme, die in einer höheren Programmier-sprache geschrieben sind, können nicht unmittelbar auf einem Rechner ausgeführt werden, sondern müssen erst in Maschinenbefehle übersetzt werden.

Bei kompilierten Programmiersprachen übersetzt ein *Compiler* den kompletten Programmtext in eine Folge von Befehlsanweisungen (Maschinenbefehlen) und speichert diese als Datei, bevor überhaupt die erste Programmanweisung ausgeführt werden kann. Der Compiler ist dabei selbst auch ein Computerprogramm, also eine Software. Die ausführbare Datei wird dann von einem Ladeprogramm in den Speicher des Computers geladen, kann aber erst ausgeführt werden, wenn auch alle weiteren notwendigen Dateien (Bibliotheken) mit notwendigen Zusatzinformationen geladen worden sind. Der Prozessor (CPU = Central Processing Unit, also das „Gehirn des Computers") führt dann das kompilierte Programm im Arbeitsspeicher aus. Abb. 1.5 versucht dies zu verdeutlichen.

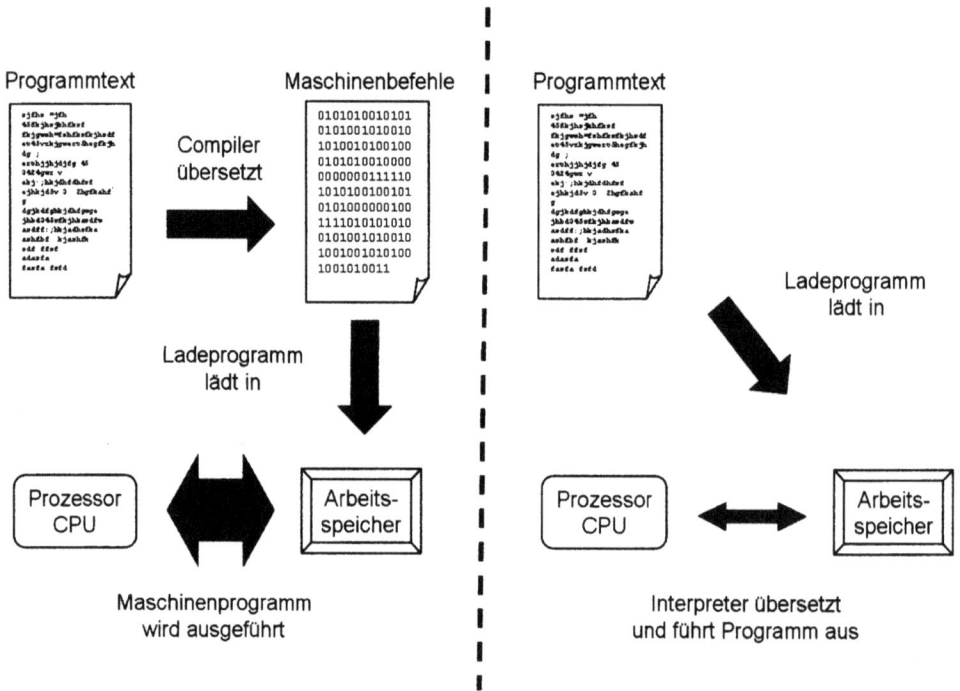

Programmtext   Maschinenbefehle   Programmtext

Compiler übersetzt

Ladeprogramm lädt in

Ladeprogramm lädt in

Prozessor CPU   Arbeitsspeicher   Prozessor CPU   Arbeitsspeicher

Maschinenprogramm wird ausgeführt

Interpreter übersetzt und führt Programm aus

Abb. 1.5 *Ein Computer arbeitet mit kompilierten (links) und interpretierten Programmiersprachen (rechts).*

Bei interpretierten Programmiersprachen übersetzt ein *Interpreter* – im Allgemeinen ist ein Interpreter auch eine Software – immer nur eine einzige Programmsequenz in eine Sequenz von Befehlsanweisungen (Maschinenbefehlen) und führt diese unmittelbar aus. Anschließend wird die nächste Programmsequenz übersetzt und ausgeführt usw. Der Zwischenschritt über eine Datei mit Maschinenbefehlen entfällt, wie Abb. 1.5 zeigt.

Bei der Programmentwicklung können mit Interpretern Änderungen im Programmcode sofort getestet werden. Bei Compilern muss jedes Mal neu kompiliert werden. Dahingegen sind zur Laufzeit kompilierte Programme schneller, da bereits vorab vom Compiler Maschinencode erzeugt wurde, der dazu noch vom Compiler optimiert sein kann, da der Compiler quasi das Ganze sieht und nicht immer nur eine Zeile wie der Interpreter.

Mischformen von kompiliert und interpretiert gibt es auch, wie beispielsweise bei der Programmiersprache *Java*. Ein Java-Compiler kompiliert ein in Java geschriebenes Programm in den so genannten Byte-Code, der dann auf einer „virtuellen Java-Maschine" (engl. *Java Virtual Machine*, Java-VM, JVM) ausgeführt wird. Die Java Virtual Machine (auch wieder eine Software) ist quasi ein Interpreter, der diesen Byte-Code plattformunabhängig auf verschiedenen Rechnern ausführen kann. D.h. dass ein Java-Programm auf jedem beliebigen Computer kompiliert werden kann, auf dem es einen Java-Compiler gibt. Und der entstandene Byte-Code kann dann auf jedem (anderen) Computer ausgeführt werden, auf dem es eine Java Virtual Machine gibt, wie Abb. 1.6 zeigt.

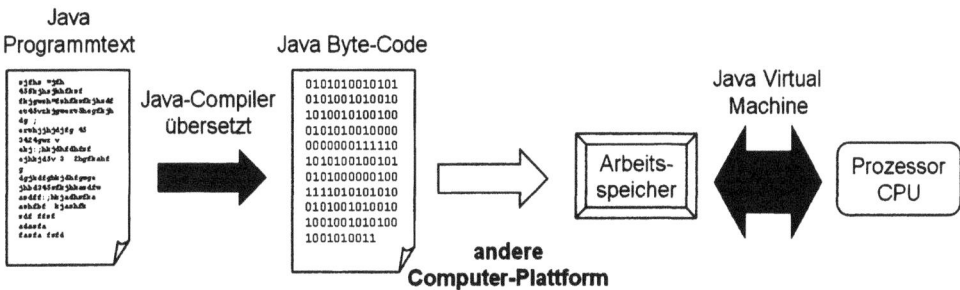

Abb. 1.6 Das Prinzip von Java: Der Java-Compiler übersetzt den Java-Programmtext auf einem Computer in Java Byte-Code. Dieser Java Byte-Code kann dann auf einem anderen Computer mit einer Java Virtual Machine laufen.

1.2 Was ist Java?

1.2.1 Ursprung von Java

Sun Microsystems bzw. JavaSoft, eine Tochterfirma von Sun Microsystems, begann anfangs der 1990er Jahre die Programmiersprache *Java* zu entwickeln. (Ein bisher nicht widerlegtes Gerücht besagt, dass der Name „Java" auf eine Kaffeesorte zurückgeht, welche die Entwickler in großen Mengen getrunken haben sollen.)

Die damalige Motivation, die neue Programmiersprache Java zu entwickeln, lag darin, dass verschiedenste zukünftige elektronische Geräte (wie z.B. Videorekorder, Waschmaschine, Kaffeemaschine, Telefon) einen Prozessor besitzen werden, was sich aus heutiger Sicht auch zu bewahrheiten scheint. Ein spezielles Betriebssystem und eine spezielle Programmiersprache sollten auf allen Geräten mit den verschiedensten Computer-Plattformen laufen. Doch dies konnte anfangs der 1990er Jahre noch nicht realisiert werden.

1995 fand jedoch Java als erste Programmiersprache global Verwendung in Internet-Anwendungen, welche auf sehr heterogenen Zielplattformen (wie Workstations, PCs von verschiedensten Herstellern) mit verschiedenen Betriebssystemen (UNIX-Varianten, Windows, Linux...) liefen. Unabhängig davon, welche Hardware und Software zum Surfen im Internet verwendet wurde, konnten Internet-Anwendungen erstmals plattformunabhängig mit Java programmiert werden. Es entstanden die ersten im Browser laufenden Anwendungen, die so genannten Java Applets. Unterstützt wurde diese Entwicklung durch den Umstand, dass Sun Java mit der Entwicklungsumgebung JDK (*Java Development Kit*) für verschiedene Betriebssysteme gratis zur Verfügung stellte und andere Anbieter für ihre Computersysteme innerhalb kürzester Zeit nachzogen, auch Java für ihre Systeme anzubieten. Der Triumphzug von Java begann.

Im Jahr 2009/10 wurde dann Sun von Oracle Corporation aufgekauft. Wer Genaueres zu Sun und Oracle wissen will, darf gerne auf der Java-Homepage nachlesen (Abb. 1.7): http://java.sun.com/

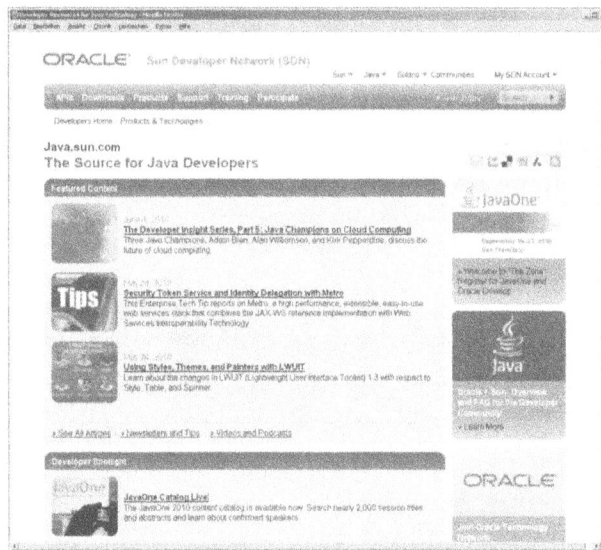

Abb. 1.7   *Java-Homepage von Oracle und Sun (Quelle: http://java.sun.com; Stand 7.6.2010)*

1.2.2   Vorzüge von Java

Die Syntax von Java ist einfacher als die Syntax von C/C++, aber doch sehr ähnlich; sehr ähnlich zu Java ist auch die proprietäre Programmiersprache C# (ausgesprochen als englisches „C sharp") von Microsoft. D.h. für viele Programmierumsteiger ist es einfach und für die Programmiereinsteiger nicht allzu schwer, Java zu erlernen.

Da der Java-Code als weitgehend plattformunabhängig, architekturneutral und stabil gilt, können Java-Programme auf allen Computern entwickelt werden, wo ein Java-Compiler läuft. Die Java-Programme laufen dann überall dort, wo eine Java Virtual Machine installiert ist. Dies entlastet die Programmierer von internetfähigen Kühlschränken davon, in der Küche direkt auf den Kühlschränken programmieren zu müssen. Zwar geht das mit manchen anderen Programmiersprachen mittlerweile auch recht gut, aber Java haftet irgendwie dieses Bild der alles umfassenden Plattformunabhängigkeit an.

Java-Programme laufen dezentral verteilt über verschiedenste Rechnerarchitekturen hinweg und sind daher für die Programmierung von verteilten Anwendungen sehr gut geeignet, wie Client-Server- oder Web-Anwendungen. Java-Programme sind damit einfach portierbar.

Java stürzt (fast) nie ab. Hier müssen wir „fast" in Klammern ergänzen, denn eine 100%-Sicherheit gibt es nie. Zumindest scheinen Java-Programme viel seltener als solche Programme abzustürzen, welche mit anderen Programmiersprachen erstellt sind.

Die Java Virtual Machine benötigt als Basisinterpreter von Java nicht viel Speicherplatz. Damit findet sie auf vielen verschiedenen Computersystemen Platz. Steht noch weniger Speicherplatz zur Verfügung, so bietet Java die noch kleinere Micro Edition. Damit ist Java auch für kleine und kleinste elektronische Geräte wie Embedded Systems und Smartcards bestens geeignet.

Java ist vollständig objektorientiert und so aus Sicht der Objektorientiertheit sehr sicher: Es kann nicht beliebig auf Speicherinhalte und Variablen zugegriffen werden. Zusätzlich laufen spezielle Java-Anwendungen, wie die Java Applets, mit einem so genannten Sand-Box-Prinzip: Sie können in ihrem „Sandkasten" alles anstellen, was sie wollen, aber nichts außerhalb.

Java unterstützt Multithreading: Mehrere Aufgaben und (Teil-)Prozesse können scheinbar gleichzeitig, quasi parallel auf einem Prozessor respektive Computer laufen. Während Betriebssysteme dies ähnlich auf der Ebene des Multitasking vornehmen, bietet Java dies auf der Ebene der Java Virtual Machine.

1.2.3 Missverständnisse zu Java

Java ist nicht langsam. In früheren Versionen (vor JDK 1.3) war Java vor allem für Grafik- und rechenintensive Anwendungen viel langsamer als Sprachen, die direkt Grafikerzeugung ansprechen und CPUs adressieren konnten. Mit den neueren Versionen von Java Virtual Machine, Java-Compilern und Java-Klassenbibliotheken ist Java schneller geworden. Oftmals sind auch andere Faktoren im Ablauf eines Computerprogramms zeitkritischer als die Programmiersprache an sich. So sind bei vielen Programmen die Interaktionszeit der Benutzer, der Aufbau einer Datenbankverbindung, die Datenbankzugriffe oder die Dauer im Netzwerkverkehr die Zeit bestimmenden Faktoren. Dennoch gilt für rechenintensive Anwendungen, dass rein kompilierte und systemoptimierte Programmiersprachen wie C/C++ schneller als Java sein können. Sun optimiert aber mit jeder neuen Java-Version den Rechenzeitfaktor; und die Hardware wird auch immer schneller.

Java ist für große Anwendungen geeignet. Früher, in der Mitte der 1990er Jahre, hatte Java den Ruf einer (vielleicht noch mit Fehlern behafteten) Programmiersprache, mit der nur kleine verspielte Grafiken und Buttons erzeugt werden könnten. Java ist weit über diesen

Status hinausgekommen. Denn Java läuft sehr stabil und sicher, bietet gegenüber anderen Programmiersprachen mehr Vorteile als Nachteile, wird von sehr vielen Software- sowie Hardware-Herstellern eingesetzt und ist damit eine der erfolgreichsten Programmiersprachen der letzten Jahre – vielleicht sogar die erfolgreichste. (Hatten wir das nicht schon einmal gesagt ;-))

Microsoft hat im Rahmen seiner .NET-Plattform (englisch ausgesprochen als „dot net") die proprietäre Programmiersprache C# lanciert, die in Syntax und Funktionalität sehr ähnlich zu Java ist. Wer Java verstanden hat, lernt sehr schnell C# und umgekehrt. Welche Sprache nun intuitiver ist, wollen wir hier gar nicht beleuchten; darüber streiten sich schon genügend Communities.

Um Missverständnissen vorzubeugen, sei noch Folgendes gesagt: Java ist nicht JavaScript. JavaScript ist eine Skript-Sprache, die ausschließlich in den verschiedensten Browsern (Firefox, Internet Explorer, Safari, Opera, Mozilla, Netscape...) zur Erweiterung von HTML abläuft. Die Namensähnlichkeit kommt vermutlich daher, dass die Syntax von JavaScript an die Syntax von Java angelehnt ist und in einem Internet-Browser läuft. JavaScript ist für die Erweiterung der Funktionalität von Webanwendungen gerade im Umfeld von Web 2.0. sehr wichtig; mit JavaScript können aber nie solche großen und komplexen Anwendungen (vor allem unabhängig von Webanwendungen) wie mit Java erstellt werden.

1.3   Beispiele für Java

Beispiele für Java-Anwendungen gibt es sehr, sehr viele. Eigentlich so viele, dass wir gar nicht wissen, welche wir Ihnen in diesem Buch vorstellen sollen. Java ist eine der Programmiersprachen, mit der die Vernetzung bzw. der Anschluss von Geräten verschiedenster Art ans Internet und die Datenübertragung übers Internet relativ einfach erfolgen kann. Dementsprechend gibt es Java-Software in Internet-fähigen Haushaltsgeräten (z.B. Kaffeemaschine, Kühlschrank, Mikrowelle, Waschmaschine...), für die Telekommunikation (z.B. Handies...), für PDAs (z.B. Organizer...), für Embedded Systems (z.B. Kleinstcomputer, Automaten...) usw. Aber auch eine Fülle von Programmen für PCs.

Als kleine Auswahl können Sie sich auf folgenden Intenet-Seiten einen Überblick schaffen, wo überall – und wie – Java zum Einsatz kommt: http://java.sun.com/, http://www.java.com/, http://www.java.de/, http://www.java.net/, http://java-source.net/ usw.

Oder folgen Sie uns doch auf die nächsten Seiten dieses Buches und programmieren Sie selber Java-Anwendungen. Allerdings geht es uns nicht hauptsächlich darum, Ihnen Java beizubringen, sondern mittels Java das Verständnis für die Denkweise des Programmierens – speziell der objektorientierten Programmierung – näher zu bringen. Und dazu setzen wir in unserem Unterricht eben Java ein.

1.4 Lernziele und Aufgaben

1.4.1 Lernziele

Nach Durchlesen dieses Kapitels sollten Sie

- erklären können, was Programmierung bedeutet,
- die grundlegenden Programmstrukturen kennen und beschreiben können,
- die Unterschiede zwischen Compilern und Interpretern sowie die Funktionsweise der Java Virtual Machine erklären können und
- einen allgemeinen Überblick über Java geben können.

1.4.2 Aufgaben

Wie versprochen erhalten Sie am Ende jeden Kapitels Aufgaben zum Vertiefen des Stoffes:

1. Suchen Sie im Internet nach Beispielen für Programmtexte von verschiedenen Programmiersprachen.
   - Welche Unterschiede und Gemeinsamkeiten erkennen Sie?
   - Wenn Sie schon eine Programmiersprache können, verstehen Sie, was in dem Programmtext mit der anderen Programmiersprache der Computer machen soll?
2. Suchen Sie im Internet nach Java fähigen Geräten, die es mittlerweile gibt. Verwenden Sie folgende Kategorien: Computer (PCs, Workstations, Legacy-Systeme), Telekommunikation (Handys...), sonstige Computing Devices (PDAs, Uhren, Camcorder...), Haushaltsgeräte (Waschmaschine...), Automotive (Fahrzeuge, Navigationssysteme...), Embedded Systemen (Automation...)
3. Nehmen Sie sich ein paar Minuten Zeit und stöbern Sie auf der Seite http://java.sun.com/.

2 Java Development Kit und Java Entwicklungswerkzeuge

2.1 JDK und seine Versionen

Es gibt eine – zugegebenermaßen verwirrend große – Anzahl von Java-Paketen in verschiedensten Versionen mit den unterschiedlichsten Erweiterungen. Doch davon sollten Sie sich nicht verwirren lassen; wir versuchen im Folgenden, etwas Ordnung in die Welt der Java-Pakete und deren Benennung zu bringen, und zeigen Ihnen, was – im Rahmen dieses Java-Buches – für Sie wichtig ist.

2.1.1 Übersicht JDK

Im Zusammenhang mit Java häufig auftretende Abkürzungen sind folgende:

- JRE – Java Runtime Environment: Eine Sammlung von Java-Programmen, welche für die Ausführung von Java-Programmen auf verschiedenen Plattformen (Computern) unbedingt notwendig sind.
- JDK – Java Development Kit: Eine Sammlung von Java-Programmen, welche für die Entwicklung von eigenen Java-Programmen benötigt werden. Wenn von einem JDK gesprochen wird, ist im Prinzip das JRE auch eingeschlossen.
- SDK – Software Development Kit: Eine erweiterte Sammlung von Java-Programmen, welche zusätzlich zu den Programmen des JDK weitere Tools (Werkzeuge, also Hilfsprogramme) beinhalten, die für die Entwicklung von großen Java-Applikationen, meist Web- oder verteilte Anwendungen, nötig sind.

Ein *JRE (Java Runtime Environment)* in einer mehr oder weniger aktuellen Version ist bereits auf den meisten Computern installiert, ohne dass es vielleicht die Benutzer wissen. Denn sobald eine Java-Software installiert oder im Internet-Browser eine Java-Anwendung aufgerufen wird, installiert sich im Hintergrund automatisch das JRE, wenn es nicht bereits installiert ist. Das JRE erlaubt dem Endbenutzer, Java-Programme laufenzulassen, indem es die Java Virtual Machine (vgl. Kapitel 1.1.3) auf dem Computer bereitstellt. Je nach den Einstellungen lädt das JRE mehr oder minder häufig neue Updates aus dem Internet herunter.

Ein *JDK (Java Development Kit)* beinhaltet ein JRE, erlaubt aber darüber hinaus zusätzlich die Entwicklung von eigenen Java-Programmen. Alle für Java notwendigen Tools werden hierfür zur Verfügung gestellt, wie beispielsweise der Java-Compiler. Ein Editor zum Schreiben des Quelltextes ist allerdings in der Grundversion nicht enthalten; dafür muss man auf ergänzende Pakete zurückgreifen oder einen beliebigen Editor verwenden, der auf dem Computer installiert ist (und einfachen Text – also Text ohne Formatierungszeichen – abspeichern kann).

Das JDK ist das Java-Paket, das wir für unseren Java-Kurs benötigen. Es wird mit einer so genannten Java-Plattform (oder auf Englisch *Platform*) ausgeliefert. Diese Plattformen werden auch als Technologien oder *Frameworks* bezeichnet:

- *Java SE – Java Platform Standard Edition*: Sie erlaubt die Entwicklung und Verteilung von Java-Anwendungen auf Computern, Servern und *embedded Systems* (eingebetten Systemen, also solchen „Maschinen", die einen Computer beinhalten, wie beispielsweise Geldautomaten).
- *Java ME – Java Platform Micro Edition*: Dies ist die Standard-Umgebung für Java-Anwendungen auf mobilen und anderen kleinen, *embedded* Geräten wie Handys, PDAs (Personal Digital Assistents) und Druckern.
- *Java EE – Java Platform Enterprise Edition*: Diese Technologie geht weit über Java SE hinaus, indem sie die Implementierung von Service-orientierten Architekturen (SOA) und Web-2.0-Anwendungen ermöglicht, also modernsten Technologien für Austausch von Daten und Informationen übers Internet.

JRE und JDK stellen verschiedene Programme und Software-Komponenten zur Verfügung. Abb. 2.1 zeigt den Umfang des JDK und des JRE in Java SE. Beispielsweise beinhaltet die Kategorie *Tools & Tool APIs* Java-Werkzeuge zum Kompilieren (javac), Ausführen (java) und Erstellen von Dokumentationen (javadoc). API steht hierbei für *Application Programming Interface* und beschreibt die Schnittstellen von Java-Programmen zu anderen Programmen, der Hardware oder den Benutzern.

Deployment Technologies erlaubt ein unterschiedliches Bereitstellen von Java-Programmen, beispielsweise, ob sie stand-alone (also als Einzelplatzanwendung) oder übers Netzwerk bzw. Internet laufen. Die verschiedenen *Toolkits* und *Libraries* sind verschiedenste mitgelieferte Java-Programmpakete (Klassen), die sehr viel Funktionalität für Java-Programme bereitstellen, wie Grafik, Ein- und Ausgabe, mathematische Funktionen, Sicherheitselemente usw.

Die *Java Virtual Machine* (JVM) ist der Kern aller Java-Tools; sie lässt die Java-Programme plattformunabhängig laufen. Die JVM ist von Sun für die Computer-Plattformen Solaris, Linux und Windows entwickelt (auch mit dem englischen Wort *Platforms* bezeichnet, was manchmal zur Verwechslung mit den Technologien führt) und von anderen Computer- bzw. Betriebssystemherstellern für ihre unterstützten Plattformen adaptiert (z.B. Workstations, Java-fähige Handys...).

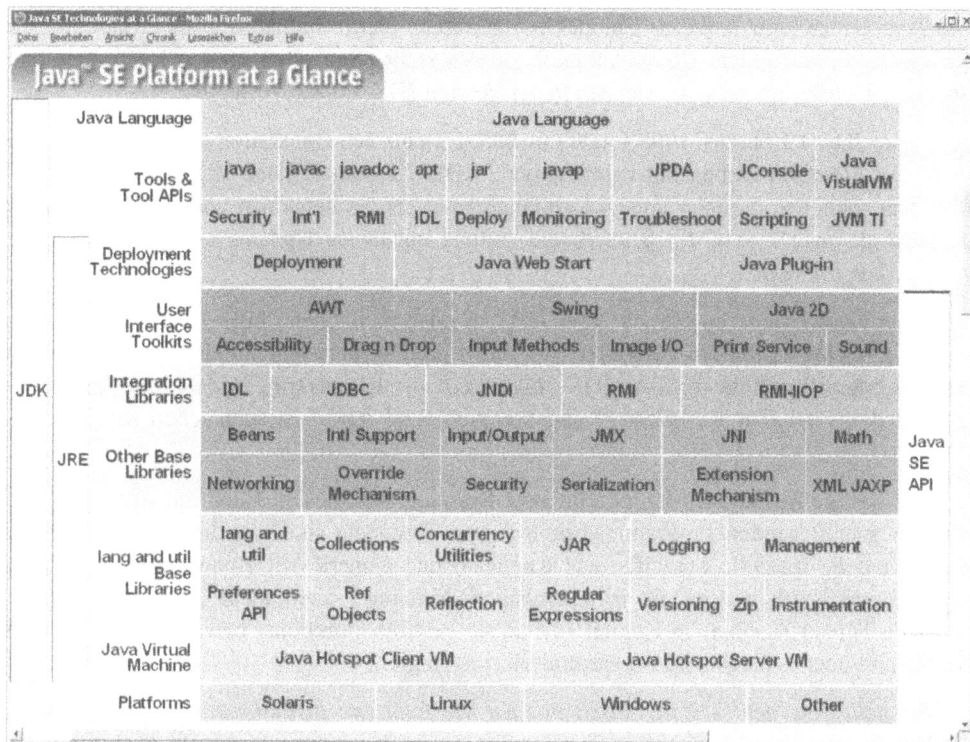

Abb. 2.1 *Java SE Platform [Quelle: Sun Developer network; http://java.sun.com/javase/technologies/index.jsp; Stand: 7.6.2010]*

Auf einige dieser Komponenten kommen wir in diesem Buch zu sprechen; vieles werden wir Ihnen aber auch vorenthalten müssen, um unseren Rahmen nicht zu sprengen. Jedoch sei erwähnt, dass es neben diesen Komponenten noch viele weitere Zusatzpakete zur Erstellung von speziellen Java-Programmen gibt: Beispielsweise *JavaFX* für dynamische Webinhalte, *Java DB* für eine Java-Datenbank, *Java 3D* für dreidimensionale Grafikanwendungen usw.

2.1.2 Versionen JDK

Sun Microsystems verbessert Java ständig weiter und stellt zügig die Änderungen und Ergänzungen als kleinere Updates oder die großen Neuerungen als neue Versionen zur Verfügung (http://www.sun.com/aboutsun/company/history.jsp). Vermutlich mehr aus Marketing-Überlegungen als aus technischer Notwendigkeit wurde die Benennung der Versionen öfters gewechselt. Leider führt dies dazu, dass es eine scheinbar unübersichtliche Vielfalt von Versionen gibt, obwohl sich diese klar ordnen lassen, wie das Java-Download-Archiv von Sun zeigt (http://java.sun.com/products/archive/).

1995 stellte Sun die erste universelle Software-Plattform vor, die vollständig für den Einsatz im Internet konzipiert war. Java war geboren unter dem Namen HotJava oder Java HotSpot.

Die Java-Technologie sollte es Entwicklern erlauben, plattformunabhängige Programme zu schreiben, die auf jedem Computer laufen. 1996 stellte Sun allen großen Hardware- und Software-Unternehmen Java-Lizenzen in der Version JDK 1.0 zur Verfügung.

1997 kam JDK 1.1 heraus. 1998 folgte mit JDK 1.2 eine neu Generation von Java, was 1999 in *Java 2 Plattform* umbenannt wurde (Java 2 SDK 1.2 oder J2SDK 1.2). Die Java 2 Platt-form war schneller, flexibler und viel umfangreicher als die Versionen vorher. JDK 1.3 wur-de 1999 als *Java 2 SDK 1.3* lanciert und laufend mit neuen Updates verbessert, bis 2002 *Java 2 SDK 1.4* kam.

Mit einer Namensänderung folgte 2004 *JDK 5.0* oder auch *Java 5* oder *JDK 5*. Der Einsatz von Java reichte zu diesem Zeitpunkt von 1,5 Milliarden Java-fähigen Handys und Geräten bis zum Mars Rover der NASA. 2007 folgte *JDK 6* mit mehreren Updates. Im Dezember 2009 sind wir bei *JDK 6 Update 17* angekommen. Und *JDK 7* ist auch schon wieder ange-kündigt.

Bis auf wenige Ausnahmen laufen alle Java-Beispiele aus diesem Buch mit dem JDK 1.2. Manche grundlegenden Programmstrukturen und -konzepte sind allerdings erst in Java 5 realisiert (z.B. spezielle Schleifen aus Kapitel 6 und Generics). Dahingegen gibt es auch Java-Programmierbeispiele, die in den neueren Versionen nicht mehr zulässig sind (z.B. spezielle Thread-Zustände in Kapitel 15), da sie gewisse Funktions- bzw. Sicherheitsrisiken bergen und/oder es elegantere Programmierlösungen gibt.

Wir gehen mit der Versionsvielfalt in Java wie folgt um: Installieren Sie die neueste Version von Java, wenn Sie noch keine haben. Ansonsten verwenden Sie Ihre instal-lierte Java-Version (mind. JDK 5).

2.2   Installation und Dokumentation

Wie erwähnt, ist oftmals ein JRE auf dem Computer bereits automatisch installiert. Will man jedoch Java programmieren, braucht man das JDK, was nicht standardmäßig installiert ist. In diesem Kapitel beschreiben wir die Installation eines JDK direkt als Basispaket ohne Ver-wendung einer Java-Programmierumgebung.

Ab Kapitel 13 verwenden wir eine Programmierumgebung zur Programmierung mit Java. Je nach Vorkenntnissen sollten Sie früher oder später auch auf eine Programmierumgebung Ihrer Wahl umsteigen – das empfehlen wir Ihnen sogar. Denn Programmierumgebungen sind sehr nützlich; aber beim Erlernen vom Programmieren lenken sie anfangs vom eigentlichen Thema ab. Das ist vielleicht am besten vergleichbar mit dem Schreibenlernen: Noch bevor die Gründzüge von Buchstaben, Wörtern, Rechtschreibung und Grammatik verstanden sind, wird ein Textverarbeitungsprogramm eingesetzt. Scheiben kann man damit schon; nur einen Sinn werden die Zeichen auf dem Bildschirm nicht ergeben. Also starten wir erst ganz rudi-mentär, aber nicht weniger effizient mit dem Java-Programmieren.

2.2.1 Erste Installation von Java

Soll beispielsweise die neueste Java-Version installiert werden, so geschieht dies am besten über die offizielle Java-Download-Seite http://java.sun.com/, entweder rechter Hand über *Popular Downloads* oder über die Navigationsleiste *Sun Developer Network* oben mit *Downloads*:

- Auf der Seite *Java SE Downloads* entsprechende Java-Plattform (auch als Technologie bezeichnet) wählen; am besten *Java SE*.
- Angebotene Java-Version wählen; dabei auf *JDK* achten. *Download* drücken.
- Entsprechende *Platform* – also quasi das Betriebssystem – und gegebenenfalls Sprache (*Language*) wählen, *License Agreement* bestätigen und *continue* drücken.
- Installationspaket (beispielsweise unter Windows *jdk-6u12-windows-i586-p.exe*) herunterladen oder *Download Manager* wählen.
- Installationspaket ausführen, den vorgegebenen Schritten folgen und Java in entsprechendem Verzeichnis installieren (beispielsweise unter Windows im Verzeichnis *C:\Programme\Java\jdk1.6.0_12*). Sie werden vermutlich noch nach einem Verzeichnis fürs neuste *JRE* gefragt, was Sie einfach bestätigen können.

Da wir die standardmäßige Java-Dokumentation später brauchen werden, laden wir sie auch gleich noch herunter:

- Gehen Sie nochmals auf die Seite *Java SE Downloads* und drücken Sie unter *Java SE 6 Documentation* den Knopf *Download*.
- Über *Platform*, *Language*, *License Agreement* und *continue* gelangen Sie zu einer komprimierten Datei (beispielsweise *jdk-6u10-docs.zip*), welche Sie am besten in Ihrem Java-Installationsverzeichnis ablegen (beispielsweise unter Windows im Verzeichnis *C:\Programme\Java*) und auspacken. Aufgrund der Größe der Dokumentation kann dies etwas länger dauern.
- Gehen Sie in der Verzeichnisstruktur tiefer in die Unterverzeichnisse, bis Sie die Datei *index.html* finden (beispielsweise unter Windows *C:\Programme\Java\jdk-6u10-doc\docs\index.html*).
- Rufen Sie diese Datei in Ihrem Browser auf. Sie werden zunächst verloren sein, wie gigantisch viel Dokumentation zu Java Ihnen nun mit komfortablen Hyperlinks zur Verfügung steht. Aber später, wenn wir darauf zurückkommen, werden Sie diese Hilfe gerne in Anspruch nehmen..

Nun ist Java – also das JDK – installiert. Wir müssen dem Betriebssystem nur noch sagen, wo im Verzeichnisbaum Java zu finden ist. Dies geschieht unter Windows XP, auch wenn es ziemlich rudimentär anmutet, beispielsweise wie folgt (in anderen Versionen des Windows-Betriebssystems funktioniert dies entsprechend):

- Gehen/drücken Sie unter *Start, Einstellungen, Systemsteuerung*, (klassische Ansicht) Anwendung *System*, Lasche *Erweitert*, Knopf *Umgebungsvariablen*, Bereich *Systemvariable*, Knopf *Neu*, Fenster *Neue Systemvariable*.
- Nehmen Sie im Feld *Name der Variablen* den Eintrag *JAVA_HOME* vor.

- Nehmen Sie im Feld *Wert der Variablen* den Pfad-Eintrag vor, wo Ihr JDK liegt, also beispielsweise: *C:\Programme\Java\jdk1.6.0_12\bin;*
- Name und Wert der Variablen dürfen bzw. müssen Sie so benennen, wie sie wollen bzw. wo Ihr JDK abgelegt ist. Dann Knopf *OK*.
- Nun Systemvariable *Path* bearbeiten. Vorsicht, bestehende Pfadeinträge NICHT überschreiben!
- Dazu Zeile markieren: *Path*...
- Drücken Sie den Knopf *Bearbeiten* und fügen Sie bei *Wert der Variablen* am Anfang der Zeile *%JAVA_HOME%;* ein. Auf Zeilenanfang und Semikolon nach dem Ausdruck achten!
- Dann Knopf *OK*, nochmals *OK* und noch mal *OK*.
- Nach der Installation ist eventuell ein Neustart erforderlich.

Um zu testen, ob Ihre Java-Installation erfolgreich war, starten Sie unter Windows XP die Eingabeaufforderung und geben Folgendes ein, um dann die entsprechenden Ausgaben zu erhalten:

- Unter *Start, Alle Programme, Zubehör, Eingabeaufforderung* erhalten Sie ein kleines schwarzes Fenster mit weißer Schrift und dem Titel *Eingabeaufforderung*. (Dies wurde früher einmal auch als DOS-Shell bezeichnet.)
- Geben Sie dort `javac -version` ein. Als Ausgabe sollten Sie in etwa Folgendes erhalten, wie in Abb. 2.2 gezeigt ist. (Eventuell haben Sie nur eine andere Java-Compiler-Version installiert.)

Abb. 2.2 *Aufruf* `javac -version` *in der Eingabeaufforderung, um die aktuelle Version des Java-Compilers anzuzeigen.*

- Geben Sie nun `java -version` ein. Als Ausgabe sollten Sie dann in etwa Folgendes erhalten, wie in Abb. 2.3 gezeigt ist. (Eventuell haben Sie nur eine andere JRE-Version installiert.)

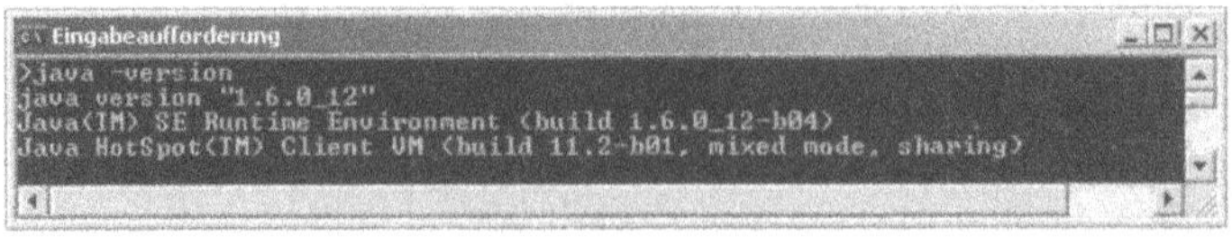

Abb. 2.3 *Aufruf* `java -version` *in der Eingabeaufforderung, um die aktuelle Version der Java Virtual Machine bzw. des JRE anzuzeigen.*

Wenn Sie diese beiden Ausgaben (oder zumindest für eine andere Java-Version) erhalten, sieht es sehr gut aus. Dann können Sie voller Elan Ihr erstes Java-Programm schreiben, sobald wir noch einen kurzen Blick in die von Java angelegten Verzeichnisse geworfen haben.

2.2.2   Nach der Installation von Java

Nach der Installation sind außer Text- und HTML-Dateien mit allgemeinen Informationen und solchen zu Copyright und Lizenzen folgende Unterverzeichnisse in Ihrem Java-Installationsverzeichnis (also z.B. *C:\Programme\Java\jdk1.6.0_12*) angelegt:

- \bin enthält alle ausführbaren Java-Tools, die mit dem JDK für diesen Computer ausgeliefert werden.
- \lib enthält alle Standard-Java-Klassen (mit dem Java-Tool *jar* komprimierte Dateien), die für die Entwicklung von Java-Programmen benutzt werden können.
- \jre beinhaltet die Laufzeitumgebung von Java (also das Java Runtime Environment). Hier liegen alle plattformspezifischen Files, um Java-Programme unter diesem Betriebssystem auf diesem Computer laufen zu lassen.
- \demo, \include und \sample enthalten viele verschiedene Java-Beispielprogramme und Schnittstellendefinitionen.
- Und noch ganz wichtig: Im Java-Verzeichnis liegt außerdem die Datei *src.zip*, welche die vollständigen Quelltexte aller mitgelieferten Java-Klassen und -Pakete enthält.

2.2.3   Erstes Java-Programm – der Klassiker *Hello World*

Was wäre Java ohne den Klassiker *Hello World*, das klassische „erste Java-Programm", welches in unzähligen Java-Büchern erwähnt wird. Auf wen oder welche Gelegenheit es zurückgeht, kann niemand gesichert sagen. Aber allein nach der Mühe der Installation von Java den Ausdruck *Hello World* auf dem Bildschirm geschrieben zu sehen, scheint Lohn genug zu sein. Daher greifen wir auch auf den Klassiker zurück; allerdings nennen wir unser Java-Programm (vergleiche Abb. 2.4) nicht wie seine Bildschirmausgabe sondern `ErstesJavaProgramm.java`.

```
public class ErstesJavaProgramm
{
  public static void main (String[] args)
  {
    System.out.println("Hello World");
  }
}
```

Abb. 2.4   Quellcode von `ErstesJavaProgramm.java`

Um nun *Hello World* auf den Bildschirm zu zaubern, gehen Sie wie folgt vor:

- Starten Sie die Anwendung *Eingabeaufforderung*. Gehen Sie in der Eingabeaufforderung mittels des Windows-Befehls *cd* in Ihr persönliches Verzeichnis, falls Sie nicht bereits dort sind. (Wenn Sie unter Windows in der Eingabeaufforderung ein neues Verzeichnis anlegen wollen, so können Sie dies mittels des Windows-Befehls *md* bewirken.)

- Starten Sie nun einen Editor, der im *Plain-Text-Format* speichern kann, auf dem Computer (z.B. *Notepad*). Das Plain-Text-Format ist ein Format ohne Steuerzeichen; d.h. der Text hat keinerlei Formatierung im Editor bzw. es kann zumindest der Text ohne jegliche Text-Formatierungen abgespeichert werden.
- Geben Sie das Java-Programm wie in Abb. 2.4 vorgestellt im Editor ein. Beachten Sie dabei die Rechtschreibung, Groß- und Kleinschreibung sowie den richtigen Dateinamen.
- Geben Sie zum Kompilieren des Java-Codes in der Eingabeaufforderung `javac ErstesJavaProgramm.java` ein, wie in Abb. 2.5 gezeigt ist. Wenn Sie als Ausgabe Sie keinerlei Meldung erhalten, so ist das richtig, ganz gemäß dem englischen Sprichwort: *No news is good news.*

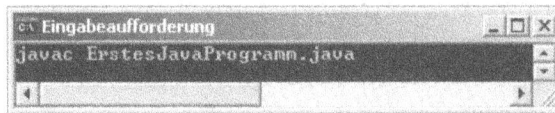

Abb. 2.5 *Der Klassiker "Hello World": Aufruf des Java-Compilers auf* `ErstesJavaProgramm.java`

- Schauen Sie im Verzeichnis mittels Eingabe des Windows-Befehls *dir* in der Eingabeaufforderung nach, welche Dateien nun dort liegen. Zusätzlich zu `ErstesJavaProgramm.java` finden Sie nun auch `ErstesJavaProgramm.class`.
- Der Java-Compiler hat aus dem Java-Quellcode (gespeichert in der Datei `ErstesJavaProgramm.java`) Java-Byte-Code erzeugt und in der Datei `ErstesJavaProgramm.class` abgespeichert.
- Geben Sie zum Ausführen des entstandenen Java-Byte-Codes (in der Datei mit dem Namen `ErstesJavaProgramm.class`) in der Eingabeaufforderung, wie in Abb. 2.6 gezeigt ist, Folgendes ein: `java ErstesJavaProgramm`
- Sie sollten nun als Ausgabe, wie in Abb. 2.6 gezeigt, erhalten: *Hello World*

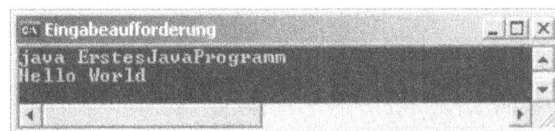

Abb. 2.6 *Der Klassiker "Hello World": Aufruf der Java Virtual Machine auf* `ErstesJavaProgramm` *und Ausgabe "Hello World" in der Eingabeaufforderung*

An dieser Stelle beschränken wir uns auf eine erste kurze Erklärung des Programmcodes von Abb. 2.6 für erfahrene Programmierer. Eine ausführliche Beschreibung kommt im Laufe des Buches:

- Zeilenumbrüche und Leerzeichen (wenn nicht gerade Trennzeichen zwischen Schlüssel-wörtern) sind für den Java-Compiler ohne Bedeutung. D.h. Sie dürften auch alles in eine Zeile schreiben oder über mehrere Zeilen verteilen, solange Sie keine Tokens „auseinan-derreißen" (vgl. Kapitel 3.1). Die Formatierung des Quelltextes dient alleine der Über-sichtlichkeit des Programmierers.
- Das Semikolon trennt einzelne Java-Befehle.
- Der Ausdruck `ErstesJavaProgramm` ist der Name der frei aufrufbaren (öffentlichen, `public`) Java-Klasse (`class`). So wie die Klasse heißt, heißt auch die Datei, also `ErstesJavaProgramm.java`.
- Umgebende Klammern schließen Blöcke mit zusammengehörigem Inhalt ein.
- Der Einstieg in das Programm erfolgt über `public static void main (String[] args)`. Die Haupteinstiegsmethode (`main`) ist frei aufrufbar (`public`), ist eine Klassenmethode (`static`) und liefert keinen Rückgabewert (`void`). Das Hauptprogramm kann mehrere Argumente beim Aufruf übernehmen (`String[] args`), die aber hier nicht ausgewertet werden.
- Die Ausgabe des Textes *"Hello World"* in der Eingabeaufforderung erfolgt über den Stan-dardaufruf `System.out.println`.

Wenn Ihnen das alles noch unverständlich vorkommt, können Sie sich getrost auf die nächs-ten Kapitel des Buches freuen. Wenn Ihnen einiges oder sogar alles schon bekannt vor-kommt, dürfen Sie sich auch auf die weiteren Kapitel freuen; Sie dürfen dann aber sogar ein bisschen schneller lesen.

2.3   Java Entwicklungs-Tools

Mit dem JDK werden auch verschiedene *Software-Entwicklungswerkzeuge (= Tools)* mitge-liefert, weshalb SUN gerade deshalb eher vom SDK (Software Development Kit) als vom JDK (Java Development Kit) spricht. Diese Entwicklungswerkzeuge sind wiederum Compu-terprogramme, mit deren Hilfe Java-Programme beispielsweise übersetzt, nach Fehlern durchsucht oder dokumentiert werden können. Nicht standardmäßig mitgeliefert wird ein Editor oder eine anwenderfreundliche Programmierumgebung, sondern nur die notwendigen Grundprogramme, um Java zum Laufen zu bringen.

Im Buch kommen wir später zu den *Programmierumgebungen (IDE = Integrated Develop-ment Environment)*. Bis dahin verwenden wir einen einfachen Editor, um erstens das Ver-ständnis zu stärken, was genau passiert, bis ein Java-Programm läuft. Und zweitens, um nicht durch die große Funktionalität von IDEs abzulenken.

2.3.1   Standard-Tools

Die wichtigsten beiden Tools sind der Java-Compiler `javac`, der den Java-Quellcode in Java-Bytecode übersetzt, und der Java-Interpreter `java`, der diesen Java-Bytecode in der Java Virtual Machine bzw. dem JRE ausführt.

`javac`

- Der Java-Compiler übersetzt Java-Quellcode in Java-Bytecode.
- Dateien mit Java-Quellcode müssen die Endung `.java` haben.
- Dateien mit Java-Bytecode erhalten die Endung `.class` (und lauten so, wie die Klassen im Java-Quellcode benannt sind).
- Aufruf: `javac [Optionen] [Dateiname] [@files]`
- `@files` ist eine Datei, die mehrere Java-Dateien enthält.

`java`

- Der Java-Interpreter führt eigenständige Java-Anwendungen aus.
- Aufruf: `java [Optionen] [Klassenname] [Argumente]`
- Anstelle von `[Klassenname]` kann auch `-jar file.jar` stehen, wenn in dem Paket `file.jar` die entsprechende Klasse mit `Klassenname` enthalten ist.

Weitere wichtige Tools, die standardmäßig mit dem JDK mitgeliefert werden:

- `appletviewer` ist ein Programm, das es ähnlich einem Browser erlaubt, Java Applets (=Java-Programme, die nur in einem Browser lauffähig sind) aufzurufen und deren Grafikausgaben zu betrachten.
- `javadoc` erstellt aus Java-Quelltexten Dokumentationen im HTML-Format. Dazu verwendet es die öffentlichen Klassen-, Interface- und Methodendeklarationen und fügt zusätzliche Informationen aus eventuell vorhandenen Dokumentationskommentaren hinzu.
- `javap` ist ein so genannter Disassembler, der aus dem Java-Bytecode so viel Information wie möglich zum Java-Quellcode rekonstruiert. Ein exaktes Wiederherstellen des ursprünglichen Java-Quellcodes ist aber unmöglich.
- `jdb` ist ein Debugger (zu Deutsch: „Entwanzer"), mit dem Fehler in Java-Programmen gesucht und gefunden werden können. Programme können schrittweise laufen gelassen werden, um sich den Inhalt von Variablen oder Objekten explizit anzeigen zu lassen und diese manipulieren zu können.
- `jar` ist ein Archivierungsprogramm, das Dateien und komplette Unterverzeichnisse komprimieren und in eine gemeinsame Archivdatei packen kann (ähnlich zip).

Darüber hinaus gibt es noch weitere Tools, die hier aber nicht weiter erwähnt werden.

2.3.2   Integrated Development Environments (IDE)

IDEs (Integrated Development Environments) sind Programmier- bzw. Entwicklungswerkzeuge, die es erlauben, auf komfortable Art und Weise Computer-Programme zu erstellen.

IDEs gibt es für die verschiedensten Programmiersprachen. Manche IDEs lassen sich auch für mehrere Programmiersprachen einsetzen. Immer wiederkehrende Ausdrücke im Quelltext eines Programms werden automatisch bzw. mittels Knopfdruck im Editor erzeugt, was viel Schreibarbeit erspart. Das Kompilieren und Debuggen erfolgt ebenfalls automatisch auf Knopfdruck.

IDEs für Java kombinieren die wichtigsten Java-Tools (`javac`, `java`, `javadoc`, `jar`, eventuell `jdb`, `javap`...) mit einer benutzerfreundlichen Grafikbedienoberfläche und einem komfortablen Editor. Viele (bzw. die meisten) Interaktionen mit dem JDK sind vollständig grafisch per Mausbedienung unterstützt.

CASE-Tools (Computer-Aided Software Engineering) gehen noch einen Schritt weiter und generieren aus einer grafischen Modellierung direkt Quellcode und kompilieren diesen zum fertigen Programm.

Es gibt leistungsfähige kommerzielle IDEs und CASE-Tools, die je nach Funktionalität und Einsatzgebiet teuer werden können. Es gibt aber auch freie verwendbare Programme (Freeware und Open-Source), die von „sehr einfach und intuitiv bedienbar" bis „komplex, aber sehr leistungsfähig" reichen:

- Eclipse (Eclipse Foundation): http://www.eclipse.org
- NetBeans (NetBeans Community): http://www.netbeans.org/
- jcreator (Xinox Software): http://www.jcreator.com/
- bluej (Deakin University, University of Kent): http://www.bluej.org/
- JBuilder (Embarcadero): http://downloads.embarcadero.com/free/jbuilder (Freeware und Testausgaben von älteren Versionen)
- Poseidon (Gentleware): http://www.gentleware.com (eingeschränkte Freeware-Funktionalität)
- Together (Borland): http://www.borland.com/together/ (15 Tage freie Testversion)
- ...

2.4 Lernziele und Aufgaben

2.4.1 Lernziele

Nach Durchlesen dieses Kapitels sollten Sie

- erklären können, was JDK, SDK, JRE, J2SE, IDE, CASE usw. bedeutet und wie sich diese Varianten unterscheiden,
- Java SDK der neusten Version samt Online-Dokumentation auf dem Computer installieren können und den Inhalt der einzelnen Java-Verzeichnisse grob kennen.

2.4.2 Aufgaben

Schreiben Sie ein Java-Programm `EigeneAdresse`, das Ihre Adresse als einzelne Textzeilen mit `Vorname`, `Name`, `Strasse`, `Hausnummer`, `PLZ`, `Ort`, `Telefonnummer` untereinander ausgibt.

3 Token, Kommentare, Datentypen, Operatoren

3.1 Java-Token

Zur Darstellung des Java-Quellcodes und aller verwendbaren Zeichen in Java wird der 16-Bit-Unicode-Zeichensatz verwendet. Mit ihm können nicht nur die standardmäßigen 128 ASCII-Zeichen, welche auf eine 7-Bit-Zeichenkodierung zurückgehen, dargestellt werden, sondern insgesamt bis zu 2^{16} Zeichen, somit auch Umlaute, Sonderzeichen und vor allem Schriftzeichen anderer Alphabete. Alle diese Schriftzeichen sind auch im Quelltext verwendbar – zumindest theoretisch. Praktisch speichern nicht alle Editoren einen Unicode-Text in gleicher Weise ab, oder sind schlichtweg gar nicht für Unicode-Zeichen konzipiert.

Wenn wir zur Java-Programmierung auf die einfache Art zurückgehen und in der Windows-Eingabeaufforderung programmieren, so kann diese keine Unicode-Zeichen und nicht einmal deutsche Umlaute darstellen.

Zulässige Unicode-Zeichen sind durch die Unicode-Organisation standardisiert und können über http://www.unicode.org/ bzw. http://www.unicode.org/charts/ abgefragt werden. Der Unicode für unser, also das lateinische Standard-Alphabet findet sich beispielsweise hier: http://www.unicode.org/charts/PDF/U0000.pdf

Wenn der Java-Compiler den Java-Quellcode übersetzt, muss er herausfinden, was jeweils die einzelnen Bestandteile des gesamten Codes darstellen und bedeuten. Der Code wird dazu beim Übersetzen in solche „kleinen Bestandteile" zerlegt, welche der Compiler versteht. Diese kleinen Bestandteile heißen *Token*.

Ein Token ist dabei quasi ein Stückchen Text, dem der Compiler noch eine Bedeutung zuweisen kann. Diese Token unterteilen sich in Java – aber auch in anderen Programmiersprachen – in die Kategorien *Schlüsselworte*, *Bezeichner* (Identifier), *Literale*, *Trennzeichen* und *Operationen*.

Kommentare und alle Formen von Leerzeichen („normale" Leerzeichen (Space), Tabulatoren, Zeilenvorschübe…) dürfen zusätzlich zu den Tokens im Java-Quellcode vorkommen, werden aber vom Compiler ignoriert.

Aufgrund der Verwendung von Unicode ist Java in der Lage, zwischen Groß- und Kleinschreibung zu unterscheiden. Und Java macht dies; gute Programmierer nutzen dies auch! Das ist gerade bei älteren Programmiersprachen nicht immer der Fall gewesen.

3.1.1   Schlüsselwörter

Schlüsselworte sind reservierte Ausdrücke, die zum Vokabular einer Programmiersprache gehören. Der Compiler kennt sie und ihre Bedeutung und weiß, wie er sie umsetzen muss.

Java kennt folgende Schlüsselwörter bzw. reservierte Worte:

```
abstract, boolean, break, byte, case, catch, char, class, const,
continue, default, do, double, else, extends, false, final,
finally, float, for, goto, if, implements, import, instanceof,
int, interface, long, native, new, null, package, private,
protected, public, return, short, static, strictfp, super,
switch, synchronized, this, throw, throws, transient, true, try,
void, volatile, while
```

Diese Schlüsselwörter sind primär zunächst einmal für den Java-Wortschatz reserviert, wenn auch nicht mehr alle bzw. noch nicht alle Schlüsselwörter Verwendung finden bzw. deren Verwendung eher recht selten ist. Im Laufe dieses Buches werden wir die meisten Java-Schlüsselwörter kennenlernen, aber eben nicht alle.

3.1.2   Bezeichner

Ein *Bezeichner* – auch als *Identifier* bezeichnet – ist ein Wort im Quellcode, dem eine bestimmte Bedeutung zu kommt. Bezeichner in Java sind beispielsweise Variablen, Klassen, Objekte, Methoden, Pakete usw. In Java unterliegen solche Bezeichner einer bestimmten *Java-Namenskonvention*:

- Die Bezeichner dürfen nicht mit den Schlüsselwörtern identisch sein.
- Sie bestehen aus einer (nahezu) beliebig langen Folge von (fast) allen zulässigen Unicode-Zeichen verschiedener Alphabete inklusive der Zahlen.
- Sie dürfen keine Zeichen verwenden, die für andere Zwecke in Java reserviert sind, z.B. für Rechenoperationen.
- Ihr erstes Zeichen muss ein Buchstabe, ein Unterstrich _ oder das Dollarzeichen $ sein.

Aus darstellungstechnischen Gründen sollten nur Buchstaben aus dem normalen lateinischen Alphabet a bis z und A bis Z, arabische Zahlen 0 bis 9, der Unterstrich _ sowie das Dollarzeichen $ verwendet werden, aber keine Umlaute oder weitere Sonderzeichen.

- Zulässige Beizeichner sind beispielsweise: `ErstesJavaProgramm`, `meinHaus`, `Car4You`, `B2B`, `_hallo`, `$Hund`, `c4876G64n`, `statics`
- Unzulässig Beizeichner sind beispielsweise: `.ErstesJavaProgramm`, `4CarYou`, `_hallo.`, `Hu/nd`, `boolean`, `static`

3.1.3 Literale

Literale sind spezielle Token, welche die zu speichernden Werte darstellen. Es gibt Ganzzahl-Literale, Gleitzahl-Literale, Zeichen-Literale und Boolesche Literale. Literale sind auch in der Lage, als zusammengesetzte Zeichen-Literale den Inhalt von Zeichenketten wiederzugeben (Zeichenketten-Literale).

Literale sind also quasi die Werte, die den Variablen zugewiesen werden können, oder die Werte, die bei einer Operation verwendet werden können. Wem diese Definition immer noch zu abstrakt ist, der schaue schon mal in Kapitel 3.3.2 bei der Deklaration von Variablen nach.

3.1.4 Trennzeichen

Trennzeichen sind solche Token, die aufeinanderfolgende Token untereinander trennen. Es existieren in Java verschiedene Trennzeichen-Token für verschiedenste Aufgaben:

( ) Parameterliste für eine Methode; Festlegung des Vorrangs von Operationen
{ } Block mit Anweisungen oder einer Initialisierungsliste
[ ] Datenfeldindex
; Beenden einer Anweisung; Trennen der Komponenten einer for-Schleife
, Begrenzer (Limiter)
. Dezimalpunkt; Trennzeichen von Namen für Pakete, Klassen, Methoden, Variablen

3.1.5 Operationen

Operationen spezifizieren Aktionen, im meisten Fall Berechungen, die mit einem oder mehreren Operanden und einem Operator durchgeführt werden. In Java gibt es folgende Kategorien von Operatoren:

- Arithmetische Operatoren
- Arithmetische Zuweisungsoperatoren
- Bitweise Operatoren
- Vergleichsoperatoren
- Logische Vergleichsoperatoren

Wem das zu abstrakt ist, der schaue schon mal in Kapitel 3.4 bei den Operatoren nach. Zusätzlich wichtig zu erwähnen ist noch, dass die Operatoren eine unterschiedliche Priorität besitzen, die vorschreibt, in welcher Reihenfolge sie ausgeführt werden, wie in Kapitel 3.4.8 gezeigt wird.

3.2   Kommentare

Kommentare helfen den Programmierern, indem sie bestimmte Textteile im Programmcode für den Compiler ausblenden, den Programmierern aber die Möglichkeit geben, Ideen und Informationen zum Programmcode an Ort und Stelle niederzuschreiben.

In Java gibt es drei verschiedene Typen von Kommentaren. Diese Kommentararten können überall im Programmcode beginnen und enden, nur nicht innerhalb von Zeichenketten, also irgendwo zwischen zwei Anführungszeichen, oder in anderen Kommentaren.

`/* */`   Standard-Kommentar
Im Java-Quellcode werden einzelne Textpassagen für den Compiler „unsichtbar" gemacht, also als Kommentar gesetzt, indem diese Textpassagen mittels `/*` und `*/` eingeschlossen werden.

`//`   Zeilenkommentar
Im Java-Quellcode werden einzelne Textzeilen oder der hintere Teil von Textzeilen bis zum Zeilenende als Kommentar gesetzt, sobald ein `//` geschrieben wird.

`/** */`   *javadoc*-Kommentar
Diese Kommentarart schließt solche Kommentare ein, die vom Java-Werkzeug `javadoc` ausgelesen und in eine automatisch aus dem Quellcode genierbare Dokumentation geschrieben werden.

Stehen in einem *javadoc*-Kommentar nachfolgende Schlüsselwörter, werden die entsprechenden Einträge in die Dokumentation aufgenommen, sofern beim Aufruf von `javadoc` diese Option angegeben wird:

`@author name` Erzeugt einen Autoreneintrag.
`@version version` Erzeugt einmal je Klasse oder Interface einen Versionseintrag.
`@since jdk-version` Beschreibt, seit wann das beschriebene Feature existiert.
`@see reference` Erzeugt einen Querverweis auf eine andere Klasse, Methode oder einen beliebigen anderen Teil der Dokumentation.
`@param name description` Beschreibt die Parameter einer Methode.
`@return description` Beschreibt den Rückgabewert einer Methode.
`@exception classname description` Beschreibt die Ausnahme, die von dieser Methode ausgelöst wird.
`@deprecated description` Markiert eine veraltete Methode, die zukünftig nicht mehr verwendet werden sollte.

Viele dieser Definitionen sagen Ihnen noch nichts; stören Sie sich aber nicht daran. Verstehen Sie zunächst nur einmal das Prinzip: Beispielsweise wird aus dem Programmcode von `Kommentare1.java` (wie in Abb. 3.1) mit dem Aufruf `javadoc -author -version Kommentare1.java` der Name des Autors und die Version in die automatisch generierte *javadoc*-Dokumentation übernommen.

```
/**
    Übergeordnetes javadoc-Kommentar für nachfolgende Klasse
  *
    @author  Hans Muster
    @version 1.8
*/

public class Kommentare1 {

/**
    Javadoc-Kommentar für nachfolgende Methode
  *
*/

  public static void main (String[] args) {
    System.out.println("Ich habe Hunger");
  }
}
```

Abb. 3.1 *Java-Programmcode* Kommentar1 *mit einem Javadoc-Kommentar und den javadoc-Schlüsselwörtern* @author *und* @version

Als Dokumentation werden von javadoc mehrere HTML-Dateien erzeugt und aus dem Java-Programmcode die entsprechende Einträge übernommen und eingefügt, wie Abb. 3.2 am Beispiel von Kommentare1.html zeigt.

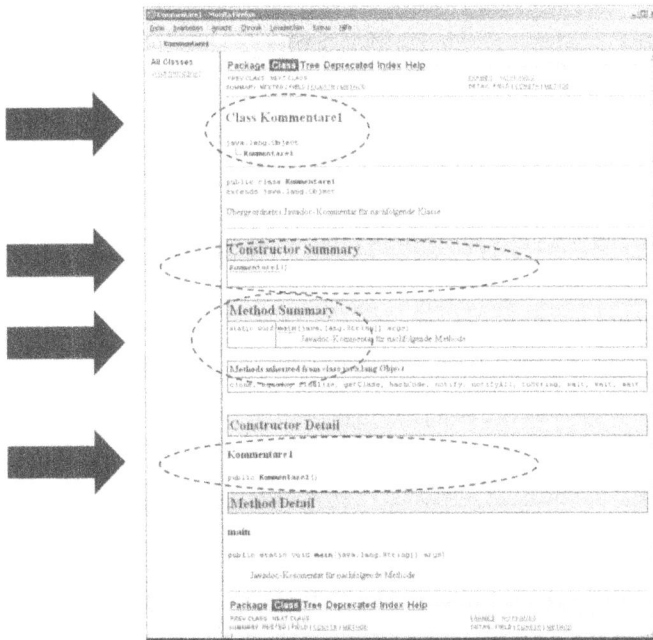

Abb. 3.2 *Eine der von* javadoc *generierten HTML-Dateien (*Kommentare1.html*) zur Dokumentation des Programmcodes vom Java-Programm* Kommentare1.java.

3.3   Datentypen

Ein *Datentyp* in einer Computersprache – oftmals auch nur als Typ bezeichnet – beschreibt, in welchem Datenformat eine Variable im Computer angelegt und weiter verarbeitet wird. Mit dem Datentyp sind die Operationen definiert, die auf diesem Datentyp ausgeführt werden dürfen. Dies ist wichtig, da nicht jede Operation für jeden Datentyp Sinn macht, wie das einfache Beispiel zeigt:

$\sqrt{81}$ ist in Ordnung, aber $\sqrt{"HalloOma"}$ ergibt keinen Sinn.

3.3.1   Primitive Datentypen

Java kennt die folgenden acht so genannten *primitiven Datentypen*, die vorhanden sind, um Variablen standardmäßig deklarieren zu können:

- `byte, short, int, long`   Vier Ganzzahltypen mit unterschiedlichen Wertebereichen von kleinen ganzen Zahlen bis zu sehr großen.
- `float, double`   Zwei Gleitzahltypen mit unterschiedlichen Wertebereichen zur Darstellung von Kommazahlen mit normaler bis zu sehr großer Genauigkeit.
- `boolean`   Der logische (Boolesche) Datentyp, der nur die beiden Werten `true` und `false` kennt.
- `char`   Einen Zeichentyp, der ein einzelnes beliebiges Unicode-Zeichen aufnehmen kann.

Jeder Datentyp hat auf allen Computersystemen genau die gleiche, von Java vorgegebene Repräsentation (Bit-Länge), um die Plattformunabhängigkeit sicherzustellen. Aus dieser Bit-Länge folgt der Wertebereich jeder Variablen. Tab. 3.1 zeigt dies in übersichtlicher Form. Zusätzlich ist für jeden Datentyp der Default-Wert angegeben, also der Wert, der standardmäßig gesetzt ist, solange kein Wert zugewiesen wird.

Typname	Bit-Länge	Default-Wert	Wertebereich
`byte`	8	0	$-2^7...2^7-1$ = -128...127
`short`	16	0	$-2^{15}...2^{15}-1$ = -32768... 32767
`int`	32	0	$-2^{31}...2^{31}-1$ = -2147483648...2147483647
`long`	64	0	$-2^{63}...2^{63}-1$= -9223372036854775808...9223372036854775807
`float`	32	0.0	$+/-3.40282347 * 10^{38}$
`double`	64	0.0	$+/-1.79769313486231570 * 10^{308}$
`boolean`	1	false	`false, true`
`char`	16	\u0000	alle Unicode-Zeichen

Tab. 3.1   *Die acht primitiven Datentypen von Java, deren Bit-Länge, Default-Wert und Wertebereich*

Jeder Datentyp hat seinen eigenen spezifischen Wertebereich. Wird der zulässige Wertebereich eines bestimmten Datentyps überschritten, so gibt dies nicht eine Fehlermeldung, sondern es wird quasi wieder von Anfang des Wertebereichs gezählt. Dies lässt sich am besten mit einem zyklischen Wertebereich darstellen, wie in Abb. 3.3 beispielsweise für den Datentyp `byte` dargestellt ist.

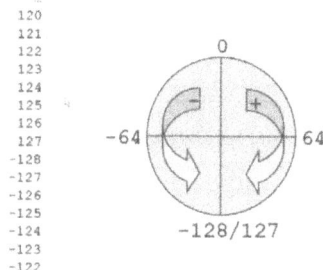

Abb. 3.3 *Symbolische Darstellung, wie beim Überschreiten des Wertebereiches eines Datentyps am anderen Ende wieder angefangen wird; hier am Beispiel des Datentyps* `byte`.

3.3.2 Deklaration von Variablen

Variablen in Programmiersprachen sind so etwas wie Platzhalter, oder vielleicht auch Behälter. Sie nehmen je nach zugeordnetem Datentyp von einer Zahl, einem Buchstaben, ganzen Sätzen bis hin zu Objekten (das erklären wir später) alles auf. Variablen müssen in Java deklariert werden. Die Variablendeklaration darf – unter Beachtung gewisser Restriktionen – quasi überall im Programmcode erfolgen und zwar in der Form:

```
Typname Variablenname;
```

Dabei wird eine Variable des Typs `Typname` mit dem Namen `Variablenname` angelegt. `Typname` kann beispielsweise ein primitiver Datentyp sein (wie `int` oder `char`). `Variablenname` ist ein Bezeichner (siehe Kapitel 3.1.2), z.B. für eine Zahl oder einen Buchstaben.

Die Wertzuweisung einer Variablen erfolgt dann in der Form:

```
Variablenname = Wert;
```

Dabei wird der Variablen mit dem Namen `Variablenname` (und des Typs `Typname`) der Variablenwert `Wert` zugewiesen. Werte können je nach Typ der Variablen nur bestimmte Literale sein. Beispielsweise wird der Variablen `Zahl` vom Typ `int` der Wert 32 zugewiesen und der Variablen `Buchstabe` vom Typ `char` das Zeichen q. Ein Zeichen wird in Java in einfache Anführungszeichen gesetzt, also `'q'`, wie in Abb. 3.4 zu sehen ist.

```
public class Datentypen1 {
  public static void main (String[] args) {

    int Zahl;
    char Buchstabe;
    Zahl = 32;
    Buchstabe = 'q';

    System.out.println(Zahl);
    System.out.println(Buchstabe);
  }
}
```

Abb. 3.4 *Java-Programmcode* Datentypen1 *mit Deklaration der Variablen* Zahl *und* Buchstabe *und Wertzuweisung*

Die Deklaration einer Variablen und deren Wertzuweisung können auch in der kombinierten Form in einem Schritt erfolgen:

Typname Variablenname = Wert;

Der Wert von primitiven Variablen (hier mit Wert bezeichnet) ist dabei ein Ganzzahl-, Gleitzahl-, Zeichen-, Zeichenketten-, Boolesches oder Symbolisches Literal. Der Wert von Wert für andere Typen Typname muss entsprechend zum Datentyp Typname passen.

Werden mehrere Variablen vom gleichen Typ Typname angelegt, so können deren Definitionen mit Kommata getrennt angegeben werden:

Typname Var1 = Wert1, Var2 = Wert2, Var3;

3.3.3   Literale

Bei den Zahlen überprüft der Java-Compiler schon anhand der Wertangaben, ob die Werte zum Datentyp passen. Um das zu machen, betrachtet er nicht nur die Länge der Zahlen sondern auch gewisse Prä- und Postfixe an den Zahlen. Da dies erfahrungsgemäß für einen angehenden Programmierer zunächst gar nicht nach korrekten Zahlen aussieht, obwohl es im Sinn von Java gültige *Literale* (vgl. Kapitel 3.1.3) sind, stellen wir Ihnen im Folgenden kurz vor, was Sie zahlenmäßig in Java alles erwarten könnten.

Ganzzahl-Literale unterscheiden sich durch ihre Darstellungsart am Anfang und Ende durch zusätzliche Prä- und Postfixe. Zunächst sei dies am Beispiel von Dezimalzahlen gezeigt, wo die Zahlen des Datentyps long ein l oder ein L am Ende erhalten:

```
int  Dezimalzahl = 3465
int  Dezimalzahl = -3465
long Dezimalzahl = 12345678901   oder   1234567890L
```

Neben den Ziffern 0 bis 9, die wir als Dezimalsystem kennen, gibt es auch andere Zahlensysteme, die mehr oder weniger Ziffern benötigen. *Hexadezimalzahlen* sind Zahlen eines Zahlensystems, welches die sechzehn Ziffern 0 bis 9 und A bis F kennt. Hexadezimalzahlen werden meist dann verwendet, wenn etwas Systemnahes programmiert werden soll. Sie werden in Java mit einem vorgestellten 0x oder 0X angegeben. Zusätzlich können sie noch mit dem Postfix für long kombiniert werden:

```
int  Hexadezimalzahl = 0xFF7A oder 0XFF7A
long Hexadezimalzahl = 0x1234567890ABCDEFL oder
0X1234567890ABCDEFL oder  0x1234567890ABCDEFl oder...
```

Oktalzahlen sind Zahlen eines Zahlensystems, welches nur die 8 Ziffern 0 bis 7 kennt. Oktalzahlen werden in Java mit einer vorgestellten 0 gekennzeichnet (und können auch mit dem Postfix für long kombiniert werden):

```
int  Oktalzahl = 0715
long Oktalzahl = 012345670L  oder  0123456701
```

Gleitzahl-Literale sind in Java eigentlich Gleitpunkt-Literale. D.h. in der Darstellung von reellen Zahlen, also Fließkommazahlen, gibt es kein Komma sondern einen Punkt. Zusätzlich können diese Zahlen eine Exponentialdarstellung annehmen, dadurch dass mit dem Exponentenzeichen e oder E der Exponent 10 hoch irgendwas angegeben wird. Je nach Genauigkeit unterscheiden sich diese Gleitpunkt-Literale noch die Datentypen float oder double, was bei float zu dem zusätzlichen Postfix f oder F führt:

```
double LangeReelleZahl = 1234567890.567
double ReelleZahl = 456.7  oder  4.567e2  oder  4.567E2
double ReelleZahl = 4.56e2
double ReelleZahl = -4.56E2
double ReelleZahl = 4.56E-2
double ReelleZahl =-4.56E-2
float  KurzeReelleZahl = 45.67f  oder  45.67F
float  KurzeReelleZahl = 4.567e1f  oder  4.567E1F  oder...
```

Bei Operationen mit Fließkomma-Variablen (float, double) können solche mathematischen Werte als Ergebnis herauskommen, die entweder vom Computer nicht mehr dargestellt werden können (Unendlich aufgrund beschränkter Rechengenauigkeit bzw. limitiertem Rechenraum) oder die mathematisch gar nicht existieren (z.B. bei Division durch Null). In diesem Fall wird den Fließkomma-Variablen (float, double) ein entsprechendes *Symbolisches Literal* zugewiesen:

```
Infinity   Unendlich
NaN        Not-A-Number
```

NaN ist beispielsweise das Ergebnis der mathematisch nicht definierten Berechnung $\frac{0.0}{0.0}$.

Infinity wird das Ergebnis von Berechnungen, die auf eine Zahl größer als $1.79769313486231570 * 10^{308}$ führen, was selbst bei double über die maximal darstellbare Genauigkeit hinausgeht.

Zeichen-Literale werden als einzelne Zeichen innerhalb von einfachen Anführungszeichen
' ' dargestellt. Zeichen können auch über ihren Wert, der mittels des Unicodes (\u0000
usw.) kodiert ist, im Java-Quelltext angegeben werden. Gewisse Steuerzeichen (nicht druck-
bare Zeichen) können über den so genannten Steuercode (Backslash-Code) angegeben werden, wie in Tab. 3.2 dargestellt ist.

Steuercode	Unicode	Bedeutung
\b	\u0008	Rückschritt (Backspace)
\t	\u0009	Tab
\n	\u000a	Neue Zeile
\f	\u000c	Formularvorschub (Formfeet)
\r	\u000d	Wagenrücklauf (Return)
\"	\u0022	Doppeltes Anführungszeichen
\'	\u0027	Einfaches Anführungszeichen
\\	\u005c	Backslash

Tab. 3.2   *In Java einsetzbare Steuercodes; sie gelten als* `char`*.*

Beispiele für gültige Zeichen-Literale sind:

```
char Zeichen = 'a' oder 'Z' oder '£' oder 'Ü' oder 'ç'
char Zeichen = '\n' oder '\r' oder '\u0022'
```

Zeichenketten-Literale sind aus mehreren Zeichen-Literalen zusammensetzt. Diese Zeichenketten werden als *Strings* bezeichnet und sind von der Klasse `String` abgeleitet (doch dazu
erst in späteren Kapiteln mehr). Strings stehen zwischen zwei (hochgestellten!) Anführungszeichen " ". Zeichenketten können mit dem Verknüpfungsoperator + verbunden werden.
Wird ein Wert, der keine Zeichenkette ist, mit einer Zeichenkette verbunden, wird er automatisch zu einer Zeichenkette konvertiert. Beispiele für Zeichenketten kommen später noch
ausführlicher, doch schon kurz vorab:

```
"Hello World" oder "Opa wird 93!!!"
"Hello " + "World" ergibt "Hello World"
"Opa wird " + 93 + "!!!" ergibt "Opa wird 93!!!"
```

Boolesche Literale repräsentieren die Wahrheitswerte `true` und `false`. Variablen vom
Datentyp `boolean` werden hauptsächlich in Bedingungen und Schleifen verwendet, wie wir
später noch sehen werden. Einfache Beispiele für Boolesche Literale sind:

```
boolean KannJavaProgrammieren = true;
boolean SchönesWetter = false;
```

3.4   Operatoren

Einfach gesagt erlauben Operatoren, dass gerechnet werden kann (arithmetische Operatoren), dass Werte von Variablen miteinander verglichen werden können (Vergleichsoperatoren) oder dass bitweise Manipulationen an den Variablenwerten vorgenommen werden können (bitweise Operatoren). Zusätzlich erlaubt Java eine Kurzform-Schreibweise für Anweisungen mit Operatoren, wenn die Operatoren auf dieselbe Variable angewendet werden.

3.4.1   Arithmetische Operatoren

Java kennt die folgenden *arithmetischen Operatoren* als Grundrechenarten, wie sie in Tab. 3.3 angegeben sind.

Operator	Bezeichnung	Bedeutung
+	Positives Vorzeichen	+n ist gleichbedeutend mit n.
-	Negatives Vorzeichen	-n kehrt das Vorzeichen von n um.
+	Summe	a + b ergibt die Summe von a und b.
-	Differenz	a - b ergibt die Differenz von a und b.
*	Produkt	a * b ergibt das Produkt von a und b.
/	Quotient	a / b ergibt den Quotienten von a und b.
%	Restwert (Modulo)	a % b ergibt den Rest der Ganzzahl-Division a durch b.
++	Präinkrement	++a ergibt a+1 und erhöht a um 1.
++	Postinkrement	a++ ergibt a und erhöht a um 1.
--	Prädekrement	--a ergibt a-1 und verringert a um 1.
--	Postdekrement	a-- ergibt a und verringert a um 1.

Tab. 3.3 *Die arithmetischen Operatoren in Java*

Was passiert, wenn Operatoren zwei Variablen mit unterschiedlichem Datentyp miteinander verbinden? Zwei ganzzahlige Datentypen (byte, short oder int) als Operanden ergeben immer den ganzzahligen Datentyp int. Außer ein Operand war bereits vom Typ long, dann ist das Ergebnis auch long. Zwei Fließkommatypen (float oder double) als Operanden ergeben immer einen Fließkommatyp. War ein Typ double, dann ist das Ergebnis auch double. Ein ganzzahliger Datentyp und ein Fließkommatyp ergeben immer einen Fließkommatyp.

Zur Erklärung, wie Post- und Präinkremente funktionieren, betrachtet man am besten folgendes Programm in Abb. 3.5. Als Ergebnis gibt dieses Programm folgende Zahlen untereinander aus: 1 2 2 2

```
public class PostPraeInkremente{
  public static void main (String[] args) {
    int a=1, b=1;
    System.out.println(a++);
    System.out.println(a);
    System.out.println(++b);
    System.out.println(b);
  }
}
```

Abb. 3.5 *Java-Programm zur Verdeutlichung der unterschiedlichen Funktionsweise von Post- und Präinkrementen*

Der Unterschied von a++ und ++b liegt darin, dass der Wert von a zuerst ausgegeben wird, bevor a um 1 erhöht wird, während b erst um 1 erhöht und danach ausgegeben wird.

3.4.2   Arithmetische Zuweisungsoperatoren

Neben der direkten Zuweisung von arithmetischen Operationen gibt es auch die Kurzform mittels *arithmetischer Zuweisungsoperatoren*, wie Tab. 3.4 zeigt.

Operator	Bezeichnung	Bedeutung
=	Direkte Zuweisung	a = b weist a den Wert von b zu.
+=	Additionszuweisung	a += b weist a den Wert von a + b zu.
-=	Subtraktionszuweisung	a -= b weist a den Wert von a − b zu.
*=	Multiplikationszuweisung	a *= b weist a den Wert von a * b zu.
/=	Divisionszuweisung	a /= b weist a den Wert von a / b zu.
%=	Modulozuweisung	a %= b weist a den Wert von a % b zu.

Tab. 3.4 *Die arithmetischen Zuweisungsoperatoren in Java*

In der Anwendung funktionieren die Zuweisungsoperatoren in der Art, dass die Ergebnisvariable gleichzeitig der erste Operand ist. Am deutlichsten wird dies, wenn Sie die nachfolgenden Beispiele kurz durchdenken:

x = x + 5	identisch zu	x += 5
x = x - 5	identisch zu	x -= 5
x = x * 5	identisch zu	x *= 5
x = x / 5	identisch zu	x /= 5
x = x % 5	identisch zu	x %= 5

Beachten Sie nochmals die unterschiedliche Wirkungsweise des Präinkrements (Prädekrements) ++a und −−a und des Postinkrements (Postdekrements) a++ und a−−. Ebenso funktioniert die Negierung einer Zahl mit −a.

x = ++a	identisch zu	x = a + 1	und	a = a + 1
x = a++	identisch zu	x = a	und	a = a + 1
x = −−a	identisch zu	x = a − 1	und	a = a − 1

```
x = a--      identisch zu      x = a        und   a = a - 1
x = -a       identisch zu      x = -1 * a
```

3.4.3   Vergleichsoperatoren

Vergleichsoperatoren (relationale Operatoren) vergleichen zwei Operanden gleichen Typs miteinander. Sie liefern als Rückgabewert immer einen booleschen Wert (`true` oder `false`), wie Tab. 3.5 zeigt.

Operator	Bezeichnung	Bedeutung
`==`	Gleich	`a == b` ergibt `true`, wenn a gleich b ist.
`!=`	Ungleich	`a != b` ergibt `true`, wenn a ungleich b ist.
`<`	Kleiner	`a < b` ergibt `true`, wenn a kleiner b ist.
`<=`	Kleiner gleich	`a <= b` ergibt `true`, wenn a kleiner oder gleich b ist.
`>`	Größer	`a > b` ergibt `true`, wenn a größer b ist.
`>=`	Größer gleich	`a >= b` ergibt `true`, wenn a größer oder gleich b ist.

Tab. 3.5 *Die Vergleichsoperatoren in Java*

Aufrufe von Vergleichsoperatoren sind beispielsweise folgende:

```
a == b    liefert für   a = 5   und   b = 7   den Wert   false
a != b    liefert für   a = 5   und   b = 7   den Wert   true
a > b     liefert für   a = 5   und   b = 7   den Wert   false
a <= b    liefert für   a = 5   und   b = 7   den Wert   true
```

Vergleichsoperatoren kommen hauptsächlich bei Bedingungen und Schleifen zum Einsatz. Wir werden sie daher in den Kapiteln 5.2 und 6 wiederfinden.

3.4.4   Logische Operatoren

Logische Operatoren verknüpfen zwei Operanden des Datentyps `boolean`. Sie liefern als Rückgabewert immer einen Booleschen Wert, wie in Tab. 3.6 gezeigt ist.

Die so genannte *Short-Circuit-Evaluation* bei den Operatoren `&&` und `||` bricht bereits dann die Auswertung ab, wenn schon der erste Wert ausreicht, das richtigen Ergebnis zu ermitteln. Bei einfachen Variablen bringt dies noch keine Rechenzeitersparnis; der zweite Operand könnte aber auch erst aufwändig ermittelt werden, was dann eingespart werden kann.

Operator	Bezeichnung	Bedeutung
!	Logisches NICHT	!a ergibt `false`, wenn a `true` ist, und `true`, wenn a `false` ist.
&	UND	a & b ergibt `true`, wenn sowohl a als auch b wahr sind. Beide Teilausdrücke werden ausgewertet.
|	ODER	a | b ergibt `true`, wenn mindestens einer der Ausdrücke a oder b wahr ist. Beide Teilausdrücke werden ausgewertet.
^	EXKLUSIV-ODER	a ^ b ergibt `true`, wenn beide Ausdrücke einen unterschiedlichen Wahrheitswert haben.
&&	UND mit Short-Circuit-Evaluation	a && b ergibt `true`, wenn sowohl a als auch b wahr sind. Ist a bereits falsch, so wird `false` zurückgegeben und b nicht mehr ausgewertet (Short-Circuit-Evaluation).
||	ODER mit Short-Circuit-Evaluation	a || b ergibt `true`, wenn mindestens einer der beiden Ausdrücke a oder b wahr ist. Ist bereits a wahr, so wird `true` zurückgegeben und b nicht mehr ausgewertet (Short-Circuit-Evaluation).

Tab. 3.6 *Die logischen Operatoren in Java*

3.4.5 Bitweise Operatoren

Bitweise Operatoren dienen zum Manipulieren, Setzen und Testen einzelner Bits und Kombinationen von Bits innerhalb einer Variablen, was als Binärarithmetik bezeichnet wird. Tab. 3.7 zeigt eine Übersicht über die bitweisen Operatoren in Java.

Operator	Bezeichnung	Bedeutung
~	Einerkomplement	~a entsteht aus a, indem alle Bits von a invertiert werden.
|	Bitweise ODER	a | b ergibt den Wert, der entsteht, wenn die korrespondierenden Bits von a und b miteinander mit ODER verknüpft werden.
&	Bitweise UND	a & b die Bits von a und b entsprechend mit UND verknüpft.
^	Bitweise EXKLUSIV-ODER	a ^ b die Bits von a und b entsprechend mit EXKLUSIV-ODER verknüpft.
>>	Rechtsschieben mit Vorzeichen	a >> b ergibt den Wert, der entsteht, wenn alle Bits von a um b Positionen nach rechts geschoben werden. Falls das höchstwertige Bit gesetzt ist (a also negativ ist), wird auch das höchstwertige Bit des Resultats gesetzt.
>>>	Rechtsschieben ohne Vorzeichen	a >>> b entsprechend a >> b, außer dass das höchstwertige Bit des Resultats immer auf 0 gesetzt wird.
<<	Linksschieben	a << b ergibt den Wert, der entsteht, wenn alle Bits von a um b Positionen nach links geschoben werden. Das niederstwertige Bit wird mit 0 aufgefüllt, das höchstwertige Bit (also das Vorzeichen) wird von a übernommen.

Tab. 3.7 *Die bitweisen Operatoren in Java*

3.4.6 Logische und bitweise Zuweisungsoperatoren

Entsprechend den arithmetischen Zuweisungsoperatoren gibt es auch *logische und bitweise Zuweisungsoperatoren*, wie in Tab. 3.8 dargestellt ist.

Operator	Bezeichnung	Bedeutung
&=	UND-Zuweisung	a &= b weist a den Wert von a & b zu.
|=	ODER-Zuweisung	a |= b weist a den Wert von a | b zu.
^=	EXKLUSIV-ODER-Zuweisung	a ^= b weist a den Wert von a ^ b zu.
<<=	Linksschiebezuweisung	a <<= b weist a den Wert von a << b zu.
>>=	Rechtsschiebezuweisung	a >>= b weist a den Wert von a >> b zu.
>>>=	Rechtsschiebezuweisung (ohne Vorzeichen)	a >>>= b weist a den Wert von a >>> b zu.

Tab. 3.8 *Die logischen und bitweisen Zuweisungsoperatoren in Java (ein Auszug)*

Warum zeigen wir Ihnen dies? Sicher, es gibt bestimmt ein paar Programmierer, die diese Operatoren unmittelbar benötigen. Beispielsweise werden sie eingesetzt, wenn es um Algorithmen geht, die in Bildbearbeitungsprogrammen Farbwerte auf Bitebene manipulieren, oder wenn es um die Verschlüsselung von Daten geht. Die Mehrheit der angehenden Programmierer wird aber mit diesen bitweisen Operatoren kaum Berührung haben. Wir wollen Ihnen aber zeigen, dass Ausdrücke wie >>> oder >>>= (oder sogar c=(a>b)?a:b;) aus dem nächsten Abschnitt keine Syntaxfehler eines zitternden Programmierers sein müssen.

Die Syntax von Java kann kryptisch sein. Umso wichtiger ist es, an den entsprechenden Stellen im Programmcode aussagekräftige Kommentare zu schreiben.

3.4.7 Fragezeichen-Operator

Der *Fragezeichen-Operator* ist der einzige dreistellige Operator in Java. Er weist der Variablen Ergebnis den Wert von einem der zwei nachfolgenden Ausdrücke zu. Die Syntax des Fragezeichen-Operators ist wie folgt:

```
Ergebnis = Wahrheitswert ? Ausdruck1 : Ausdruck2;
```

Der Fragezeichen-Operator ? : wertet den logischen Ausdruck Wahrheitswert aus. Ist dieser true wird der Variablen Ergebnis der Wert der Variablen Ausdruck1 zugewiesen, ansonsten der Wert der Variablen Ausdruck2. Der Typ des Rückgabewerts entspricht dabei dem „größeren" Typ der beiden Ausdrücke Ausdruck1 und Ausdruck2.

In Kapitel 5.2 behandeln wir Bedingungen. Wer schon Programmiersprachen kennt, dem kommt der Fragezeichenoperator ähnlich einer Bedingung vor. Das ist er auch, allerdings nur auf der Ebene einer Wertzuweisung bei Variablen.

Beispiele für die Anwendung des Fragezeichenoperators sind:

```
Taschengeld = IstKindBrav ? 10 : 5.5;
/* Taschengeld ist dann vom Typ double */

c = (a>b) ? a : b;
/* c ist der größere Wert von a und b */
```

Im ersten Fall muss die Variable `IstKindBrav` vom Typ `boolean` sein, im zweiten Fall müssen a und b von vergleichbaren Datentypen sein, also nicht „Äpfel mit Birnen" vergleichen, sondern beispielsweise zwei Zahlen.

3.4.8   Operatoren-Priorität

Aufgrund der Vielzahl von Operatoren gibt es eine gewisse Priorität, mit welcher die Operatoren ausgeführt werden. Dies wird als so genannte Operatoren-Priorität bezeichnet. Tab. 3.9 zeigt die Operatoren-Priorität in Java: Je kleiner der Rang eines Operators ist, desto höher ist dessen Priorität über einen anderen Operator. Bei gleichem Rang gilt die Abarbeitungsreihenfolge von links nach rechts unter Beachtung der Klammersetzung mit den runden Klammern ( ).

Erfahrungsgemäß weiß man während des Programmierens gerade nie, welche Priorität einzelne Operatoren gegenüber anderen genießen, nach dem Motto „Kennt Java die Punkt-vor-Strich-Regel?" Im Zweifelsfall – oder auch nur schon, um den Programmiercode übersichtlich zu gestalten – setzten Sie runde Klammern ( ). Dem Compiler ist dies egal, wenn Sie zu viele runde Klammern setzen; Ihnen oder nachfolgenden Programmieren ist es aber nur recht, wenn sie auf einen Blick sehen, welche Reihenfolge gilt. Daher lieber zu viele runde Klammern als eine falsche Operatoren-Priorität.

Rang	Operatoren, Separatoren, Methoden-Aufruf, Casting
1	`. [] (arguments) ++ --`
2	`++ -- + - ~ !`
3	`(type)`
4	`* / %`
5	`+ -`
6	`<< >> >>>`
7	`< > <= >= instanceof`
8	`== !=`
9	`&`
10	`^`
11	`|`
12	`&&`
13	`||`
14	`? :`
15	`= += -= *= /= %= &= ^= |= <<= >>= >>>=`

Tab. 3.9 *Operatoren-Priorität: Je kleiner der Rang eines Operators, desto höher dessen Priorität über einen anderen Operator.*

In Tab. 3.9 sind bereits alle zu priorisierenden Elemente von Java angegeben, also alle Operatoren, Separatoren, Methoden-Aufrufe und Casting, auch wenn diese teilweise noch nicht behandelt wurden. Doch deren Bedeutung erklären wir in den nächsten Kapiteln, sobald Sie das Wissen dieses Kapitels gefestigt haben.

3.5 Lernziele und Aufgaben

3.5.1 Lernziele

Nach Durcharbeiten dieses Kapitels sollten Sie

- verschiedene Java-Schlüsselwörter kennen und in Java zulässige Bezeichner angeben können,
- die drei verschiedenen Kommentartypen in Java kennen und anwenden können, insbesondere auch den javadoc-Kommentar,
- die primitiven Datentypen und ihre ungefähren Wertebereiche kennen,
- Variablen für verschiedene Datentypen deklarieren können,
- die verschiedenen Literale, die in Java verwendet werden, kennen und wissen, bei welchen Datentypen sie vorkommen bzw. anzuwenden sind,
- die verschiedenen Kategorien von Operatoren (arithmetische, logische, bitweise, Zuweisungs-, Vergleichs- und Fragezeichen-Operator) kennen und anwenden können,
- wissen, was die Operatoren-Priorität bedeutet, und sie entsprechend bei der Programmierung beachten können.

3.5.2 Aufgaben

Gegeben ist in Abb. 3.6 das Programm `Datentypen`. Ergänzen Sie dieses Programm so, dass es fehlerfrei läuft, indem Sie nachfolgende acht Werte denjenigen Variablen zuweisen, zu denen diese Werte vom Datentyp her passen:

```
0x7FFFFFFF
false
4.5E-3
127
4.5E-3F
-32768
'5'
0x1234567890ABCDEFL
```

```
public class Datentypen {
  public static void main (String[] args) {

    byte Byte = ;
    short Short = ;
```

```
    int Int = ;
    long Long = ;
    float Float = ;
    double Double = ;
    boolean Boolean = ;
    char Char = ;

    System.out.println(Byte);
    System.out.println(Short);
    System.out.println(Int);
    System.out.println(Long);
    System.out.println(Float);
    System.out.println(Double);
    System.out.println(Boolean);
    System.out.println(Char);
  }
}
```

Abb. 3.6 *Programm* Datentypen

Hinweis: Manche Werte würden bei verschiedenen Variablen passen; dann können Sie aber nicht alle Werte verteilen. Gehen Sie daher am besten im Ausschlussverfahren vor und verteilen Sie zuerst diejenigen Werte, die eindeutig nur zu einer Variablen bzw. einem Datentyp passen.

4 Datenfelder, Parameterübergabe, Casting

4.1 Datenfelder

Datenfelder heißen auf Englisch *Arrays*. Arrays sind eine Zusammenstellung von Elementen eines bestimmten Typs, die über einen Index oder mehrere Indizes adressiert werden. Im klassischen Array sind die Indizes ganze Zahlen, also Integerzahlen.

In Java werden Arrays ähnlich den *Objekten* angelegt und behandelt. (Was Objekte sind, wird in Kapitel 8 erläutert.) Der Typ der Elemente, die in einem Array abgelegt werden, muss in Java innerhalb eines Arrays immer derselbe sein, kann aber wieder aus einem Array bestehen (*verschachtelte Arrays*).

Ein Array benötigt so viele Indizes zur Adressierung seiner Elemente wie es Dimensionen aufweist. Die Zählung der Elemente beginnt in Java bei 0.

Mit dieser Beschreibung klingt ein Array sehr komplex; stellen Sie sich aber einfach ein Regal vor. So wie es verschiedene Arrays gibt, gibt es auch verschiedene Regale. Bei manchen Regalen können Sie in jedes Regalfach nur ein „Element" über ein anderes legen. Bei anderen Regalen können Sie nicht nur nach oben, sondern auch zur Seite (und vielleicht sogar noch nach hinten) stapeln. In manchen Regalfächern haben Sie nochmals kleinere Regale. Und außerdem gilt, dass in ein CD-Regal nur CDs kommen und in ein Bücherregal nur Bücher.

Die Indizes eines Arrays müssen in Java vom Typ int sein und deren Zählung beginnt immer bei 0. Auf die einzelnen Elemente eines Arrays wird mittels der eckigen Klammer [ ] zugegriffen, beispielsweise:

Datenfeld[0]	1. Element des Arrays Datenfeld[]
Datenfeld[1]	2. Element des Arrays Datenfeld[]
Datenfeld[10]	11. Element des Arrays Datenfeld[]
Matrix[0][0]	Element 1.Zeile, 1.Spalte von Matrix[][]
Matrix[2][4]	Element 3.Zeile, 5.Spalte von Matrix[][]

4.1.1   Erstellen von Arrays

Zum Erstellen eines Arrays in Java müssen folgende drei Schritte durchgeführt werden:

- *Deklarieren* einer Array-Variablen
- *Initialisieren* des Arrays, also Erzeugen eines Array-Objektes mit Zuweisen an die Array-Variable
- *Füllen* des Arrays mit Werten

Für eine kürze Schreibweise im Java-Quelltext gilt Folgendes:

- Die Schritte *Deklarieren* und *Initialisieren* können mittels einer einzigen Anweisung ausgeführt werden.
- Die Schritte *Deklarieren*, *Initialisieren* und *Werte-Füllen* können auch mittels einer einzigen Anweisung ausgeführt werden.

Deklarieren einer Array-Variablen
Zuerst muss eine Variable deklariert werden, über die auf das Array zugegriffen werden kann. Die Variable zeigt quasi auf das Array, um die übliche Sprachweise aus anderen Programmiersprachen zu verwenden. Die Kennzeichnung der Variable als Array-Variable erfolgt mittels eckiger Klammern [], welche dem Datentyp nachgestellt werden:[1]

```
double[] Datenfeld;
```

Ein zweidimensionales Array wird mit 2 aufeinander folgenden eckigen Klammern [] [] gekennzeichnet, beschreibt also quasi [Zeile] [Spalte], ein dreidimensionales Array mit [] [] [], und so fort. Ein Beispiel für ein 2D-Beispiel ist:

```
int[][] Matrix;
```

Initialisieren des Arrays
Ein Array-Objekt wird erzeugt und der Array-Variablen zugewiesen. Dabei wird der Variablen sogleich mitgeteilt, wie groß das Array ist. Dies geschieht mittels des new-Operators, wie z.B.:

```
Datenfeld = new double[4];  oder  Matrix = new int[2][2];
```

Die mittels des new-Operators angelegten Arrays sind dabei mit folgenden *Default*-Werten, also vordefinierten Werten, initialisiert:

- `false`   für Boolesche Arrays
- `\0`   für Zeichen-Arrays
- `0`   für Ganzzahl-Arrays
- `0.0`   für Gleitzahl-Arrays

---

[1]   In Anlehnung an die Programmiersprache C/C++ sind in Java auch folgende Positionen für die eckigen Klammern erlaubt, worauf aber im Folgenden nicht weiter eingegangen wird: `double Datenfeld[];` oder `int Matrix[][];`

Beispielsweise ist jeder Wert im obigen `Datenfeld[]` gleich `0.0` oder in `Matrix[][]` gleich `0`.

Gleichzeitiges Deklarieren und Initialisieren eines Arrays
Diese beiden oben gezeigten Schritte können auch in einem einzigen Aufruf kombiniert werden, z.B.:

```
double[] Datenfeld = new double[4];  oder
int[][] Matrix = new int[2][2];
```

Gleichzeitiges Deklarieren, Initialisieren und Füllen des Arrays mit vorgegebenen Werten
Soll nun das Arrays bei seiner Initialisierung sogleich mit vorgegebenen Werten belegt werden, können die beiden vorherigen Schritte auch mit einer anderen Form eines Aufrufs kombiniert werden. Dies geschieht mittels direkter Adressierung, z.B.:

```
double[] Datenfeld = {5.4, 3.7, 4.4, 4.8};  oder
double[] Datenfeld = new double[] {5.4, 3.7, 4.4, 4.8};
```

Das Array `Datenfeld[]` mit diesen 4 Elementen vom Typ `double` wird dabei in der richtigen Größe und Dimension angelegt und erhält auch gleich die angegebenen Werte.

Ein mehrdimensionales Array kann so ebenfalls mittels geschachtelter Adressierung der Elemente erzeugt werden, z.B.:

```
int[][] Matrix = {{1, 2}, {3, 4}};  oder
int[][] Matrix = new int[][] {{1, 2}, {3, 4}};
```

4.1.2   Zugriff auf Array-Elemente

Das Programm `Array1` in Abb. 4.1 und dessen Ausgabe in Abb. 4.2 zeigen nochmals die unterschiedlichen Möglichkeiten, Arrays zu deklarieren, zu initialisieren und mit Werten zu belegen.

```
public class Array1 {
  public static void main (String[] args) {

// Deklaration
    double[] Datenfeld1;
    int[][]  Matrix1;

// Initialisierung
    Datenfeld1 = new double[4];
    Matrix1    = new int[2][2];

// Deklaration und Initialisierung in einem Schritt
    double[] Datenfeld2 = new double[4];
    int[][]  Matrix2    = new int[2][2];
```

```
// Werte zuweisen
   Datenfeld2[1] = 888;
   Matrix2[1][1] = 999;

// alles auf einmal
   double[] Datenfeld3 = {5.4, 3.7, 4.4, 4.8};
   int[][]  Matrix3    = {{1, 2}, {3, 4}};

   System.out.println("Datenfeld1[0]="+Datenfeld1[0]);
   System.out.println("Datenfeld2[0]="+Datenfeld2[0]);
   System.out.println("Datenfeld2[1]="+Datenfeld2[1]);
   System.out.println("Datenfeld3[0]="+Datenfeld3[0]);
   System.out.println("Matrix1[0][0]="+Matrix1[0][0]);
   System.out.println("Matrix2[0][0]="+Matrix2[0][0]);
   System.out.println("Matrix2[1][1]="+Matrix2[1][1]);
   System.out.println("Matrix3[0][0]="+Matrix3[0][0]);
   System.out.println("Matrix3[1][0]="+Matrix3[1][0]);
   System.out.println("Matrix3[0][1]="+Matrix3[0][1]);
   System.out.println("Matrix3[1][1]="+Matrix3[1][1]);
   }
}
```

Abb. 4.1 *Programmbeispiel für Deklarieren, Initialisieren und Füllen von Arrays*

Abb. 4.2 *Ausgabe des Programms* `Array1`

Das Programm `Array2` in Abb. 4.3 zeigt eine Variante, bei der die Länge eines Arrays abgefragt wird. Dazu dient die Operation `.length`, die auf die entsprechende Array-Variable angewendet wird:

`b.length`	Abfrage der Anzahl an Zeilen
`b[0].length`	Abfrage der Anzahl an Spalten (in der Zeile 0)

Bei mehrdimensionalen Arrays, kann damit die Länge der einzelnen Dimensionen des Arrays abgefragt werden.

```
public class Array2 {
   public static void main (String[] args) {

// Initialisierung
   double[] a = {5.4, 3.7, 4.4, 4.8};
   int[][]  b = {{1, 2}, {3, 4}, {5, 6}};
```

```
      System.out.println("Laenge von a = " + a.length);
      System.out.println("a[0]  = " + a[0]);
      System.out.println("a[1]  = " + a[1]);
      System.out.println("a[2]  = " + a[2]);
      System.out.println("a[3]  = " + a[3]);

      System.out.println("\nZeilen von b = " + b.length);
      System.out.println("Spalten von b = " + b[0].length);
      System.out.println("b[0]  = "+b[0][0]+" "+b[0][1]);
      System.out.println("b[1]  = "+b[1][0]+" "+b[1][1]);
      System.out.println("b[2]  = "+b[2][0]+" "+b[2][1]);
  }
}
```

Abb. 4.3 *Programmbeispiel für Abfragen der Länge eines Arrays*

4.1.3   Dreiecksmatrizen

Wird ein Array mit Zahlen gefüllt, spricht man von einer Matrix. Meist sind Matrizen viereckig, wie a, oftmals sogar quadratisch (Anzahl an Zeilen und Spalten gleich):

$$a = \begin{bmatrix} 1 & 2 & 3 & 4 & 5 \\ 6 & 7 & 8 & 9 & 0 \\ 1 & 3 & 5 & 7 & 9 \\ 2 & 4 & 6 & 8 & 0 \end{bmatrix}$$

In beiden Fällen ist es egal, ob man die Anzahl an Spalten mit a[0].length oder a[1].length usw. abfragt. Anders sieht es bei solchen Matrizen aus, bei denen die Anzahl der Einträge pro Zeile, also die Anzahl an Spalten in den verschiedenen Zeilen, variiert. Betrachten Sie beispielsweise die Dreiecksmatrix b:

$$b = \begin{bmatrix} 1 & & & \\ 5 & 2 & & \\ 8 & 6 & 3 & \\ 0 & 9 & 7 & 4 \end{bmatrix}$$

In diesem Fall ist es ein Unterschied, ob man die Anzahl an Spalten mit b[0].length oder b[1].length abfragt, da die Zeilen eine verschiedene Anzahl an Einträgen respektive Spalten haben.

4.1.4   Referenztyp String

Eine besondere Form eines Datenfeldes ist eine Zeichenkette, auch als *String* bezeichnet. Zeichenketten werden in Java über den Referenztyp String (also über die Klasse String) quasi als erweiterter Datentyp ähnlich einem Array mit Elementen vom Typ char definiert.

Das Datenfeld a kann mit dem new-Operator angelegt werden, wie es bei Arrays (und auch bei Objekten, wie wir in Kapitel 8 sehen werden) geschieht. Der String-Variablen a (eigentlich dem Objekt a) wird dabei die Zeichenkette zugewiesen, welche in der Klammer in Anführungszeichen angegeben ist:

```
String a = new String("Hello World");
```

Zeichenketten liegen in ihrer Definition und Funktionalität zwischen Arrays und Objekten. Die Klasse `String` wird daher gerne als Referenztyp bezeichnet. Eine Besonderheit bei Strings ist beispielsweise, dass die Initialisierung einer `String`-Variablen auch über folgende Kurzform möglich ist:

```
String b = "Hello World";
```

Die Länge einer Zeichenkette wird ermittelt, indem die Methode `.length()` auf die entsprechende `String`-Variable angewendet wird:

```
a.length()   oder   b.length()
```

Warum für Strings `.length()` und für Arrays `.length` verwendet werden muss, liegt daran, dass `.length()` eine Methode ist und `.length` eine einfache Operation. Ab Kapitel 8 wird dies klarer. Bis dahin merken Sie sich einfach, dass es so ist.

Mehrmals wurde schon gezeigt, dass mit dem Operator + zwei Strings miteinander verbunden werden können. Allerdings muss man die Operatoren-Priorität, wie in Kapitel 3.4.8 angegeben, für die einzelnen Operatoren beachten. Das Beispiel `String1` in Abb. 4.4 und dessen Ausgabe in Abb. 4.5 zeigen, dass + einerseits die Verknüpfung zweier Zeichenketten, andererseits die Addition zweier Zahlen bedeuten kann.

```
public class String1 {
   public static void main(String[] args) {
      System.out.println("3 + 4 = " + 3 + 4);
      System.out.println("3 + 4 = " + (3 + 4));
   }
}
```

Abb. 4.4   *Programmbeispiel `String1` mit dem `String`-Operator +*

Im ersten Fall lautet die Ausgabe 3 + 4 = 34 als ausschließliche Verknüpfung von Strings, im zweiten Fall 3 + 4 = 7 als Addition von 3+4 und dann die Verknüpfung von zwei Strings, wie Abb. 4.5 zeigt.

Abb. 4.5   *Ausgabe von `String1` mit dem String-Operator +*

In Java erlaubt die Klasse String und deren Methoden viel tiefer gehende Manipulationen von Zeichenketten, worauf wir an dieser Stelle aber nicht eingehen.

4.1.5   Kopieren von Datenfeldern

Die Werte von Variablen können sehr einfach kopiert werden, z.B. variable2 = variable1. Man spricht dann auch davon, dass Variable variable1 zu variable2 kopiert wurde.

Beim Kopieren von Datenfeldern muss man jedoch unterscheiden, ob man die Referenz auf ein Datenfeld kopieren oder die Inhalte eines Datenfeldes kopieren will. Abb. 4.6 versucht dies zu verdeutlichen.

Referenz auf Datenfeld kopieren   **Inhalte eines Datenfeldes kopieren**

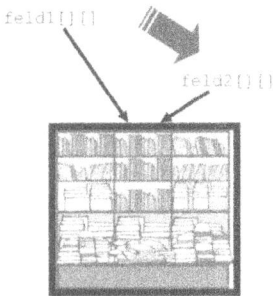

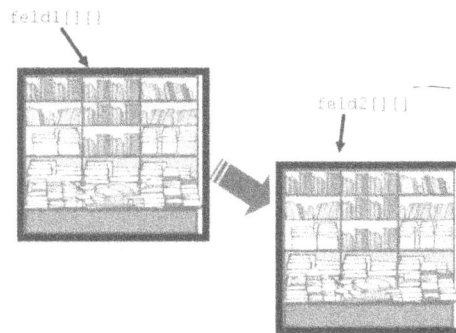

Abb. 4.6   *Referenz auf Datenfeld kopieren und Inhalte eines Datenfeldes kopieren*

Referenz kopieren, beispielsweise mit

```
int[] feld2 = feld1;
```

heißt, dass nicht nur die Variable feld1 auf das gesamte Datenfeld zeigt, sondern danach auch die Variable feld2 auf dasselbe gesamte Datenfeld. Wird ein Eintrag in diesem Datenfeld geändert, ist er natürlich in beiden Variablen geändert.

Datenfeld kopieren bzw. Inhalte eines Datenfeldes kopieren, beispielsweise mit

```
int[] feld2 = new int[3];
feld2[0] = feld1[0];
feld2[1] = feld1[1];
feld2[2] = feld1[2];
```

heißt, dass vom gesamten Inhalt des Datenfeldes feld1 eine Kopie feld2 angelegt wird. Wird ein Eintrag in einem Feld des einen Datenfeldes geändert, ist er natürlich nur in der dazugehörigen Variablen geändert.

Eine elegantere Art, *komplette Datenfelder* bzw. komplette Inhalte von Datenfeldern zu *kopieren*, ermöglicht die Methode .clone(). Der Ausdruck

```
feld2 = (int[]) feld1.clone();
```

kopiert den gesamten Inhalt der Variable feld1 auf ein Mal in die Variable feld2, wie das Programm Feldkopie in Abb. 4.7 verdeutlicht.

```
public class Feldkopie {
  public static void main (String[] args) {

    int[] feld1 = {1,2,3};
    int[] feld2 = new int[3];

    System.out.println
      ("feld1 = ["+feld1[0]+" "+feld1[1]+" "+feld1[2]+"]");
    System.out.println
      ("feld2 = ["+feld2[0]+" "+feld2[1]+" "+feld2[2]+"]");

 // Inhalte des Datenfelds werden auf elegante Art kopiert.
    feld2 = (int[]) feld1.clone();
    System.out.println
      ("feld1 = ["+feld1[0]+" "+feld1[1]+" "+feld1[2]+"]");
    System.out.println
      ("feld2 = ["+feld2[0]+" "+feld2[1]+" "+feld2[2]+"]");
    feld2[1] = 8;
    System.out.println
      ("feld1 = ["+feld1[0]+" "+feld1[1]+" "+feld1[2]+"]");
    System.out.println
      ("feld2 = ["+feld2[0]+" "+feld2[1]+" "+feld2[2]+"]");
  }
}
```

Abb. 4.7 *Java-Programm* Feldkopie *zum Kopieren eines Datenfeldes samt dessen Inhalte*

Der Ausdruck (int[]) ist hierbei ein explizites Casting zu einem Array des Datentyps int. In Kapitel 4.3 wird das Casting genauer erklärt. Bis dahin beschreiben wir das Casting so, dass es nochmals explizit festlegt, dass alle Felder im Datenfeldes feld2 Werte vom Datentyp int aufnehmen sollen. Und weil es nicht nur ein Wert sondern ein Array ist, muss hier int[] stehen.

Abb. 4.8 *Ausgabe von* Feldkopie

Das Kopieren von Strings verhält sich dahingegen wieder so wie bei normalen Variablen. D.h. es wird eine neue Variable angelegt (keine neue Referenz) und nur diese wird geändert, wie Programm Feldkopie2 verdeutlicht.

```
public class Feldkopie2 {
  public static void main (String[] args) {

    String feld1 = "Hallo Welt";
    String feld2 = feld1;

    System.out.println("feld1 = "+feld1);
    System.out.println("feld2 = "+feld2);

    feld2 = "Hallo Oma";
    System.out.println("feld1 = "+feld1);
    System.out.println("feld2 = "+feld2);
  }
}
```

Abb. 4.9 *Java-Programm Feldkopie2 zum Kopieren eines Strings*

Die Methode .clone() kann hier nicht angewendet werden, da sie nur für Objekte, die Referenzen verwenden, definiert ist, und nicht für Zeichenketten.

Abb. 4.10 *Ausgabe von Feldkopie2*

4.2 Parameterübergabe

Eine besondere Form von Arrays, und zwar eines Arrays von Zeichenketten, haben Sie schon in jedem Ihrer Java-Programme programmiert – und vielleicht nicht einmal bemerkt. Denn die Parameterübergabe in Java verwendet dies.

Beim Aufruf von Java-Programmen mittels

        java JavaProgramm

können auch *Parameter an das Programm bei Programmaufruf* übergeben werden, z.B.:

        java JavaProgramm Parameter1 Parameter2

Intern werden diese Parameter in dem Array `args[]` von `String`-Variablen innerhalb der Befehlszeile

```
public static void main (String[] args)
```

abgelegt. Damit handelt es sich bei `args` um ein Array von `String`-Variablen, dessen Länge erst beim Aufruf des Java-Programms festgelegt wird. Auf die einzelnen Einträge, also die einzelnen Strings dieses Arrays wird mittels `args[]` zugegriffen. Betrachten Sie dazu nachfolgendes Programm in Abb. 4.11.

```
public class Parameterinput1 {
  public static void main (String[] args) {
    System.out.println(args[0]);
  }
}
```

Abb. 4.11 *Java-Programm* `Parameterinput1` *zur Erklärung des Parameterinputs beim Aufruf von Java-Programmen*

Werden nun beim Aufruf des Programms mehrere Parameter eingegeben,

```
java Parameterinput1 Parameter1 Parameter2
```

so werden diese in der angegebenen Reihenfolge in der Array-Variablen `args[]` als `String` abgelegt:

`args[0]`	beinhaltet `Parameter1`
`args[1]`	beinhaltet `Parameter2` usw.

Die Zeile `System.out.println(args[0])` gibt nun den Parameter in `args[0]` wieder aus, wie das Java-Programm `Parameterinput1` in Abb. 4.12 zeigt.

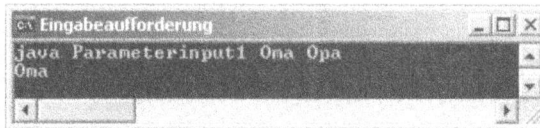

Abb. 4.12 *Ausgabe von* `Parameterinput1`

Der Aufruf

```
java Parameterinput1 Oma Opa
```

führt im Programm `Parameterinput1` dazu, dass der Variablen `args[0]` der Wert `Oma` und der Variablen `args[1]` der Wert `Opa` zugewiesen wird. `args[0]` wird dann ausgegeben, `args[1]` dahingegen wird nicht verwendet.

Achtung: Wird auf mehr Parameter zugegriffen, als eingegeben werden, erzeugt der Java-Interpreter eine Fehlermeldung!

4.3   Casting

Casting ist die *Typenkonvertierung* in Java, die es erlaubt, den Wert einer Variablen von einem bestimmten Datentyp, im Folgenden meist kurz *Typ* genannt, einer anderen Variablen mit einem anderen Datentyp zuzuweisen. Dies entspricht quasi dem Ändern eines Datentyps einer Variablen. (Das englische Wort *cast* bedeutet *Abguss*, womit der Wert einer Variablen vielleicht „in einen neuen Typ gegossen wird".)

Nicht alle Konvertierungen von einem Typ in einen anderen sind zulässig. Und manche Typenkonvertierungen sind zwar zulässig oder besser gesagt möglich, können aber zu einem Genauigkeitsverlust der Werte führen.

Manche Konvertierungen werden vom Compiler *automatisch* richtig vorgenommen, ohne dass der Programmierer explizit etwas programmieren muss, z.B.:

- Bei einer Zuweisung, wenn Typ der Variablen und Typ des zugewiesenen Ausdrucks nicht identisch sind. Der zugewiesene Ausdruck wird dann dem Typ der Variablen angepasst.
- Bei der Auswertung eines arithmetischen Ausdrucks, wenn Operanden von unterschiedlichem Datentyp sind. Der passende Datentyp wird automatisch verwendet.
- Wenn der Wertebereich über- oder unterschritten wird. Der passende Datentyp wird angenommen.

4.3.1   Automatische Typenkonvertierung

Die automatische Typenkonvertierung erklärt man am besten anhand eines Beispiels, wie es mit dem Programm Casting1 in Abb. 4.13 und dessen Ausgabe in Abb. 4.14 gegeben ist.

```
public class Casting1 {
  public static void main (String[] args) {

    byte a = 125;
    byte b = 7;
    System.out.println("a+b = " + (a+b));
    System.out.println("a+b = " + a + b);

    int c = 7;
    int d = 2;
    float e, f, g;

    f = c / d;
    e = c;
    g = e / d;
    System.out.println("e = " + e);
    System.out.println("c/d = " + (c/d));
    System.out.println("f = " + f);
    System.out.println("g = " + g);
  }
}
```

Abb. 4.13   Java-Programm Casting1 *zur Erklärung der automatischen Typenkonvertierung*

Variablen vom Typ `byte` haben einen Wertebereich von −128 bis 127. Wird nun a+b mit `byte`-Variablen gerechnet, also 125+7, so wird das Ergebnis automatisch in einen „größeren" Typ transformiert. In Java ist das für Ganzzahlen immer `int`.

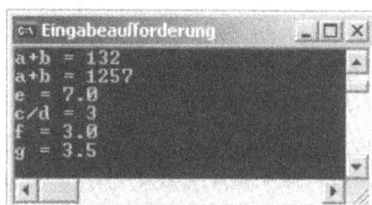

Abb. 4.14   *Ausgabe von* `Casting1`

Zwei Variablen vom Typ `int` liefern bei der Division `c/d` nur einen Ganzzahlwert, selbst dann, wenn das Ergebnis der `float`-Variablen f zugewiesen wird.

Wird allerdings eine `int`-Variable einer `float`-Variablen zu gewiesen (e=c), wird der Ganzzahlwert in einen Gleitzahlwert konvertiert. Die Division liefert dann das richtige Ergebnis (g=e/d).

4.3.2   Type-Cast-Operator

In Java gibt es einen speziellen Operator, mit dem *explizite Typenumwandlungen* vorgenommen werden können, den so genannten *Type-Cast-Operator*. Der Ausdruck

> `(Datentyp) a`

konvertiert quasi den Wert der Variable a in einen Wert vom Typ `Datentyp`. Der Einfachheit halber sagen wir, der Type-Cast-Operator konvertiert a in `Datentyp`.

Typenumwandlungen mit dem Type-Cast-Operator sind für alle primitiven Datentypen außer `boolean` möglich. Daraus ergeben sich folgende Type-Cast-Operatoren:

`(byte) a`	konvertiert a in `byte`
`(short) a`	konvertiert a in `short`
`(int) a`	konvertiert a in `int`
`(long) a`	konvertiert a in `long`
`(float) a`	konvertiert a in `float`
`(double) a`	konvertiert a in `double`
`(char) a`	konvertiert a in `char`

In Kapitel 4.1.5 haben wir bereits einen Type-Cast-Operator kennengelernt:

> `feld2 = (int[]) feld1.clone();`

Und da sehen Sie, dass der Type-Cast-Operator noch viel komplexere Formen annehmen kann, als oben mit den primitiven Variablen gezeigt. `(int[])` konvertiert gesamte Feldeinträge von Arrays. In späteren Kapiteln werden wir noch andere Anwendungen von Type-Cast-Operator kennenlernen.

Doch zunächst verwenden wir im nachfolgenden Beispiel den Type-Cast-Operator als Begrenzungsmöglichkeit für Wertebereiche von Variablen.

Da die byte-Variablen einen Wertebereich von -128 bis 127 haben, die Berechnung von a+b aber ein größeres Ergebnis liefert, ist dieses Ergebnis vom Typ int. Wird der Wert dann mittels Casting wieder in eine byte-Variable transformiert, z=(byte)(a+b), läuft diese Variable zunächst über ihren gültigen Wertebereich hinaus, beginnt aber wieder bei -128 und erhält dann den byte-Wert -124.

Das Programm Casting2 in Abb. 4.15 verdeutlicht dies mit der Ausgabe in Abb. 4.16. Vielleicht erinnern Sie sich: Diesen Effekt haben wir in Abb. 3.3 in Kapitel 3.3.1 schon anhand des Datentyps byte zu erklären versucht.

```java
public class Casting2 {
  public static void main (String[] args) {

    byte a = 125;
    byte b = 7;
    byte z;

    z = (byte)(a+b);
    System.out.println("a+b = " + (a+b));
    System.out.println("a+b = " + z);

    int c = 7;
    int d = 2;
    float f;

    f = (float)c / d;
    System.out.println("f = " + f);

    System.out.println((char) 65);
  }
}
```

Abb. 4.15 Java-Programm Casting2 zur Erklärung der Typenkonvertierung mit dem Type-Cast-Operator

Im Programm Casting1 lieferten zwei Variablen vom Typ int bei der Division c/d einen Ganzzahlwert. Wird jedoch eine der int-Variablen vorher in eine float-Variable konvertiert, (float)c, wie im Programm Casting2 geschehen, wird auch eine Gleitzahldivision durchgeführt.

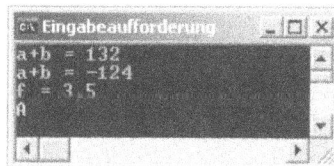

Abb. 4.16 Ausgabe von Casting2

Weiter im Programm `Casting2` wird der Wert 65 in das Zeichen `'A'` umgewandelt. diese Umwandlung geht darauf zurück, dass der Unicode von `'A'` der Integerwert 65 ist. D.h. `(char)65` ergibt `'A'`, also A auf dem Bildschirm ohne Anführungszeichen.

Tab. 4.1 zeigt, welche Typenkonvertierungen von einem Typ (`Typ1`) in einen anderen Typ (`Typ2`) in Java prinzipiell möglich sind:

In der Tabelle bedeutet *ja*, dass eine automatische Typenkonvertierung mit

> `Typ2 = Typ1;`

durchgeführt wird.

cast steht dafür, dass der Aufruf eines Type-Cast-Operators notwendig ist, also:

> `Typ2 = (Casting-Typ) Typ1;`

nein besagt, dass ein Casting von `Typ1` in `Typ2` nicht möglich ist.

Typ1→ ↓Typ2	byte	short	int	long	float	double	boolean	char
byte	ja	cast	cast	cast	cast	cast	nein	cast
short	ja	ja	cast	cast	cast	cast	nein	cast
int	ja	ja	ja	cast	cast	cast	nein	ja
long	ja	ja	ja	ja	cast	cast	nein	ja
float	ja	ja	ja	ja	ja	cast	nein	ja
double	ja	ja	ja	ja	ja	ja	nein	ja
boolean	nein	nein	nein	nein	nein	nein	ja	nein
char	cast	cast	cast	cast	cast	cast	nein	ja

Tab. 4.1   *Zusammenfassung der Casting-Möglichkeiten in Java für die primitiven Datentypen: ja führt eine automatische Typenkonvertierung von `Typ1` nach `Typ2` durch, cast benötigt den Type-Cast-Operator, nein lässt keine Typenkonvertierung zu.*

4.4   Lernziele und Aufgaben

4.4.1   Lernziele

Nach Durcharbeiten dieses Kapitels sollten Sie

- wissen, wie man in Java Datenfelder anlegt und auf die einzelnen Einträge in den Datenfeldern zugreift,
- Arrays mit primitiven Variablen und Strings anlegen und kopieren können,
- den Unterschied zwischen Referenz kopieren und Daten kopieren verstanden haben,
- Matrizen (normale, Dreiecksmatrizen, unterschiedliche Spaltenzahl) anlegen können und auf Zeilen und Spalten zugreifen können,

- die Parameterübergabe anwenden können,
- das Prinzip des Casting (explizit und automatisch) verstanden haben und richtig einsetzen können.

4.4.2   Aufgaben

Parameterinput

Erweitern Sie das Programm `Parameterinput1` mit folgender Zeile:

```
System.out.println(args[1]);
```

Testen Sie das Programm für folgende Eingaben:

```
java Parameterinput2
java Parameterinput2 test
java Parameterinput2 0815
java Parameterinput2 0815 4711
java Parameterinput2 Hello World
java Parameterinput2 Hello 3. World
```

Was sind die entsprechenden Ausgaben? Können Sie erklären, warum nicht immer alle ein-gegebenen Parameter auch ausgegeben werden?

Casting

Entscheiden Sie für die folgenden Codeblöcke aus Abb. 4.17, ob die automatische Konvertie-rung hier sinnvoll ist oder nicht. Begründen Sie jeweils Ihre Entscheidung.

```
int  a = 3;
long b = a;
```

```
long c = 3;
int  d = c;
```

```
double e = 3;
float  f = e;
```

```
int    g = 3;
float  h = 4;
double i = g / h;
```

Abb. 4.17   *Codeblöcke mit sinnvoller oder nicht sinnvoller automatischer Konvertierung*

5 Elementare Anweisungen und Bedingungen

5.1 Elementare Anweisungen

Wie in Kapitel 1.1.2 erwähnt, werden im Allgemeinen in Computerprogrammen schrittweise die Anweisungen im Quelltext abgearbeitet. Wir gebrauchten in Abb. 1.1 das Bild eines Brettspiels, bei dem der Computer allerdings nicht würfelt, sondern Feld für Feld vorgeht. Im Software-Engineering kennt man dafür verschiedene Darstellungsmöglichkeiten, wie z.B. das Struktogramm oder das Flussdiagramm. Doch was passiert eigentlich genau auf den einzelnen Feldern?

5.1.1 Ausdrucksanweisung

Es gibt als einfachste Art sogenannte *Ausdrucksanweisungen*. Sie dienen dazu, eine bestimmte Anweisung innerhalb eines Programms auszuführen. Die Syntax für Ausdrucksanweisungen in Java ist wie folgt:

```
Anweisung;
```

Eine Ausdrucksanweisung wird also erzeugt, indem an die eigentliche Anweisung ein *Semikolon angehängt* wird. Gültige Ausdrucksanweisungen in Java sind:

- Zuweisung
- Inkrement und Dekrement
- Methodenaufruf
- Instanzerzeugung

Im Laufe dieses Buches werden wir alle Arten genau erklären. Im Folgenden erst einmal ein paar wichtige, gebräuchliche Arten von Anweiseungen.

5.1.2 Leere Anweisung

Eine besondere Form einer Ausdrucksanweisung in Java ist die *leere Anweisung*. Ihre Syntax ist einfach ein Semikolon:

Während das Semikolon als Trennzeichen das Ende einer Anweisung signalisiert, stellt ein einzelnes Semikolon eine leere Anweisung dar.

Damit Sie für Java-Programme von anderen Programmieren gewappnet sind, geben wir in Ihnen diesem Buch immer wieder verschiedene Syntax-Beispiele, die in Java zulässig sind, aber bisweilen vielleicht etwas „verwunderlich" wirken.

So auch die leere Anweisung. Sie hat keinerlei Effekt auf das laufende Programm. Ihre Bedeutung liegt gegebenenfalls nur in einer Strukturierung des Quelltextes.

5.1.3   Blockanweisung

Ein Block ist eine Zusammenfassung von Anweisungen, die nacheinander – quasi en-bloc – ausgeführt werden. Die Syntax eines Blockes in Java ist

```
{
    Anweisung1;
    Anweisung2;
    ...
}
```

Alle im Block zusammengefassten Anweisungen werden wie eine einzelne Anweisung behandelt. Werden innerhalb eines Blocks Variablen deklariert, bezeichnet man diese als *lokale Variablen*. D.h. diese sind dann nur innerhalb des Blocks gültig und sichtbar. Variablen, die vor dem Block definiert wurden, sind allerdings auch im und weiterhin nach dem Block bekannt.

5.1.4   Variablendeklaration

Die Deklaration einer Variablen ist in Java eine ausführbare Anweisung und darf daher überall dort erfolgen, wo auch eine Anweisung verwendet werden darf. In Kapitel 3.3.2 hatten wir bereits die Variablendeklaration in Java kennengelernt:

```
Datentyp VariablenName;  oder
Datentyp VariablenName = InitialerWert;
```

Eine Variable ist von dem Ort ihrer Deklaration bis zum Ende des sie umschließenden Blocks gültig und damit bekannt. Es ist nicht erlaubt, eine bereits deklarierte Variable `Variablen-Name` in einem tiefer gelegenen Block erneut als `VariablenName` zu deklarieren; weder mit dem gleichen Typ, noch mit einem anderen Typ. Dahingegen ist es erlaubt, eine in einem Block deklarierte Variable `VariablenName` nach Beendigung des Blocks erneut unter Verwendung von `VariablenName` zu deklarieren, da die erste Variablendeklaration mit Beenden des Blocks endet.

5.2   Bedingungen

Wie in Kapitel 1.1.2 dargestellt werden in Computerprogrammen Verzweigungen bzw. Alternativen mit Bedingungen bzw. Entscheidungen bewirkt. An Verzweigungen können zwei oder mehrere alternative Programmcode-Pfade weitergehen. Dies lässt sich z.B. auch mit einem Struktogramm oder Flussdiagramm verdeutlichen, wie in Abb. 1.2 gezeigt ist. Damit werden bestimmte Programmteile nur beim Eintreten einer oder mehrerer vorgegebener Bedingungen, die im Allgemeinen erst zur Laufzeit bekannt werden, ausgeführt.

Für Verzweigungen gibt es in Java die Bedingungen `if`, `if else` und `switch`.

Bedingungen können neben Verzweigungen aber auch als bedingte Zuweisung fungieren. Damit werden bestimmte Ausdrücke nur beim Eintreten einer oder mehrerer vorgegebener Bedingungen, die erst zur Laufzeit bekannt werden, einer Variablen zugewiesen.

Für eine solche Form einer bedingten Zuweisung gibt es in Java einen speziellen Operator, den Fragezeichen-Operator ? :, wie er in Kapitel 3.4.8 vorgestellt wurde.

5.2.1   `if`-Bedingung

Die `if`-Bedingung (das englische *if* entspricht dem deutschen *wenn*) besitzt in Java die Syntax

```
if (Ausdruck)
   Anweisung;
```

Sie wertet zunächst den Booleschen Ausdruck – hier namens `Ausdruck` – aus. Wenn das Ergebnis des Ausdrucks `true` ist, wird die Anweisung – hier namens `Anweisung` – ausgeführt. Ist Ausdruck hingegen `false`, so wird diese Anweisung nicht ausgeführt, sondern mit der ersten Anweisung nach der gesamten `if`-Bedingung fortgefahren.

Anstelle einer einzelnen Anweisung kann auch eine Folge von Anweisungen als Block, also mit { }, angegeben werden. Dieser Block wird als Einheit betrachtet und dann komplett ausgeführt, wenn der Ausdruck `true` ist, oder bei `false` eben nicht.

5.2.2   `if-else`-Bedingung

Die `if-else`-Bedingung (das englische *else* entspricht dem deutschen *ansonsten*) ist die Erweiterung der `if`-Bedingung und besitzt die Syntax

```
if (Ausdruck)
  Anweisung1;
else
  Anweisung2;
```

Diese Bedingung wertet zunächst den Booleschen Ausdruck `Ausdruck` aus. Wenn das Ergebnis des Ausdrucks `true` ist, wird die nachfolgende Anweisung `Anweisung1` ausgeführt. Ist der Ausdruck hingegen `false`, wird die Anweisung `Anweisung2`, die nach `else` steht, ausgeführt.

Eine der beiden Anweisungen wird somit in jedem Fall ausgeführt. Anstelle der einzelnen Anweisungen `Anweisung1` und `Anweisung2` kann auch jeweils eine Folge von Anweisungen als Blöcke angegeben werden.

Ein Beispiel für eine `if-else`-Bedingung ist im Java-Programm `BedingungIf` in Abb. 5.1 gegeben.

```
public class BedingungIf {
  public static void main (String[] args) {

    int a;
    a = args.length;
    if (a == 0)
      System.out.println("Bitte mindestens 1 Parameter eingeben!");
    else
      {
        System.out.println("Anzahl der eingegebenen Parameter: " + a);
        System.out.println("1. Parameter: " + args[0]);
      }
    System.out.println("Ende!");
  }
}
```

Abb. 5.1   *Java-Programm* `BedingungIf` *zur Erklärung einer if-else-Bedingung*

Je nach Anzahl der eingegebenen Parameter führt das Programm `BedingungIf` zu verschiedenen Ausgaben, wie in Abb. 5.2 gezeigt ist.

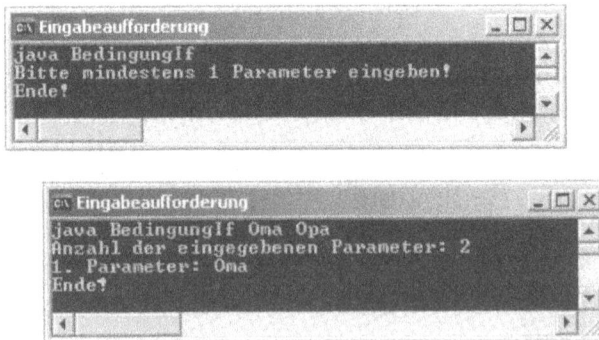

Abb. 5.2   *Ausgabe von* `BedingungIf`*: Oben mit keinem Parameter aufgerufen, unten mit den Parametern* Oma *und* Opa

Hier noch eine kurze Erklärung des Programmcodes. Das Programm fragt ab, ob bei seinem Aufruf zusätzliche Parameter eingegeben wurden (vgl. Parameterübergabe in Kapitel 4.2). Wenn ja, wird zumindest der 1. Parameter ausgegeben. Die Anweisung nach if besteht nur aus einer einzelnen Ausdrucksanweisung; die Anweisung nach else ist jedoch ein Block mit zwei Anweisungen. Nach der if-else-Bedingung geht das Programm normal weiter, indem es „*Ende!*" auf den Bildschirm schreibt.

5.2.3   switch-Bedingung

Die switch-Bedingung ist eine Mehrfachverzweigung (das englische *(to) switch* entspricht dem deutschen *Schalter* bzw. *schalten*), die in Abhängigkeit einer Überprüfung alternative Pfade von Anweisungen ermöglich. Die Syntax ist wie folgt:

```
switch (Ausdruck) {
case Konstante1:
  Anweisung1;
case Konstante2:
  Anweisung2;
  ...
}
```

Zunächst wird der Ausdruck Ausdruck ausgewertet. Im Gegensatz zur if- und if-else-Bedingung ist Ausdruck hier kein Boolescher Ausdruck, sondern eine Variable, die vom Typ byte, short, int oder char sein muss. (Der Vollständigkeit halber sei gesagt, dass auch spezielle Typen bzw. Klassen wie Byte, Short, Integer, Char und Aufzähltypen möglich sind, worauf wir hier aber nicht weiter eingehen.)

Dadurch dass die alternativen Anweisungen in der switch-*Bedingung über den Vergleich von Variablenwerten im Ausdruck durchlaufen werden, ist die* switch-*Bedingung eigentlich eher eine* switch-*Auswahl als -Bedingung.*

Abhängig vom Wert des Ausdrucks wird dann zu demjenigen case-Label gesprungen (das englische *case* entspricht dem deutschen *Argument*), dessen Konstante KonstanteX: mit dem Ergebnis des Ausdrucks Ausdruck übereinstimmt. Ab diesem case-Label werden alle nachfolgenden Anweisungen ausgeführt. Da ein case-Label bereits als Block gilt, müssen hier mehrere einzelne Anweisungen nicht nochmals in einen Block gepackt werden.

Jede Konstante eines case-*Labels darf nur einmal gesetzt werden.*

In Ergänzung zu den case-Labels kann auch maximal noch einmal ein default-Label eingefügt werden. Wenn keine passende Konstante KonstanteX: vorhanden ist, zu der gesprungen werden kann, wird die Anweisung DefaultAnweisung nach dem default-Label ausgeführt.

Ist kein default-*Label und auch kein* passendes case-*Label vorhanden, so wird keine der Anweisungen innerhalb der* switch-*Anweisung ausgeführt.*

Die Syntax einer switch-Bedingung mit default-Label sieht wie folgt aus:

```
switch (Ausdruck) {
case Konstante1:
  Anweisung1;
case Konstante2:
  Anweisung2;
  ...
default:
  DefaultAnweisung;
}
```

Die break-Anweisung

Ist Ausdruck identisch mit KonstanteX:, werden ab diesem case-Label alle nachfolgenden Anweisungen ausgeführt, also Anweisung1, Anweisung2 usw. sowie einschließlich der DefaultAnweisung nach dem default-Label!

Soll nur die Anweisung AnweisungX, die direkt nach dem case-Label KonstanteX: steht, ausgeführt werden, so ist nach dieser Anweisung die Anweisung break; zu setzen. Die Syntax einer solchen switch-Bedingung mit default-Label und break-Anweisung sieht dann wie folgt aus:

```
switch (Ausdruck) {
case Konstante1:
  Anweisung1; break;
case Konstante2:
  Anweisung2; break;
  ...
default:
  DefaultAnweisung;
}
```

Das Java-Programm BedingungSwitch in Abb. 5.3 versucht dies zu verdeutlichen. Je nach Anzahl der eingegebenen Parameter wird zu einem anderen case-Label gesprungen. Damit nur die direkt dazugehörige Anweisung ausgeführt wird, folgt auf jede dieser Anweisungen eine break-Anweisung.

```
public class BedingungSwitch {
  public static void main (String[] args) {

    int a;
    a = args.length;
    switch (a)
    {
    case 3:
      System.out.println("3 Parameter: "+args[0]+args[1]+args[2]);
      break;
    case 2:
      System.out.println("2 Parameter: "+args[0]+args[1]);
      break;
```

```
    case 1:
      System.out.println("1 Parameter: "+args[0]);
      break;
    case 0:
      System.out.println("0 Parameter");
      break;
    default:
      System.out.println("Mehr als 3 Parameter!");
    }
  }
}
```

Abb. 5.3 *Java-Programm* BedingungSwitch

Wird kein Parameter beim Aufruf von BedingungSwitch eingegeben – oder werden drei Parameter beim Aufruf von BedingungSwitch eingegeben, erscheinen die Bildschirmausgaben wie in Abb. 5.4 dargestellt.

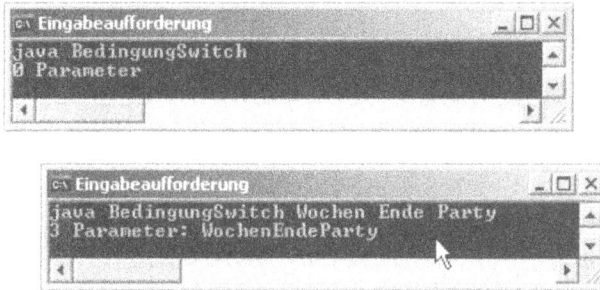

Abb. 5.4 *Ausgabe von* BedingungSwitch

5.3   Lernziele und Aufgabe

5.3.1   Lernziele

Nach Durcharbeiten dieses Kapitels sollten Sie

- die elementaren Anweisungen in Java (Ausdrucksanweisung, leere Anweisung, Blockanweisung usw.) kennen und einsetzen können,
- erklären können, wie Bedingungen funktionieren und wie sie zu Verzweigungen führen,
- die Bedingungen in Java (if, if else, switch) inklusive case und break kennen und anwenden können.

5.3.2   Aufgaben

Was wird in den folgenden Fällen in Abb. 5.5 und Abb. 5.6 ausgegeben? Warum?

```
int a = 2;
System.out.println("a = " + a);

switch(a){
case 2:
  System.out.println("case 2");
case 1:
  System.out.println("case 1");
default:
  System.out.println("case default");
}
```

Abb. 5.5 *Codeausschnitt mit* switch

```
int a = 3;
System.out.println("a = " + a);

switch(a){
case 1:
  System.out.println("case 1");
case 2:
  System.out.println("case 2");
case 3:
  System.out.println("case 3");
case 4:
  System.out.println("case 4");
  break;
case 5:
  System.out.println("case 5");
default:
  System.out.println("case default");
}
```

Abb. 5.6 *Codeausschnitt mit* switch

6 Schleifen

6.1 Klassische Schleifen

Wie in Kapitel 1.1.2 bereits gezeigt werden in Computerprogrammen Wiederholungen mit Schleifen bewirkt. Schleifen können mit einer fest vorgegebenen Anzahl an Durchläufen erfolgen oder solange, bis eine bestimmte Bedingung erfüllt ist. Dies lässt sich z.B. auch mit einem Struktogramm oder Flussdiagramm verdeutlichen, wie bereits in Abb. 1.3 dargestellt wurde. Damit können bestimmte Programmteile beim Eintreten einer vorgegebenen Bedingung, die im Allgemeinen erst zur Laufzeit bekannt wird, mehrfach ausgeführt werden. In Java gibt es die Schleifen do, while und for.

6.1.1 do-Schleife

Die do-Schleife (auch do-while-Schleife genannt; das englische *do* und *while* entspricht dem deutschen *tue solange*) führt zunächst einmal die Anweisung Anweisung aus und prüft dann den Booleschen Ausdruck Ausdruck. Solange dieser Ausdruck true ist, wird die Anweisung Anweisung immer wieder ausgeführt. Die Syntax einer do-Schleife ist wie folgt:

```
do
   Anweisung;
while (Ausdruck);
```

Erhält der Ausdruck Ausdruck den Wert false, wird die Schleife beendet und mit der ersten Anweisung nach der Schleife fortgefahren. Ist der Ausdruck schon zu Beginn false, wird die Anweisung Anweisung dennoch einmal ausgeführt. Bei der Anweisung kann es sich um eine Ausdrucksanweisung oder einen Block handeln.

In Abb. 6.1 ist ein Javabeispiel Schleife1 für eine do-Schleife gegeben. Zuerst wird die Variable Zaehler innerhalb der do-Schleife ausgegeben und dann inkrementiert, also um den Wert 1 erhöht. Danach wird die do-Schleife solange wiederholt durchlaufen, bis Zaehler größer als Anzahl wird, also nicht mehr Zaehler<=Anzahl gilt.

```
public class Schleife1 {
  public static void main (String[] args) {

    int Anzahl = 10, Zaehler = 1;
    do
       System.out.println(Zaehler++);
    while (Zaehler <= Anzahl);
  }
}
```

Abb. 6.1 *Java-Programm* Schleife1 *mit einer do-Schleife*

Zur Erinnerung: Der Postinkrement-Operator Zaehler++ *erlaubt, zuerst* Zaehler *auszugeben und dann erst* Zaehler *um 1 zu erhöhen. Das Programm zählt
damit von 1 bis 10.*

6.1.2   while-Schleife

Die while-Schleife prüft den Booleschen Ausdruck Ausdruck. Solange dieser Ausdruck
true ist, wird die Anweisung Anweisung ausgeführt. Die Syntax ist wie folgt:

```
while (Ausdruck)
    Anweisung;
```

Bei der Anweisung kann es sich um eine Ausdrucksanweisung oder einen Block handeln.
Wird der Ausdruck false, wird die Schleife beendet und mit der ersten Anweisung nach
der Schleife fortgefahren. Ist der Ausdruck schon zu Beginn false, wird die Anweisung
Anweisung gar nicht erst ausgeführt.

In Abb. 6.2 ist ein Javabeispiel Schleife2 für eine while-Schleife gegeben. Die while-
Schleife wird so lange durchlaufen, bis alle eingegebenen Parameter args[] ausgegeben
sind. Ist die Anzahl der Parameter namens Anzahl kleiner als 1, sind also keine Parameter
beim Aufruf des Programms Schleife2 angegeben, wird die while-Schleife nicht durchlaufen.

*Zur Erinnerung: Da die Nummerierung von Array-Elementen mit 0 beginnt, muss in
diesem Programm mit* Zaehler-1 *auf die Elemente in* args[] *zugegriffen werden,
damit der erste Parameter über* args[0] *abgefragt wird.*

```
public class Schleife2 {
  public static void main (String[] args) {
    int Anzahl, Zaehler = 1;
    Anzahl = args.length;
    while (Zaehler <= Anzahl)
    {
      System.out.println("Parameter " + Zaehler + " ist " +
        args[Zaehler-1]);
      Zaehler++;
    }
  }
}
```

Abb. 6.2 *Java-Programm* Schleife2 *mit einer while-Schleife*

Die Ausgabe von `Schleife2` erfolgt damit beispielsweise wie in Abb. 6.3 angegeben.

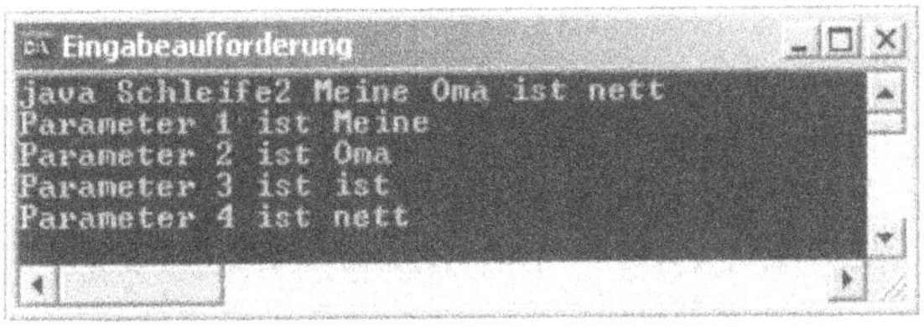

Abb. 6.3 *Ausgabe von* `Schleife2`

6.1.3   for-Schleife

Die `for`-Schleife dient in der Regel dazu, die Anweisung `Anweisung` mit einer bestimmten Anzahl an Durchläufen (auch englisch *Loops* genannt) auszuführen. Ebenso erlaubt die `for`-Schleife die Definition von Zählvariablen, die hoch- bzw. heruntergezählt werden und in der Anweisung verwendet werden.

Die Syntax einer `for`-Schleife

```
for (Initialisierung; Test; Update)
   Anweisung;
```

setzt die drei Ausdrücke `Initialisierung`, `Test` und `Update` ein.

Initialisierung
- Der Ausdruck `Initialisierung` bildet den Initialisierungsteil der `for`-Schleife und wird einmal bei Start der `for`-Schleife aufgerufen.
- Im Allgemeinen enthält er Variablendeklarationen, um beispielsweise eine Zählvariable zu initialisieren. z.B.: `int i = 1;`
- Der Ausdruck Initialisierung darf auch aus mehreren Ausdrücken bestehen, wobei die einzelnen Teilausdrücke durch Kommata getrennt sind, z.B.: `int i = 1, j = 1;`
- Sichtbarkeit und Lebensdauer der Zählvariablen erstrecken sich auf den Block Anweisung.
- Fehlt der Ausdruck Initialisierung, wird keine Initialisierung im Kopf der Schleife durchgeführt.

Test
- Der Ausdruck `Test` bildet den Ausdruck einer `for`-Schleife, der testet, ob eine oder mehrere Bedingungen erfüllt sind, z.B.: `i <= 10;`
- Ebenso wie in der `while`-Schleife wird der Testausdruck `Test` bereits zu Anfang jedes Schleifendurchlaufs überprüft. Es wird nur dann die Schleifenanweisung Anweisung ausgeführt, wenn der Testausdruck `true` liefert.

- Fehlt der Testausdruck `Test`, setzt der Compiler an seiner Stelle die Konstante `true` ein und führt damit eine Endlosschleife durch.

Update
- Der Ausdruck `Update` dient dazu, den Schleifenzähler der `for`-Schleife zu verändern, und wird nach jedem Durchlauf der `for`-Schleife ausgeführt, aber bevor der Testausdruck das nächste Mal ausgewertet wird, z.B. `i++;`
- Wie der Ausdruck `Initialisierung` darf auch `Update` aus mehreren Ausdrücken bestehen, z.B.: `i++, j++;`
- Fehlt der Ausdruck `Update`, so wird keine automatische Modifikation des Schleifenzählers durchgeführt.

In Anlehnung an das Programm `Schleife2` in Abb. 6.2 mit einer `while`-Schleife wird dieselbe Funktionalität mit auch mit einer `for`-Schleife im Programm `Schleife3` in Abb. 6.4 erreicht.

```java
public class Schleife3 {
  public static void main (String[] args) {

    int Anzahl;
    Anzahl = args.length;
    for (int Zaehler = 1; Zaehler <= Anzahl; Zaehler++)
      System.out.println("Parameter " + Zaehler + " ist " +
        args[Zaehler-1]);
  }
}
```

Abb. 6.4 *Java-Programm* `Schleife3` *mit einer for-Schleife*

Der Initialisierung-Ausdruck

```java
int Zaehler = 1;
```

initialisiert die Zählvariable `Zaehler`. Der Test-Ausdruck

```java
Zaehler <= Anzahl;
```

überprüft, ob die Bedingung erfüllt ist. Er muss für einen erneuten Schleifendurchlauf `true` sein. Und

```java
Zaehler++
```

ist der Update-Ausdruck, der die Zählvariable `Zaehler` um 1 hoch zählt.

6.1.4   Varianten von `for`-Schleifen

`for`-Schleifen gibt es in Java in verschiedenen Varianten. Neben Ganzzahlen können auch Zeichen „gezählt" werden oder mehrere Zählindizes vorkommen oder ganze Feldinhalte durchlaufen werden.

for-Schleifen mit Zeichen

Eine Schleife kann nicht nur Zahlen hoch- bzw. runterzählen. Sie kann genauso gut auch Buchstaben (oder Objekte) verwenden, wie das Programm `SchleifeBuchstaben1` in Abb. 6.5 und dessen Ausgabe in Abb. 6.7 (links) zeigen.

```java
public class SchleifeBuchstaben1 {
  public static void main (String[] args) {

    for (char i = 'a'; i < 'e'; i++)
      System.out.println(i);
  }
}
```

Abb. 6.5 *Java-Programm* `SchleifeBuchstaben1` *mit einer* `for`*-Schleife für Zeichen*

for-Schleifen mit mehreren Zählindizes

In Java können `for`-Schleifen auch mehrere Zählindizes bzw. Zählvariablen beinhalten. Die Variablen werden alle zuerst definiert und initialisiert. Dann wird deren Zulässigkeit für einen weiteren Schleifendurchlauf getestet und gegebenenfalls danach erfolgt ein Update der Variablenwerte. Das Programm `SchleifeZaehler1` in Abb. 6.6 und dessen Ausgabe in Abb. 6.7 (rechts) zeigen ein entsprechendes Beispiel.

```java
public class SchleifeZaehler1 {
  public static void main (String[] args) {

    for (int i=1, j=1; (i<=10) && (j<30); i++, j+=3)
      System.out.println("i= " + i + "\t j= " + j);
  }
}
```

Abb. 6.6 *Java-Programm* `SchleifeZaehler1` *mit einer* `for`*-Schleife mit Zeichen*

Für die `for`-Schleife werden die beiden `int`-Variablen `i` und `j` mit dem jeweiligen Startwert `1` angelegt. Solange sie kleiner gleich `10` respektive `30` sind, wird die Schleife immer wieder durchlaufen und deren Werte um 1 bzw. 3 erhöht.

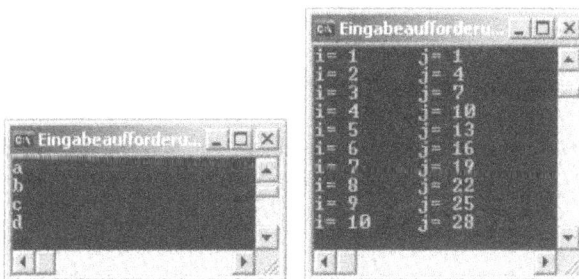

Abb. 6.7 *Ausgabe von* `SchleifeBuchstaben1` *(links) und* `SchleifeZaehler1` *(rechts)*

for-Schleifen über Feldinhalte (*foreach*)

Seit JDK 1.5 (Java 5, J2SE 5.0) erlaubt Java auch eine `for`-Schleife, die über die einzelnen Einträge eines Feldes bzw. ein Aufzählungsobjekt läuft. Diese `for`-Schleife wird auch als *foreach*-Schleife (das englische *for each* entspricht dem deutschen *für jedes*) bezeichnet in Anlehnung an deren Bezeichnung in anderen Programmiersprachen; aber *foreach* ist kein Schlüsselwort in Java.

Die Syntax einer solchen `for`-Schleife (*foreach*-Schleife) lautet

```
for (Parameter : Ausdruck)
    Anweisung;
```

Am besten erklärt man die Funktionsweise dieser Schleifenart mit einem Beispiel wie beispielsweise mit dem Programm `SchleifeFeld1` in Abb. 6.8, in welchem die `int`-Werte des Feldes `feld` ausgelesen werden.

```
public class SchleifeFeld1 {
    public static void main(String[] args) {

        int[] feld = {1,2,3,4,5,6};
        for (int i = 0; i < feld.length; ++i)
            System.out.println(feld[i]);

        for (int eintrag : feld)
            System.out.println(eintrag);
    }
}
```

Abb. 6.8 *Java-Programm* `SchleifeFeld1` *mit einer foreach-Schleife*

Die erste `for`-Schleife gibt die Werte von `feld` durch direkte Indizierung der einzelnen Feldeinträge über `feld[i]` aus. Die zweite `for`-Schleife gibt die Werte von `feld` über eine *foreach*-Schleife mit `int eintrag : feld` aus. Beides Mal werden die sechs Arrayeinträge von `feld`, also die Zahlen 1 bis 6, ausgegeben.

Da die Ausgabe beide Male dieselbe ist, nur die Syntax verschieden, scheint der Unterschied nicht groß zu sein. Das täuscht aber! Denn mit einer *foreach*-Schleife kann nicht nur über Zahlen oder Zeichen, sondern auch über beliebige aufzählbare Einheiten iteriert werden, also auch alle „Objekte" in einem Java-Programm, die in einer vorgegebenen Reihenfolge aufzählbar sind.

6.1.5   Geschachtelte Schleifen

Im Prinzip können in Java beliebig viele Schleifen ineinander geschachtelt werden. Das Programm `Schleife4` zeigt dies in Abb. 6.9 anhand von zwei geschachtelten `for`-Schleifen.

```
public class Schleife4 {
    public static void main (String[] args) {
```

```
for (int i = 9; i >= 1; i--)
{
    for (int j = 1; j <= i; j++)
        System.out.print(i);          // Ausgabe Zahl
    System.out.println();             // Ausgabe neue Zeile
}
}
```

Abb. 6.9 *Java-Programm* Schleife4 *mit zwei geschachtelten* for-*Schleifen*

Die erste for-Schleife zählt i von 9 bis 1 in Einerschritten herunter. Die zweite for-Schleife zählt j von 1 bis zum aktuellen Wert von i in Einerschritten hoch und schreibt jeweils den Wert von i heraus. System.out.println(); gehört dann wieder zur ersten Schleife und erzeugt einen Zeilenumbruch, also eine neue Zeile.

Mit anderen Worten: Die Zählvariable i schreibt die Zeilen und die Zählvariable j schreibt pro Zeile eine gewisse Anzahl an Zeichen, nämlich genau i Zeichen. Es wird damit pro Zeile i-mal der Wert von i ausgegeben, beginnend mit 9 bis herunter zu 1, wie in Abb. 6.10 (links) gezeigt ist.

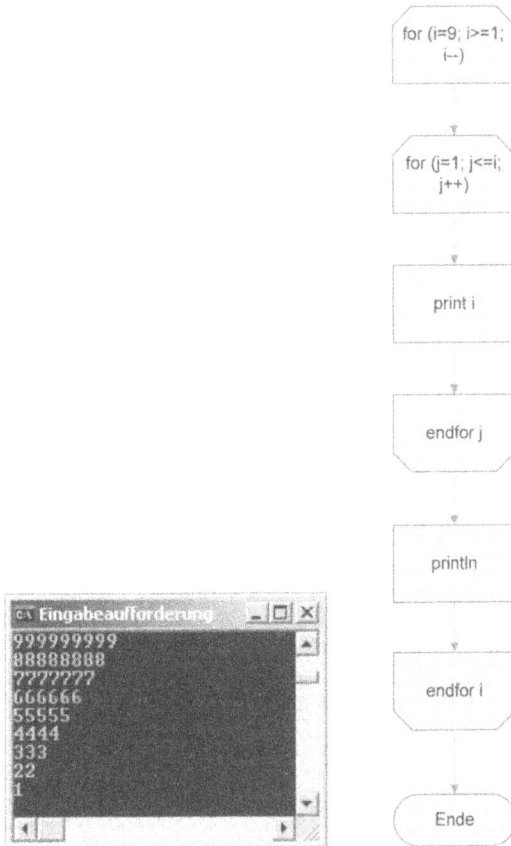

Abb. 6.10 *Ausgabe vom Java-Programm* Schleife4 *(links) und dazugehöriges Flussdiagramm (rechts)*

Eventuell ist es schwer, sich gedanklich vorzustellen, wie geschachtelte Schleifen arbeiten, wenn man alleine den Programmcode betrachtet. Auch umgekehrt kann es schwierig sein, auf Anhieb ein Java-Programm zu erstellen, das eine bestimmte vorgegebene Ausgabe erzeugen muss. Oftmals hilft es, erst grafisch zu modellieren, was in welcher Reihenfolge wie ablaufen muss. Bei umfangreicheren Software-Entwicklungen ist die vorgängige Modellierung des Problems sogar ein Muss, wie im Software-Engineering immer gepredigt wird.

In unserem Beispiel ist ein Flussdiagramm eine gute Möglichkeit, den Algorithmus zu visualisieren. In Abb. 6.10 (rechts) ist das Programm Schleife4 in einem Flussdiagramm dargestellt. Man sieht nun genau, wie die beiden Schleifen geschachtelt sind, und kann besser nachvollziehen, wie die Ausgabe zustande kommt.

6.2 Sprunganweisungen

In Java gibt es zwei Sprunganweisungen für Schleifen, die es erlauben, die Auswertungsreihenfolge einer laufenden Schleife zu verändern:

- break-Anweisung
- continue-Anweisung

Beide Anweisungen können auf einfache wie auch mehrfach geschachtelte Schleifen angewendet werden, machen jedoch meist nur Sinn bei den mehrfach geschachtelten Schleifen. Befinden sich eine break- oder eine continue-Anweisung innerhalb mehrfach geschachtelter Schleifen, so kann im Programmcode angegeben werden, auf welche Schleife diese Anweisungen sich direkt beziehen.

Noch zur Erinnerung: Die break-Anweisung findet außerdem auch in der switch-Bedingung Anwendung, um nur diejenigen Anweisungen auszuführen, die vor der break-Anweisung beim entsprechenden case-Label stehen.

6.2.1 break-Anweisung

Taucht innerhalb einer Schleife die break-Anweisung auf, wird die Schleife unmittelbar beendet und das Programm mit der ersten Anweisung nach der Schleife fortgesetzt.

Neben dieser einfachen Form von break gibt es in Java noch die mit einem Label versehene Form break Label, welche meist dazu verwendet wird, zwei oder mehr ineinander geschachtelte Schleifen zu beenden. Wird nämlich break Label aufgerufen, springt das Programm an das Ende derjenigen Schleife, welche am Anfang mit dem Label Label: markiert ist.

Die Syntax einer break-Anweisung sieht wie folgt aus:

```
break; oder break Label;
```

Zur Verdeutlichung dient das Beispielprogramm Schleife5 aus Abb. 6.11. Zwei geschachtelte for-Schleifen lassen pro Zeile i-mal die Zahl i ausdrucken und davon die
Quersumme Summe berechnen. Sobald Summe größer gleich dem Grenzwert ist, werden
alle Schleifen abgebrochen, indem mit break zum Label1: außerhalb der äußersten for-
Schleife gesprungen wird.

```
public class Schleife5 {
  public static void main (String[] args) {

    int Summe, Grenzwert = 40;

    //Label, zu dem die break-Anweisung springt
    Label1:

    for (int i = 1; i <= 9; i++)
    {
      Summe = 0;

      //zum Label gehörige for-Schleife
      for (int j = 1; j <= i; j++)
      {
        System.out.print(i);
        Summe = Summe + i;
        if (Summe >= Grenzwert)
        {
          System.out.println(" Quersumme >= Grenzwert von " +
            Grenzwert);

          //springt zum Label und verlässt alle for-Schleifen
          break Label1;

        }
      }
      System.out.println("");
    }
  }
}
```

Abb. 6.11 *Java-Programm* Schleife5 *mit break-Anweisung*

Wenn man die Ausgabe des Programms Schleife5 in Abb. 6.12 betrachtet, wird klar, was
das Programm macht. Die zwei geschachtelten for-Schleifen schreiben je Zeile i insgesamt
i-mal die Zeilennummer als Zahl. Bei jedem Hinzufügen jeder neuen Zahl pro Zeile wird
die Quersumme Summe berechnet und mit dem Grenzwert Grenzwert verglichen. Wenn
die Quersumme größer gleich 40 ist, wird abgebrochen, was hier bei 6-mal Zahl 7 (=42)
gegeben ist.

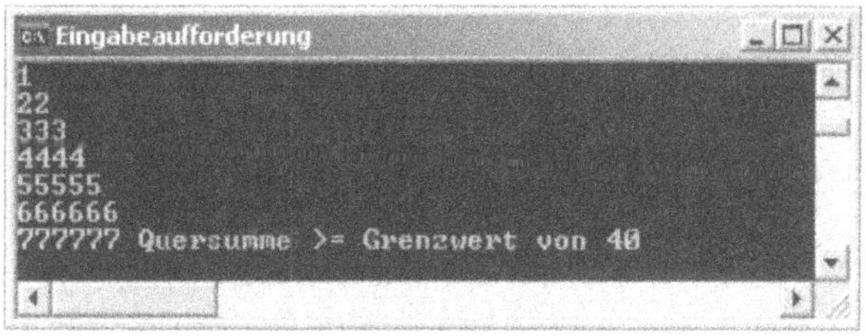

Abb. 6.12 *Ausgabe vom Java-Programm* Schleife5

6.2.2   continue-Anweisung

Taucht innerhalb einer Schleife die continue-Anweisung auf, beginnt die Schleife unmittelbar mit der nächsten Iteration, ohne dass die zwischen der continue-Anweisung und dem Ende der Schleife stehenden Anweisungen noch ausgeführt werden.

Neben dieser einfachen Form von continue gibt es in Java noch die mit einem Label versehene Form continue Label. Diese kann dazu verwendet werden, bei ineinander geschachtelten Schleifen eine gewisse Anzahl von Schleifendurchläufen mit dem Sprung zum Label Label: zu überspringen. Das Java-Programm wird dann mit dem nächsten Schleifendurchlauf derjenigen Schleife fortgesetzt, wo direkt das Label Label davorsteht.

Die Syntax einer continue-Anweisung ist wie folgt:

```
continue; oder continue Label;
```

Als Beispiel nehmen wir ein Programm zur Primzahlberechnung[2]: Es werden der Reihe nach Zahlen untersucht, ob sie eine Primzahl sind oder nicht. Ist eine Zahl eine Primzahl, wird sie ausgegeben. Wird während der Untersuchung einer Zahl festgestellt, dass sie keine Primzahl ist, werden sogleich die weiteren Schritte der Untersuchung abgebrochen und die nächste Zahl überprüft.

Für die Primzahlen zwischen 2 und 100 ergibt sich damit die Ausgabe, wie in Abb. 6.13 (links) dargestellt ist. Wie sehen aber der Algorithmus und das dazugehörige Java-Programm dazu aus?

Es gibt mehrere Algorithmen zur Primzahlberechnung, die im Kern immer ähnlich vorgehen. Für unsere Zwecke – wir wollen ja die continue-Anweisung mit einem Label einsetzen – definieren wir unseren Algorithmus zur Primzahlberechnung wie folgt:

- Die Zählvariable i ist immer die nächst größere Zahl, die dahingehend untersucht wird, ob sie eine Primzahl ist oder nicht. Dafür wird i von Untergrenze bis Obergrenze hoch gezählt.
- j ist der Teiler, durch den die zu untersuchende Zahl i geteilt wird. Dazu wird j von 2 bis i/2 hoch gezählt. (i/2 reicht, da damit alle in Frage kommenden Teiler abgedeckt sind. Ebenso würde es reichen, ab der Zahl 3 nur noch ungerade i und j zuzulassen, was hier aber der Übersichtlichkeit wegen entfällt.)
- Modulo i%j testet nun, ob i ganzzahlig, also ohne Rest, durch j teilbar ist.
- Sobald das auftritt, ist i nämlich keine Primzahl und der aktuelle Schleifendurchlauf der i-Schleife wird mit continue abgebrochen.
- Nun wird dieselbe Überprüfung für die nächste größere Zahl i durchgeführt.

---

[2]   Zur Erinnerung: Primzahlen sind solche Zahlen, die sich nur durch 1 oder sich selbst ganzzahlig und ohne Rest teilen lassen. Es existieren verschiedene Algorithmen, die eine Zahl auf die Primzahleigenschaft testen. Wir beschränken uns aber auf einen Algorithmus, mit welchem wir anschaulich die continue-Anweisung erklären können, der aber nicht Effizienz optimiert ist.

Wendet man diesen Algorithmus an, so ergeben sich beispielsweise für die Zahlen 13, 14 und 15 folgende Rechnungsdurchläufe:

```
i =            ...   13          14          15   ...
j =                  2,3,4,5,6   2           2,3
Primzahl?            ja          nein        nein
```

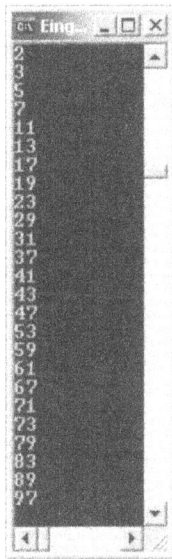

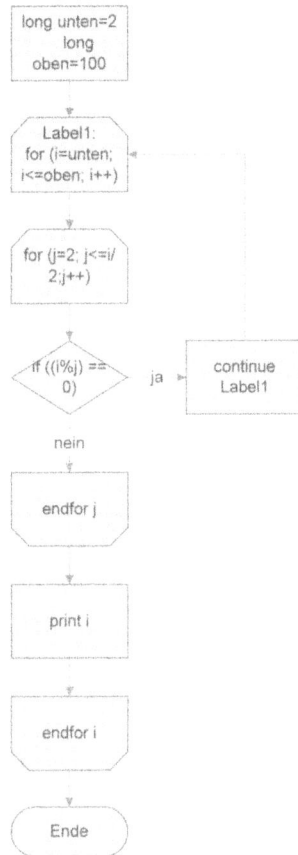

Abb. 6.13 *Ausgabe vom Programm* Primzahlberechnung *(links) und dazugehöriges Flussdiagramm (rechts)*

Setzt man den obigen Algorithmus in Form eines Flussdiagramms um, so ergibt sich das Diagramm wie in Abb. 6.13 (rechts) angegeben. Eine Schwierigkeit in Flussdiagrammen ist aber, wie mit der continue-Anweisung verfahren werden soll. Da es keine Standardvorgaben gibt, lassen wir die innere Schleife mit einer Bedingung durchbrechen und den Algorithmus am Label1 fortfahren. Das dazugehörige Java-Programm sieht dann wie folgt aus (Abb. 6.14).

```
public class Primzahlberechnung {
  public static void main (String[] args) {

    long Untergrenze = 2L;
    long Obergrenze  = 100L;

    //Label, zu dem die continue-Anweisung springt
    Label1:

    //zum Label gehörige for-Schleife
    for (long i = Untergrenze; i <= Obergrenze; i++)
    {
      for (long j = 2; j <= i/2; j++)
      if ((i%j) == 0)

        //springt zum Label und setzt for-Schleife mit i+1 fort
        continue Label1;

      System.out.println(i);
    }
  }
}
```

Abb. 6.14 *Java-Programm* Primzahlberechnung *mit einer* continue-*Anweisung und einem Label*

Die verwendeten Datentypen sind hier übrigens alle vom Typ long, da erfahrungsgemäß die angehenden Programmierer immer gleich die Primzahlen über „1 Billion" testen wollen, für die kein int mehr ausreicht.

6.3 Lernziele und Aufgaben

6.3.1 Lernziele

Nach Durcharbeiten dieses Kapitels sollten Sie

- erklären können, wie Schleifen funktionieren und wie sie zu Wiederholungen führen,
- die Schleifen in Java (do, while, for) und ihre Sprunganweisungen (break, continue) kennen und einsetzen können,
- geschachtelte Schleifen und die Varianten von for-Schleifen (inklusive der *foreach*-Schleife) verstanden haben und anwenden können.

6.3.2 Aufgaben

Schreiben Sie Java-Programme mit zwei geschachtelten for-Schleifen, die zu den entsprechenden Ausgaben in Abb. 6.15 führen.

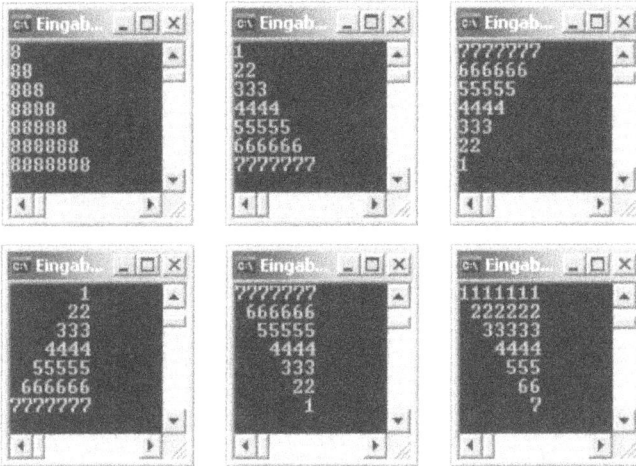

Abb. 6.15 *Java-Programme mit zwei geschachtelten* `for`*-Schleifen*

Schreiben Sie ein Java-Programm mit geschachtelten `for`-Schleifen, das den halben Tannenbaum aus Abb. 6.16 ausgibt. Überlegen Sie sich dazu, wie viele geschachtelte `for`-Schleifen sie sinnvoller Weise benötigen.

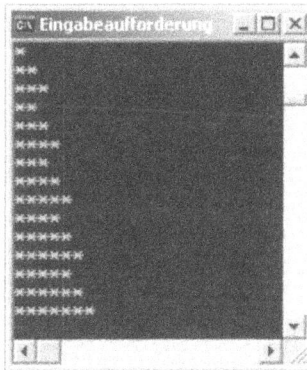

Abb. 6.16 *Ausgabe eines halben Tannenbaums*

7 Methoden, Algorithmen und Rekursion in Java

Dieses Kapitel dient dazu, die grundlegenden Programmstrukturen und die Syntax von Java zu wiederholen. Sie haben nun die Chance, Ihr Wissen über Java aufzufrischen. In der zweiten Hälfte des Kapitels setzen wir dann dieses Wissen für die Implementierung von Algorithmen in Java ein.

7.1 Auffrischung der grundlegenden Programmstrukturen

Setzt man Algorithmen in eine computerverständliche Form um, so tauchen drei bzw. vier grundlegende Programmstrukturen unabhängig von einer Programmiersprache immer wieder auf. Dies sind:

- Anweisungen
- Verzweigungen bzw. Alternativen aufgrund von Bedingungen
- Wiederholungen mit Schleifen

Fasst man mehrere einzelne solche Programmstrukturen zusammen, so ergibt sich eine weitere grundlegende Programmstruktur, die je nach Programmiersprache respektive Programmiertyp umschrieben werden kann als

- Block, Modul, Funktion, Unterroutine, Aufruf anderer Algorithmen, Klasse, Objekt oder wie auch immer …

Anweisungen

In Computerprogrammen werden im Allgemeinen schrittweise die Anweisungen im Quelltext abgearbeitet. In Kapitel 5.1 haben wir diese am Beispiel eines Brettspiels verglichen. Allerdings würfelt der Computer nicht, sondern geht Feld für Feld – also Anweisung für Anweisung – vor.

Verzweigungen aufgrund von Bedingungen
In Computerprogrammen werden Verzweigungen bzw. Alternativen mit Bedingungen bzw. Entscheidungen bewirkt. An solchen Verzweigungen können zwei oder mehrere alternative Programmpfade weitergehen.

Wiederholungen mit Schleifen
In Computerprogrammen werden Wiederholungen mit Schleifen bewirkt. Schleifen können mit einer fest vorgegebenen Anzahl an Durchläufen erfolgen oder so lange, bis eine bestimmte Bedingung erfüllt ist.

Blöcke, Funktionen, Objekte
In Computerprogrammen werden gewisse Programmteile, die immer wieder vorkommen, in Blöcke (Module, Funktionen, Unterroutinen, Klassen, Objekte …) gepackt. Diese „Blöcke" stehen nur über spezielle Schnittstellen mit dem anderen Programmcode in Kontakt.

7.2   Grundelemente und Syntax in Java

7.2.1   Grundkonzept von Java

Java läuft plattformunabhängig und architekturneutral auf verschiedensten Systemen und über verteilte Systeme hinweg. Java ist vollständig objektorientiert, sicher sowie stabil und unterstützt Multithreading.

Java wird von Sun Microsystems (http://java.sun.com/) ständig weiterentwickelt und in verschiedenen Versionen als JDK bzw. SDK (Java bzw. Software Development Kit) gratis für die Plattformen Linux, Windows, Solaris zur Verfügung gestellt. Mitgelieferte Java-Entwicklungswerkzeuge (`javadoc`, `jdb`, …) und zusätzliche IDEs (Integrated Development Environment) und CASE-Tools (Computer-aided Software Engineering) unterstützen die Entwicklung von Java-Programmen.

Der Java-Quelltext – gespeichert als `Javafile.java` – wird mittels des Java-Compilers `javac` in Java-Bytecode übersetzt. Der Bytecode – gespeichert als `Javafile.class` – wird auf jedem Computer, auf dem eine *Java Virtual Machine* läuft, mittels des Java-Interpreters `java` zur Laufzeit interpretiert.

7.2.2   Sprachelemente, Datentypen und Variablen

Java verwendet den Unicode-Zeichensatz (http://unicode.org/) und kann somit Umlaute und zusätzliche Buchstaben anderer Alphabete darstellen und verwenden (solange dies vom Editor unterstützt wird). Damit unterscheidet Java auch zwischen Groß- und Kleinschreibung.

Java ist keine zeilengebundene Programmiersprache, d.h. es darf eine beliebige Zeilenformatierung im Programmtext stehen, solange Zeilenumbrüche und Leerzeichen zulässig platziert sind.

Java kennt die Kommentare /* und */, den Zeilenkommentar // und den *javadoc*-Kommentar /** und */. Mit dem Tool javadoc kann dann automatisch eine separate Dokumentation anhand der *javadoc*-Kommentare aus dem Java-Quellcode erzeugt werden.

Java kennt die primitiven Datentypen byte, short, int, long für Ganzzahlen verschiedener Länge, float und double für Gleitzahlen verschiedener Länge, boolean für die Booleschen Werte true und false sowie char für einfache Zeichen aus dem Unicode-Zeichensatz.

Zeichen char werden in einfachen Anführungszeichen geschrieben ' ', Zeichenketten (Referenztyp String) in den doppelten Anführungszeichen " ".

Jede Variable muss definiert und einem Typ zugewiesen werden:

```
Typname Variablenname;
```

Zusätzlich kann der Variablen dabei auch ein Wert zugewiesen werden:

```
Typname Variablenname = Wert;
```

7.2.3 Operatoren

In Java existieren

- die arithmetischen Operatoren   +, -, *, /, %, ++, --
- die arithmetischen Zuweisungsoperatoren   =, +=, -=, *=, /=, %=
- die Vergleichsoperatoren   ==, !=, <, <=, >, >=
- die logischen Vergleichsoperatoren   !, &&, ||, &, |, ^
- die bitweisen Operatoren   ~, &, |, ^, >>, >>>, <<, &=, |=, ^=, >>=, >>>=, <<=

Explizite Konvertierungen von einem Datentyp in einen anderen erfolgen mittels des Type-Cast-Operators ( ). Für die primitiven Datentypen ist er wie folgt definiert:

```
(byte), (short), (int), (long), (float), (double) und (char)
```

Für die bedingte Zuweisung von Werten gibt es in Java den Fragezeichen-Operator ? : also:

```
Wert = BoolescherAusdruck ? Wert1 : Wert2;
```

7.2.4 Datenfelder

Datenfelder sind ein- oder mehrdimensionale Arrays, welche quasi eine beliebige Anzahl an Dimensionen besitzen können. Arrays werden wie folgt deklariert und initialisiert:

```
int[][] Matrix;
Matrix = new int[IntZeile][IntSpalte];
```

Oder zusammengefasst in einem Ausdruck:

```
int[][] Matrix = new int[IntZeile][IntSpalte];
```

Besitzen Arrays bereits zu Beginn Werte, werden diese am einfachsten in geschweiften Klammern übergeben – je nach Dimension der Arrays mehrfach geschachtelt. Beispielsweise wird ein Array mit Werten für eine Matrix mit 3 Zeilen und 2 Spalten wie folgt angelegt:

```
int[][] Matrix = {{1, 2}, {3, 4}, {5, 6}};
```

Der Zugriff auf die Array-Elemente erfolgt mittels direkter Indizierung, z.B. auf das Element in der 3. Zeile und 2. Spalte mit:

```
Matrix[2][1]
```

Dabei beginnt die Nummerierung der Datenfelder immer mit 0:

```
Matrix[0][0]    Matrix[0][1]    Matrix[1][0]    ...
```

Die Anzahl der Array-Elemente wird mit dem Operator .length abgefragt:

Anzahl Zeilen:	`Matrix.length`
Anzahl Spalten in der 1.Zeile:	`Matrix[0].length`
Anzahl Spalten in der 2.Zeile:	`Matrix[1].length`

7.2.5   Zeichenketten

Zeichenketten werden über den Referenztyp `String` wie folgt definiert:

```
String a = new String("Hello World");
```

Oder in der Kurzform:

```
String a = "Hello World";
```

Die Länge einer Zeichenkette wird mit der Methode .length() abgefragt:

```
a.length()
```

Zeichenketten werden mit dem Operator + verknüpft, z.B:

```
a = "Hello " + "World";
```

7.2.6   main-Methode und Parameterübergabe

Das Grundgerüst eines Java-Programms mit der main-Methode als Haupteinstiegspunkt in das Programm sieht wie in Abb. 7.1 gegeben aus.

```
public class JavaProgramm {
  public static void main(String[] args) {
    // hier Programmcode
  }
}
```

Abb. 7.1 *Minimales Javaprogramm*

Parameterübergabe beim Aufruf des Java-Programms erfolgt mittels:

```
java JavaProgramm Parameter1 Parameter2 ...
```

Zugriff auf die einzelnen Parameter, die als ein Array von String abgelegt werden, erfolgt mittels:

```
args[0] args[1] ...
```

Das File, in dem das Java-Programm gespeichert wird, muss (bzw. sollte) so heißen wie die Klasse und muss auf .java enden:

```
JavaProgramm.java
```

7.2.7 Bedingungen und Schleifen

Verzweigungen bzw. Alternativen werden durch Bedingungen bzw. Entscheidungen verursacht. Dafür gibt es in Java die Anweisungen if, if else und switch.

Wiederholungen werden mit Schleifen bewirkt. Die do-Schleife, auch do-while-Schleife genannt, führt zunächst einmal die dazugehörige Anweisung – oder auch einen Block von Anweisungen – aus und prüft dann den entsprechenden Booleschen Ausdruck. Solange dieser Ausdruck true ist, wird die Anweisung erneut ausgeführt.

Die while-Schleife prüft zunächst den entsprechenden Booleschen Ausdruck. Solange dieser Ausdruck true ist, wird die dazugehörige Anweisung ausgeführt.

Die for-Schleife dient in der Regel dazu, die dazugehörige Anweisung mit einer bestimmten Anzahl an Durchläufen auszuführen. Die for-Schleife kann dabei explizit über Zählvariablen oder als *foreach*-Schleife über die einzelnen Elemente von Aufzählungstypen laufen.

In Java gibt es zwei Sprunganweisungen, die es erlauben, die Auswertungsreihenfolge einer laufenden Schleife zu verändern. Die break-Anweisung beendet eine Schleife, die continue-Anweisung springt zum nächsten Schleifendurchgang.

Durch Angabe eines Labels LabelX: springen die break- und die continue-Anweisung direkt zu diesem Label, gegebenenfalls aus mehreren geschachtelten Schleifen heraus.

7.3   Methoden

Wer andere Programmiersprachen kennt, dem sei gesagt, dass Methoden in Java als eine Art von Funktionen verwendet werden können: Mit einem oder mehreren Eingabewerten wird im Programm etwas bewirkt, meist ein Resultat erzeugt und zurück- oder ausgegeben. Mit Methoden kann in Java in etwa die grundlegende Programmstruktur eines Blocks realisiert werden (vgl. Kapitel 7.1).

Methoden, die bisher auftauchten, sind beispielsweise:

- `main(String[] args)`
- `System.out.println(Zeichenkette)`
- `System.out.print(Zeichenkette)`
- `Zeichenkette.length()`

Weitere wichtige Methoden, die von Java bereitgestellt werden, sind beispielsweise:

- `System.exit(0)` beendet das Java-Programm.
- `Ganzzahl = Integer.parseInt(Zeichenkette)` und
- `Gleitzahl = Double.parseDouble(Zeichenkette)`
- konvertieren eine Zeichenkette vom Typ `String` in eine Ganzzahl vom Typ `int` bzw. eine Gleitzahl vom Typ `double`.
- `Zufallszahl = Math.random()` erzeugt eine Zufallszahl vom Typ `double`, die größer gleich `0.0` und kleiner `1.0` ist.
- `Zeichenkette1.equals(Zeichenkette2)` überprüft, ob zwei Zeichenketten identisch sind.
- `Zahl.toString()` wandelt eine Zahl in eine Zeichenkette.
- `Math.pow(a,b)` und `Math.sqrt(c)` berechnen die Potenz a^b und die Wurzel $\sqrt{c}$.

Methoden werden in Kapitel 8.4 im Zusammenhang mit der Objektorientiertheit von Java genauer erklärt. An dieser Stelle geben wir nur eine kleine Einführung, soweit es für die Implementierung von Algorithmen notwendig ist.

Da Java-Programme auf verschiedensten Plattformen laufen können, müssen manche Anweisungen etwas aufwändiger programmiert werden. Um beispielsweise eine double-Zahl über die Konsole (Eingabeaufforderung) einzulesen, verwendet man in Java neben der Ausnahmebehandlung mehrere Methoden (neben mehreren Objekten), z.B. `parseDouble()` und `readLine()`, wie der Programmcode in Abb. 7.2 zeigt. Um auf diese Methoden zugreifen zu können, muss ganz am Anfang des Quellcodes zusätzlich noch folgende Anweisung stehen:

```
import java.io.*;
```

```
try {
  Gleitzahl =
    Double.parseDouble((new BufferedReader(
      new InputStreamReader(System.in))).readLine());
}
catch(Exception ex) {
  System.out.println(ex.toString());
}
```

Abb. 7.2 *Java-Codezeilen zum Einlesen von Eingaben über die Konsole (Eingabeaufforderung)*

Da Java plattformunabhängig läuft, bedarf es innerhalb eines Java-Programms mehrerer Befehle, um Werte einlesen zu können. Was hier try *und* catch *und die anderen Ausdrücke bedeuten, wird in einem späteren Kapitel noch ausführlich erklärt. Versuchen Sie bis dahin, die Methoden mit Copy&Paste einzusetzen.*

Will man in Java selber Methoden implementieren, wie man Funktionen und Unterprogramme in anderen Programmiersprachen schreibt, so kann man diese Methoden zusätzlich in diejenige Klasse des Java-Programms schreiben, in welcher die main-Methode steht. Außerdem muss man diese Methode noch als static bezeichnen, was später in Kapitel 13.7 erklärt wird.

Programm MethodeStatic1 zeigt dies beispielhaft in Abb. 7.3. In welcher Reihenfolge die Methoden untereinander in einem Java-Programm (Klasse) letztendlich angeordnet sind, ist egal; der Java-Compiler findet sie.

```
public class MethodeStatic1 {

// Hauptmethode
  public static void main(String[] args) {
    double Zahl1 = 5.0, Zahl2 = 6.5, Ergebnis;
    Ergebnis = berechneSumme(Zahl1, Zahl2);
    System.out.println(Ergebnis);
  }

// Methode für Berechnung der Summe
  static double berechneSumme(double a, double b) {
    double Summe = a + b;
    return(Summe);
  }
}
```

Abb. 7.3 *Java-Programm* MethodeStatic1 *zur Erklärung der Implementierung von einzelnen Methoden*

Methoden haben *Übergabeparameter* und meist einen *Rückgabewert*, wie beispielhaft am Programm MethodeStatic1 in Abb. 7.3 mit der Methode berechneSumme gezeigt ist. Die Übergabeparameter für die Methode berechneSumme(double a, double b) sind die double-Zahlen Zahl1 und Zahl2. Der Rückgabewert Summe liefert das Ergebnis namens Ergebnis und ist vom Typ double.

Der Wert, der zurückgegeben wird,
* wird mit dem Schlüsselwort return angegeben,
* muss vom gleichen Datentyp sein wie der Datentyp vor dem Methodenname (double berechneSumme),

- wird im aufrufenden Programm einer Variablen mit entsprechendem Datentyp zugewiesen werden (Ergebnis).

Dies nur als kurze Einführung. Methoden werden im Luafe des Buches noch öfters vorkommen und an Ort und Stelle erklärt. Widmen wir uns hier lieber den Algorithmen.

7.4   Algorithmen

In Kapitel 1.1 haben wir folgende Definition für einen Algorithmus bereits vorgestellt:

Ein Algorithmus definiert ein Verfahren, bei dem aufgrund eines Systems von Regeln gegebene Größen (auch Eingabeinformationen oder Aufgaben) in andere Größen (auch Ausgabeinformationen oder Lösungen) transformiert werden. Durch Algorithmen werden komplizierte Prozesse nachgebildet, welche dann von Computern (Rechnern, Maschinen, Automaten) abgearbeitet werden können.

Computerprogramme, also Software, beinhalten im Allgemeinen sehr viele Algorithmen. Die meisten sind schon programmiert und werden vom System und zusätzlichen Programm-Bibliotheken angeboten.

Will man einen Algorithmus selber programmieren, muss man Regeln und mathematische Formeln so in einem Computerprogramm implementieren, dass eindeutig alle Rechenvorschriften ausgeführt werden und auf alle Sonderfälle geachtet wird. Im Folgenden wollen wir dieses Vorgehen an zwei Beispielen zeigen.

7.4.1   Sechsstellige Zufallszahl

Ein Beispiel, wie ein Algorithmus in Java implementiert werden kann, ist die Ermittlung einer sechsstelligen Zufallszahl (Ganzzahl), wie sie beispielsweise in der deutschen Super-6-Auslosung oder der schweizerischen Joker-Ziehung der jeweiligen Lottogesellschaften vorkommt.

Also, die Aufgabe ist, eine sechsstellige Zufallszahl (ganze Zahl) zu erzeugen und auszugeben. Um das zu erreichen und bevor wir gleich zu programmieren beginnen, starten wir mit ein paar Überlegungen zum Aufstellen des Algorithmus:

- In Java gibt es die Methode Math.random(), die eine Zufallszahl (Gleitzahl) zwischen 0.0 und kleiner 1.0 (also 0.9999999...) erzeugt.
- Die sechsstellige Zufallszahl liegt aber zwischen 000000 und 999999.
- D.h. die Java-Zufallszahl muss mit 1000000 multipliziert werden: 000000.000... bis 999999.999...
- Die Kommastellen müssen abgeschnitten werden, d.h. es wird nur eine Ganzzahl benötigt.
- Achtung: Führende Nullen einer Zahl werden in der Ausgabe einer Zahl nicht dargestellt. D.h. dass z.B. die Zahl 5674 als 005674 zu lesen ist.

Da dies alles relativ einfach ist, nehmen wir gleich noch zwei Zusatzbedingungen bzw. -aufgaben hinzu:

- 1. Zusatz: Alle Berechnungen sollen in eine einzige separate Methode gepackt werden.
- 2. Zusatz: Es sollen so lange Zufallszahlen ausgegeben werden, bis eine Zahl größer gleich 800000 dabei ist.

Mit den Überlegungen alleine ist quasi schon der Algorithmus definiert. Der Algorithmus kann nun noch grafisch, beispielsweise in einem Flussdiagramm, dargestellt werden, wie es in Abb. 7.4 gegeben ist.

Neben einer verbalen Formulierung kann dann das Flussdiagramm noch so weit verfeinert werden, dass es nahezu den Programmcode enthält: Links in Abb. 7.4 verwendet das Flussdiagramm noch eine verbale Formulierung der einzelnen Schritte im Algorithmus, rechts sind diese einzelnen Schritte bereits in Anweisungen mit Java-Syntax umgesetzt.

Der Übergang vom Flussdiagramm aus Abb. 7.4 (rechts) zu einem Java-Programm ist dann nur noch reine Formsache, wie das Programm `SechsstelligeZufallszahl1` in Abb. 7.5 zeigt.

Abb. 7.4 *Zwei Flussdiagramme zum Algorithmus Sechsstellige Zufallszahl: Links mehr verbal, rechts eher am Java-Programmcode*

```
public class SechsstelligeZufallszahl1 {

// Hauptmethode
  public static void main(String[] args) {
    double zahl;
    int ganzzahl;
    zahl = Math.random();
    zahl *= 1000000;
    ganzzahl = (int) zahl;
    System.out.println("Sechsstellige Zufallszahl: " + ganzzahl);
  }
}
```

Abb. 7.5 *Java-Programm* SechsstelligeZufallszahl1 *zum Algorithmus Sechsstellige Zufallszahl*

Wenden wir uns nun dem 1. Zusatz zu und packen alle Berechnungen in eine separate Methode. Der Hintergrund könnte sein, dass diese Methode auch in anderen Programmen verwendet werden soll. Als Flussdiagramm lässt sich dies wie in Abb. 7.6 gegeben darstellen.

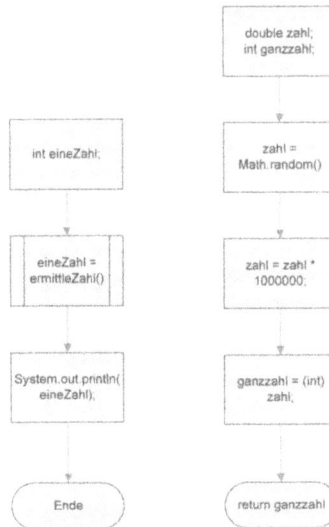

Abb. 7.6 *Die Anweisung* ermittleZahl() *im linken Flussdiagramm besteht aus den Ausweisungen des rechten Flussdiagramms*

Die Anweisung ermittleZahl() in Abb. 7.6 (links) besteht aus den einzelnen Anweisungen in Abb. 7.6 (rechts); diese Anweisungen sind quasi „herausgezogen". Das Prinzip des
Flussdiagramms in Abb. 7.6 ist immer noch dasselbe wie in Abb. 7.4. Zusätzlich gibt es jetzt
aber noch die Methode ermittleZahl(). Damit ist die Übertragung in ein Java-
Programm ganz einfach; das entsprechende Programm ist in Abb. 7.7 zu finden.

```
public class SechsstelligeZufallszahl2 {
// Hauptmethode
  public static void main(String[] args) {
    int eineZahl;
    eineZahl = ermittleZahl();
    System.out.println("Sechsstellige Zufallszahl: " + eineZahl);
  }
// Bechnungsmethode
  public static int ermittleZahl() {
    double zahl;
    int ganzzahl;
    zahl = Math.random();
    zahl *= 1000000;
    ganzzahl = (int) zahl;
    return ganzzahl;
  }
}
```

Abb. 7.7 *Java-Programm* SechsstelligeZufallszahl2 *mit der Methode* ermittleZahl()

Kommen wir nun zum 2. Zusatz in diesem Algorithmus: Nun sollen so lange Zufallszahlen ausgegeben werden, bis eine Zahl größer gleich 800000 dabei ist, wie Abb. 7.8 (rechts) zeigt. Diese Aufgabe lässt sich leicht lösen, da wir die gerade entwickelte Methode ermittleZahl() verwenden können. Die Methode wird so lange aufgerufen, bis eine sechsstellige Zufallszahl zurückgegeben wird, die größer gleich 800000 ist.

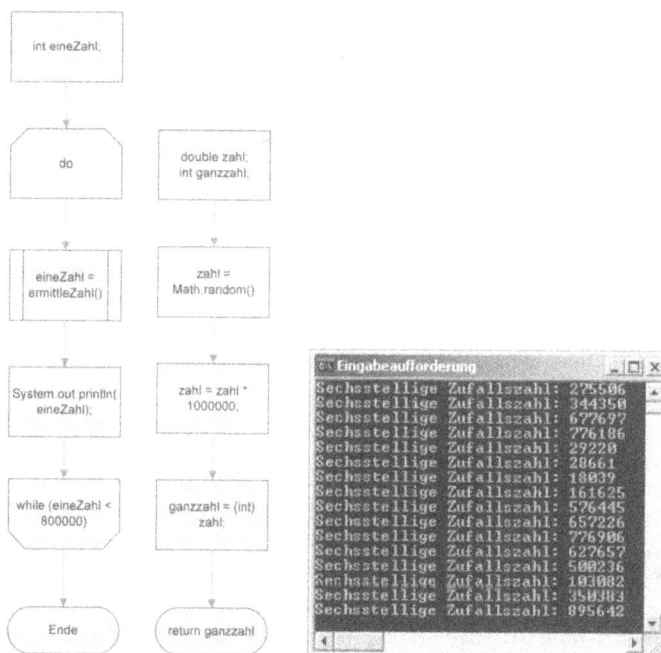

Abb. 7.8 *Das linke Flussdiagramm mit der Methode* ermittleZahl *im Flussdiagramm (Mitte) führt zu dem Programm* SechsstelligeZufallszahl3 *mit einer beispielhaften Ausgabe von Zufallszahlen (rechts)*

Abb. 7.8 und Abb. 7.9 zeigen die dazugehörigen Flussdiagramme und den Java-Programmcode für SechsstelligeZufallszahl3 sowie beispielhaft eine Abfolge von Zufallszahlen, bis eine Zahl größer 800000 gefunden ist.

```java
public class SechsstelligeZufallszahl3 {

// Hauptmethode
  public static void main(String[] args) {
    int eineZahl;
    do {
      eineZahl = ermittleZahl();
      System.out.println("Sechsstellige Zufallszahl: " + eineZahl);
    }
    while (eineZahl < 800000);
  }

  public static int ermittleZahl(){
    double zahl;
    int ganzzahl;
    zahl = Math.random();
    zahl *= 1000000;
    ganzzahl = (int) zahl;
    return ganzzahl;
  }
}
```

Abb. 7.9 *Java-Programm SechsstelligeZufallszahl3*

7.4.2   Quadratwurzel nach Heron

Ein weiteres Beispiel, wie ein etwas komplexerer Algorithmus in Java implementiert werden kann, ist die Quadratwurzelberechnung nach Heron.

Heron war ein Mathematiker, der ein Näherungsverfahren zur Berechnung einer Quadratwurzel aus einer positiven Zahl x vorschlug, das alleine nur die Grundrechenarten Addition, Multiplikation und Quotient verwendet. (Wie Heron auf den Algorithmus kam, ist hier unerheblich.)

Der Algorithmus Quadratwurzelberechnung nach Heron sieht wie folgt aus:

- Schritt 0:   Setze $x_0 = x$

- Schritt n+1: Setze $x_{n+1} = \dfrac{1}{2} * \left(x_n + \dfrac{x}{x_n} \right)$

- Die Folge der Zahlen $x_0, x_1, x_2, \ldots$ konvergiert dann gegen die Wurzel $\sqrt{x}$.

Der Algorithmus soll nun so lange laufen, bis die Differenz der nach Heron berechneten Quadratwurzel zu der vom Computer intern berechneten Quadratwurzel kleiner als ein epsilon = 0.00001 ist.

Das entsprechende Programm `QuadratwurzelHeron1` sieht in einem ersten Schritt wie in Abb. 7.10 gegeben aus.

```java
public class QuadratwurzelHeron1 {
  public static void main (String[] args) {

    // Einlesen der Zahl x, für die Wurzel berechnet werden soll
    double x = Double.parseDouble (args[0]);

    // Setzen der Genauigkeit epsilon
    double epsilon = 0.00001;

    // Schritt 0: x(n) = x(0) = x für n = 0
    double xn = x;

    // Definition der Variablen x(n+1) und n
    double xn1;
    int n = 1;

    // Schritt n+1: Führe solange aus, bis Genauigkeit erreicht
    do {
      xn1 = 0.5 * (xn + x/xn);
      System.out.println("x(" + n++ + ") = " + xn1);
      xn = xn1;
    }
    // Prüfe Genauigkeit
    while (Math.pow(xn1,2) - x > epsilon);

    // Ausgabe Ergebnis
    System.out.println("Ergebnis = " + xn1);
    System.out.println("zum Vergleich: sqrt(x) = " + Math.sqrt(x));
  }
}
```

Abb. 7.10 *Java- Programm* QuadratwurzelHeron1

Wird die Quadratwurzel von 400 berechnet, ergibt sich folgende Ausgabe (Abb. 7.11). In acht Schritten wird eine Genauigkeit von kleiner epsilon = 0.00001 erreicht; also weicht nach acht Berechnungsschritten mit diesem Algorithmus die berechnete Heron-Quadratwurzel nur noch um 0.00001 von der in Java implementierten Quadratwurzel ab.

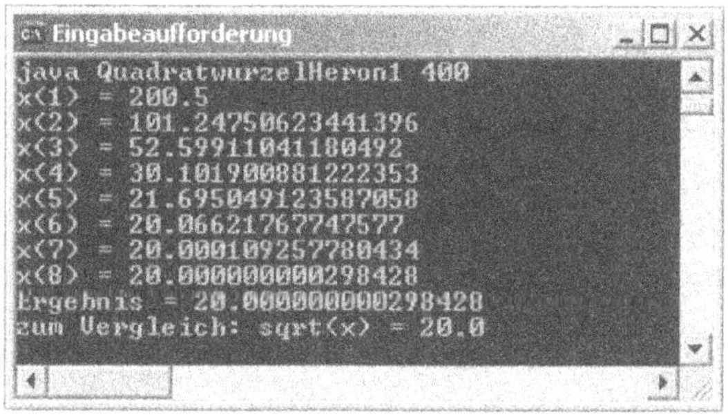

Abb. 7.11 *Ausgabe zu* QuadratwurzelHeron1

7.5   Rekursion

Java erlaubt, dass Methoden sich selber aufrufen, also rekursive Aufrufe ausführen. Dies wird als Rekursion bezeichnet.

Ein klassisches Beispiel für rekursive Aufrufe ist die Berechnung der Fakultät einer positiven ganzen Zahl n:

          Fakultaet(n) = n! = 1 * 2 * 3 * .. * (n-1) * n

Die Beschreibung des Algorithmus zur Berechnung der Fakultät n! kann so erfolgen:

- Schritt n: Wenn n > 1 dann berechne n! = n * (n-1)!
- Schritt n-1:   (n-1)! wird wiederum mit einem rekursiven Aufruf berechnet, so lange bis n = 1 wird.

Das Vorgehen kann wie folgt kurz umrissen werden:

- Hauptprogramm überlegen
- Zahl n einlesen, n muss >0 sein
- Aufruf der Fakultäts-Methode berechneFakultaet(), separate Definition der Fakultäts-Methode
- Berechnung von n*(n-1), rekursiver Aufruf der Methode

In Abb. 7.12 ist das vollständige Java-Programm Rekursion1 zur Berechnung der Fakultät gegeben.

```
import java.io.*;

public class Rekursion1 {
  public static void main (String[] args) {

    System.out.println
      ("Fakultaet von positiver Integer-Zahl berechnen");

    // Zahl für Fakultaetsberechnung einlesen und auf Integer prüfen
    int zahl = 0;
    do {
      System.out.print("Zahl = ");
      try {
        zahl = Integer.parseInt((new BufferedReader(
          new InputStreamReader(System.in))).readLine());
      }
      catch(Exception ex) {
        System.out.println("Eingabe keine Integer-Zahl");
      }
    }
    while (zahl <= 0);

    // Aufruf der Fakultaets-Methode
    long ergebnis = berechneFakultaet(zahl);

    // Ausgabe des Ergebnisses
    System.out.println("Fakultaet von " + zahl + " = " + ergebnis);
  }
```

```
// Methode zur rekursiven Berechnung der Fakultaet
static public long berechneFakultaet(int zahl) {

    long ergebnis;

    if (zahl > 1)
        ergebnis = zahl * berechneFakultaet(--zahl);
    else
        ergebnis = 1;

    return(ergebnis);
}
}
```

Abb. 7.12 *Java-Programm* Rekursion1 *zur Berechnung der Fakultät*

Der Block mit der do-while-Schleife und dem try und catch macht nichts anderes, als auf eine gültige Tastatureingabe einer int-Zahl zu warten. Im Kapitel 13.1 erklären wir genauer, was hier passiert.

Eine Ausgabe des Programms Rekursion1 ist beispielhaft in Abb. 7.13 gegeben. (Vorsicht vor der Überschreitung der zulässigen Wertebereiche der Variablen; keine zu großen Zahlen eingeben!)

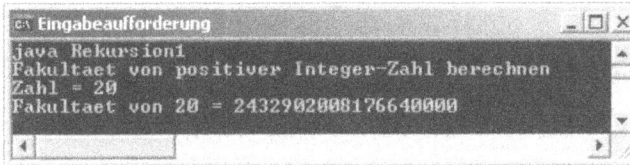

Abb. 7.13 *Ausgabe* Rekursion1

7.6 Lernziele und Aufgaben

7.6.1 Lernziele

Nach Durcharbeiten dieses Kapitels sollten Sie

- erklären können, welche grundlegenden Programmstrukturen es gibt und wie diese in Java umgesetzt werden,
- die Grundelemente und Syntax von Java (Sprachelemente, Datentypen, Variablen, Operatoren, Datenfelder, Zeichenketten, main-Methode, Parameterübergabe, Bedingungen und Schleifen) kennen und richtig anwenden bzw. einsetzen können,
- (statische) Methoden als Funktionen in Java verstanden haben und einsetzen können,
- wichtige Methoden, die von Java zur Verfügung gestellt werden, kennen und anwenden können,

- einfache Algorithmen in Java implementieren können,
- rekursive Methoden (Rekursion) in Java programmieren können.

7.6.2 Aufgaben

Zufallszahlen für Lottozahlen

Schreiben Sie ein Programm, das sechs Zufallszahlen vom Datentyp int im Wertebereich 1<=Zufallszahl<=49 untereinander auf dem Bildschirm ausgibt.

Wenn Sie Zufallszahlen als Lottozahlen verwenden wollen, welches Problem könnte bei einer einfachen Implementierung, in welcher jede Zahl unabhängig von den generiert berechnet wird, auftreten?

Wechselseitige Rekursion

Als ein anderes Beispiel für eine besondere Rekursion wird gerne nachfolgende wechselseitige Rekursion behandelt. Der zugrunde liegende Algorithmus ist in Abb. 7.14 als Flussdiagramm angegeben. Versuchen Sie, dieses Flussdiagramm zu verstehen und ein entsprechendes Java-Programm zu erstellen.

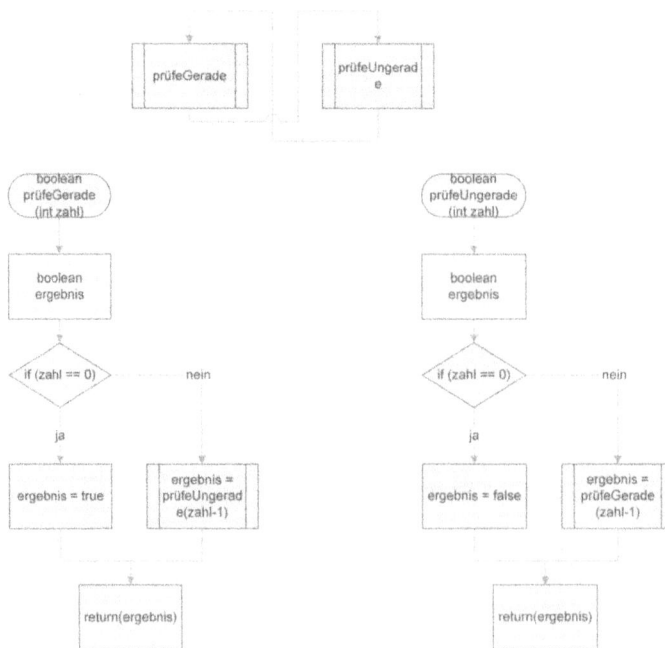

Abb. 7.14 *Algorithmus zur Wechselseitigen Rekursion*

Die Ein- und Ausgabe sollte in etwas so wie in Abb. 7.15 aussehen. Programmieren Sie diese Rekursion als Java-Programm `WRekursion`.

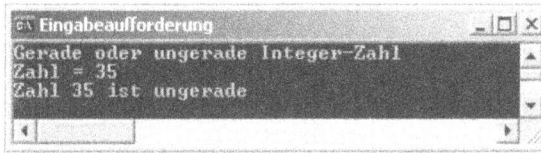

Abb. 7.15 *Ausgabe* `WRekursion`

8 Klassen, Objekte, Methoden, Vererbung, Konstruktoren

Die wichtigsten Begriffe, welche in der objektorientierten Sichtweise im Software-Engineering und in den objektorientierten Programmiersprachen verwendet werden, werden im Laufe des Buches mit Beispielen erklärt. In diesem Kapitel 8 geht es zunächst darum, die Begriffe aus der objektorientierten Sichtweise einmal vorzustellen und grob inhaltlich zu umreißen.

8.1 Konzepte objektorientierter Programmiersprachen

8.1.1 Klassen, Objekte, Instanz und Abstraktion

Ein *Objekt* in einer objektorientierten Programmiersprache bildet ein real existierendes Objekt („Ding") aus bestimmten Anwendungsbereichen in der Software nach. Dabei kann das Objekt ein Modell eines konkret existierenden Gegenstandes oder auch ein abstraktes Konzept sein.

Eine *Klasse* beschreibt oder definiert quasi die Zusammengehörigkeit eines oder mehrerer ähnlicher Objekte eines bestimmten Typs. Diese Objekte müssen nicht in allen, aber zumindest in vielen Details respektive Attributen identisch sein, damit eine gemeinsame Beschreibung über eine Klasse sinnvoll ist.

Eine Klasse ermöglicht das Erzeugen einer prinzipiell beliebigen Anzahl an Objekten. Man spricht dann davon, dass ein *Objekt eine Instanz einer Klasse* ist. Wird ein Objekt von einer Klasse erzeugt, sagt man, dass die Klasse instanziert wird.

Die Unterscheidung zwischen Objekten und Klassen ist eine *Abstraktion*, die hilft, Details zu ignorieren und damit die Komplexität des Problems zu reduzieren. Die Klasse ist die Form (oder auch der Zylinder aus Abb. 8.1 – oder ein „Stempel", wie gerne bildlich gesagt wird), der festlegt, wie die Objekte im Einzelnen aussehen.

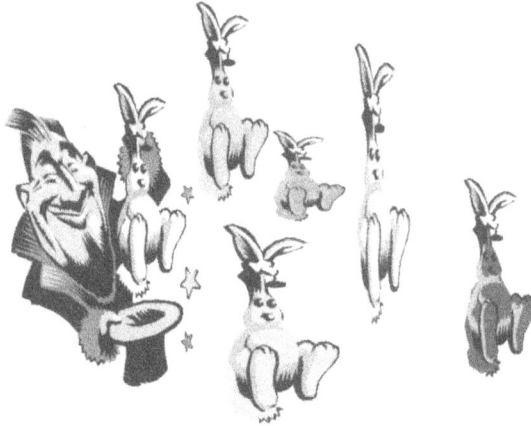

Abb. 8.1 *Das Java-Programm (Zauberer) „zaubert" mehrere verschiedene, aber doch ähnliche Objekte (helle, dunkle, dicke, dünne, kleine, große Kaninchen) aus einer Klasse (Hut).*

Abb. 8.1 versucht das Schema von *Klasse und davon abgeleitete Objekte* wie folgt zu versinnbildlichen: Das Java-Programm (Zauberer) „zaubert" mehrere Objekte (Kaninchen) aus der Klasse (Hut). Alle Objekte sind zusammengehörig, also ähnlich, und doch unterscheiden sie sich in ihrer Ausprägung: Alle sind Kaninchen, aber es gibt helle, dunkle, dicke, dünne, kleine, große…

8.1.2   Attribute, Methoden, Kapselung und Botschaften

In objektorientierten Programmiersprachen wird eine *Klasse* durch die *Zusammenfassung aller ihrer Daten und Operationen* definiert.

Die *Operationen* werden in Java durch *Methoden* ausgeführt, die von der Klasse für alle Objekte individuell bereitgestellt werden. Die *Daten* werden durch *Attribute* repräsentiert, die für jedes neue Objekt auch neu angelegt und mit Werten gefüllt werden.

Klassen kapseln bestimmte Methoden und Attribute ein. Diese *Kapselung* erlaubt ein einfacheres Implementieren der Objekte und einen vereinfachten Umgang mit den Objekten im Programm. Im Idealfall können nur über bestimmte Operationen mittels sogenannter *Botschaften* auf die Daten der Objekte zugegriffen und deren Werte gelesen bzw. geändert werden.

Methoden werden – insbesondere in anderen (objektorientierten) Programmiersprachen – als Operationen oder Funktionen bezeichnet. Attribute werden als Variablen, Membervariablen, Instanzvariablen oder Instanzmerkmale bezeichnet.

8.1.3 Beziehungen, Vererbung, Komposition, Aggregation, Assoziation

In objektorientierten Programmiersprachen können folgende Beziehungen zwischen verschiedenen Klassen und damit auch Objekten existieren:

- *Generalisierung* und *Spezialisierung* (sogenannte *is-a*-Beziehungen) werden mittels *Vererbung* ausgeführt, wobei eine Klasse (abgeleitete Klasse) nicht vollständig neu definiert, sondern von einer anderen Klasse (Basisklasse) abgeleitet wird.
- *Zusammengehörigkeiten* (sogenannte *part-of*-Beziehungen) beschreiben die Zusammensetzung eines Objekts aus anderen Objekten (Komposition) und das einfache Einschließen anderer Objekte (Aggregation).
- *Assoziationen* (Verwendungs- oder Aufrufbeziehungen) verwenden Objekte als lokale Variablen oder Methodenargumente.

Da bekanntlich „ein Bild mehr als tausend Worte sagt", lassen Sie uns anhand von Abb. 8.2 die Begriffe etwas einordnen.

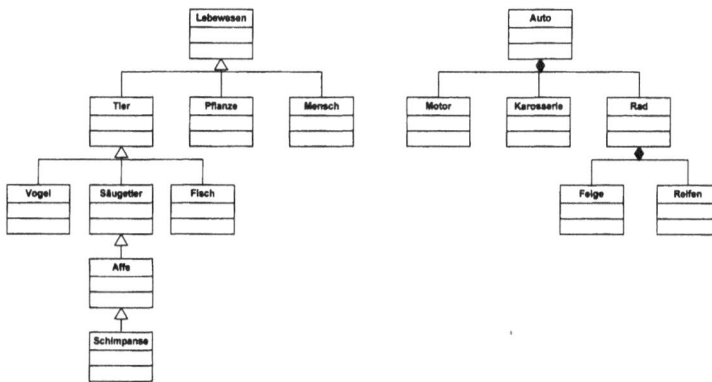

Abb. 8.2 *Beispiele von Klassendiagrammen mit Vererbung als Generalisierung und Spezialisierung (links) und Zusammengehörigkeit (rechts)*

In Abb. 8.2 sind zwei Klassendiagramme gezeigt, links eines oben mit dem Kästchen Lebewesen und rechts eines oben mit dem Kästchen Auto. Die beiden Klassendiagramme sind inhaltlich unabhängig von einander und verdeutlichen verschiedene Klassen-Beziehungen.

Die grafische Notation, die wir hier verwenden, heißt UML (*Unified Modeling Language*, http://www.uml.org/). Sie ist die Standardrepräsentation für Klassendiagramme in der objektorientierten Sichtweise und dient dazu, die Beziehungen von Klassen (und Objekten) untereinander zu verdeutlichen. Jedes Kästchen repräsentiert dabei eine Klasse mit dem entsprechenden Namen.

Betrachten wir zuerst das linke Diagramm in Abb. 8.2. Lebewesen ist die oberste Klasse, auch als Basisklasse oder Vaterklasse bezeichnet. Alle anderen Klassen sind direkt oder indirekt – wiederum über andere Klassen – von ihr abgeleitet; man spricht dann von abgeleiteten Klassen. Mit den Klassen dargestellt ist eine Vererbungshierarchie: Die abgeleiteten Klassen erben von den übergeordneten Klassen bis hoch zur Basisklasse.

Was sie erben, sehen wir später noch. Zunächst sei gesagt, dass diese Vererbung mittels eines unausgefüllten Pfeils dargestellt wird und sich so beschreiben lässt: Tier, Pflanze, Mensch erben von Lebewesen. Vogel, Säugetier, Fisch erben von Tier. Affe erbt von Säugetier. Oder wenn man die Betrachtung herumdreht: Ein Schimpanse ist ein Affe, ein Affe ist ein Säugetier, ein Säugetier ist ein Tier, und schließlich, ein Tier ist ein Lebewesen.

Betrachten wir nun das rechte Bild in Abb. 8.2. Hier ist kein Pfeil sondern eine Raute zu sehen. Das Diagramm beschreibt die Zusammengehörigkeit von Klassen: Auto in der obersten Klasse besteht aus Motor, Karosserie und Rad (eigentlich mehreren Rädern, aber das sehen wir noch). Rad besteht aus Felge und Reifen. Ohne die abhängigen Klassen ist eine übergeordnete Klasse nicht komplett. Eine solche Beziehung nennt man Zusammengehörigkeit; ob es sich dabei aber um eine Komposition oder Aggregation handelt, wollen wir hier nicht vertiefen.

8.1.4   Polymorphismus, Überladen und Wiederverwendung

Polymorphismus (oder auch Polymorphie genannt, griechisch für „Vielgestaltigkeit") ist ein Konzept in Programmiersprachen, welches es erlaubt, dass bestimmte Variablen unterschiedliche Datentypen aufnehmen können.

In Java ist Polymorphismus dadurch realisiert, dass *Objektvariablen* unter gewissen Voraussetzungen *Objekte von unterschiedlichen Klassen aufnehmen* können. Daraus folgt, dass verschiedene Methoden gleichen Namens in verschiedenen Klassen existieren können, welche verschiedene Operationen ausführen, was aber erst zur Laufzeit bekannt wird. Dies wird als *Late Binding* (englisch für „späte Bindung") bezeichnet.

Das *Überladen von Methoden* erlaubt, dass *in einer Klasse mehrere Methoden den gleichen Namen* haben. Diese müssen sich aber in der Anzahl der Parameter, deren Reihenfolge und/oder in den Datentypen der Parameter unterscheiden. Zusätzlich können sich auch die Rückgabewerte unterscheiden.

Die *Wiederverwendung von Komponenten*, quasi als in sich geschlossene Programmteile, wird durch die Abstraktion und Kapselung unterstützt. Die Wiederverwendung ist sehr wichtig für Steigerung der Effizienz und Fehlerfreiheit beim Programmieren.

8.2 Implementierung objektorientierter Konzepte in Java

Während es im letzten Kapitel zunächst darum ging, die Begriffe aus der objektorientierten Sichtweise allgemein vorzustellen, werden in den kommenden Kapiteln diese Begriffe mit Beispielen genauer erklärt. Zunächst beginnen wir damit, Klassen und Objekte vorzustellen – als Java-Code und in der grafischen Darstellung gemäß UML-Notation. Dazu greifen wir auf Beispiele aus der Literatur [1] zurück und passen es für unsere Zwecke an.

8.2.1 Klassen

Abb. 8.3 zeigt die Definition der Klasse `Einfamilienhaus`, welche im File `Einfamilienhaus.java` gespeichert wird. Das Schlüsselwort `class` leitet die Klasse ein. In den nachfolgenden geschweiften Klammern stehen die Definitionen der *Attribute* und *Methoden*.

```
// Definition der Klasse Einfamilienhaus
public class Einfamilienhaus {

// Definition der Attribute
    public String  Besitzer;
    public String  Adresse;
    public int     Baujahr;
    public double  Verkaufspreis;
    public String  Haustyp;
    public double  Wohnflaeche;
    public double  AnzahlZimmer;
    public double  Gartenflaeche;
    public boolean HatGarage;

// Definition der Methode anfragenVerkaufspreis
//    für die Klasse Einfamilienhaus
  public double anfragenVerkaufspreis() {
    System.out.println("Verkaufspreis: " + Verkaufspreis + " Euro");
    return Verkaufspreis;
  }
}
```

Abb. 8.3 *Klasse Einfamilienhaus als Java-Code*

Alle Attribute beginnen in Abb. 8.3 mit dem Schlüsselwort `public`, was sie als öffentlich, also nicht geschützt bezeichnet. In Kapitel 13 sehen wir genauer, was das bedeutet. Dann finden wir dort verschiedene Datentypen wie `String`, `int`, `double`, `boolean` gefolgt von den Variablennamen `Besitzer`, `Adresse`, `Baujahr` usw.

Die Methode `anfragenVerkaufspreis()` ist auch `public` und besitzt den Rückgabewert `double`. Intern schreibt sie den Verkaufspreis auf den Bildschirm und gibt den Verkaufspreis als Rückgabewert zurück:

```
return(Verkaufspreis);.
```

Eigentlich modelliert man erst das Problem und programmiert dann. Aber aus didak-
tischen Gründen fanden wir es sinnvoll, einmal von dieser Merkregel abzuweichen.

Schreibt man diese Klasse nicht als Java-Programm sondern modelliert sie grafisch in der
UML-Notation, so wird diese Klasse wie in Abb. 8.4 dargestellt.

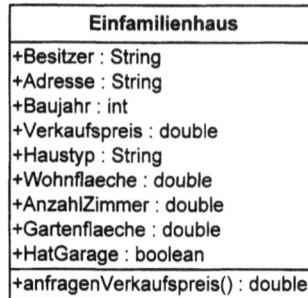

Einfamilienhaus
+Besitzer : String
+Adresse : String
+Baujahr : int
+Verkaufspreis : double
+Haustyp : String
+Wohnflaeche : double
+AnzahlZimmer : double
+Gartenflaeche : double
+HatGarage : boolean
+anfragenVerkaufspreis() : double

Abb. 8.4 *Klasse* Einfamilienhaus *als Klassendiagramm in UML-Notation*

Im oberen Teil des Kästchens steht der Klassenname Einfamilienhaus. Im mittleren
Teil die Attribute Besitzer, Adresse usw. Das Symbol + vor den Attributen bedeutet
public. Der Datentyp, z.B. String oder int, kommt nach dem Attributname getrennt
mit einem Doppelpunkt : . Im unteren Teil steht die Methode anfragenVerkaufs-
preis(). Die Methode ist public wegen +. Wenn sie Übergabeparameter hätte, würden
diese in den runden Klammern stehen. Der Rückgabewert ist vom Typ double, was mit
einem Doppelpunkt getrennt hinter dem Methodennamen angegeben wird.

Vergleicht man nun den Java-Code aus Abb. 8.3 mit der UML-Notation in Abb. 8.4 so sieht
man, dass sich beide einfach ineinander überführen lassen: Aus dem UML-Diagramm wird
schnell ein Java-Programm und umgekehrt. Der häufigere Fall ist erst die grafische Modellierung, dann der Java-Code.

Des Weiteren gilt Folgendes: Wird in Java eine Klasse in einem File abgespeichert, so muss
das File, falls die Klasse public ist, den gleichen Namen haben. Ist die Klasse nicht public, kann dem File ein beliebiger Name gegeben werden. In einem File können mehrere
Klassen definiert werden. Es dürfen jedoch nicht zwei oder mehr Klassen in ein und demselben File public sein.

Ein Klasse in der UML-Klassendarstellung enthält den Namen der Klasse, keine bis beliebig
viele Attribute (Daten) mit Variablenname : Datentyp und keine bis beliebig viele
Methoden (Operationen) mit Methodenname() : DatentypRückgabewert. Das
Pluszeichen (+) bedeutet, dass alle Attribute und Operationen public sind.

Besitzt eine Klasse eine main-Methode, kann diese Klasse als ein Einstiegspunkt eines Java-
Programms genommen werden, d.h. die Klasse kann beispielsweise von der Java Virtual
Machine bzw. dem Benutzer aufgerufen werden.

Wie UML genau definiert ist und angewendet wird, wird im Software-Engineering umfang-reich erklärt. Ein Tipp ist die Homepage der Object Management Group zu UML: http://www.uml.org/. Im Rahmen unseres Buches picken wir uns nur ein paar relevante De-tails heraus.

8.2.2 Objekte

Wird die Klasse Einfamilienhaus instanziert, also von der Klasse Einfamilien-haus ein Objekt angelegt, hier einEinfamilienhaus, wie in Abb. 8.5 (links) anhand des Hasen (Objekt) und Huts (Klasse) gezeigt, muss dazu die Variable einEinfamilien-haus – auch Objektvariable genannt – vom Typ der Klasse deklariert und mit Hilfe des new-Operators initialisiert werden, womit ihr das neu erzeugte Objekt zugewiesen wird:

```
// Deklarieren des Objektes einEinfamilienhaus
    Einfamilienhaus einEinfamilienhaus;
// Initialisieren des Objekts
    einEinfamilienhaus = new Einfamilienhaus();
```

Dies kann auch in einem Schritt erfolgen:

```
// Deklarieren und Initialisieren des Objektes
// in einem Schritt
    Einfamilienhaus einEinfamilienhaus =
        new Einfamilienhaus();
```

Eigentlich ist die Objektvariable eine Referenz, die auf das Objekt zeigt. Abb. 8.5 (rechts) zeigt das Objektdiagramm in UML gleich mit gesetzten Werten. Im Fall des Objektes ein-Einfamilienhaus der Klasse Einfamilienhaus könnten dies beispielsweise solche Werte sein, wie sie in Abb. 8.5 zu finden sind. Ein anderes Objekt dieser Klasse Einfami-lienhaus könnte ganz andere Werte beinhalten. Die Attribute bleiben aber gleich, da sie über die Klasse vorgegeben sind.

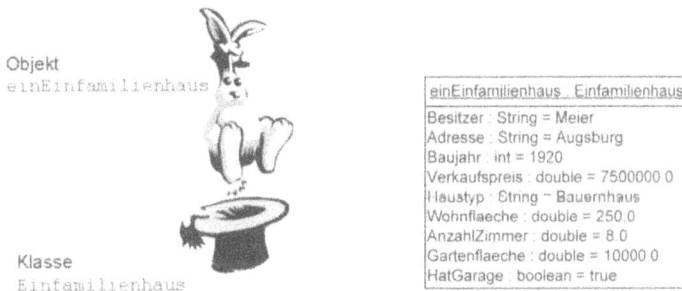

Abb. 8.5 *Objekt* einEinfamilienhaus *der Klasse* Einfamilienhaus *(links), UML-Darstellung des Objekts* einEinfamilienhaus *(rechts)*

Die Unterscheidung in UML, ob es sich um eine Klasse oder ein Objekt handelt, sieht man daran, dass bei Objekten in der obersten Zeile die Reihenfolge `Objektname : Klassenname` angegeben ist, hier als `einEinfamilienhaus : Einfamilienhaus`. Zusätzlich sind die Worte unterstrichen und in manchen Darstellungen auch noch grau hinterlegt. Aus darstellungstechnischen Gründen entfällt dies aber auch öfters, wie bei uns hier.

Des Weiteren besagt eine Namenskonvention für die Wahl von Klassen- und Objektnamen, dass diese in der Singularform anzugeben sind. Klassennamen beginnen im Allgemeinen mit Großbuchstaben, Objektnamen mit Kleinbuchstaben, vorzugsweise mit einem vorangestellten Artikel, Adjektiv oder Zahlwort.

Der Zugriff auf die Attribute des Objekts `einEinfamilienhaus` erfolgt mittels des Aufrufs `Objektname.Attributname`. Wollte man die Werte setzen, so wie sie in Abb. 8.5 angegeben sind, kann dies beispielsweise wie folgt geschehen:

```
// Füllen des Objektes mit Werten
    einEinfamilienhaus.Besitzer       = "Meier";
    einEinfamilienhaus.Adresse        = "Augsburg";
    einEinfamilienhaus.Baujahr        = 1920;
    einEinfamilienhaus.Verkaufspreis  = 7500000.0;
    einEinfamilienhaus.Haustyp        = "Bauernhaus";
    einEinfamilienhaus.Wohnflaeche    = 250.0;
    einEinfamilienhaus.AnzahlZimmer   = 8.0;
    einEinfamilienhaus.Gartenflaeche  = 10000.0;
    einEinfamilienhaus.HatGarage      = true;
```

Mit diesem Aufruf können nicht nur Werte gesetzt werden, sondern auch Werte ausgelesen werden. Der Zugriff auf die Werte dieser Attribute erfolgt beispielsweise über:

```
// Ausgabe des Objektes
    System.out.println("Haustyp: " +
    einEinfamilienhaus.Haustyp);
    System.out.println("Besitzer: " +
    einEinfamilienhaus.Besitzer);
```

Schreibt man alle diese Teile (Klasse, Methoden, `main`-Methode...) in das Programm `Immobilienverwaltung1.java`, das ja selber auch eine Klasse ist, so sieht dies wie in Abb. 8.6 dargestellt aus.

```
public class Immobilienverwaltung1 {

// Definition der Klasse Einfamilienhaus
  public static class Einfamilienhaus {

// Definition der Attribute
    public String  Besitzer;
    public String  Adresse;
```

```
      public int     Baujahr;
      public double  Verkaufspreis;
      public String  Haustyp;
      public double  Wohnflaeche;
      public double  AnzahlZimmer;
      public double  Gartenflaeche;
      public boolean HatGarage;

// Definition der Methode anfragenVerkaufspreis
// für die Klasse Einfamilienhaus
      public double anfragenVerkaufspreis() {
         System.out.println("Verkaufspreis: " + Verkaufspreis + " Euro");
         return Verkaufspreis;
      }
   }

// Definition der Hauptmethode
   public static void main(String args[]) {
      System.out.println("Programm Immobilienverwaltung v1");

// Deklarieren des Objektes einEinfamilienhaus
      Einfamilienhaus einEinfamilienhaus;

// Reservieren des Speicherplatzes für dieses Objekt
      einEinfamilienhaus = new Einfamilienhaus();

// Füllen des Objektes mit Werten
      einEinfamilienhaus.Besitzer      = "Meier";
      einEinfamilienhaus.Adresse       = "Augsburg";
      einEinfamilienhaus.Baujahr       = 1920;
      einEinfamilienhaus.Verkaufspreis = 7500000.0;
      einEinfamilienhaus.Haustyp       = "Bauernhaus";
      einEinfamilienhaus.Wohnflaeche   = 250.0;
      einEinfamilienhaus.AnzahlZimmer  = 8.0;
      einEinfamilienhaus.Gartenflaeche = 10000.0;
      einEinfamilienhaus.HatGarage     = true;

// Ausgabe des Objektes
      System.out.println("Haustyp   : " + einEinfamilienhaus.Haustyp);
      System.out.println("Besitzer  : " + einEinfamilienhaus.Besitzer);

// Aufruf der Methode anfragenVerkaufspreis()
      einEinfamilienhaus.anfragenVerkaufspreis();
   }
}
```

Abb. 8.6 *Java-Programm* Immobilienverwaltung1 *mit den Klassen* Immobilienverwaltung1 *und* Einfamilienhaus

Als Ausgabe erhält man dann folgendes (vgl. Abb. 8.7).

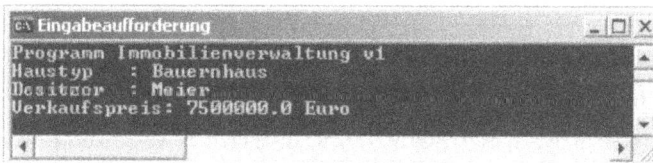

Abb. 8.7 *Ausgabe* Immobilienverwaltung1

In diesem Beispiel ist die Klasse `Einfamilienhaus` in die Klasse `Immobilienver-waltung1` hineingeschrieben und im File `Immobilienverwaltung1.java` abgespeichert. Dies geht prinzipiell in Java. Allerdings sind beide Klassen `public`, was dann in Java doch nicht geht; die innere Klasse muss deshalb hier `static` sein. Als `class`-Files legt dann der Java-Compiler das File

`Immobilienverwaltung1$Einfamilienhaus.class`

an. Das Schlüsselwort `static` wird im Kapitel 13.7 noch genau erklärt.

Wenn alle Klassen in ein einziges File geschrieben werden und `public` *sind, hier* `Immobilienverwaltung1.java`, *muss vor der Klasse* `Einfamilienhaus` *das Schlüsselwort* `static` *stehen, da in einem File nur eine Klasse* `public` *(ohne* `static`) *sein darf. Bei getrennten Files darf* `static` *nicht stehen.*

Also mit anderen Worten: Wenn wir die beiden Klassen jeweils getrennt in einem File abspeichern, `Immobilienverwaltung2.java` und `Einfamilienhaus.java`, und diesem im selben Verzeichnis abspeichern, dann geht es, wie Abb. 8.8 und Abb. 8.9 zeigen.

```
public class Immobilienverwaltung2 {
  public static void main(String args[]) {
    System.out.println("Programm Immobilienverwaltung v2");

  // Deklarieren des Objektes einEinfamilienhaus
    Einfamilienhaus einEinfamilienhaus;

  // Reservieren des Speicherplatzes für dieses Objekt
    einEinfamilienhaus = new Einfamilienhaus();

  // Füllen des Objektes mit Werten
    einEinfamilienhaus.Besitzer       = "Meier";
    einEinfamilienhaus.Adresse        = "Augsburg";
    einEinfamilienhaus.Baujahr        = 1920;
    einEinfamilienhaus.Verkaufspreis = 7500000.0;
    einEinfamilienhaus.Haustyp        = "Bauernhaus";
    einEinfamilienhaus.Wohnflaeche    = 250.0;
    einEinfamilienhaus.AnzahlZimmer   = 8.0;
    einEinfamilienhaus.Gartenflaeche = 10000.0;
    einEinfamilienhaus.HatGarage      = true;

  // Ausgabe des Objektes
    System.out.println("Haustyp   : " + einEinfamilienhaus.Haustyp);
    System.out.println("Besitzer  : " + einEinfamilienhaus.Besitzer);

  // Aufruf der Methode anfragenVerkaufspreis()
    einEinfamilienhaus.anfragenVerkaufspreis();
  }
}
```

Abb. 8.8 *Java-Programm* `Immobilienverwaltung2` *mit der Klasse* `Immobilienverwaltung2`

Wichtig in diesem Fall ist, dass beide Klassen im gleichen Verzeichnis stehen. Ansonsten findet der Java-Compiler bzw. die JVM die Klassen nicht. Wie man es anders lösen kann, sehen wir mithilfe von Paketen (englisch *packages*) in Kapitel 13.2.

```
// Definition der Klasse Einfamilienhaus
public class Einfamilienhaus {
// Definition der Attribute
  public String  Besitzer;
  public String  Adresse;
  public int     Baujahr;
  public double  Verkaufspreis;
  public String  Haustyp;
  public double  Wohnflaeche;
  public double  AnzahlZimmer;
  public double  Gartenflaeche;
  public boolean HatGarage;

// Definition der Methode anfragenVerkaufspreis
// für die Klasse Einfamilienhaus
  public double anfragenVerkaufspreis() {
    System.out.println("Verkaufspreis: " + Verkaufspreis + " Euro");
    return Verkaufspreis;
  }
}
```

Abb. 8.9 Klasse `Einfamilienhaus`

8.2.3 Mehrere Objekte von einer Klasse

Von der Klasse `Einfamilienhaus` wird neben dem Objekt `einEinfamilienhaus` noch das weitere Objekt `zweitesEinfamilienhaus` angelegt und mit Werten gefüllt. Die Werte in beiden Objekten sind im Allgemeinen verschieden; sie könnten aber auch gleich sein. In UML sieht dies beispielsweise wie in Abb. 8.10 angegeben aus.

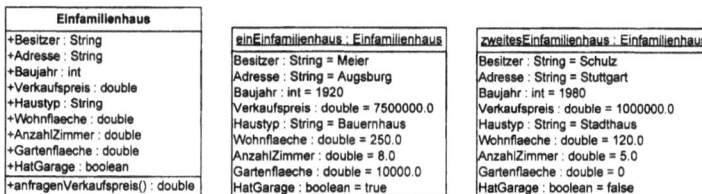

Abb. 8.10 Klasse `Einfamilienhaus` *und davon die abgeleiteten Objekte* `einEinfamilienhaus` *und* `zweitesEinfamilienhaus`

Im Java-Programmcode erfolgt das Anlegen weiterer Objekte ebenso wie das Anlegen des ersten Objekts, einzig ein anderer Objektname muss gewählt werden. Im Programm `Immobilienverwaltung3.java` werden nun zwei Objekte von der Klasse Einfamilienhaus angelegt, wie dies Abb. 8.11 zeigt.

```
public class Immobilienverwaltung3 {
  public static void main(String args[]) {
    System.out.println("Programm Immobilienverwaltung v3");

  // Deklarieren des Objektes einEinfamilienhaus
    Einfamilienhaus einEinfamilienhaus;

  // Reservieren des Speicherplatzes für dieses Objekt
    einEinfamilienhaus = new Einfamilienhaus();

  // Füllen des Objektes mit Werten
    einEinfamilienhaus.Besitzer      = "Meier";
    einEinfamilienhaus.Adresse       = "Augsburg";
    einEinfamilienhaus.Baujahr       = 1920;
    einEinfamilienhaus.Verkaufspreis = 7500000.0;
    einEinfamilienhaus.Haustyp       = "Bauernhaus";
    einEinfamilienhaus.Wohnflaeche   = 250.0;
    einEinfamilienhaus.AnzahlZimmer  = 8.0;
    einEinfamilienhaus.Gartenflaeche = 10000.0;
    einEinfamilienhaus.HatGarage     = true;

  // Ausgabe des Objektes
    System.out.println("Haustyp    : " +
    einEinfamilienhaus.Haustyp);
    System.out.println("Besitzer   : " +
    einEinfamilienhaus.Besitzer);

  // Aufruf der Methode anfragenVerkaufspreis()
    einEinfamilienhaus.anfragenVerkaufspreis();

  // Identische Behandlung des 2.Objektes
    Einfamilienhaus zweitesEinfamilienhaus;
    zweitesEinfamilienhaus = new Einfamilienhaus();
    zweitesEinfamilienhaus.Besitzer      = "Schulz";
    zweitesEinfamilienhaus.Adresse       = "Stuttgart";
    zweitesEinfamilienhaus.Baujahr       = 1980;
    zweitesEinfamilienhaus.Verkaufspreis = 1000000.0;
    zweitesEinfamilienhaus.Haustyp       = "Stadthaus";
    zweitesEinfamilienhaus.Wohnflaeche   = 120.0;
    zweitesEinfamilienhaus.AnzahlZimmer  = 5.0;
    zweitesEinfamilienhaus.Gartenflaeche = 0;
    zweitesEinfamilienhaus.HatGarage     = false;

    System.out.println("\n2. Einfamilienhaus:");
    System.out.println("Haustyp    : " +
    zweitesEinfamilienhaus.Haustyp);
    System.out.println("Besitzer   : " +
    zweitesEinfamilienhaus.Besitzer);

    zweitesEinfamilienhaus.anfragenVerkaufspreis();
  }
}
```

Abb. 8.11 *Java-Programm* Immobilienverwaltung3 *mit zwei Objekten*

Die Ausgabe von Immobilienverwaltung3 sieht damit wie in Abb. 8.12 dargestellt aus. So können von einer Klasse beliebig viele Objekte angelegt werden. Einzig tritt die Schwierigkeit auf, dass für jedes Objekt ein separater Objektname gewählt und fix im Programm vergeben werden muss. Einerseits gehen den Programmierern irgendwann die Variablennamen aus und – viel bedeutender – oftmals wird erst zur Laufzeit des Programms offensichtlich, wie viele Objekte überhaupt angelegt werden sollen. Wie damit umzugehen ist, sehen wir in Kapitel 8.3.

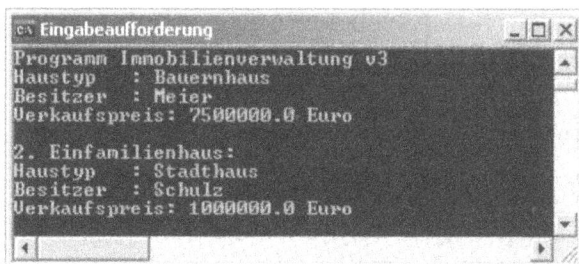

Abb. 8.12 Ausgabe Immobilienverwaltung3

8.2.4 Sukzessives Vorgehen in der Implementierung von Klassen und Objekten

Da es für das Verständnis der objektorientierten Konzepte so wichtig ist, wiederholen wir hier nochmals das sukzessive Vorgehen zur Erstellung von Klassen und Objekten in Java:

- Überlegen Sie zuerst, welche Attribute und Methoden eine Klasse hat und wie diese Klasse heißt. Die UML-Notation (*Unified Modeling Language*) hilft Ihnen dabei: Der Name kommt in den oberen Teil als Klassenname. Die Attribute werden in den mittleren Teil geschrieben und geben die Daten (Variablennamen) samt Datentypen an, welche die Klasse definieren soll. Die Methoden sind die Operationen gegebenenfalls mit Übergabeparametern und Rückgabewert, welche die Klasse kennt, und stehen im unteren Teil.
- Für die Übertragung in Java-Code legen Sie ein File an, das so heißt wie Klasse und mit `.java` endet. Die Klasse wird mit dem Java-Schlüsselwort `class` und gegebenenfalls als `public` implementiert. Die Attribute sowie Methoden samt Datentypen und Parametern werden entsprechend übertragen.
- Werden Objekte aus Klassen instanziert, so ist quasi der Objektname der Variablenname und der Klassenname der Datentyp. Die Objekte füllen Sie entsprechend mit Werten.

8.3 Arrays von Objekten

8.3.1 Implementierung von Arrays von Objekten

Da es unpraktikabel ist, für jedes neue Objekt auch einen neuen Variablennamen anzugeben, kann in einfacher Weise ein Array von Objekten einer Klasse angelegt werden. Dies geschieht ganz ähnlich dem Anlegen von Datenfeldern in Kapitel 4.1. Im Programm `Immobilienverwaltung4` in Abb. 8.13 ist dies für die Klasse `Einfamilienhaus` und das Array von Objekten `einEinfamilienhaus[]` gezeigt.

```
public class Immobilienverwaltung4 {
  public static void main(String args[]) {
    System.out.println("Programm Immobilienverwaltung v4");

// Deklarieren eines Arrays von Objekten einEinfamilienhaus
   Einfamilienhaus[] einEinfamilienhaus;

// Reservieren des Speicherplatzes für 10 solche Objekte
   einEinfamilienhaus = new Einfamilienhaus[10];

// Anlegen des 1.Objektes
   einEinfamilienhaus[0] = new Einfamilienhaus();

// Füllen des 1.Objektes mit Werten
   einEinfamilienhaus[0].Besitzer      = "Meier";
   einEinfamilienhaus[0].Adresse       = "Augsburg";
   einEinfamilienhaus[0].Baujahr       = 1920;
   einEinfamilienhaus[0].Verkaufspreis = 7500000.0;
   einEinfamilienhaus[0].Haustyp       = "Bauernhaus";
   einEinfamilienhaus[0].Wohnflaeche   = 250.0;
   einEinfamilienhaus[0].AnzahlZimmer  = 8.0;
   einEinfamilienhaus[0].Gartenflaeche = 10000.0;
   einEinfamilienhaus[0].HatGarage     = true;

// Anlegen des 2.Objektes
   einEinfamilienhaus[1] = new Einfamilienhaus();
// Füllen des 2.Objektes mit Werten
   einEinfamilienhaus[1].Besitzer      = "Schulz";
   einEinfamilienhaus[1].Adresse       = "Stuttgart";
   einEinfamilienhaus[1].Baujahr       = 1980;
   einEinfamilienhaus[1].Verkaufspreis = 1000000.0;
   einEinfamilienhaus[1].Haustyp       = "Stadthaus";
   einEinfamilienhaus[1].Wohnflaeche   = 120.0;
   einEinfamilienhaus[1].AnzahlZimmer  = 5.0;
   einEinfamilienhaus[1].Gartenflaeche = 0.0;
   einEinfamilienhaus[1].HatGarage     = false;

// Ausgabe des 1.Objektes
   System.out.println("\n1. Einfamilienhaus:");
   System.out.println("Haustyp   : " + einEinfamilienhaus[0].Haustyp);
   System.out.println("Besitzer  : " + einEinfamilienhaus[0].Besitzer);

// Aufruf der Methode anfragenVerkaufspreis()
   einEinfamilienhaus[0].anfragenVerkaufspreis();

// Ausgabe des 2.Objektes
   System.out.println("\n2. Einfamilienhaus:");
   System.out.println("Haustyp   : " + einEinfamilienhaus[1].Haustyp);
   System.out.println("Besitzer  : " + einEinfamilienhaus[1].Besitzer);

// Aufruf der Methode anfragenVerkaufspreis()
   einEinfamilienhaus[1].anfragenVerkaufspreis();

  }
}
```

Abb. 8.13 *Im Java-Programm* Immobilienverwaltung4 *wird das Array von mehreren Objekten* einEin-familienhaus [] *anlegt.*

Das Vorgehen ist dabei wie folgt:

- Anlegen des Arrays von Objekten:

```
// Deklarieren eines Arrays von Objekten
   Einfamilienhaus[] einEinfamilienhaus;
```

```
      // Reservieren des Speicherplatzes für 10 solche Objekte
         einEinfamilienhaus = new Einfamilienhaus[10];
```
- Anlegen bzw. Initialisieren des ersten, zweiten usw. Objekts:
```
      // Anlegen des 1.Objektes
         einEinfamilienhaus[0] = new Einfamilienhaus();
      // Anlegen des 2.Objektes
         einEinfamilienhaus[1] = new Einfamilienhaus();
```
- Zugriff auf die einzelnen Objekte:
```
      // Füllen des 1.Objektes mit Werten
         einEinfamilienhaus[0].Besitzer = "Meier";
      // Füllen des 2.Objektes mit Werten
         einEinfamilienhaus[1].Besitzer = "Schulz";
      // Ausgabe des 1.Objektes
         System.out.println("Besitzer   : " +
            einEinfamilienhaus[0].Besitzer);
      // Ausgabe des 2.Objektes
         System.out.println("Besitzer   : " +
            einEinfamilienhaus[1].Besitzer);
```

Das Anlegen kann auch vereinfacht werden, wie in Immobilienverwaltung5 gezeigt ist (vgl. Abb. 8.14).

```
public class Immobilienverwaltung5 {
  public static void main(String args[]) {
    System.out.println("Programm Immobilienverwaltung v5");
    double Preis;

// Deklarieren der maximalen Anzahl an Objekten
    int MAX_OBJ = 10;

// Anlegen des Arrays von Objekten einEinfamilienhaus
    Einfamilienhaus[] einEinfamilienhaus = new Einfamilienhaus[MAX_OBJ];

// Anlegen der Objekte
    for (int i=0; i<MAX_OBJ; i++)
       einEinfamilienhaus[i] = new Einfamilienhaus();

// Füllen des 1.Objektes mit Werten
    einEinfamilienhaus[0].Besitzer      = "Meier";
    einEinfamilienhaus[0].Adresse       = "Augsburg";
    einEinfamilienhaus[0].Baujahr       = 1920;
    einEinfamilienhaus[0].Verkaufspreis = 7500000.0;
    einEinfamilienhaus[0].Haustyp       = "Bauernhaus";
    einEinfamilienhaus[0].Wohnflaeche   = 250.0;
    einEinfamilienhaus[0].AnzahlZimmer  = 8.0;
    einEinfamilienhaus[0].Gartenflaeche = 10000.0;
    einEinfamilienhaus[0].HatGarage     = true;

// Füllen des 2.Objektes mit Werten
    einEinfamilienhaus[1].Besitzer      = "Schulz";
    einEinfamilienhaus[1].Adresse       = "Stuttgart";
    einEinfamilienhaus[1].Baujahr       = 1980;
    einEinfamilienhaus[1].Verkaufspreis = 1000000.0;
    einEinfamilienhaus[1].Haustyp       = "Stadthaus";
```

```
einEinfamilienhaus[1].Wohnflaeche    = 120.0;
einEinfamilienhaus[1].AnzahlZimmer   = 5.0;
einEinfamilienhaus[1].Gartenflaeche  = 0;
einEinfamilienhaus[1].HatGarage      = false;

// Ausgabe der Objekte
    for (int i=0; i<MAX_OBJ; i++) {
       System.out.println("\n" + i + ". Einfamilienhaus:");
       System.out.println("Haustyp     : " +
       einEinfamilienhaus[i].Haustyp);
       System.out.println("Besitzer    : " +
       einEinfamilienhaus[i].Besitzer);
       einEinfamilienhaus[i].anfragenVerkaufspreis();
// oder die Ausgabe des Preises so:
//        Preis = einEinfamilienhaus[i].anfragenVerkaufspreis();
//        System.out.println("\nDer Preis ist " + Preis);
    }
  }
}
```

Abb. 8.14 *Java-Programm* Immobilienverwaltung5, *welches vereinfacht das Array von den Objekten* einEinfamilienhaus [] *anlegt und auf die Werte der Objekte zugreift*

Das Prinzip ist wie folgt:

- Anlegen des Arrays von Objekten:
    ```
    // Deklarieren der maximalen Anzahl an Objekten
        int MAX_OBJ = 10;
    // Anlegen des Arrays von Objekten
        Einfamilienhaus[] einEinfamilienhaus =
        new Einfamilienhaus[MAX_OBJ];
    ```

- Anlegen des ersten, zweiten usw. Objekts:
    ```
    // Anlegen der Objekte
        for (int i=0; i<MAX_OBJ; i++)
            einEinfamilienhaus[i] = new Einfamilienhaus();
    ```

- Zugriff auf die einzelnen Objekte:
    ```
    // Ausgabe der Objekte
        for (int i=0; i<MAX_OBJ; i++)
            System.out.println("Haustyp : " +
                einEinfamilienhaus[i].Haustyp);
    ```

8.3.2   Default-Werte von Objekten

Wird auf die Daten von Objekten zugegriffen, die noch nicht angelegt wurden, also noch keine Werte den Attributen zugewiesen wurden, werden die entsprechenden Default-Werte (Standardwerte) je nach Typ des Attributs verwendet (vgl. Kapitel 3.3 und Tab. 3.1). Dies sind z.B. 0.0 für double, aber auch null für Strings oder andere nicht initialisierte Objekte.

Im Beispiel `Immobilienverwaltung5` ergibt sich mit diesen Default-Werten die Ausgabe, wie in Abb. 8.15 gezeigt ist. Hier sind nur die ersten beiden Objekte (0. und 1. Einfamilienhaus) mit Werten belegt. Die anderen Objekte geben die Default-Werte zurück. Die Ausgabe von Default-Werten von Objekten ist unabhängig davon, ob es sich um Arrays von Objekten oder einfache Objekte handelt.

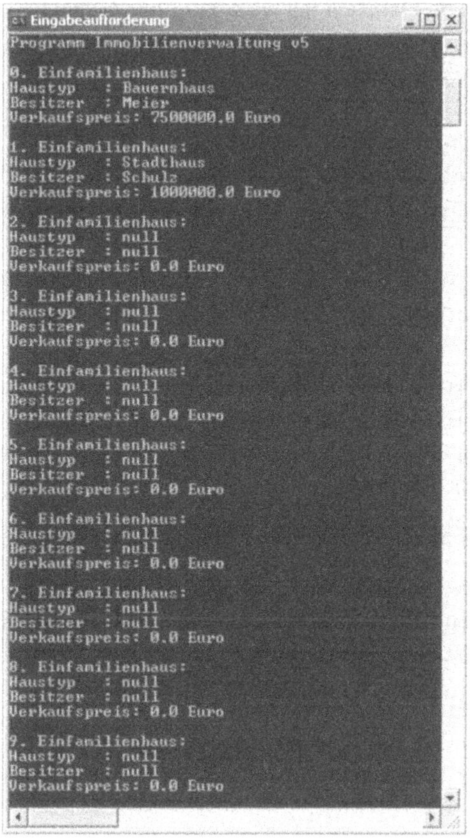

Abb. 8.15 *Ausgabe* `Immobilienverwaltung5`

8.3.3 Sukzessives Vorgehen in der Implementierung von Arrays von Objekten

In Anlehnung an Kapitel 8.2.4 geht es nun beim sukzessiven Anlegen von Arrays von Objekten so weiter:

* Sie haben die notwendigen Klassen mit Attributen und Methoden definiert.
* Klären Sie nun, wie viele Objekte von jeder Klasse angelegt werden sollen bzw. prinzipiell angelegt werden könnten.

- Bei mehreren bzw. einer noch unbekannten Anzahl von Objekten je Klasse implementieren Sie ein Array von Objekten.

Das Anlegen eines Array von Objekten läuft dabei wie folgt ab:

- Definieren Sie eine maximale Anzahl an Objekten (Obergrenze definieren, z.B. `MAX_OBJ = 10`).
- Legen Sie das Array von Objekten mit `MAX_OBJ` möglichen Objekten an:
  `Klasse[] einObjekt = new Klasse[MAX_OBJ];`
- Einzelne Objekte legen Sie dann wie folgt an:
  ```
  for (int i=0; i<MAX_OBJ; i++)
      einObjekt[i] = new Klasse();
  ```
- Auf Attribute der einzelnen Objekte greifen Sie so zu:
  `einObjekt[i].AttributXYZ`

8.4   Methoden

In Kapitel 7.3 hatten wir bereits kurz Methoden als Berechungsmethoden in Algorithmen vorgestellt. Methoden in der objektorientierten Sichtweise gehen noch einen Schritt weiter: Sie definieren die Funktionalität von Objekten. Sie werden innerhalb einer Klassendefinition angelegt und haben vollen Zugriff auf die Attribute jedes von dieser Klasse abgeleiteten Objekts.

Folgende Charakteristika gelten für die Methoden und deren Implementierung in Java:

- Methoden können eine gewisse *Funktionalität ausüben*, indem verschiedene Anweisungen ausgeführt werden. Beispielsweise kann eine Bildschirmausgabe erfolgen mit einem Zugriff auf ein Attribut des Objekts, wie z.B. auf `Verkaufspreis`:

  ```
  anfragenVerkaufspreis() {
      System.out.println("Verkaufspreis: " + Verkaufspreis);
  }
  ```

- An die Parameter der Methoden können *Werte übergeben* werden, z.B. an `Wert` vom Typ `double`:
  ```
  anfragenVerkaufspreis(double Wert) {
      System.out.println("Verkaufspreis: " + Wert);
  }
  ```

- Eine Methoden kann beliebig viele Parameter haben, die sich alle in ihrem Datentyp unterscheiden können, aber nicht müssen:

  ```
  anfragenVerkaufspreis(double Wert, String Waehrung) {
      System.out.println("Preis: " + Wert + Waehrung);
  }
  ```

- Methoden können einen *Rückgabewert liefern oder auch nicht.* Hat die Methode **keinen** *Rückgabewert*, so steht das Schlüsselwort void vor der Methode:

```
void anfragenVerkaufspreis() {
    System.out.println("Haus");
}
```

- Hat die Methode **einen** *Rückgabewert*, so wird der Rückgabewert namens Rueckgabewert mittels der Anweisung return Rueckgabewert, also hier return Verkaufspreis, zurückgegeben. Das Schlüsselwort void wird dann durch den entsprechenden Typ des Rückgabewertes ersetzt, hier ein double:

```
double anfragenVerkaufspreis() {
    return Verkaufspreis;
}
```

- Ob Rückgabewert oder nicht, davor wird die Zugriffsspezifizierung auf die Methode angegeben. Bisher kennen wir nur public. Weitere so genannte Access-Modifier lernen wir in Kapitel 13.3 kennen.

```
public double anfragenVerkaufspreis() {
    return Verkaufspreis;
}
```

Alle diese Varianten können auch kombiniert verwendet werden. Wir kommen noch öfters auf Methoden zu sprechen; für den Moment soll es aber reichen.

8.5   Vererbung

In Kapitel 8.1.3 haben wir vorgestellt, dass Generalisierung und Spezialisierung mittels Vererbung ausgeführt werden, wobei die abgeleitete Klasse nicht vollständig neu definiert wird, sondern von der Basisklasse – also der Klasse, von der sie abgeleitet wird – deren Attribute und Methoden erbt. In UML wird diese Vererbung durch einen Pfeil mit leerer Spitze, der von abgeleiteter Klasse auf Basisklasse zeigt, ausgedrückt, wie Abb. 8.2 (links) zeigt. Übertragen wir nun dieses Beispiel von Lebewesen auf das Beispiel aus der Litaratur [1] mit den Häusern.

Die abgeleiteten Klassen Einfamilienhaus und Geschaeftshaus erben alle Attribute und Methoden der Basisklasse Immobilie, wie das UML-Diagramm in Abb. 8.16 zeigt. D.h. die abgeleiteten Klassen kennen diese Attribute und können die entsprechenden Methoden ausführen. Zusätzlich können die abgeleiteten Klassen individuell weitere Attribute und Methoden definieren.

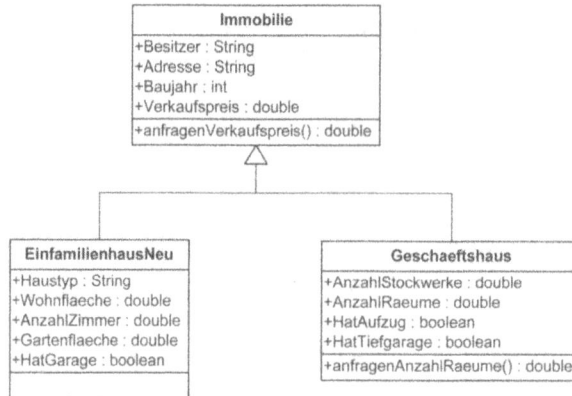

Abb. 8.16 *Die Klassen* EinfamilienhausNeu *und* Geschaeftshaus *sind von der Klasse* Immobilie *abgeleitet*

Die Programmierung dieser drei Klassen erfolgt entsprechend, wie wir es bereits gesehen haben. Einzig erhalten die abgeleiteten Klassen noch das Schlüsselwort extends und den Namen der Klasse, von welcher sie abgeleitet sind:

        extends Immobilie

Damit sehen die drei Klassen aus wie in Abb. 8.17, Abb. 8.18 und Abb. 8.19 angegeben.

```
// Definition der Klasse Immobilie
public class Immobilie {
   public String Besitzer;
   public String Adresse;
   public int    Baujahr;
   public double Verkaufspreis;

// Definition der Methode anfragenVerkaufspreis
   public double anfragenVerkaufspreis() {
     System.out.println("Verkaufspreis: " + Verkaufspreis + " Euro");
     return Verkaufspreis;
   }
}
```

Abb. 8.17 *Klasse* Immobilie *ist die Basisklasse*

Aus praktikablen Gründen benennen wir im UML-Diagramm in Abb. 8.16 und im Java-Code in Abb. 8.18 die Klasse Einfamilienhaus als EinfamilienhausNeu, da derselbe Klassenname Einfamilienhaus bereits mehrfach in den vorgängigen Beispielen eingesetzt wurde und dort immer mehr als vier Attribute hatte.

```
// Definition der abgeleiteten Klasse Einfamilienhaus
// (wegen Namenskonflikten EinfamilienhausNeu genannt)
public class EinfamilienhausNeu extends Immobilie {
  public String Haustyp;
  public double Wohnflaeche;
  public double AnzahlZimmer;
  public double Gartenflaeche;
  public boolean HatGarage;
}
```

Abb. 8.18 *Klasse* Einfamilienhaus *(hier* EinfamilienhausNeu *genannt) ist abgeleitet von* Immobilie

```
// Definition der abgeleiteten Klasse Geschaeftshaus
public class Geschaeftshaus extends Immobilie {
  public double  AnzahlStockwerke;
  public double  AnzahlRaeume;
  public boolean HatAufzug;
  public boolean HatTiefgarage;

// Definition der Methode anfragenAnzahlRaeume
  public double anfragenAnzahlRaeume() {
    return AnzahlRaeume;
  }
}
```

Abb. 8.19 *Klasse* Geschaeftshaus *ist abgeleitet von* Immobilie

Das Java-Beispiel Immobilienverwaltung7 legt mehrere Objekte der Klassen Einfamilienhaus und Geschaeftshaus an. Diese beiden Klassen sind von der Klasse Immobilie abgeleitet und kennen daher die Attribute Besitzer, Adresse, Baujahr, Verkaufspreis.

```
public class Immobilienverwaltung7 {

  public static void main(String args[]) {
    System.out.println("Programm Immobilienverwaltung v7");

    double Preis;

// Deklarieren der maximalen Anzahl an Objekten
    int MAX_OBJ = 3;

// Deklarieren eines Arrays von Objekten der Klasse EinfamilienhausNeu
    EinfamilienhausNeu[] einEinfamilienhaus;

// Reservieren des Speicherplatzes für diese Objekte
    einEinfamilienhaus = new EinfamilienhausNeu[MAX_OBJ];

// Anlegen der Objekte
    for (int i=0; i<MAX_OBJ; i++)
      einEinfamilienhaus[i] = new EinfamilienhausNeu();

// Füllen des 1.Objektes mit Werten
    einEinfamilienhaus[0].Besitzer       = "Meier";
    einEinfamilienhaus[0].Adresse        = "Augsburg";
    einEinfamilienhaus[0].Baujahr        = 1920;
    einEinfamilienhaus[0].Verkaufspreis  = 7500000.0;
    einEinfamilienhaus[0].Haustyp        = "Bauernhaus";
    einEinfamilienhaus[0].Wohnflaeche    = 250.0;
```

```
    einEinfamilienhaus[0].AnzahlZimmer   = 8.0;
    einEinfamilienhaus[0].Gartenflaeche  = 10000.0;
    einEinfamilienhaus[0].HatGarage      = true;

// Deklarieren eines Arrays von Objekten der Klasse Geschaeftshaus
    Geschaeftshaus[] einGeschaeftshaus;

// Reservieren des Speicherplatzes für diese Objekte
    einGeschaeftshaus = new Geschaeftshaus[MAX_OBJ];

// Anlegen der Objekte
    for (int i=0; i<MAX_OBJ; i++)
      einGeschaeftshaus[i] = new Geschaeftshaus();

// Füllen des 1.Objektes einGeschaeftshaus mit Werten
    einGeschaeftshaus[0].Besitzer         = "Meyer";
    einGeschaeftshaus[0].Adresse          = "Olten";
    einGeschaeftshaus[0].Baujahr          = 2001;
    einGeschaeftshaus[0].Verkaufspreis    = 25000000.0;
    einGeschaeftshaus[0].AnzahlStockwerke = 15.0;
    einGeschaeftshaus[0].AnzahlRaeume     = 50.0;
    einGeschaeftshaus[0].HatAufzug        = true;
    einGeschaeftshaus[0].HatTiefgarage    = true;

// Ausgabe der Objekte einEinfamilienhaus
    for (int i=0; i<MAX_OBJ; i++)
    {
      System.out.println("\n" + i + ". Einfamilienhaus:");
      System.out.println("Besitzer  : " +
        einEinfamilienhaus[i].Besitzer);
      System.out.println("Haustyp   : " +
        einEinfamilienhaus[i].Haustyp);
      System.out.println("Schwimmbad: " +
        einEinfamilienhaus[i].HatGarage);

      Preis = einEinfamilienhaus[i].anfragenVerkaufspreis();
      System.out.println("\nDer Preis ist " + Preis);
    }

// Ausgabe der Objekte einGeschaeftshaus
    for (int i=0; i<MAX_OBJ; i++)
    {
      System.out.println("\n" + i + ". Geschaeftshaus:");
      System.out.println("Besitzer  : " +
        einGeschaeftshaus[i].Besitzer);
      System.out.println("Aufzug    : " +
        einGeschaeftshaus[i].HatAufzug);

      Preis = einGeschaeftshaus[i].anfragenVerkaufspreis();
      System.out.println("\nDer Preis ist " + Preis);
    }
  }
}
```

Abb. 8.20 *Java-Programm* Immobilienverwaltung7

Die Ausgabe von Immobilienverwaltung7 ist in Abb. 8.21 gezeigt. Man sieht, dass sowohl das 0. Einfamilienhaus als auch das 0. Geschäftshaus (also die jeweiligen Objekte dazu) das Attribut Besitzer kennen. Weitere Objekte sind noch nicht angelegt; die Werte werden auf die Default-Werte gesetzt.

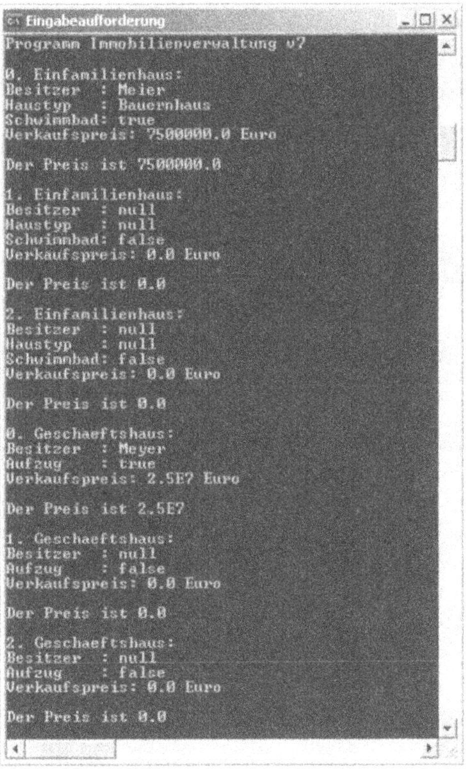

Abb. 8.21 Ausgabe Immobilienverwaltung7

8.6 Konstruktoren

8.6.1 Definition von Konstruktoren

In Java – wie in anderen objektorientierten Programmiersprache auch – lassen sich spezielle Methoden definieren, Konstruktoren genannt, die bei der Initialisierung eines Objekts aufgerufen werden. Sie erlauben das *Ausführen bestimmter Operationen schon bei Erzeugung des Objekts*, was im Allgemeinen zum *Setzen bestimmter Attributwerte* mittels Übergabeparametern verwendet und zum Ausführen bestimmter Initialisierungsoperationen genutzt wird.

In Java sind *Konstruktoren* als *Methoden ohne Rückgabewert* definiert. Sie erhalten den Namen der Klasse, zu der sie gehören. Konstruktoren können beliebig viele Übergabeparameter haben, die dann im Konstruktor verarbeitet werden können. Die Übergabeparameter werden meistens an die Attribute der erzeugten Objekte übergeben, indem mittels des Schlüsselwortes this auf die entsprechenden Attribute des Objektes verwiesen wird.

Konstruktoren können *überladen* werden. D.h. es kann mehrmals der gleiche Konstruktor in einer Klasse auftreten, der sich aber in seinen Übergabeparametern (Anzahl, Typ und/oder Reihenfolge) unterscheiden muss.

Beispielsweise kann die Klasse EinfamilienhausNeu mittels der Konstruktoren EinfamilienhausKonstruktor(String haustyp), EinfamilienhausKonstruktor (boolean hatGarage) und EinfamilienhausKonstruktor (String haustyp, boolean hatGarage) zu EinfamilienhausKonstruktor erweitert werden, wie in Abb. 8.22 gezeigt.

```
// Definition der abgeleiteten Klasse Einfamilienhaus mit Konstruktoren
public class EinfamilienhausKonstruktor extends Immobilie {
   public String Haustyp;
   public double Wohnflaeche;
   public double AnzahlZimmer;
   public double Gartenflaeche;
   public boolean HatGarage;

   // Konstruktor mit einem Übergabeparamter String
   public EinfamilienhausKonstruktor (String haustyp) {
      this.Haustyp = haustyp;
   }

   // Konstruktor mit einem Übergabeparamter boolean
   public EinfamilienhausKonstruktor (boolean hatGarage) {
      this.HatGarage = hatGarage;
   }

   // Konstruktor mit zwei Übergabeparamtern String und boolean
   public EinfamilienhausKonstruktor (String haustyp, boolean hatGarage){
      this.Haustyp = haustyp;
      this.HatGarage = hatGarage;
   }
   // weitere Konstruktoren
}
```

Abb. 8.22 *Klasse EinfamilienhausKonstruktor mit drei Konstruktoren*

Die Konstruktoren heißen so wie die Klasse EinfamilienhausKonstruktor. Sie sind dreifach überladen, d.h. der Konstruktor kommt dreimal mit verschiedenen Übergabeparametern (Typ und/oder Anzahl) vor: String haustyp und boolean hatGarage und String haustyp, boolean hatGarage.

Die einzige Aufgabe, welche die Konstruktoren ausführen, ist, dass sie über das Schlüsselwort this die Übergabeparameter den entsprechenden Attributen des Objekts zuweisen. Mit anderen Worten: Wird einer dieser Konstruktoren mit den Parametern haustyp oder hatGarage oder beiden zusammen aufgerufen, werden gleich die entsprechenden Attributwerte im Objekt gesetzt.

Ein Programm, das entsprechend die Konstruktoren verwendet, ist beispielsweise mit Immobilienverwaltung8 in Abb. 8.23 gegeben.

```
public class Immobilienverwaltung8 {

  public static void main(String args[]) {
    System.out.println("Programm Immobilienverwaltung v8");

// Deklarieren der maximalen Anzahl an Objekten
    int MAX_OBJ = 3;

// Deklarieren und Initialisieren eines Arrays
// von Objekten einEinfamilienhaus der Klasse EinfamilienhausKonstruktor
    EinfamilienhausKonstruktor[] einEinfamilienhaus =
      new EinfamilienhausKonstruktor[MAX_OBJ];

// Anlegen der Objekte mit Aufruf des Konstruktors
    einEinfamilienhaus[0] = new
      EinfamilienhausKonstruktor("Bauernhaus");
    einEinfamilienhaus[1] = new
      EinfamilienhausKonstruktor(true);
    einEinfamilienhaus[2] = new
      EinfamilienhausKonstruktor("Stadthaus", true);

// Ausgabe der Objekte einEinfamilienhaus
    for (int i=0; i<MAX_OBJ; i++)
    {
      System.out.println("\n" + i + ". Einfamilienhaus:");
      System.out.println("Besitzer  : " +
        einEinfamilienhaus[i].Besitzer);
      System.out.println("Haustyp   : " +
        einEinfamilienhaus[i].Haustyp);
      System.out.println("Garage    : " +
        einEinfamilienhaus[i].HatGarage);
    }
  }
}
```

Abb. 8.23 *Programm Immobilienverwaltung8*

Die Java-Zeile

```
einEinfamilienhaus[0] = new
  EinfamilienhausKonstruktor("Bauernhaus");
```

ruft in der Klasse EinfamilienhausKonstruktor folgende Java-Zeilen auf:

```
// Konstruktor mit einem Übergabeparamter String
  public EinfamilienhausKonstruktor (String haustyp) {
    this.Haustyp = haustyp;
  }
```

Denn nur dieser Parameter String haustyp passt hier vom Datentyp her. Die anderen Parameter passen bei den anderen Konstruktoren, wo sie die entsprechenden Werte übergeben, wie die Ausgabe zum Programm Immobilienverwaltung8 in Abb. 8.24 zeigt. Alle Werte, die nicht vom Konstruktor gesetzt werden, enthalten ihre Default-Werte (null und false).

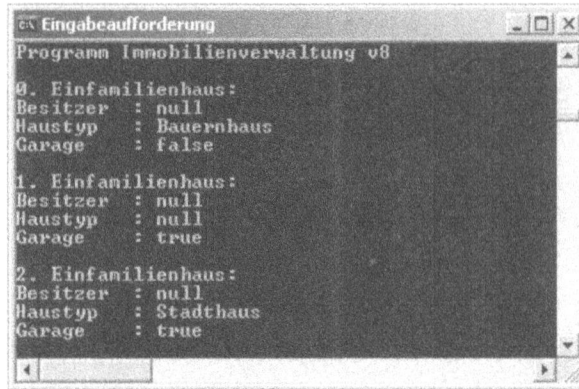

Abb. 8.24 Ausgabe `Immobilienverwaltung8`

Wird das Objekt `einEinfamilienhaus[0]` der Klasse `Einfamilien-hausKonstruktor` erzeugt und ein String-Übergabeparameter (hier der String `"Bauernhaus"`) mit übergeben, wird automatisch das Attribut `Haustyp` auf `"Bauernhaus"` gesetzt. Das explizite Setzen von `einEinfamilienhaus[0].Haustyp` entfällt damit. Die anderen Attribute behalten ihre Default-Werte `null` bzw. `false`.

Wird danach das Objekt `einEinfamilienhaus[1]` der Klasse `Einfamilien-hausKonstruktor` erzeugt und ein Boolescher Übergabeparameter (hier der Boolesche Wert `true`) mit übergeben, wird automatisch das Attribut `HatGarage` auf `true` gesetzt. Das explizite Setzen von `einEinfamilienhaus[1].HatGarage` entfällt.

Wird letztendlich das Objekt `einEinfamilienhaus[2]` der Klasse `Einfamilien-hausKonstruktor` erzeugt und zwei Übergabeparameter (hier der String `"Stadthaus"` und der Boolesche Wert `true`) mit übergeben, werden automatisch die Attribute `Haustyp` und `HatGarage` auf `"Stadthaus"` und `true` gesetzt. Das explizite Setzen von `ein-Einfamilienhaus[2].Haustyp` und `einEinfamilienhaus[2].HatGarage` entfällt.

Wird ein Parameter-Setting (Anzahl, Typ und/oder Reihenfolge) aufgerufen, zu welchem kein Konstruktor definiert ist, gibt der Java-Compiler eine Fehlermeldung aus. Wird beispielsweise die Zeile

```
einEinfamilienhaus[2] = new
    EinfamilienhausKonstruktor("Stadthaus", true);
```

ersetzt durch die Zeile mit den vertauschten Übergabeparametern

```
einEinfamilienhaus[2] = new
    EinfamilienhausKonstruktor(true, "Stadthaus");
```

die aber im Konstruktor so nicht vorkommen, gibt der Java-Compiler folgende Fehlermeldung aus, wie in Abb. 8.25 gezeigt.

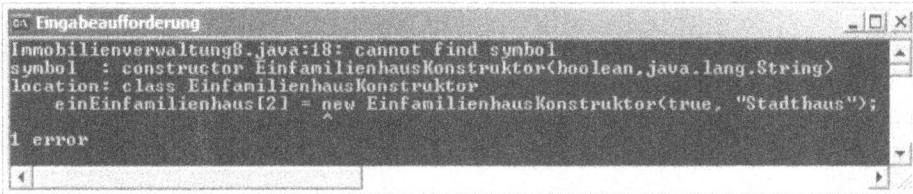

Abb. 8.25 Fehlermeldung über einen nicht gefundenen Konstruktor

Der Java-Compiler reklamiert in Abb. 8.25, dass er keinen passenden Konstruktor für die Datentypen `boolean` und `String` in dieser Reihenfolge)findet, wie sie für `true` und `"Stadthaus"` nötig wären.

Und zu guter Letzt: Werden zwei gleiche Parameter-Settings (Anzahl, Typ und/oder Reihenfolge) in zwei Konstruktoren in einer Klasse definiert, wie beispielsweise mit zweimal `double` als Übergabeparameter,

```
// Konstruktor mit einem Übergabeparamter double
public EinfamilienhausKonstruktor
   (double wohnflaeche) {
      this.Wohnflaeche = wohnflaeche;
}

// Konstruktor mit einem Übergabeparamter double
public EinfamilienhausKonstruktor
   (double gartenflaeche) {
      this.Gartenflaeche = gartenflaeche;
}
```

so ergibt dies ebenfalls eine Fehlermeldung, wie in Abb. 8.26 gezeigt ist.

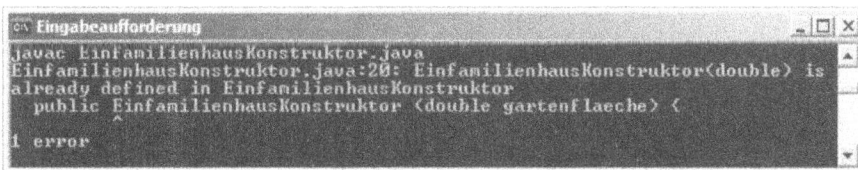

Abb. 8.26 Fehlermeldung bei Konstruktor mit gleichem Parameter-Setting

Der Java-Compiler bemängelt hier, dass der Konstruktor bereits einmal für den Übergabeparameter `double` definiert ist; ein weiteres Mal geht nicht.

8.6.2   Anwendung von Konstruktoren

Was muss bei der Anwendung von Konstruktoren unbedingt beachtet werden? Im Folgenden versuchen wir die wichtigsten Punkte zu Konstruktoren zusammenzufassen.

Allgemein

Konstruktoren müssen sich in ihrer Anzahl, der Reihenfolge und/oder ihrem Datentyp der übergebenen Parameter unterscheiden, beispielsweise:

```
String, boolean, String     oder
String, String, Boolean     oder
String, boolean, int        oder
boolean, String             oder
...
```

Parameterloser Konstruktor

Ein *parameterloser Konstruktor*, auch *leerer Konstruktor* genannt, ist ein Konstruktor, der als Parameter-Setting keine Übergabeparameter besitzt, beispielsweise:

```
// Leerer Konstruktor
public EinfamilienhausKonstruktor () {
}
```

Jedes Objekt legt automatisch einen parameterlosen Konstruktor an, solange nicht explizit Konstruktoren mit verschiedenen Parameter-Settings programmiert sind. Manchmal wird dann auch davon gesprochen, dass der parameterlose Konstruktor der *Default-Konstruktor* ist.

Umgekehrt heißt dies, dass beim Anlegen von Parameter-Settings für einen Konstruktor auch explizit ein parameterloser Konstruktor programmiert werden muss, weil er dann ja nicht mehr automatisch angelegt wird. Das Anlegen des parameterlosen Konstruktors ist aber nur nötig, wenn er beim Anlegen der Objekte auch benötigt wird.

Würde beispielsweise

```
einEinfamilienhaus[2] = new
   EinfamilienhausKonstruktor();
```

im Java-Programm Immobilienverwaltung8 stehen, dann müsste in der Klasse EinfamilienhausKonstruktor der obige parameterlose Konstruktor explizit programmiert werden, da dort bereits andere Konstruktoren definiert sind. Ansonsten würde der Java-Compiler die Fehlermeldung aus Abb. 8.27 ausgeben.

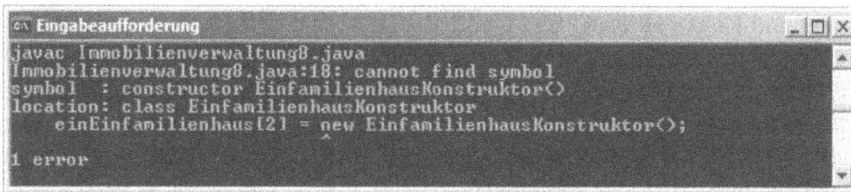

Abb. 8.27 Fehlermeldung bei fehlendem explizit programmierten parameterlosen Konstruktor

Verkettete Konstruktoren

Konstruktoren können auch verkettet, quasi in Sequenz geschaltet werden. D.h. ein Konstruktor kann einen anderen aufrufen, indem er mit `this()` an einen bestimmten anderen Konstruktor gewisse Parameter übergibt. Beispielweise kann der Konstruktor hier esetzt werden:

```
// Konstruktor mit zwei Übergabeparamtern
public EinfamilienhausKonstruktor
   (String haustyp, boolean hatGarage) {
      this.Haustyp = haustyp;
      this.HatGarage = hatGarage;
}
```

Damit der Parameter `haustyp` in einem Konstruktor an anderer Stelle bearbeitet werden kann, muss der entsprechende andere Konstruktor existieren und durch einen expliziten Aufruf `this(haustyp)` angesprochen werden, wie hier gezeigt ist:

```
// Verketteter Konstruktor
public EinfamilienhausKonstruktor
   (String haustyp, boolean hatGarage) {
      this(haustyp);
      this.HatGarage = hatGarage;
}
```

Zu beachten ist dabei, dass der Aufruf `this()` nur *einmal als erste Zeile in einem Konstruktor* stehen darf. Folgendes ist damit **nicht** möglich:

```
// Nicht zulässiger verketteter Konstruktor !!
public EinfamilienhausKonstruktor
   (String haustyp, boolean hatGarage) {
      this(haustyp);
      this(hatGarage);
}
```

Vererbung und Konstruktoren: `this` und `super`

Ein Konstruktor in einer abgeleiteten Klasse kann aufgerufen und damit ein Parameter der übergeordneten Klasse (Basisklasse) gesetzt werden. Im Beispiel in der Klasse `EinfamilienhausKonstruktor`, welche von der Klasse `Immobilie` abgeleitet ist, kann das Attribut `Besitzer` wie folgt gesetzt werden – natürlich darf dann kein weiteres Parameter-Setting mit nur einem `String` vorkommen:

```
// Konstruktor mit Übergabeparameter
// an übergeordnete Klasse
public EinfamilienhausKonstruktor (String besitzer) {
   this.Besitzer = besitzer;
}
```

Scheinbar genau der gleiche Effekt kann erzielt werden, wenn folgende Zeilen geschrieben werden:

```
// Konstruktor mit Übergabeparameter
// an übergeordnete Klasse
public EinfamilienhausKonstruktor (String besitzer) {
   super.Besitzer = besitzer;
}
```

Und dennoch gibt es einen Unterschied hier, wie die nächsten Abschnitte über `this` und `this()` sowie `super` und `super()` beschreiben.

`this` und `this()`

Wird in einem Konstruktor auf die Attribute der aktuellen Klasse zugegriffen, wird dies durch das *vorangestellte Schlüsselwort* `this` gekennzeichnet, also beispielsweise durch `this.Besitzer`. Zumindest normalerweise ist das so; denn sind die Variablennamen unterschiedlich, kann theoretisch `this` auch entfallen, was aber zu logischen Fehlern im Programmcode führen kann, die nur sehr schwer zu finden sind.

> *Da `this` kennzeichnet, dass es um **dieses** Objekt geht, also um die **Attribute in diesem Objekt** dieser Klasse und nicht um ein anderes Objekt, gar noch von einer anderen Klasse, sollte es immer verwendet werden.*

Dieses `this` funktioniert auch, wenn das Attribut von der übergeordneten Klasse vererbt ist. Wie wir in Kapitel 13 sehen werden, kann bei einer Vererbungshierarchie das gleiche Attribut mehrfach vorkommen, einmal in der übergeordneten Klasse und in allen abgeleiteten Klassen. Und jedes Mal können die Attribute verschiedene Werte haben. Man sagt dann, dass die *Attribute der abgeleiteten Klassen die Attribute der übergeordneten Klasse überschreiben*.

Und in Ergänzung zu `this.Attribut` bezieht sich der Aufruf `this()` darauf, dass der Konstruktor mit den entsprechenden Übergabeparametern in dieser Klasse ausgeführt wird. `this(Übergabeparameter)` ruft damit den Konstruktor in der aktuellen Klasse auf, zu dem der Datentyp von Übergabeparameter passt. Wenn es hier keinen passenden Konstruktor gibt, wird in den übergeordneten Klasen geschaut.

super und super ()

Im Gegensatz dazu stehen super.Attribut und super(Übergabeparameter). Beide Ausdrücke dienen dazu, explizit auf ein Attribut oder einen Konstruktor der übergeordneten Klasse zuzugreifen (Englisch *super* für *übergeordnet*).

Das folgende Beispiel mit der Basisklasse ImmobilieNeu (Abb. 8.28), der abgeleiteten Klasse EinfamilienhausKonstruktorNeu (Abb. 8.29) und das Java-Programm Immobilienverwaltung9 (Abb. 8.30) verdeutlichen dies, wie die Ausgabe in Abb. 8.31 zeigt.

In der Basisklasse ImmobilieNeu (Abb. 8.28) wird explizit ein parameterloser Konstruktor und ein Konstruktor für einen String-Parameter angelegt.

```
// Definition der Klasse ImmobilieNeu
public class ImmobilieNeu {
    public String Besitzer;
    public String Adresse;
    public int    Baujahr;
    public double Verkaufspreis;

// Parameterloser Konstruktor
    public ImmobilieNeu() {
    }

// Konstruktor zum Setzen von Besitzer
    public ImmobilieNeu(String besitzer) {
        this.Besitzer = "Frau " + besitzer;
    }
}
```

Abb. 8.28 *Java-Klasse* ImmobilieNeu

Die Klasse EinfamilienhausKonstruktorNeu (Abb. 8.29) ist von ImmobilieNeu abgeleitet und kennt damit alle Attribute und Konstruktoren dieser Klasse. Zusätzlich definiert EinfamilienhausKonstruktorNeu einen leeren Konstruktor, der mit super() den leeren Konstruktor ImmobilieNeu() der Klasse ImmobilieNeu aufruft.

```
// Definition der abgeleiteten Klasse EinfamilienhausKonstruktorNeu
public class EinfamilienhausKonstruktorNeu extends ImmobilieNeu {
    public String Haustyp;
    public double Wohnflaeche;
    public double AnzahlZimmer;
    public double Gartenflaeche;
    public boolean HatGarage;

    // Leerer Konstruktor
    public EinfamilienhausKonstruktorNeu () {
        super();
    }

    // Konstruktor mit einem Übergabeparamter String
```

```
   public EinfamilienhausKonstruktorNeu (String besitzer) {
     super(besitzer);
   }

   // Konstruktor mit zwei Übergabeparamter String
   public EinfamilienhausKonstruktorNeu
      (String haustyp, String besitzer) {
        this.Haustyp = haustyp;
        super.Besitzer = "Herr " + besitzer;
   }

   // Konstruktor mit einem Übergabeparamter int
   public EinfamilienhausKonstruktorNeu (int baujahr, String besitzer) {
      this(besitzer);
      this.Baujahr = baujahr;
   }
}
```

Abb. 8.29 *Java-Klasse EinfamilienhausKontruktorNeu*

Dasselbe Prinzip funktioniert auch im Konstruktor EinfamilienhausKonstruktor-Neu (String besitzer) mit super(besitzer), womit der Konstruktor Immo-bilieNeu(String besitzer) aufgerufen wird.

Der nächste Kontruktor EinfamilienhausKonstruktorNeu(String haustyp, String besitzer) setzt über this.Haustyp das Attribut Haustyp von dieser Klasse und über super.Besitzer das Attribut Besitzer der übergeordneten Klasse.

Im Konstruktor EinfamilienhausKonstruktorNeu(int baujahr, String besitzer) ruft this(besitzer) den Konstruktor EinfamilienhausKonstruk-torNeu (String besitzer) in dieser Klasse auf. this.Baujahr setzt das Attribut Baujahr. Da Baujahr nicht in dieser Klasse vorkommt, wird es in der übergeordneten Klasse gesetzt.

Im Java-Programm Immobilienverwaltung9 (Abb. 8.30) werden nun vier Objekte angelegt, die folgende Parameterübergaben erhalten: EinfamilienhausKonstruk-torNeu(), ("Bello"), ("Hundehuette", "Bello") und (1983, "Bello").

```
public class Immobilienverwaltung9 {

   public static void main(String args[]) {
     System.out.println("Programm Immobilienverwaltung v9");

// Deklarieren der maximalen Anzahl an Objekten
     int MAX_OBJ = 4;

// Deklarieren und Initialisieren eines Arrays
// von Objekten einEinfamilienhaus der Klasse EinfamilienhausNeu
     EinfamilienhausKonstruktorNeu[] einEinfamilienhaus =
        new EinfamilienhausKonstruktorNeu[MAX_OBJ];

// Anlegen der Objekte
     einEinfamilienhaus[0] = new
        EinfamilienhausKonstruktorNeu();
     einEinfamilienhaus[1] = new
        EinfamilienhausKonstruktorNeu("Bello");
     einEinfamilienhaus[2] = new
```

```
        EinfamilienhausKonstruktorNeu("Hundehuette", "Bello");
     einEinfamilienhaus[3] = new
        EinfamilienhausKonstruktorNeu(1983, "Bello");

// Ausgabe der Objekte einEinfamilienhaus
     for (int i=0; i<MAX_OBJ; i++)
     {
        System.out.println("\n" + i + ". Einfamilienhaus:");
        System.out.println("Besitzer  : " +
          einEinfamilienhaus[i].Besitzer);
        System.out.println("Haustyp   : " +
          einEinfamilienhaus[i].Haustyp);
        System.out.println("Baujahr   : " +
          einEinfamilienhaus[i].Baujahr);
     }
  }
}
```

Abb. 8.30 *Java-Programm* Immobilienverwaltung9

Diese vier Objekte werden dann auf dem Bildschirm ausgegeben, wie Abb. 8.31 zeigt. Die nicht gesetzten Attributwerte erhalten jeweils die Default-Werte null oder 0.

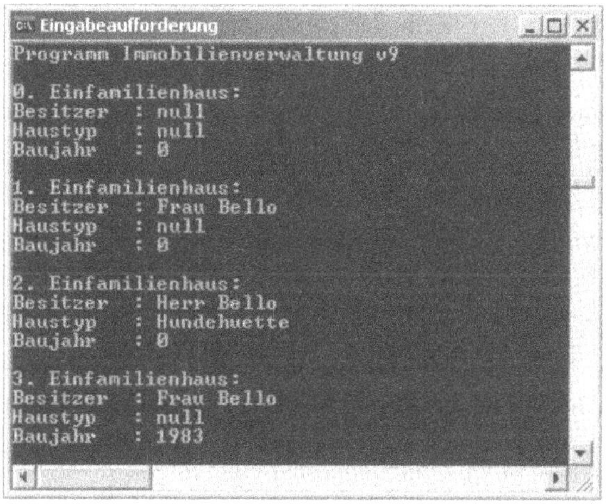

Abb. 8.31 *Ausgabe* Immobilienverwaltung9

8.7   Lernziele und Aufgaben

8.7.1   Lernziele

Nach Durcharbeiten dieses Kapitels sollten Sie

- die Konzepte objektorientierter Programmiersprachen verstehen und umsetzen können,
- insbesondere folgende Begrifffelder einordnen können:

- Klassen, Objekte, Instanz und Abstraktion
- Attribute, Methoden, Kapselung und Botschaften
- Beziehungen, Vererbung, Komposition, Aggregation, Assoziation
- Polymorphismus, Überladen und Wiederverwendung
- und in Java implementieren können:
  - Klassen
  - Generierung eines Objektes einer Klasse
  - Generierung mehrerer Objekte derselben Klasse
  - Generierung von Arrays von Objekten
  - Methoden ohne und mit Werteübergabe und Rückgabewerten
  - Vererbung
  - Konstruktoren

8.7.2   Aufgaben

Klasse Tier

Erstellen Sie die Klasse `Tier` mit den Attributen `Name` und `AnzahlBeine` und der Methode `beschreibeTier`. Die Methode schreibt den Namen und die Anzahl der Beine des Tiers auf den Bildschirm.

Zeichnen Sie dazu zuerst ein Klassendiagramm. Programmieren Sie danach die Klasse.

Tierheim

Schreiben Sie das Java-Programm `Tierheim`, das die Objekte `einHund` mit dem Namen „Fiffi", der 4 Beine besitzt, und `einFisch` mit dem Namen „Blubb", der keine Beine besitzt, anlegt.

Führen Sie für jedes der beiden Objekte die Methode `beschreibeTier()` aus, so dass Sie auf dem Bildschirm eine entsprechende Ausgabe wie in Abb. 8.32 erhalten.

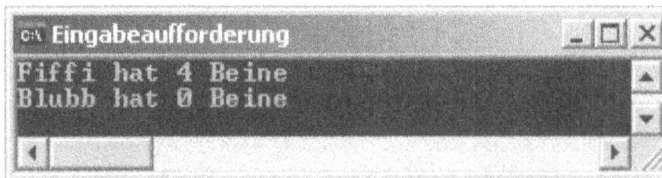

Abb. 8.32 *Ausgabe* `Tierheim`

9 Applets

In diesem Kapitel gehen wir einen Schritt in der Java-Programmierung weiter und zeigen Ihnen, wie man Java-Anwendungen schreibt, die im World Wide Web laufen. Dazu gehören Texte, Bilder und Grafiken, die im Browser dargestellt werden. Damit dies möglich ist, werden wir kurz die Konzepte der Nebenläufigkeit in Java (so genannte *Threads*) und der Schnittstellen (so genannte *Interfaces*) vorstellen. In diesem Kapitel wagen wir einen kurzen Ausblick, was so alles in Java möglich ist, ohne schon zu sehr in die Tiefe zu gehen.

9.1 Internet

Über das Internet könnte man viel schreiben. Denn das Internet ist ein sehr wichtiges, in heutiger Zeit vermutlich das wichtigste Medium für die Suche und den Austausch von Daten und Informationen.

Wichtige Dienste und Anwendungen, die technisch über das Internet abgewickelt werden, sind beispielsweise *E-Mail* als elektronische Post, *World Wide Web* (abgekürzt *WWW*) als Datenübertragung mit Hypertext-Verknüpfungen zum Surfen im Browser, *File Transfer Protocol* (*FTP*) für Download und Upload von Daten auf andere Computer, *Telnet* als Remote-Zugang zu anderen Computern, *Message-Dienste* wie Instant Messaging oder Chat für Online-Kontakte sowie *Social Networks* und viele andere mehr.

Aus der Anwendungssicht ist das Internet sehr gut geeignet für den Datenaustausch zwischen mehreren Personen, Firmen und Institutionen. Damit ist das Internet eng verknüpft mit E-Business und E-Government. Und alle diese Anwendungen sind Software-Applikationen, die irgendwann einmal programmiert werden mussten bzw. noch programmiert werden. Und viele, sehr viele Applikationen sogar in Java!

9.2 Funktionsweise des Internet

Bevor wir zu den Java-Applets – eine der ersten Internet-fähigen Applikationen – kommen, müssen wir verstehen, wo und wie diese Java-Applets eingebettet sind. Dazu erlauben wir uns einen schnellen Überblick über die Funktionsweise des Internets, aber nur so detailliert, wie wir es im Rahmen dieses Buches benötigen.

Das Internet basiert auf speziellen Internet-Adressen, die in ihrer Funktionsweise vergleichbar mit Telefonnummern oder Postadressen sind. Diese Adressen kennzeichnen eindeutig einen Ort – eigentlich einen Computer oder ein computerähnliches, mit dem Internet verbundenes Gerät wie z.B. ein Handy. Die Empfänger werden über spezielle Computer, so genannte Gateways immer gefunden, von wo aus man auch immer im Internet startet. Da diese Internet-Adressen, so genannte *IP-Adressen* (IP = Internet Protocol), mehrstellige Zahlenkombinationen sind, gibt es zusätzlich für den Menschen besser verständliche Wortadressen (Domäne-Namen). Beispielsweise ist für den Domäne-Namen *java.sun.com*, also http://java.sun.com/, die IP-Adresse 72.5.124.55.

Elektronische Daten werden im Allgemeinen am Einstiegspunkt ins Internet in Datenpakete zerlegt und losgeschickt. Sie „wandern" durch das Internet und kommen am Zielort – am gewünschten Computer – an, welchen die Internet-Adresse adressiert. Beim Surfen im World Wide Web geht es noch einen Schritt weiter. Das World Wide Web ist ein spezieller Dienst, der über das Internet läuft. Geben Sie in einem Web-Browser (z.B. Firefox, Internet Explorer, Opera, Netscape, Mozilla, Safari usw.) die Adresse einer Webseite ein, z.B. http://java.sun.com/, so startet Ihr Browser einen Aufruf. Er erfährt die IP-Adresse *72.5.124.55*, sendet dorthin seine Anfrage und erhält von dort eine Antwort, nämlich die Webseite, die an die Ursprungsadresse (also an Ihren Computer) zurückgeliefert wird. Diese Webseite besteht aus einigen Schlüsselwörtern, so genanntem HTML-Code, einigem Text, eventuell Bildern und eventuell weiteren Software-Komponenten, die bewegte Bilder, Suchanfragen oder sonstige Anwendungen darstellen. Eine dieser Software-Komponenten ist beispielsweise das Java-Applet.

Um Java-Applets zu verstehen und programmieren zu können, brauchen wir noch ein Basiswissen in *HTML*. Die Abkürzung HTML steht für *HyperText Markup Language* und ist eine Skriptsprache, also so etwas Ähnliches wie eine Programmiersprache, welche die Aufgabe übernimmt zu definieren, wie Inhalte einer Webseite im Browser richtig formatiert auf einem Bildschirm dargestellt werden.

Mit HTML werden die logischen Strukturen eines Dokuments getrennt nach Inhalt und Formatierung plattformunabhängig beschrieben. HTML-Files enden auf `.html` oder `.htm` und werden von allen Browsern, die dann den Inhalt formatiert darstellen, gleich (zumindest so in der Theorie) interpretiert. In der Praxis funktioniert das trotz aller Standardisierungsversuche jedoch nicht immer.

`<html>`, `<title>`, `<head>`, `<body>`, `<br>` sind Beispiele für so genannte HTML-Tags, quasi die Schlüsselwörter der Beschreibungsstrukturen. Die meisten Tags schließen einen Block ein, indem der Block beispielsweise mit `<body>` beginnt und mit `</body>` endet, also derselbe Tag nun mit einem Slash / beginnend wiederholt wird.

Es gibt auch Tags, die alleine stehen, wie z.B. `<br>` für einen Zeilenumbruch. Solche Tags können auch als `<br />` geschrieben werden, damit sie mit XML (*Extensible Markup Language*), einer übergeordneten allgemeinen Beschreibungssprache für Daten, konform sind.

Manche Tags können auch mit Attributen und Werten erweitert werden, wie z.B. der Tag `<body>` zu `<body text="#000000" bgcolor="#FFFFFF">`, der nun die Farbe des Textes und des Hintergrunds in einem speziellen Farbschema angibt (hexadezimaler RGB-Code; RGB = red/green/blue).

Ein Beispiel für das HTML-Grundgerüst einer HTML-Seite ist in Abb. 9.1 gezeigt. Hierin umschließen <html> und </html> die gesamte HTML-Seite. <head> und </head> bilden den Block für die Initialisierung der HTML-Seite. <title> und </title> definieren hierin den Titel des Browser-Fensters, der in unserem Beispiel sinnigerweise nur Titel des Fensters im Browser heißt. <body> und </body> definieren den Hauptteil der HTML-Seite, hier noch mit zusätzlichen Farbinformationen. Dann kommt der Inhalt der Webseite, welcher Hier kommt der Inhalt der Seite... gefolgt von einem Zeilenumbruch und Nichts Bedeutendes... lautet.

```
<html>
  <head>
    <title>Titel des Fensters im Browser</title>
  </head>
  <body text="#000000" bgcolor="#FFFFFF">
    Hier kommt der Inhalt der Seite...
    <br>
    Nicht Bedeutendes...
  </body>
</html>
```

Abb. 9.1   *HTML-Grundgerüst einer HTML-Seite*

Die Ausgabe des HTML-Codes aus Abb. 9.1 ist in Abb. 9.2 am Beispiel des Browsers *Mozilla Firefox* (http://www.mozilla-europe.org/de/firefox/) zu sehen.

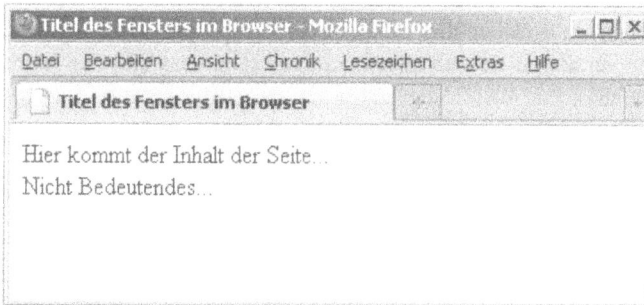

Abb. 9.2   *Ein Browser (hier Firefox) stellt den HTML-Text in entsprechender Weise als eine einfache Webseite dar.*

Anstelle bzw. zusätzlich zu diesem Text in Abb. 9.2 kann dann ein Java-Applet angezeigt werden.

9.3   Java-Applets

9.3.1   Einführung Java-Applet

Ein *eigenständiges Java-Programm* besitzt eine `main`-Methode und ist quasi wie eine stand-alone ausführbare Anweisung auf allen Computern lauffähig, auf denen eine Java Virtual Machine installiert ist. Dazu werden alle Java-Files mit `javac` kompiliert und dann die Klasse, in der die `main()`-Methode steht, mit `java` aufgerufen.

Ein *Java-Applet* besitzt dahingegen keine `main`-Methode. Spezielle Methoden für das Applet stellen aber sicher, dass dieses Java-Programm innerhalb eines Browsers oder im Java-Appletviewer `appletviewer` lauffähig ist. Der *Appletviewer* ist ein mit dem JDK mitgelieferte Anwendung zum Testen von Applets.

Die notwendigen Schnittstellen zwischen einem Java-Applet und den Browsern sind in der Klasse `Applet` bereits definiert; man muss sie nur noch entsprechend im eigenen Java-Programm von der Klassenbibliothek `java.applet` mittels Vererbung `extends ja-va.applet.Applet` übernehmen. Dann werden alle Java-Files, die das Applet benötigt, mit `javac` kompiliert und die Klasse, in welcher die von `java.applet.Applet` abge-leitete Klasse steht, in ein entsprechendes HTML-File eingebunden und mit einem Browser oder dem Appletviewer aufgerufen.

Alle neueren Browser sind prinzipiell in der Lage, Java-Applets aufzurufen, solange ein Java Runtime Environment (JRE) in der Version installiert ist, für welche das Java-Applet kompa-tibel ist. Die Browser Firefox, Internet Explorer, Opera, Netscape etc. fragen bei der Installa-tion nach, ob ein solches JRE installiert werden soll, oder installieren es je nach Einstellun-gen automatisch selbst. Die aktuelle Version des JRE sollte dann mindestens der JDK-Version entsprechen, in welcher das Java-Applet kompiliert wurde. Sollten Sie noch eine sehr alte Browser-Version in Betrieb haben, kann es sein, dass dort nur ältere Applets darge-stellt werden können.

Verwenden Sie einen neueren Browser und laufen Ihre Applets trotzdem nicht unmittelbar in diesem, sondern liefern bisweilen einen Fehler, so aktivieren Sie bitte folgende Einstellungen der Java Virtual Machine

> *Systemsteuerung* → *Java* → *Erweitert* → *Standard-Java für Browser* → *Microsoft Internet Explorer* und *Mozilla-Familie*

und in Ihrem Browser (z.B. im Firefox)

> *Extras* → *Einstellungen* → *Inhalt* → *Java aktivieren*

Nun sollten die Applets auch in Ihrem Browser laufen.

Programmierung eines Java-Applets
Die Java-Klasse `Applet` ermöglicht den Applets verschiedenste Grundfunktionen wie bei-spielsweise

- Parameter übergeben
- Grafiken erstellen und bearbeiten
- Bilder, Sounds und Videos importieren und abspielen
- Interaktionen mit dem Browser oder Appletviewer ausführen
- Mausbewegungen und Tastatureingaben auswerten
- Applets verwalten

Beispielsweise erfolgen Grafikausgaben von Text und Bildern im Applet mit der Methode `paint()`. Dazu wird die in der Klasse `Applet` bereitgestellte Methode

```
public void paint (Graphics g) { }
```

mit den Aufrufen, die nun diese Methode im Applet standardmäßig ausführen soll, überschrieben.

Was genau *überschreiben* bedeutet, sehen wir noch ausführlich in Kapitel 13.5. Ebenso gehen wir auf die Grafikprogrammierung in Java vertieft im Kapitel 11 ein. Deshalb im Folgenden nur ein kurzer Überblick mit dem Nötigsten.

Eine dieser Methoden, die in der `paint`-Methode in einem Applet ausgeführt werden kann, ist beispielsweise:

```
drawstring(String Text, int PosX, int PosY)
```

Sie schreibt an der Bildschirm-Position `PosX` und `PosY` im Applet den Text `Text`.

Damit dies funktioniert, muss noch die Klasse `Graphics` aus dem Paket `awt` importiert werden:

```
import java.awt.Graphics;
```

Mit all dem ausgestattet können wir jetzt unser erstes Java-Applet programmieren (Abb. 9.3). Da die ersten Schritte in der Java-Welt immer mit *Hello World* beginnen, schreibt unser Applet eben diesen Text im Browser, wie Abb. 9.4 zeigt.

```
import java.awt.Graphics;
public class ErstesJavaApplet extends java.applet.Applet {
  public void paint (Graphics g) {
    g.drawString("Hello World", 5, 25);
  }
}
```

Abb. 9.3 *Java-Code für Applet* `HelloWorld`

Abb. 9.4 zeigt, dass ganz unspektakulär `Hello World` steht – links im Browser Firefox, rechts im Appletviewer. Doch wie kommt es aus dem Java-Code dahin?

Abb. 9.4 *Ausgabe des Applet* HelloWorld *im Browser Firefox (links), im Appletviewer (rechts)*

Um Applets aufrufen zu können, muss immer eine public-Klasse von der Basisklasse java.applet.Applet abgeleitet werden, hier die Klasse ErstesJavaApplet.

Die Grafik-Bibliothek awt (*awt = abstract window toolkit*) enthält wichtige Grafikelemente, die unter anderem für die Ansteuerung von Applets benötigt werden. Des Weiteren muss für Applets mindestens die Klasse java.awt.Graphics importiert werden, welche die Methode paint() definiert, die wiederum ausführt – also malt, was im Applet geschehen soll. Hier wird mittels drawstring() der Text "Hello World" an der Fenster-Position 5,25 im Browser ausgegeben.

Dieses Applet ErstesJavaApplet ist mit javac kompilierbar, allerdings nicht mit dem Aufruf des Java-Interpreters java lauffähig, da es ja offensichtlich keine main-Methode enthält. Dafür muss zusätzlich ein kleines HTML-File vorliegen, welches das Applet, also die entsprechende kompilierte Java-Klasse, im Browser in einem Appletbereich aufruft. Diesem Appletbereich muss noch eine Größe zugewiesen werden, die sinnvollerweise größer als der benötigte Ausgabebereich des Applets ist. Hier wählen wir eine Größe von 300*100 Pixel (Breite zu Höhe), womit sich folgende HTML-Anweisung ergibt:

```
<APPLET CODE="ErstesJavaApplet.class"
    WIDTH=300 HEIGHT=100>
</APPLET>
```

Ein vollständiges minimales HTML-File, das ausreicht das Applet aufzurufen, hat beispielsweise den Namen Aufruf_ErstesJavaApplet.html und sieht dann wie Abb. 9.5 gegeben aus.

```
<HTML>
  <BODY>
    <APPLET CODE="ErstesJavaApplet.class" WIDTH=300 HEIGHT=100>
    </APPLET>
  </BODY>
</HTML>
```

Abb. 9.5 *Minimales HTML-File zum Aufruf des JavaApplets* ErstesJavaApplet

Dieses HTML-File wird dann entweder in einem Browser oder mittels des Appletviewers über die Eingabeaufforderung (Konsole) aufgerufen:

```
appletviewer Aufruf_ErstesJavaApplet.html
```

Kompakte Zusammenfassung der einzelnen Schritte zur Erstellung eines Applets

Lassen Sie uns hier nochmals zusammenfassen, wie Java-Applets programmiert werden und wie sie letztendlich in den Browser kommen:

1. Zunächst wird eine Klasse programmiert (hier `ErstesJavaApplet.java`), die von der Klasse `java.applet.Applet` abgeleitet ist.
2. Diese Klasse wird dann kompiliert: `javac ErstesJavaApplet.java`
3. Danach wird ein HTML-File erstellt (hier `Aufruf_ErstesJavaApplet.html`), das das Applet (also die Klasse `ErstesJavaApplet.class`) einbindet. Es muss dabei ein passender Größenbereich fürs Applet im Browser angegeben werden.
4. Das HTML-file wird in einem Browser bzw. durch das mit Java mitgelieferte Java-Tool *Appletviewer* aufgerufen.

Darstellung von Bildern im Applet

Neben der Ausgabe von Text können auch Bilder geladen und dargestellt werden. Ein Beispiel dazu ist in Abb. 9.6 gegeben.

```java
import java.awt.Image;
import java.awt.Graphics;

public class ImportiereBild1 extends java.applet.Applet {

  // Bildobjekt
  Image einBild;

  // Bild wird geladen und an Grösse angepasst
  public void init() {
    einBild = getImage(getDocumentBase(), "World1.png");
  }

  // Bild wird ausgegeben
  public void paint (Graphics g) {
    g.drawImage(einBild, 0, 0, this);
  }
}
```

Abb. 9.6 Java-Code `ImportiereBild1`

Zunächst wird ein Objekt der Klasse `Image` angelegt, hier `einBild`. Die von der Klasse `Applet` bereitgestellte Methode `init()` wird überschrieben, so dass in das Objekt `einBild` mittels des Aufrufs `getImage(getDocumentBase(), Bildname)` ein Bild geladen wird. Hier ist *Bildname* die Datei `"World1.png"`, die im gleichen Verzeichnis wie die Java-Klasse `ImportiereBild1` stehen muss. Die Methode `paint()` wird dann so überschrieben, dass das Bild mittels des Aufrufs `drawImage(einBild, 0, 0, this)` dargestellt wird.

Die linke obere Ecke des Bildes werden dabei an die Position 0, 0 auf dem Bildschirm positioniert, wobei gesagt werden muss, dass für Grafiken auf dem Bildschirm der Nullpunkt oben links liegt und die y-Achse von dort nach unten zeigt. Das Schlüsselwort this nehmen Sie bitte einfach mal so hin.

Als Nächstes wird ein HTML-File (hier Aufruf_ImportiereBild1.html) geschrieben, das die kompilierte Klasse ImportiereBild1.class aufruft, wie Abb. 9.7 zeigt.

```
<HTML>
  <BODY>
    <APPLET CODE="ImportiereBild1.class" WIDTH="640" HEIGHT="640">
    </APPLET>
  </BODY>
</HTML>
```

Abb. 9.7 *HTML-File zum Aufruf von* ImportiereBild1

Danach wird dieses HTML-File im Appletviewer oder einem Browser aufgerufen, was zur Ausgabe in Abb. 9.8 führt. Das Bild ist übrigens von der Homepage der NASA zur Apollo 17 Mission [2].

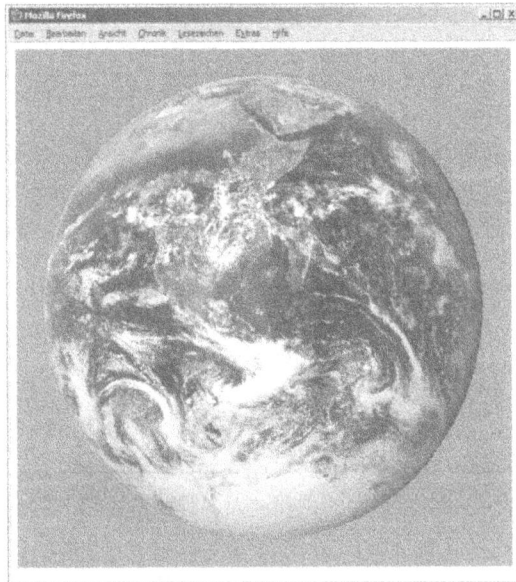

Abb. 9.8 *Java-Applet* ImportiereBild1 *aus [2]*

9.3.2   Standard-Methoden für Applets

Applets beinhalten mehrere Methoden, mit denen sie bzw. ihr Lebenszyklus schrittweise vollständig definiert werden. Die vier wichtigen Methoden sind init(), start(), paint() und stop():

- init() initialisiert das Applet unmittelbar nach Laden des Applets in den Speicher.
- start() startet das Applet.
- paint() zeichnet das Applet. Diese Methode kommt jedes Mal zum Zug, wenn das Applet neu gezeichnet werden muss, z.B. bei einem *Refresh* oder wenn andere Fenster über dem Browser-Fenster lagen oder dieses in seiner Größe geändert wird.
- stop() beendet das Applet als letzte Aktion, bevor das Applet aus dem Speicher gelöscht wird.

Das folgende Java-Applet-Beispiel Uhr0 aus Abb. 9.9 verdeutlicht die Funktionsweise der Methoden init(), start(), paint() und stop(). Nach dem Start des Applets wird bei Aufruf jeder dieser Methoden mittels Systems.out.println in der Java-Konsole ausgegeben, was gerade gemacht wird.

```java
import java.awt.*;
import java.applet.Applet;
import java.util.Date;

public class Uhr0 extends Applet {

  public void init() {
    System.out.println("Applet wird initialisiert.");
  }

  public void start() {
    System.out.println("Applet wird gestartet.");
  }

  public void stop() {
    System.out.println("Applet wird gestoppt.");
  }

  public void paint (Graphics g) {
    System.out.println("Applet wird gezeichnet.");
    Date Uhrzeit = new Date();
    g.drawString(Uhrzeit.toString(), 20, 20);
    System.out.println(Uhrzeit.toString());
  }
}
```

Abb. 9.9 *Java-Applet Uhr0*

Die Uhrzeit wird in Java ermittelt, indem ein Objekt, hier Uhrzeit, der Klasse Date angelegt wird:

```java
Date Uhrzeit = new Date();
```

Dieses Objekt beinhaltet die Systemzeit des Computers zum Zeitpunkt des Erzeugens dieses Objekts. Damit aber diese Klasse `Date` bekannt ist, muss sie noch aus dem Paket `util` importiert werden:

```
import java.util.Date;
```

Die Uhrzeit aus diesem Objekt wird dann mittels der Methode `toString()` in das Format eines Stings gewandelt. Dieser String wird danach mit der Methode `drawString()` im Java-Applet an die Position 20, 20 gezeichnet:

```
g.drawString(Uhrzeit.toString(), 20, 20);
```

Damit dies funktioniert, muss die entsprechende Import-Anweisung am Anfang des Programms stehen:

```
import java.awt.*;
```

Wir verwenden hier gleich einmal die Schreibweise `java.awt.*`, womit alle Klassen des Pakets awt importiert werden.

Das Java-Applet wird dann über das HTML-File aus Abb. 9.10 gestartet.

```
<html>
  <head>
    <title>Uhrzeit als Java-Applet</title>
  </head>

  <body>
    <applet code="Uhr0.class" width="300" height="100"></applet>
  </body>
</html>
```

Abb. 9.10   *HTML-Aufruf Uhr0*

Wird das Applet im Browser gestartet, ergibt sich die Ausgabe aus Abb. 9.11.

Abb. 9.11   *Ausgabe Java-Applet Uhr0*

Wollen wir nun sehen, was das Programm im Einzelnen macht, müssen wir zusätzlich die Java-Konsole öffnen. Damit die Java-Konsole beim Aufruf des Applets erscheint, müssen Sie gegebenenfalls folgendes in der Java Virtual Machine

Systemsteuerung → Java → Erweitert → Java-Konsole → Konsole einblenden

und beispielsweise im Firefox einstellen:

Extras → Java Console

Nun sieht man, welche Methoden im Applet gerade aktiv sind. Wird beispielsweise der Refresh-Button gedrückt oder mit einem anderen Fenster über das Applet gefahren, wird das Applet immer wieder gestoppt, initialisiert, gestartet und neu gezeichnet, wie die Sequenz in der Java-Konsole (*Java Console*) in Abb. 9.12 zeigt.

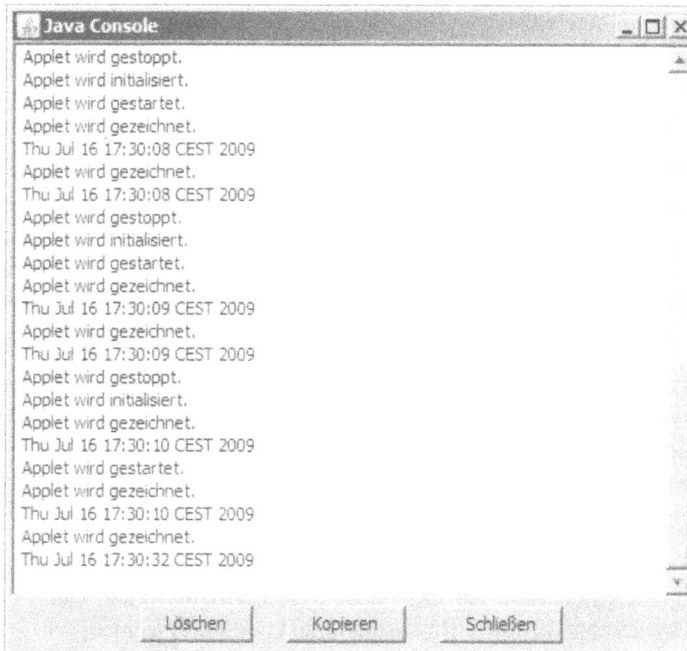

Abb. 9.12   *Java-Konsole (Java Console) für Java-Applet* Uhr0

Nun ist es aber nicht so praktisch, dass sich die Uhrzeit nur dann ändert, wenn im Browser ein *Refresh* ausgeführt oder ein anderes Fenster über das Applet bewegt wird. Java bietet daher die Möglichkeit, dass ein Applet in gewissen Zeitabständen automatisch immer wieder neu gezeichnet wird. Dies lässt sich mit dem Konzept der *Nebenläufigkeit in Java* umsetzen. Dazu benötigt man einen so genannten *Thread* der Klasse Thread, der über das *Interface* Runnable implementiert wird, wie im nächsten Kapitel gezeigt wird. Die ausführliche Erklärung zu Threads und Interfaces folgt in den Kapiteln 15 und 13.8.

9.3.3   Threads – Das Wichtigste für Applets in Kürze

Threads in Java erlauben es, das Konzept der *Nebenläufigkeit* einfach umzusetzen. Nebenläufigkeit ist die Möglichkeit, zwei oder mehrere Vorgänge in einem Computerprogramm gleichzeitig, also parallel ausführen zu können. Besitzt der Computer nur einen einzigen Prozessorkern, können parallele Aufgaben oder Prozesse *quasi-gleichzeitig* ausgeführt werden, indem die einzelnen Aufgaben sehr schnell abwechselnd sequentiell hintereinander bearbeitet werden, so dass es wie parallel wirkt.

Auf Betriebssystemebene ermöglicht die Nebenläufigkeit das *Multithreading*, das gleichzeitige, parallele Ausführen von verschiedenen Programmen. Java bietet alle erforderlichen Hilfsmittel bereits auf Programmiersprachenebene an, was sich einerseits einfacher programmieren lässt als auf Betriebssystemebene und andererseits gänzlich zusätzliche Möglichkeiten für Programme eröffnet.

Ein Thread ist ein eigenständiger Programmteil, der parallel zu anderen Threads laufen kann. Ein Java-Programm kann mehrere Threads beinhalten, von denen jeder parallel zu den anderen Threads einen gewissen Programmteil ausführt.

Ein Thread ist ein Teil eines Prozesses; zur Veranschaulichung kann man sich ein komplettes Programm als einen Prozess vorstellen, in welchem mehrere Threads parallel laufen können. Während verschiedene Prozesse verschiedene Speicherbereiche benutzen, also eigentlich keine Variablen direkt austauschen können, teilen sich alle Threads eines Programms den Speicher und können damit auf die gleichen Variablen zugreifen. Threads kommen beispielsweise bei grafischen Benutzeroberflächen oder bei der Parallelisierung von nebenläufigen Prozessen, wie beispielsweise parallelen Berechnungen, zur Anwendung.

Der Aufwand zur Erzeugung und Verwaltung eines Threads ist relativ gering und kann meist vernachlässigt werden. In Java werden Threads durch die Klasse `Thread` und das Interface `Runnable` implementiert. (Zu *Interfaces* kommen wir später noch.) Dazu wird die Methode `run()` überschrieben, die es erlaubt, auf bestimmte Instanz- oder Klassenvariablen zuzugreifen oder bestimmte Methoden aufzurufen.

Java erlaubt die Verwaltung von Threads, indem es Threads zu bestimmten Gruppen mit bestimmten Eigenschaften zusammenfasst. Zur Synchronisation kann damit beispielsweise der Zugriff auf gemeinsam benutzte Datenstrukturen koordiniert werden.

Doch mehr zu Threads in Kapitel 15.

9.3.4   Interfaces – Das Wichtigste für Applets in Kürze

Um Threads in Java geschickt einsetzen zu können, muss man das *Interface* `Runnable` verwenden. Interfaces sind notwendig, da hier die Vererbung nicht direkt verwendet werden kann, um die Eigenschaften der Threads direkt zu übernehmen.

Da es in Java nur die Einfachvererbung und keine Mehrfachvererbung gibt, kann eine Klasse maximal von einer anderen Klasse abgeleitet werden, also deren Eigenschaften wie Methoden und Attribute direkt per Vererbung erben. Wenn jetzt allerdings eine weitere Basisklasse benötigte Methoden besitzt, so können diese nicht nochmals an eine Klasse vererbt werden, die bereits von einer anderen Klasse abgeleitet ist. Um diese Einschränkungen zu vermeiden, erlauben Interfaces eine restriktive Art einer Mehrfachvererbung einzuführen.

In anderen Worten: Interfaces sind Schnittstellen, die es einer Klasse erlauben, auf Methoden bestimmter anderer Klassen zuzugreifen, von denen sie aber nicht abgeleitet wurde.

Abb. 9.13 zeigt exemplarisch diese Möglichkeit. Vogel erbt von Tier und Lebewesen alle deren Attribute und Methoden. Jetzt ist Vogel aber noch ein Fleischfresser und benötigt weitere Methoden, die über die Interfaces Fleischfresser und Ernährung zur Verfügung gestellt werden.

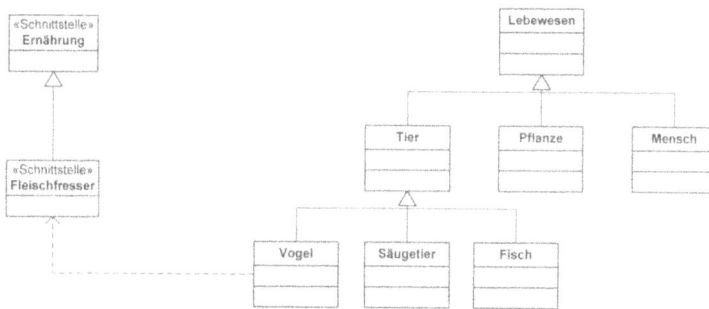

Abb. 9.13 *Beispielhafte Darstellung eines Interfaces:* Vogel *erbt von* Tier *und* Lebewesen *alle deren Attribute und Methoden. Jetzt ist* Vogel *aber noch ein* Fleischfresser *und benötigt weitere Eigenschaften, die er über die Interfaces* Fleischfresser *und* Ernährung *bekommt.*

Ein Interface, im Diagramm als <<*Schnittstelle*>> bezeichnet, ist eine besondere Form einer Klasse; es wird aber anstelle des Schlüsselwortes class mit dem Schlüsselwort interface definiert. Ein Interface enthält ausschließlich abstrakte öffentliche Methoden und Konstanten. In Abb. 9.13 ist Fleischfresser ein solches Interface, welches übrigens selber noch vom Interface Ernährung abgeleitet ist.

Der Aufruf eines Interfaces von einer Klasse aus, welche die Methoden dieses Interfaces verwenden will, erfolgt im Deklarationsteil dieser Klasse zusätzlich durch Hinzufügen des Schlüsselworts implements NameSchnittstelle.

In Abb. 9.13 ist Vogel eine solche Klasse, welche auf die Methoden des Interfaces Fleischfresser zugreifen soll, was durch einen schraffierten Pfeil gekennzeichnet wird. In unseren Applets sind es die Methoden zu den Threads, welche über das Interface Runnable mittel implements Runnable aufgerufen werden können.

Diese Kurzeinführung reicht an dieser Stelle. Mehr zu Interfaces folgt in Kapitel 13.8. Nun programmieren wir erst einmal ein schönes Applet.

9.3.5   Beispiel Applet mit Thread

Das Programm Uhr0 aus Abb. 9.9 wird nun mit dem Objekt thread1 der Klasse Thread
zum Programm Uhr1 in Abb. 9.14 erweitert. Damit die Klasse Thread mit ihren Methoden
angesprochen werden kann, muss das Interface Runnable implementiert werden. Hier
müssen Sie noch nicht verstehen, wie alles funktioniert. Sie eher erfahren, was alles in Java
funktionieren kann.

```java
import java.awt.*;
import java.applet.Applet;
import java.util.Date;

public class Uhr1 extends Applet implements Runnable {

  Thread thread1 = null;

  public void init() {
    System.out.println("Applet wird initialisiert.");
  }

  public void start() {
    System.out.println("Applet wird gestartet.");
    if (thread1 == null) {
      thread1 = new Thread(this);
      thread1.start();
    }
  }

  public void stop() {
    System.out.println("Applet wird gestoppt.");
    thread1 = null;
  }

  public void run() {
    while (true) {
      repaint();
      try {
        thread1.sleep(1000);
      }
      catch (Exception e) {}
    }
  }

  public void paint (Graphics g) {
    Date Uhrzeit = new Date();
    g.drawString(Uhrzeit.toString(), 20, 20);
    System.out.println(Uhrzeit.toString());
  }
}
```

Abb. 9.14 *Java-Applet* Uhr1

Hier eine kurze Erklärung: Das Objekt thread1 wird zunächst mit null quasi als leeres
Objekt initialisiert. Beim Initialisieren des Applets mit der Methode init() geschieht eigentlich noch nichts. Sobald dann aber das Applet in der Methode start() gestartet wird,
wird auch der Thread, also das Objekt thread1 der Klasse Thread, vollständig angelegt
und gestartet. Wird mit stop() das Applet beendet, wird der Thread thread1 beendet,
indem dieses Objekt explizit auf null gesetzt wird.

Das Interface Runnable stellt die Methode run() zur Verfügung, die hier mit der Funktionalität überschrieben wird, dass nach jeweils 1000 Millisekunden die Methode repaint() ausgeführt wird, welche ihrerseits die Methode paint() aufruft und das Applet neu zeichnet. Die 1000 Millisekunden kommen dadurch zustande, dass der Thread (also das Objekt thread1) mit dem Aufruf der Methode sleep(1000) eben diese Zeitspanne in den Schlaf versetzt wird. Was try und catch machen erklären wir in Kapitel 13.1.

Das Applet Uhr1 aus Abb. 9.14 wird dann zusammen mit der HTML-Datei aus Abb. 9.15 aufgerufen.

```html
<html>
  <head>
    <title>Uhrzeit als Java-Applet</title>
  </head>

  <body>
    <applet code="Uhr1.class" width="300" height="100"></applet>
  </body>
</html>
```

Abb. 9.15 HTML-Aufruf Uhr1

Als Ausgabe erhält man ein Java-Applet, das kontinuierlich die Uhrzeit anzeigt, ohne dass ständig ein *Refresh* im Browser getätigt werden muss, was aber Abb. 9.16 dennoch nur als einen Screenshot wiedergeben kann.

Abb. 9.16 Ausgabe Uhr1 mit fortlaufender aktueller Uhrzeit

Die Java-Konsole aus Abb. 9.17 zeigt dies nochmals detailliert. Jede Sekunde wird automatisch die Zeit ausgegeben. Nur wenn ein *Refresh* im Browser ausgelöst wird, werden die Methoden stop(), init() und start() explizit ausgeführt.

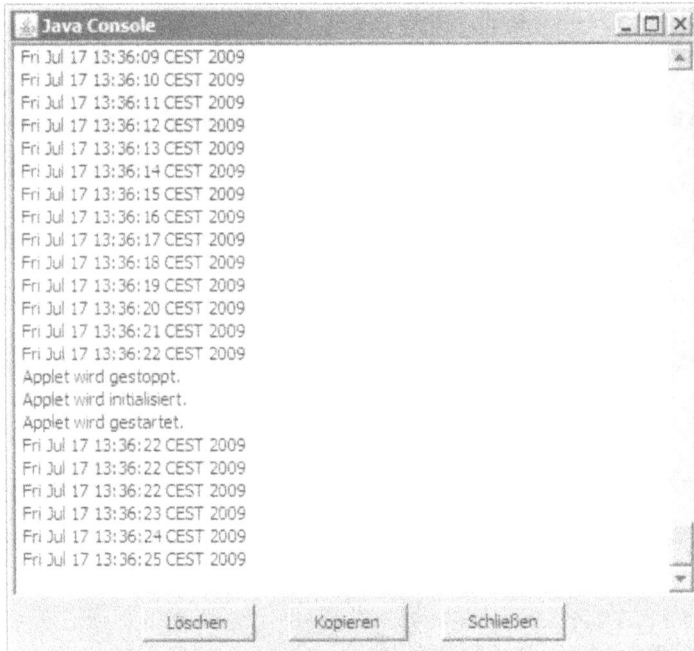

Abb. 9.17   *Java-Konsole bei Ausführung des Java-Applets Uhr1*

9.3.6   Java-Archiv

Das *Java-Archiv* (englisch *Java Archive*) auch als *jar-Archiv* oder *jar-Datei* bezeichnet ist ein komprimiertes Paket verschiedener Java-Dateien. Es ist damit ähnlich einem *tar-Archiv* inklusive eines Kompressionsverfahrens wie *pkzip/pkunzip* oder eines anderen *ZIP-Programms*. Das Java-Archivierungsprogramm `jar` ist in der Lage, alle zu einem Java-Programm gehörenden Dateien (`class`-, Image-, Sound-Dateien usw.) verteilt über verschiedene Unterverzeichnisse komplett zu komprimieren und in eine gemeinsame Archivdatei zu packen. Das Java-Archiv erhält dann die Endung `.jar`, also z.B. `ArchiveName.jar`.

Der Vorteil eines solchen Java-Archivs ist eine bessere Organisation der Dateien, die bei der Java-Programmierung anfallen, sowie eine Verkürzung der Ladezeit von Applets über das Internet. Web-Browser können nämlich alle Dateien, die in einem Applet benötigt werden, in einem Schritt laden, womit die Ladezeit von Applets verringert wird.

Zusätzlich können Java-Programme, die in einem Java-Archiv komprimiert sind, im Allgemeinen durch einen Doppelklick auf den Dateinamen direkt von der Arbeitsoberfläche aus auf dem Computer gestartet werden.

Um ein Java-Archiv zu erzeugen, wird in der Eingabeaufforderung folgendes eingegeben:

```
jar cf ArchiveName.jar File1.class File2.class ...
```

jar ist das entsprechende Java-Tool. cf ist die Kommandoabfolge, welche das Java-Archiv namens ArchiveName.jar erzeugt und darin die Dateien File1.class, File2.class usw. packt.

Tab. 9.1 zeigt einen Auszug aus den zulässigen jar-Kommandos und deren Bedeutung.

c	Erzeugt eine neue Archivdatei. (*create*) Kann nicht zusammen mit t oder x verwendet werden.
t	Gibt das Inhaltsverzeichnis der Archivdatei aus. (*table of contents*) Kann nicht zusammen mit c oder x verwendet werden.
x file	Extrahiert eine oder mehrere Dateien file aus dem Archiv. (*extract*) Kann nicht zusammen mit c oder t verwendet werden.
u	Fügt die angegebenen Dateien in die bestehende Archivdatei ein. (*update*)
f	Gibt an, dass der nächste Parameter der Name der Archivdatei ist. (*file*) Wird das Kommando f nicht angegeben, verwendet jar stattdessen die Standardein- und -ausgabe.
v	Gibt zusätzliche Informationen aus. (*verbose*) Kann zusätzlich zu einem der anderen Kommandos verwendet werden.

Tab. 9.1   *Zulässige* jar-*Kommandos und deren Bedeutung (Auszug)*

Wird das Programm Uhr1.java zu Uhr2.java kopiert und anschließend kompiliert, entsteht Uhr2.class. Will man diese Datei in das Java-Archiv Uhr.jar packen, so geschieht dies mit:

        jar cf Uhr.jar Uhr2.class

Will man nachschauen, welche Dateien in diesem Javar-Archiv sind, so geschieht dies mit:

        jar tf Uhr.jar

Zusätzlich zu Uhr2.class sind dort noch zwei Einträge mit Meta-Informationen über das Java-Archiv enthalten, wie Abb. 9.18 zeigt.

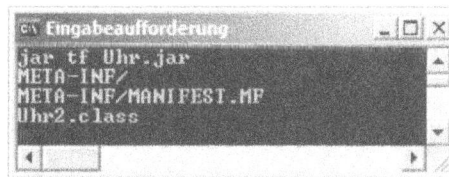

Abb. 9.18   *Ausgabe von* jar tf Uhr.jar

Soll nun das Java-Archiv im HTML-File angegeben werden, welches das Applet – hier die Klasse Uhr2.class – aufruft, so geschieht dies mit der Option archive im HTML-Aufruf <applet>. Im Beispiel in Abb. 9.19 liegt die Applet-Klasse Uhr2.class nun im Java-Archiv uhr.jar, das sich im Unterverzeichnis Uhr zu diesem HTML-File befindet.

```
<html>
  <head>
    <title>Uhrzeit als Java-Applet</title>
  </head>

  <body>
    <applet code="Uhr2.class" archive="Uhr/Uhr.jar"
      width="300" height="100" >
    </applet>
  </body>
</html>
```

Abb. 9.19 *HTML-Aufruf von Uhr2 über* uhr.jar

Das Ergebnis im Browser vom Applet Uhr2 ist dasselbe wie beim Applet Uhr1 aus Abb. 9.15. Einzig die Ladezeit des Applets ist nun geringfügig kleiner, was aber bei der kleinen Datenmenge ohnehin niemand merkt.

9.4   Lernziele und Aufgaben

9.4.1   Lernziele

Nach Durcharbeiten dieses Kapitels sollten Sie

- die Grundzüge und Funktionsweise des Internet erklären können,
- einfache Java-Applets mit den Standard-Methoden für Applets programmieren können,
- das Konzept von Threads und Interfaces soweit verstanden haben, um es für Java-Applets zumindest per *copy&paste* einsetzen zu können,
- Java-Archive anlegen und verwenden können.

9.4.2   Aufgaben

Beispiel JavaApplet1
Programmieren Sie das Java-Applet JavaApplet1 nur mit der paint-Methode, das folgendes im Appletviewer ausgibt (siehe Abb. 9.20).

Abb. 9.20 *Java-Applet* `JavaApplet1`

Beispiel `JavaApplet3`
Programmieren Sie das Java-Applet `JavaApplet3` nur mit der `paint`-Methode, das folgende Grafik im Appletviewer ausgibt (Abb. 9.21).

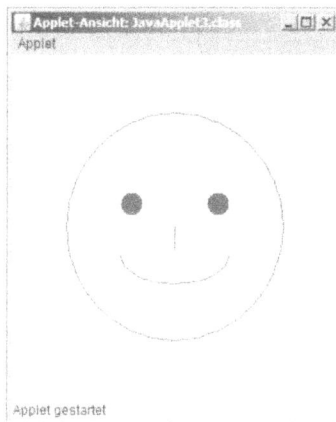

Abb. 9.21 *Java-Applet* `JavaApplet3`

für die Erstellung der Grafik kommen folgende Methoden der Klasse `Graphics` zum Einsatz:

- Farbe setzen: `setColor(eineFarbe)`, wobei `eineFarbe` ein Objekt der Klasse `java.awt.Color(int r, int g, int b)` ist. Rot ist z.B. `255, 0, 0` und sollte hier verwendet werden.
- Linien zeichnen: `drawLine(int x1, int y1, int x2, int y2)`

- Kreise zeichnen: drawOval(int x, int y, int width, int height)
- Ausgefüllte Kreise zeichnen: fillOval(int x, int y, int width, int height)
- Kreisbögen zeichnen: drawArc(int x, int y, int width, int height, int startAngle, int arcAngle)

Schauen Sie in der Java-Dokumentation unter der Klasse Graphics für den genauen Einsatz der Methoden nach.

Beispiel JavaApplet6

Programmieren Sie das Java-Applet JavaApplet6 mit Applet-Methoden init(), start(), paint() und stop() sowie einen Thread. Verwenden Sie vier Bilder Ihrer Wahl, z.B. World1.png, World2.png, World3.png, World4.png. Skalieren Sie die Größe des Applet-Bereichs im Browser entsprechend auf 300 * 300.

Das Java-Applet stellt kontinuierlich immer der Reihe nach die vier Bilder im Browser dar, wie Abb. 9.22 zu verdeutlichen versucht. Jedes Bild erscheint dabei ein paar Sekunden.

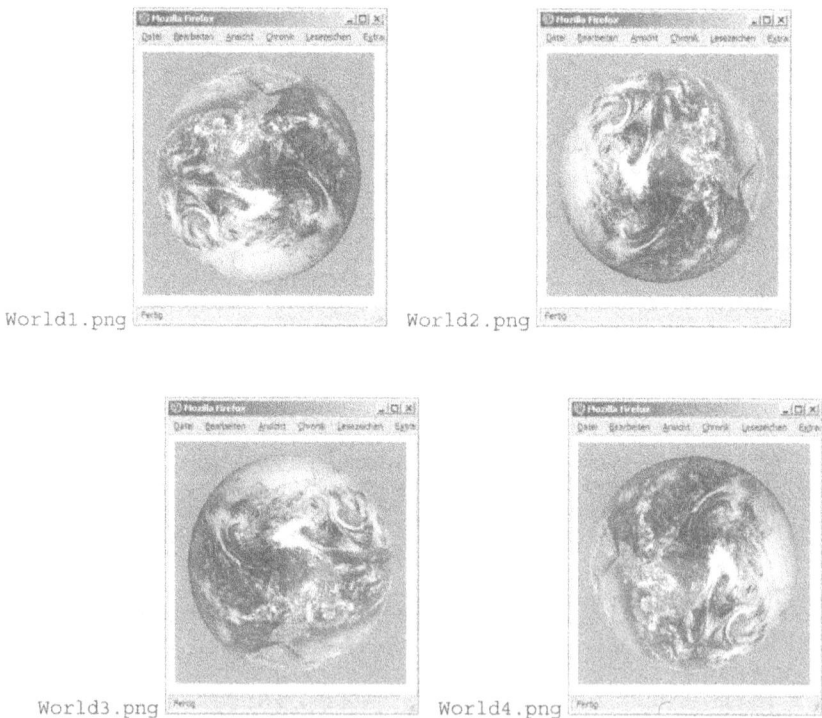

World1.png   World2.png

World3.png   World4.png

Abb. 9.22 *Ausgabe Java-Applet JavaApplet6*

Speichern Sie dazu die Klasse `JavaApplet6.class` und die vier Bilder in einem Java-Archiv namens `JavaApplet6.jar` ab. Kontrollieren Sie, ob alles dort richtig abgelegt ist. Rufen Sie dann im HTML-File `Aufruf_JavaApplet6jar.html` das Java-Archiv `JavaApplet6.jar` auf.

10 Wiederholung der Grundelemente in Java

10.1 Java allgemein

An dieser Stelle halten wir es für sinnvoll, wenn wir nochmals auf die vorherigen Kapitel zurückblicken und resümieren, was Sie wissen sollten. Gleichzeitig bieten wir mit diesem Kapitel den Quereinstieg für Personen, die bereits Java oder eine andere objektorientierte Programmiersprache kennen.

10.1.1 Grundkonzept von Java

Java wurde in den 1990er Jahren von Sun Microsystems zu entwickeln begonnen. Aufgrund des hohen Beliebtheitsgrades und vieler Anforderungen einer stetig wachsenden Java Community, ist für die Weiterentwicklung von Java noch kein Ende in Sicht: Ständig kommen neue, im Prinzip abwärtskompatible Versionen mit neuen Funktionalitäten und verbesserten Bibliotheken von Java-Klassen hinzu.

Java wird in verschiedenen Versionen als JDK bzw. SDK (Java bzw. Software Development Kit) mit dem JRE (Java Runtime Environment) gratis zur Verfügung gestellt (zumindest für die Betriebssysteme Linux, Windows, Solaris). D.h. die notwendigen Komponenten von Java sind frei verfügbar: Klassenbibliotheken und Java-Tools wie `javac`, `java`, `javadoc`, `appletviewer` ...

Java läuft plattformunabhängig und architekturneutral auf verschiedensten Systemen und über verteilte Systeme hinweg. In Java wurde die Plattformunabhängigkeit durch das Konzept der virtuellen Maschine (*Java Virtual Machine*, JVM) realisiert. Der Java-Quelltext, gespeichert in Dateien mit der Endung `.java` (z.B. `Javafile.java`), wird mittels des Java-Compilers `javac` in Java-Bytecode übersetzt (Aufruf z.B. `javac Javafile.java`), gespeichert in Dateien mit der Endung `.class` (z.B. `Javafile.class`). Der Bytecode wird auf jedem Computer, auf dem eine Java Virtual Machine läuft, mittels des Java-Interpreters `java` zur Laufzeit interpretiert und ausgeführt (Aufruf z.B. `java Javafile`).

Java ist objektorientiert; d.h. Daten werden im Allgemeinen innerhalb von Objekten gespeichert und Methoden auf diesen Objekten ausgeführt. Java ist alleine durch diese strenge

Objektorientiertheit schon sicher. Durch ein mehrstufiges Sicherheitskonzept werden Operationen verhindert, die unberechtigte Aktionen aufführen könnten.

Java läuft stabil, indem einerseits die JVM stabil konzipiert wurde, andererseits alle Objekte und Variablen entsprechend definiert werden müssen und alle Ausnahmen sowie Fehler im Java-Programm abgefangen und behandelt werden können. Java unterstützt Multithreading, d.h. die gleichzeitige Ausführung von parallelen Aufgaben in einem Prozess bzw. Programm.

Java-Programme können in HTML-Seiten eingebunden werden (siehe Java Applets aus Kapitel 9). Mit Java Server Pages (JSP) und Java Servlets können serverseitige Web-Applikationen realisiert werden, wie wir noch ab Kapitel 17 sehen werden.

Die Java-Entwicklungswerkzeuge (javadoc, jdb, ...) und zusätzliche IDEs (Integrated Development Environments) sowie CASE-Tools (Computer-Aided Software Engineering Tools) unterstützen die Entwicklung von Java-Programmen.

10.1.2   Sprachelemente, Datentypen und Variablen

Java verwendet den Unicode-Zeichensatz und kann somit Umlaute und zusätzliche Buchstaben anderer Alphabete verwenden. Manchmal sind allerdings die Editoren zum Erstellen des Programmcodes der Engpass, da diese teilweise nur beschränkt Zeichensätze zulassen bzw. verarbeiten können.

Java unterscheidet in seinen Variablennamen Groß- und Kleinschreibung. Java ist keine zeilengebundene Programmiersprache, d.h. es darf eine beliebige Zeilenformatierung im Programmtext stehen, solange Zeilenumbrüche und Leerzeichen zulässig platziert sind, also keine Schlüsselwörter und Ausdrücke durchtrennen. Umgekehrt erlaubt Java auch eine freie Formatierung seines Programmcodes, wie es einzelnen Programmierern am liebsten ist, oder wie entsprechende Programmierrichtlichtlinien in einzelnen Projekten vorgegeben sind.

Java kennt den Kommentar /* und */, den Zeilenkommentar // und den *javadoc*-Kommentar /** und */, mit welchem über das Tool javadoc automatisch eine HTML-Dokumentation des Programmcodes erstellt werden kann.

Java verwendet die primitiven Datentypen byte, short, int, long, float, double, boolean und char. Einzelne Zeichen, also Datentyp char, werden in einfachen Anführungszeichen geschrieben ' '. Zeichenketten sind vom Referenztyp bzw. der Klasse String in doppelte Anführungszeichen " " zu setzen.

Jede Variable muss definiert und einem Typ zugewiesen werden, also:

```
Typname Variablenname;
```

Zusätzlich kann der Variablen dabei sogleich auch ein Wert zugewiesen werden:

```
Typname Variablenname = Wert;
```

10.1.3   Operatoren

In Java existieren die arithmetischen Operatoren +, -, *, /, %, ++, --, die arithmetischen
Zuweisungsoperatoren =, +=, -=, *=, /=, %=, die Vergleichsoperatoren ==, !=, <, <=, >,
>=, die logischen Vergleichsoperatoren !, &&, ||, &, |, ^, die bitweisen Operatoren ~, &, |,
^, >>, >>>, <<, &=, |=, ^=, >>=, >>>=, <<=.

Für die bedingte Zuweisung gibt es in Java den sogenannten Fragezeichen-Operator ? :,
der wie folgt angewendet wird, um bei wahrem Booleschen Ausdruck Wert1 zuzuweisen,
ansonsten Wert2:

```
Wert = BoolescherAusdruck ? Wert1 : Wert2;.
```

Werden Werte von Variablen, die einem bestimmten Datentyp zugeordnet sind, auf einen
anderen Datentyp transformiert, geschieht dies im idealen Fall automatisch (vgl. Kapitel 4.3).
Ansonsten muss eine explizite Konvertierung von einem Datentyp in einen anderen Typ
mittels des Type-Cast-Operators ( ) erfolgen, was als Casting bezeichnet wird. Bei den
primitiven Variablen erfolgt dies mittels (byte), (short), (int), (long), (float),
(double) und (char).

10.1.4   Datenfelder

Datenfelder sind ein- oder mehrdimensionale Arrays und werden in Java wie folgt definiert:

```
int[][] Matrix;
Matrix = new int[IntZeile][IntSpalte];
```

Dieses Deklarieren und Initialisieren von Datenfeldern kann auch in einem Ausdruck zusammengefasst werden:

```
int[][] Matrix = new int[IntZeile][IntSpalte];
```

Sollen gleich am Anfang das Datenfeld mit Werten belegt werden, geschieht dies am besten
wie folgt:

```
int[][] Matrix = {{1, 2}, {3, 4}, {5, 6}};
```

Der Zugriff auf Array-Elemente erfolgt mittels direkter Indizierung, z.B. Matrix[2][1].
Die Nummerierung der Datenfelder beginnt in Java immer mit 0, also startend mit Matrix[0][0], Matrix[0][1], Matrix[1][0] usw.

Die Anzahl der Array-Elemente in einem (mehrdimensionalen) Datenfeld wird mit dem Operator .length abgefragt. Beispielsweise erhält man die Anzahl Zeilen mit Mat-
rix.length und die Anzahl Spalten in der ersten Zeile mit Matrix[0].length oder
die Anzahl Spalten in der zweiten Zeile mit Matrix[1].length.

10.1.5   Zeichenketten

Zeichenketten sind in Java spezielle Objekte der Klasse String, weshalb diese oftmals als Referenztyp bezeichnet wird. Strings werden wie folgt definiert:

```
String a = new String("Hello World");
```

Oder als Kurzform:

```
String a = "Hello World";
```

Die Länge einer Zeichenkette wird mit der Methode .length() abgefragt, also z.B. a.length(). Zeichenketten werden mit dem Operator + verknüpft, also beispielsweise über a = "Hello " + "World";. Weitere Methoden der Klasse String sind in der Java-Dokumentation zu finden, wie Kapitel 10.10 zeigt.

10.1.6   main-Methode und Parameterübergabe

Das Grundgerüst eines Java-Programms mit der main-Methode sieht wie in Abb. 10.1 angegeben aus.

```
public class JavaProgramm {
   public static void main(String[] args) {
      // … hier der Programmcode
   }
}
```

Abb. 10.1   Grundgerüst eines Java-Programms, hier JavaProgramm.java

Die main-Methode ist der Haupteinstiegspunkt für die JVM, wenn diese Klasse aufgerufen wird. Beim Aufruf des Java-Programms, hier mit dem Namen JavaProgramm, können Parameter mit übergeben werden. Diese sogenannte Parameterübergabe erfolgt mittels java JavaProgramm Parameter1 Parameter2 … , indem dem Namen des Java-Programms die mit Leerzeichen getrennten Parameter nachgestellt werden. Der Zugriff auf diese einzelnen Parameter, die dann als Zeichenketten vorliegen, erfolgt mittels args[0], args[1] usw.

10.1.7   Bedingungen und Schleifen

Verzweigungen werden durch Bedingungen bewirkt. Dafür gibt es in Java die Schlüsselwörter if, if else und switch. Während es bei if um die generelle Ausführung von Anweisungen und bei if else um die Auswahl von zwei alternativen Abfolgen von Anweisungen geht, ermöglicht switch die Verzweigung in mehrere Alternativen; einzelne Alternativen können dann explizit mit break beendet werden.

Schleifen dienen in Computerprogrammen dazu, Wiederholungen auszuführen. Die do-Schleife (auch do-while-Schleife genannt) führt zunächst einmal die eingeschlossenen Anweisungen aus und prüft dann den dazugehörigen Booleschen Ausdruck. Solange dieser

Ausdruck `true` ist, wird die Anweisung erneut ausgeführt. Die `while`-Schleife prüft erst den dazugehörigen Booleschen Ausdruck; solange dieser Ausdruck `true` ist, werden die angegebenen Anweisungen ausgeführt. Die `for`-Schleife wird in der Regel dazu eingesetzt, dieselben Anweisungen mit einer bestimmten Anzahl an Durchläufen auszuführen und/oder Variablen in bestimmten Schritten hoch oder herunter zu zählen. Zusätzlich kann die `for`-Schleife als so genannte *foreach*-Schleife eingesetzt werden, um über in Java aufzählbare Elemente zu laufen.

In Java gibt es zwei Sprunganweisungen, die es erlauben, die Auswertungsreihenfolge einer laufenden Schleife zu verändern bzw. abzubrechen. Die `break`-Anweisung beendet die Schleife; die `continue`-Anweisung springt zum nächsten Schleifendurchgang. Durch Angabe eines Labels, wie beispielsweise `LabelX:`, springt das Programm von der `break`- oder `continue`-Anweisung direkt zu diesem Label und erlaubt bei geschachtelten Schleifen eine genaue Angabe, welche Schleifen übersprungen oder abgebrochen werden.

10.2 Wiederholung der grundlegenden Programmstrukturen

Drei bzw. vier grundlegende Programmstrukturen erlauben die Programmierung von Algorithmen unabhängig von einer Programmiersprache. Dies sind Anweisungen, Bedingungen für Verzweigungen bzw. Alternativen und Schleifen für Wiederholungen. Die vierte Programmstruktur ist die Zusammenfassung mehrerer einzelner solcher Programmstrukturen zu Blöcken, was je nach Programmiersprache und -philosophie auch als Modul, Funktion, Unterroutine, Klasse, Objekt oder wie auch immer bezeichnet wird. Aber eigentlich ist dies nichts anderes als eine komplexe Anweisung.

Diese Programmstrukturen lassen sich grafisch mit verschiedenen Konzepten modellieren, wie beispielsweise einem Flussdiagramm oder einem Struktogramm. In Kapitel 1.1.2 und Kapitel 7.1 wurde dies ausführlich vorgestellt.

10.3 Konzepte objektorientierter Programmiersprachen

An dieser Stelle wollen wir nur eine ganz kurze Wiederholung der Begriffe der objektorientierten Programmierung bieten. Wer es nochmals ausführlicher braucht, schaut bitte in Kapitel 8.1 nach.

10.3.1 Klassen und Objekte

Ein *Objekt* in einer objektorientierten Programmiersprache bildet ein real existierendes Objekt, also einen konkret existierenden Gegenstand oder aber auch ein abstraktes Konzept in der Software nach.

Eine *Klasse* definiert die Attribute und Methoden der von ihr abgeleiteten Objekte und ermöglicht das Erzeugen einer prinzipiell beliebigen Anzahl von Objekten. Man spricht dann davon, dass ein Objekt eine Instanz einer Klasse ist. In den Objekten werden die Attribute schließlich mit entsprechenden Werten gefüllt, quasi zum Leben erweckt.

10.3.2 Attribute, Methoden und Kapselung

In objektorientierten Programmiersprachen wird eine Klasse durch die Zusammenfassung aller ihrer Daten und Operationen definiert. Die Operationen werden durch *Methoden* ausgeführt, die von der Klasse für alle Objekte individuell bereitgestellt werden. Die Daten werden durch *Attribute* repräsentiert, die für jedes neue Objekt auch neu angelegt werden und mit entsprechenden Werten gefüllt werden können. Daten werden damit in Objekten so eingekapselt werden, dass nur über bestimmte Operationen auf diese Daten zugegriffen werden kann.

10.3.3 Vererbung und Assoziation

In objektorientierten Programmiersprachen können zwischen Klassen – damit auch zwischen den von ihnen abgeleiteten Objekten – bestimmte Beziehungen existieren.

Die *Vererbung* beschreibt die Generalisierung bzw. Spezialisierung von Klassen, indem eine abgeleitete Klasse die Attribute und Methoden ihrer Basisklasse erbt. Generalisierung und Spezialisierung werden mittels der Vererbung realisiert. Erbt eine Klasse von einer anderen Klasse gewisse Eigenschaften, also Methoden und Attribute, muss das Schlüsselwort extends bei der Klassendefinition verwendet werden:

```
public class AbgeleiteteKlasse extends BasisKlasse {
    //...
}
```

Assoziationen setzen Klassen bzw. deren Objekte in Beziehung: Objekte können als lokale Variablen oder Methodenargumente verwendet werden, oder Objekte können Zusammengehörigkeiten bilden, die je nach Ausprägung auch als Komposition oder Aggregation bezeichnet werden können. Assoziationen verwenden Objekte als lokale Variablen oder Methodenargumente. In diesen Fällen kann die Implementierung wie folgt aussehen:

```
public class KlasseA {
    KlasseB meinObjekt = new KlasseB();
    //...
}
```

Wobei die KlasseB auch noch definiert sein muss:

```java
public class KlasseB {
  //...
}
```

Eine Klasse kann auch in einer anderen Klasse, also nicht in einem separaten File, implementiert sein. Man spricht dann von inneren Klassen.

Versucht man bildhaft solche Unterscheidungen in der Beziehung zwischen Klassen darzustellen, bieten sich vielleicht besonders die Klassifizierung von Lebewesen als ein Vererbungsschema und der Aufbau eines Autos aus Einzelteilen an, wie in Abb. 8.2 gezeigt wurde.

10.3.4 Polymorphismus und Überladen

Polymorphismus bedeutet wörtlich „Vielgestaltigkeit". Da man sich darunter zunächst nichts vorstellen kann, definieren wir Polymorphismus sachlich als die Fähigkeit von Objektvariablen, Objekte unterschiedlicher Klassen aufnehmen zu können. In Java folgt daraus, dass verschiedene Objekte mit verschiedenen Methoden aber gleichen Namens in verschiedenen Klassen existieren können, die verschiedene Operationen ausführen. Zur Laufzeit wird klar, welche Methode von welchem Objekt ausgeführt wird.

Ein Beispiel für Polymorphismus findet sich bei der Programmierung von Grafikenoberflächen (Kapitel 12), wo meist Container-Klassen verwendet werden, die je nach Anwendungsfall auf die Klassen Panel, Window, Applet, Frame oder Dialog zugreifen, was aber erst zur Laufzeit offensichtlich wird. Für den Moment bleiben wir einfach dabei, dass Java Polymorphismus unterstützt und dass dies für komplexe Java-Programme sehr von Vorteil ist.

Das *Überladen* von Methoden erlaubt es, in einer Klasse die gleiche Methode mit gleichem Namen für verschiedene Typen und Anzahl von Parametern zu definieren. Diese müssen sich aber immer in der Anzahl der Parameter, ihrer Reihenfolge und/oder in den Datentypen der Parameter unterscheiden. Zusätzlich können sich die Rückgabewerte unterscheiden. Ein Beispiel für das Überladen könnte so aussehen:

```java
public class Klasse{
  public void ermittle(){
    //...
  }
  public int ermittle(int zahl){
    //...
  }
  public String ermittle(int zahl, String wort){
    //...
  }
}
```

10.4   Implementierung objektorientierter Konzepte in Java

10.4.1   Klassen

In Java leitet das Schlüsselwort `class` eine Klasse ein, eventuell mit vorangestelltem Modifier (wie z.B. `public`):

```
// Deklarieren der Klasse Ding
   public class Ding {
      ...
   }
```

Dann kommt der Klassenname `Ding` gefolgt von geschweiften Klammern, in welchen die Definitionen der Attribute und Methoden stehen, wie wir in Kapitel 8.2.1 in Abb. 8.3 gesehen haben.

Die Unified Modeling Language, abgekürzt als UML (http://www.uml.org/), hilft, die Klasse zuerst grafisch zu modellieren, bevor sie implementiert wird (vgl. Abb. 8.4). Eine Klasse in der UML-Klassendarstellung enthält den Namen der Klasse, z.B. `Ding`, keine bis beliebig viele Attribute in der Notation `Attributname : Datentyp` und keine bis beliebig viele Methoden in der Notation `Methodenname(Parameter) : DatentypRückgabewert`.

Besitzt eine Klasse als eine ihrer Methoden eine `main`-Methode, kann diese Klasse als ein Einstiegspunkt eines Java-Programms genommen werden, d.h. die Klasse kann vom Java-Interpreter mit `java Ding` aufgerufen werden.

10.4.2   Objekte

Wird die Klasse `Ding` instanziert, also von der Klasse beispielsweise das Objekt `einDing` angelegt, muss dazu eine Variable – auch Objektvariable genannt – vom Typ der Klasse deklariert und ihr dann mit Hilfe des `new`-Operators das neu erzeugte Objekt zugewiesen werden:

```
// Deklarieren des Objektes einDing
   Ding einDing;
// Initialisieren des Objekts
   einDing = new Ding();
```

Dies kann auch in einem Schritt erfolgen:

```
// Deklarieren und Initialisieren des Objektes
   Ding einDing = new Ding();
```

Von der Klasse `Ding` ist nun das Objekt `einDing` angelegt. Der Zugriff auf die Attribute des Objekts erfolgt dann mittels des Aufrufs `Objektname.Attributname` und der Aufruf einer Methode über `Objektname.Methodenname()`, also hier `einDing.Attributname` und `einDing.Methodenname()`.

10.4.3 Mehrere Objekte von einer Klasse

Das Anlegen von mehreren Objekten von einer Klasse fuktioniert im Prinzip identisch. Einzig benötigt jedes Objekt einen eigenständigen Namen:

```
// Deklarieren und Initialisieren des Objektes
   Ding erstesDing  = new Ding();
   Ding zweitesDing = new Ding();
   Ding drittesDing = new Ding();
   ...
```

Die Objekte `erstesDing`, `zweitesDing`, `drittesDing` usw. sind jeweils eine Instanz der Klasse `Ding` und beinhalten im Allgemeinen verschiedene Daten.

10.4.4 Schrittweises Vorgehen zur Implementierung von Klassen und Objekten

Das schrittweise Vorgehen für die Implementierung von Klassen und Objekten kann wie folgt zusammengefasst werden:

*   Zuerst überlegen Sie, welche Attribute und Methoden eine Klasse hat und wie diese Klasse und ihre einzelnen Attribute und Methoden in sinnvoller Weise benannt werden sollen.
*   Im Gegensatz zur Verwendung von englischen Variablennamen geht es in der deutschen Sprache geht immer. Aber falls es sich ergibt, schreiben Sie Klassennamen mit großen Anfangsbuchstaben, Attribut- und Methodennamen mit kleinen Anfangsbuchstaben. (In diesem Buch halten wir uns eher an die deutsche Rechtschreibung und schreiben Variablennamen groß, wenn es sich um Substantive handelt.)
*   Dann legen Sie eine Datei an, die so heißt wie Klasse (z.B. `Klassenneme.java`). Implementieren Sie die Klasse und tragen Sie die Attribute und Methoden ein. Beachten Sie dabei die notwendigen Modifier, wie `public`.
*   Überlegen Sie, welche Objekte Sie benötigen. Instanzieren Sie dazu die entsprechenden Klassen und füllen Sie die Objekte mit den notwendigen Attributwerten.

Im Prinzip kennen Sie jetzt schon das Wichtigste. Die Modifier erklären wir ausführlich in Abschn. 10.10 und 13.3. Einzig könnten Sie jetzt noch die Schwierigkeit haben, dass Sie bei der Erstellung des Programms nicht wissen, wie viele Objekte Sie zur Laufzeit von einer Klasse anlegen müssen und wie Sie daher all diese Objekte überhaupt benennen sollen.

10.5   Arrays von Objekten

10.5.1   Anlegen von Arrays von Objekten

Wie im vorherigen Kapitel gezeigt, ist es unpraktikabel, für jedes neue Objekt auch einen neuen Variablennamen anzugeben, wenn mehrere Objekte von einer Klasse angelegt werden.

Die einfache Lösung ist, ein Array von Objekten anzulegen. Dazu wird zuerst der Objektname einDing des Arrays von Objekten Ding[] der Klasse Ding deklariert:

```
// Deklarieren des Arrays von Objekten
    Ding[] einDing;
```

Danach wird das Objekt initialisiert, also festgelegt, wie viele Objekte maximal von dieser Klasse angelegt werden könnten. Dies geschieht der Übersichtlichkeit wegen am besten über die Variable MAX_OBJEKTE:

```
// Initialisieren des Arrays von Objekten
    int MAX_OBJEKTE = 10;
    einDing = new Ding[MAX_OBJEKTE];
```

Jedes einzelne Objekt wird dann wie folgt angelegt, z.B. das 1. und 2. Objekts (also Index 0 und 1) mit

```
// Initialisieren eines Objekts des Arrays von Objekten
    einDing[0] = new Ding();
    einDing[1] = new Ding();
```

10.5.2   Default-Werte von Objekten

Die Ausgabe von Default-Werten von Objekten ist unabhängig davon, ob es sich um Arrays von Objekten oder einfache Objekte handelt. Wird auf Daten von Objekten zugegriffen, die noch nicht angelegt wurden, also noch keine Werte den Attributen zugewiesen wurden, werden die entsprechenden Default-Werte (Standardwerte) je nach Typ des Attributs ausgegeben. Dies sind beispielsweise null für String und 0.0 für double, wie in Kapitel 3.3.1 gezeigt wurde.

10.6   Methoden

Methoden definieren die Operationen von Objekten. Sie werden innerhalb der Klassendefinition angelegt und haben vollen Zugriff auf die Attribute des Objekts. Methoden üben dabei eine gewisse Funktionalität aus, indem an Methoden Werte übergeben werden können und Methoden einen Rückgabewert liefern können, wie die Methode ermittleDing mit den zwei Übergabeparametern Wert und Satz und einem double-Rückgabewert zeigt:

```
int ermittleDing(double Wert, String Satz){
    ...
    return(Rueckgabewert);
}
```

Gibt es einen Rückgabewert, wird dieser mit der Anweisung `return(Rueckgabewert)` an die aufrufende Stelle zurückgegeben. Besitzt die Methode keinen Rückgabewert, entfällt `return`. Das Schlüsselwort `void` muss anstelle des entsprechenden Datentyps des Rückgabewertes stehen, hier anstelle von `int`.

10.7   Vererbung

Generalisierung und Spezialisierung werden mittels Vererbung ausgeführt. Eine abgeleitete Klasse wird nicht vollständig neu definiert, sondern von einer übergeordneten Klasse, der so genannten Basisklasse abgeleitet. Die Vererbung wird in Java mittels des Schlüsselworts `extends` ausgedrückt:

```
// Deklarieren der Klasse Karton
    public class Box extends Ding {
        ...
    }
```

Hier ist also die Klasse `Box` von der Klasse `Ding` abgeleitet. Die abgeleitete Klasse `Box` erbt alle Attribute und Methoden der Basisklasse `Ding`. D.h. die abgeleitete Klasse kennt diese Attribute und kann die entsprechenden Methoden ausführen. Zusätzlich kann die abgeleitete Klasse individuell weitere Attribute und Methoden definieren, aber auch Attribute und Methoden unter Verwendung des gleichen Namens überschreiben.

In UML wird die Vererbung durch einen Pfeil mit umrandeter Spitze, der von der abgeleiteten Klasse auf Basisklasse zeigt, ausgedrückt, wie wir in Abb. 8.16 gesehen haben.

10.8   Konstruktoren

10.8.1   Definition von Konstruktoren

In Java lassen sich spezielle Methoden definieren, Konstruktoren genannt, die bei der Initialisierung eines Objekts aufgerufen werden. Sie erlauben das Ausführen bestimmter Operationen schon bei Erzeugung eines Objekts, was im Allgemeinen zum Setzen bestimmter Attributwerte mittels Übergabeparametern verwendet wird.

Konstruktoren sind als Methoden ohne Rückgabewert definiert. Sie erhalten den Namen der Klasse, zu der sie gehören:

```
// Deklarieren des Konstruktors Ding()
   public Ding() {
      ...
   }
```

Konstruktoren können beliebig viele Übergabeparameter haben, die dann im Konstruktor verarbeitet werden. Die Übergabeparameter werden meistens an die Attribute der erzeugten Objekte übergeben, indem mittels des Schlüsselwortes this auf die entsprechenden Attribute des Objektes verwiesen wird, wie in Kapitel 8.6 gezeigt wurde.

10.8.2   Anwendung von Konstruktoren

Konstruktoren können überladen werden. D.h. es kann mehrmals der gleiche Konstruktor in einer Klasse auftreten, der sich aber in seinen Übergabeparametern (Anzahl, Typ und/oder Reihenfolge) unterscheiden muss.

Konstruktoren ohne Übergabeparameter heißen parameterlose oder leere Konstruktoren. Jede Klasse besitzt implizit automatisch einen solchen leeren Konstruktor, solange kein anderer Konstruktor programmiert ist. Umgekehrt heißt dies, dass beim Anlegen von Konstruktoren auch explizit ein leerer Konstruktor programmiert werden muss, wenn er von abgeleiteten Klassen benötigt wird.

Wird in einem Konstruktor auf die Attribute dieser Klasse zugegriffen, wird dies im Allgemeinen durch das Schlüsselwort this gekennzeichnet. Sind die Variablennamen unterschiedlich, könnte this entfallen, was aber der Übersichtlichkeit wegen nicht sinnvoll ist.

Konstruktoren können auch verkettet, quasi in Sequenz geschaltet werden. D.h. ein Konstruktor kann einen anderen aufrufen, indem er mit this() an einen bestimmten anderen Konstruktor gewisse Parameter übergibt.

Wird in der abgeleiteten Klasse auf Attribute der Basisklasse zugegriffen, geschieht dies mit dem Schlüsselwort super. Soll ein Konstruktor der übergeordneten Klasse aufgerufen werden, geschieht dies mit super() und den entsprechenden Parameter in den Klammern.

10.9   Pakete

10.9.1   Pakete und Klassen importieren

Jede Klasse in Java wird in einem Paket abgelegt. Zum Auffinden der Klasse wird der Name des Pakets gefolgt von einem Punkt und dem anschließenden Klassennamen angegeben. Ein Paket kann dabei ebenfalls selbst wiederum in einem anderen Paket liegen, womit der gesamte Name mehrere Punkte beinhalten kann. Z.B. beinhaltet java.util.Date die Klasse Date im Paket util, das wiederum im Paket java liegt. Damit nun eine Klasse verwendet werden kann, muss mittels einer der folgenden beiden Möglichkeiten spezifiziert werden, wo genau sie liegt.

Die Klasse wird über die vollständigen Paketnamen angesprochen:

```
java.util.Date d = new java.util.Date();
```

Oder am Anfang jedes Java-Files werden noch vor den eigentlichen Klassendefinitionen die benötigten Klassen mittels der import-Anweisung angegeben:

```
import java.util.*;
public class xyz {
  ...
  Date d = new Date();
  ...
}
```

Die import-Anweisung gibt es dabei in zwei unterschiedlichen Varianten. Mit import paket.Klasse wird nur genau die Klasse Klasse des Pakets paket importiert. Mit import paket.* können dahingegen alle Klassen des Pakets paket auf einmal importiert werden.

Dahingegen importiert import paket.* keine weiteren Unterpakete, die in dem Pakete paket liegen. Beispielsweise müssen bei der Grafikprogrammierung (vgl. Kapitel 11) oftmals import java.awt.* und import java.awt.event.* angegeben werden, um alle Klasse der Pakete awt und awt.event anzusprechen.

Die Verwendung vollständiger Paketnamen für alle Klassen einzeln hat den Nachteil, dass die Klassennamen sehr lang werden. Bequemer ist die Anwendung mit der import-Anweisung, womit sogleich alle Klassen eines Pakets mittels des Sterns * importiert werden können.

Die Bedeutung der Punkte zur Trennung von Paketnamen liegt im strukturierten Ablegen der Klassen in einer entsprechenden Verzeichnisstruktur. Beispielsweise sind die Klassen vom Paket java.util.* im Verzeichnis java/util/ abgelegt. Das "Home-Verzeichnis" für die Java-Pakete ist dabei das File *src.zip* im entsprechenden Installationsverzeichnis des JDK für alle Java-Quellcodes. Das Java Archive rt.jar in *jre/lib/rt.jar* enthält alle class-Files, welche die Java Virtual Machine, also das Java Runtime Environment, standardmäßig kennt.

10.9.2 Wichtige Pakete

Java stellt hunderte von Klassen in mehreren Dutzenden von Paketen zur Verfügung. Wichtige Pakte, die wir im Laufe des Buchs verwenden, sind beispielsweise folgende:

- java.applet   Alles rund um Applets
- java.awt   Java-Grafiken mit dem Abstract Window Toolkit

- `java.awt.event`   Ereignissteuerung in grafischen Benutzeroberflächen
- `java.lang`   Elementare Sprachunterstützung
- `java.io`   Bildschirm- und Datei-Input / -Output
- `java.util`   Diverse nützliche Klassen und Datenstrukturen
- `javax.swing`   Java-Grafiken mit dem Swing-Grafikpaket
- `java.text`   Textverarbeitung und Internationalisierung

Weitere interessante Pakete in Java sind beispielsweise:

- `java.beans`   *Java Beans* für komponentenbasierte Java-Architektur
- `java.math`   Unterstützung der Fließkomma-Arithmetik
- `java.net`   Netzwerkunterstützung
- `java.nio`   Neues I/O Package
- `java.rmi`   Remote Method Invocation: Vernetzung von Computern
- `java.security.xyz`   Pakete für Security-Dienste
- `java.sql`   Datenbankzugriff
- `javax.crypto`   Kryptografische Erweiterungen
- `javax.imageio`   Lesen und Schreiben von Bilddateien
- `javax.print`   Unterstützung zum Drucken
- `javax.xml.xyz`   Pakete XML-Verarbeitung (*Extended Markup Language*)

Man beachte, manche Pakete gelten als zusätzliche Pakete und liegen in dem Java-Paket `javax` anstelle von `java`. (Das x geht hierbei wohl auf das englische Wort für *extended* zurück.)

Alle standardmäßig mit dem JDK mitgelieferten Klassen finden Sie über die Java-Dokumentation, wie wir in Abschn. 10.10 noch sehen werden.

10.9.3   Pakete erstellen

Um selber implementierte Klassen in einem eigenen Paket ablegen zu können, muss ganz am Anfang des Java-Quelltextes – noch vor den `import`-Anweisungen – in dem File, in welchen die Klasse abgespeichert ist, eine entsprechende `package`-Anweisung stehen.

Diese Anweisung besteht aus dem Schlüsselwort `package` und dem Namen des Pakets, in dem die nachfolgende Klasse abgelegt werden soll, also ganz analog zur `import`-Anweisung:

```
package eigenesPaket;
import java.util.*;
public class xyz {
   ...
   Date d = new Date();
   ...
}
```

Der Aufbau und die Bedeutung der Paketnamen in der `package`-Anweisung sind identisch zur `import`-Anweisung. Damit legt der Java-Compiler ein entsprechendes Unterverzeichnis

gemäß der Angaben der `package`-Anweisung im aktuellen Arbeitsverzeichnis an und speichert in diesem Unterverzeichnis, hier `eigenesPaket`, die kompilierten Java-Klassen ab.
Ebenso ist es möglich, eine Sequenz von Paketen anzugeben, also ein Paket in einem oder
mehreren anderen Paketen.

Alle selbst angelegten Pakete können dann als Komponenten über eine entsprechende `im-
port`-Anweisung aufgerufen und wiederverwendet werden.

10.10   Java-Dokumentation

Sun Microsystems liefert zusätzlich zum JDK eine sehr umfangreiche Java-Dokumentation
[3], welche auf der Homepage von Sun heruntergeladen werden kann, wie in Abschn. 2.2
beschrieben wurde. Nach Auspacken der komprimierten Datei in einem beliebigen Verzeichnis steht Ihnen offline eine umfangreiche Beschreibung aller Pakete und Klassen von Java
zur Verfügung, die standardmäßig mitgeliefert werden. Aufgerufen wird die Startseite über
index.html im Verzeichnis *docs*.

Von der Startseite in Abb. 10.2 dargestellt gelangen Sie mittel des Links *Java Platform API
Specification* des Kapitels *API, Language, and Virtual Machine Documentation* zu den Pake-
ten, Klassen, Methoden und weiteren Java-Konstrukten, welche als *API*, also als *Application
Programming Interface*, zur Verfügung stehen.

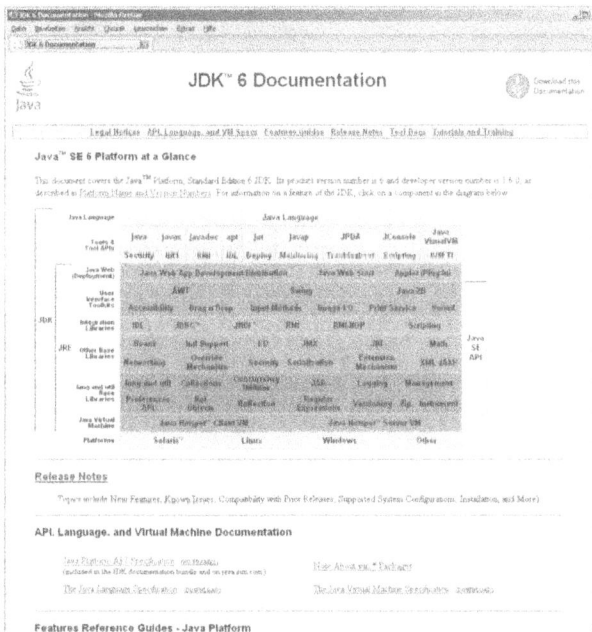

Abb. 10.2   *Startseite der Java-Dokumentation*

Abb. 10.3 zeigt die Startseite der API-Dokumentation. Links oben sind alle Pakete und links unten alle Klassen aufgelistet, welche mit der *Java™ Platform, Standard Edition* (JDK 6) mitgeliefert werden. Im großen Fenster wird eine Beschreibung zu den Paketen und dann auch zu den Klassen geboten. Wenn ein bestimmtes Paket ausgewählt ist, werden links unten nur diejenigen Klassen des entsprechenden Pakets dargestellt. Wird eine spezifische Klasse ausgewählt, so erhält man eine genaue Beschreibung dieser Klasse im großen Fenster.

Abb. 10.3   *Java-Dokumentation der Pakete, Klassen, Methoden usw. (API, Application Programming Interface)*

Abb. 10.4 liefert als Beispiel die Beschreibung der Klasse String. Neben der Einbettung der Klasse in Java-Pakete und der Verwendung von Interfaces (siehe Kapitel 13.8) wird beschrieben, was die Klasse String bietet und kann. Liest man weiter unten in der Dokumentation bekommt man Informationen zum Aufrufen der Klasse sowie zur Verwendung mitgelieferter Methoden. Im Abschnitt *Method Summary* befindet sich eine Auflistung von ca. 50 Methoden, die auf Objekte der Klasse String angewendet werden können. Weiter unten wird dann noch eine genaue Beschreibung der Funktionsweise dieser Methoden geboten.

Ebenso gibt es Hunderte weiterer Klassen und Tausende weiterer Methoden. Alle diese Klassen und Methoden existieren schon, sind bereits programmiert und warten nur darauf, von Ihnen entdeckt und verwendet zu werden.

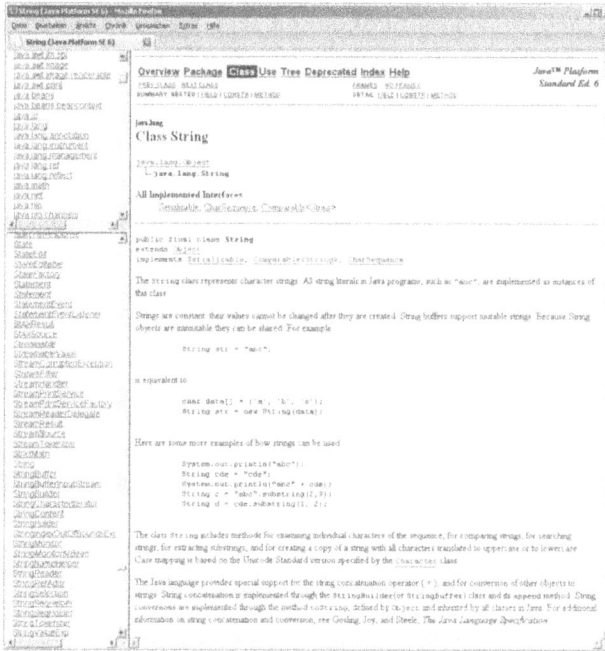

Abb. 10.4 *Java-Dokumentation zur Klasse* `String`

10.11 Modifiers – Modifikatoren

10.11.1 Modifiers für Zugriffsspezifizierung

Modifiers sind Schlüsselwörter in Java, welche dem Java-Compiler Zusatzinformationen über die Zugriffsspezifizierung von Klassen, Attributen und Methoden geben. (Wir bleiben hier lieber beim englischen Wort *Modifier* anstelle des deutschen *Modifikators*.)

Die *Access Modifier* (Modifier für Zugriffsrechte) in Java sind `public`, `protected`, `private` und *friendly*. Die ersten drei sind Java-Schlüsselwörter. Elemente, die ohne einen der drei genannten Modifiers deklariert werden, werden als *package scoped* oder als Elemente mit *Standard-Sichtbarkeit* oder einfach als *friendly* bezeichnet. Hierbei ist *friendly* kein Java-Schlüsselwort; im Programmcode entfällt es einfach.

Pro Ausdruck kann höchstens ein Access Modifier vergeben werden. Die Access Modifiers regeln dabei die Zugriffserlaubnis – quasi die Sichtbarkeit – auf Klassen, Methoden und Attribute innerhalb des gesamten Java-Programms. Es gilt Folgendes:

- *Klassen*, *Attribute* und *Methoden* können `public` sein. Sie sind dann überall im Java-Programm und auch bei externen Aufrufen des Java-Programms sichtbar. In UML wird vor `public` Klassen, Attribute und Methoden ein Pluszeichen + gesetzt.

- *Attribute* und *Methoden* können **protected** sein. Sie sind dann innerhalb der Klasse und abgeleiteter Klassen sowie innerhalb desselben Pakets sichtbar. In UML wird vor protected Attribute und Methoden ein Doppelkreuz # gesetzt („Rautenzeichen", „Nummernzeichen", „Hash-Zeichen" u.a.).
- *Klassen*, *Attribute* und *Methoden* können *friendly* sein. Sie sind dann nur innerhalb des Pakets sichtbar, zu dem diese Klasse gehört; in anderen Paketen sind sie dagegen unsichtbar. In UML entfällt vor *friendly* Klassen, Attributen und Methoden die Kennzeichnung, ebenso wie im Java-Quellcode.
- *Attribute* und *Methoden* können **private** sein. Sie sind dann nur innerhalb ihrer Klasse sichtbar, nirgends sonst. In UML wird vor private Attribute und Methoden ein Minuszeichen – gesetzt.

Somit ist private der restriktivste Access Modifier: Klassen können nicht als private deklariert werden. private Attribute oder Methoden können nur innerhalb der eigenen Klassen aufgerufen werden. private ist so restriktiv, dass nicht einmal die abgeleiteten Klassen auf private Attribute oder Methoden der Basisklasse zugreifen dürfen.

public dahingegen ist der großzügigste Access Modifier: public Klassen, Attribute oder Methoden können überall in einem Java-Programm und bei externen Aufrufen eines Java-Programms verwendet werden. In jeder Java-Applikation gibt es mindestens die main-Methode, welche public ist. Sie kann von der Java Virtual Machine aufgerufen werden. Klassen selber können eigentlich nur public oder *friendly* als Access Modifier haben.

10.11.2   Modifiers für statische und konstante Ausdrücke

Neben den Modifiers für die Zugriffsspezifizierung gibt es noch die *Modifiers für statische und konstante Ausdrücke*, static und final, wie in Kapitel 13.3 genauer erklärt wird.

Diese beiden Modifiers static und final regeln zwar nicht direkt die Zugriffsspezifizierung auf Klassen, Attribute und Methoden, definieren aber zusätzliche Eigenschaften für deren Zugriff. Sie dürfen miteinander und mit einem Modifier für die Zugriffsspezifizierung kombiniert werden.

static kann auf Attribute und Methoden angewendet werden, um diese als statisch zu beschreiben. Diese static-Eigenschaft ist eine Klasseneigenschaft und führt zu Klassenattributen und Klassenmethoden. Um auf eine static-Eigenschaft zuzugreifen, ist kein Objekt notwendig, was später in Kapitel 13.7 noch genauer erklärt wird.

final ist ein Modifier, welcher Klassen, Attribute und Methoden als *konstant*, also als nicht mehr veränderbar charakterisiert. D.h. deren Eigenschaften können nicht mehr geändert werden, wie in Kapitel 13.7.1 genauer gezeigt wird:

- Eine Klasse, die final ist, kann nicht vererbt werden.
- Einem Attribut, das final ist, kann kein neuer Wert zugewiesen werden.
- Eine Methode, die final ist, kann nicht überschrieben werden.

10.11.3 Anwendbarkeit der Modifiers

Die Anwendbarkeit der Modifiers lässt sich einfach zusammenfassen. **Tab. 10.1** zeigt, welche Modifiers auf Klassen, Attribute und Methoden anwendbar sind. Jeder der vier Modifier für Zugriffsspezifizierung public, protected, *friendly* und private kann zusätzlich mit final und/oder static erweitert werden.

Modifier (unten) anwendbar auf (rechts)	Klasse	Attribut	Methode
public	ja	ja	ja
protected	nein	ja	ja
friendly	ja	ja	ja
private	nein	ja	ja
final	ja	ja	ja
static	(nein)	ja	ja

Tab. 10.1 *Anwendbarkeit der Modifier*

Eine Klasse kann an sich nicht static sein, wie wir in Kapitel 13.7.1 noch sehen werden. Einzig, wenn eine Klasse in eine andere Klasse eingebettet ist, wie wir es in Kapitel 8.2.2 im Beispiel Immobilienverwaltung1 in Abb. 8.6 gemacht haben, muss die innere public Klasse static sein, damit die Namensgebung für das Java-File eindeutig ist.

10.12   Lernziele und Aufgaben

10.12.1   Lernziele

Nach Durcharbeiten dieses Kapitels sollten Sie

- die Konzepte objektorientierter Programmiersprachen verstehen und umsetzen können,
- folgende Begrifffelder einordnen können: Klassen, Objekte, Instanz, Attribute, Methoden, Kapselung, Beziehungen, Vererbung, Assoziation, Polymorphismus, Überladen und Wiederverwendung,
- in Java implementieren können: Klassen, Generierung von Objekten einer Klasse, Generierung von Arrays von Objekten, Methoden, Vererbung, Konstruktoren,
- die wichtigsten Pakete kennen und einsetzen können,
- die Java-Dokumentation kennen und verwenden können,
- die Modifiers kennen und einsetzen können.

10.12.2   Aufgaben

Nehmen Sie sich etwas Zeit und schauen Sie in die Java-Dokumentation. Schauen Sie spe-ziell die Klassen `Applets` und `Graphics` nach, die wir in Kapitel 9 kennengelernt hatten.

11 Grafik

Java enthielt von Anfang an grundlegende Elemente für die Programmierung von Grafiken und grafischer Benutzeroberflächen (englisch *Graphical User Interface*, abgekürzt *GUI*). Mehrere Grafikpakete sind für Java verfügbar. Im Prinzip funktionieren alle Pakete ähnlich; sie unterscheiden sich hauptsächlich in der Funktionalität und Anzahl an mitgelieferten Klassen und Methoden, was sich im Aussehen der Grafiken, der Programmier- und Anwendungsfreundlichkeit niederschlägt.

In diesem Buch starten wir zunächst mit der grundlegendsten, ältesten Standard-Grafikbibliothek im Java, dem *Abstract Window Toolkit* (AWT, uneinheitlich auch als *Abstract Windowing Toolkit* bezeichnet) aus dem Pakte `java.awt`. Danach gehen wir schrittweise zur umfangreicheren Grafikbibliothek *Swing* (`javax.swing`) über, welche auf AWT aufbaut.

11.1 Einführung

AWT war das erste Grafikpaket in Java, das seit der Entwicklung von Java nahezu ohne Änderungen läuft. Es greift auf die vom Betriebssystem für bestimmte Computer-Plattformen zur Verfügung gestellten Grafikelemente zurück und bietet Folgendes:

- Einfache grafische Methoden ermöglichen das Zeichnen von Linien, das Füllen von Flächen und das Schreiben von Text in verschiedenen Farben und Schrifttypen (Schriftarten, -größen und -stile).
- Der Programmablauf kann durch den Benutzer – basierend auf so genannten Events für Tastatur-, Maus- und Fensterereignisse – zur Laufzeit beeinflusst werden.
- Es steht eine Vielzahl von Dialogelementen für die Interaktion mit dem Benutzer zur Verfügung.
- AWT verfügt neben der Ausgabe von Text über Methoden zur Darstellung und Manipulation von Bildern und zur Ausgabe von Sound.

Obwohl Java als plattformunabhängig gilt, sind die Grafiken mit *AWT* in gewisser Weise plattformabhängig, da sie je nach Betriebssystem und Computerplattform gegebenenfalls etwas anders aussehen können. Um vollkommen plattformunabhängige Grafiken mit Java erzeugen zu können, wurde ab JDK 1.2 die mächtigere Grafikbibliothek *Swing* eingeführt. Swing basiert auf vielen AWT-Features und ergänzt diese um weitere Funktionalitäten. Zusätzlich bietet Swing aber auch weitere Funktionalitäten, wie z.B. die Verwendung von Farb-verläufen, das umfangreichere Bearbeiten von Grafiken und Bildern, den Einsatz von kom-fortableren Fenstern und Grafik-Komponenten. Grafikanwendungen mit Swing bieten somit meist mehr Möglichkeiten als mit AWT. Anfangs war der Preis für Swing eine geringere Performance; heutzutage spielt dies aber mit den schneller gewordenen Prozessoren keine Rolle mehr. Das Langsamste an Grafikoberflächen ist immer noch der Benutzer.

In Java gibt es außer AWT und Swing noch SWT als eine weitere bekannte Grafikbibliothek, die im Rahmen der Programmierumgebung Eclipse (www.eclipse.org) verfügbar ist. Andere Grafikbibliotheken (z.B. Java2D aud Kapitel 11.6) bauen auf den grundlegenden Grafikbib-liotheken AWT und Swing auf und fügen weitergehende Funktionalitäten hinzu. Prinzipiell lassen sich in Java-Anwendungen Grafikelemente aus verschiedenen Grafikbibliotheken gleichzeitig verwenden, wobei ein wildes Mischen sicher aber nicht immer sinnvoll ist.

Da AWT die Grundlage für alle Grafiken in Java ist, setzen wir die Grafikprogrammierung, wie bereits bei den Applets in Kapitel 9 begonnen, nun zunächst damit fort.

11.2   Erste Schritte mit AWT

11.2.1   Fenster öffnen

Um mit AWT in einer Java-Anwendung (nicht in einem Applet) ein Fenster zu öffnen, muss man, wie beispielsweise im Programm `Fenster1` gegeben,

- zuerst die entsprechende AWT-Bibliothek `java.awt` importieren,
- die Klasse `Frame` instanzieren (und dabei Titel des Fensters setzen),
- mit der Methode `setSize()` die Größe setzen,
- mit der Methode `setVisible(true)` das Fenster auf *sichtbar* setzen.

In Abb. 11.1 ist das entsprechende Java-Programm `Fenster1` gezeigt.

```
import java.awt.*;

public class Fenster1
{
  public static void main(String[] args)
  {
    Frame einFenster = new Frame("Einfaches Fenster");
    einFenster.setSize(400,300);
    einFenster.setVisible(true);
  }
}
```

Abb. 11.1 *Java-Programm zum Öffnen eines Fenster mit AWT*

Das erzeugte Fenster ist in Abb. 11.2 dargestellt; es ist 400 * 300 Pixel groß und bis auf den Titel des Fensters „Einfaches Fenster" leer. Außerdem kann es zwar verschoben und in seiner

Größe verändert werden sowie mit den Knöpfen recht oben maximiert und minimiert werden, aber noch nicht mit dem Schließknopf (markiert mit dem ×) ganz rechts oben geschlossen werden. Denn hier fehlen dem Computer die entsprechenden Instruktionen, was er tun soll. Es könnte ja sein, dass der Programmierer erst noch ein weiteres Fenster starten will, in welchem er den Benutzer fragt, ob dieser wirklich das Programm beenden will.

Wenn Sie das Programm Fenster1 nun selber gestestet haben sollten und es nicht beenden können, müssen Sie das Fenster, also das Java-Programm, mittels Ctrl-C in der Konsole beenden. Na, einen Versuch ist es schon wert. ☺

Abb. 11.2   Fenster des Java-Programms Fenster1

11.2.2   Fenster schließen

Um in AWT ein Fenster auch wieder schließen zu können, muss man, wie beispielsweise im Programm Fenster2 in Abb. 11.3 gezeigt,

- zusätzlich eine Klasse, eine so genannte Adapter-Klasse, programmieren (beispielsweise FensterSchliessAdapter) und
- eine Instanz dieser Klasse dem Objekt einFenster der Klasse Frame mit der Methode addWindowListener() hinzufügen.

```
import java.awt.*;

public class Fenster2
{
  public static void main(String[] args)
  {
    Frame einFenster = new Frame("Einfaches Fenster schließen");

    einFenster.addWindowListener(new FensterSchliessAdapter(true));

    einFenster.setSize(400,300);
    einFenster.setVisible(true);
  }
}
```

Abb. 11.3   Java-Programm Fenster2 *zum Öffnen eines Fenster mit AWT sowie Aufruf einer Adapter-Klasse*

Das Fenster kann nun geschlossen werden, da in der Adapter-Klasse `FensterSchliess-Adapter` aus Abb. 11.4 die entsprechende Methode `windowClosing()` überschrieben wird. Zusätzlich kann beim Aufruf der Adapter-Klasse `FensterSchliessAdapter` mit `true` angegeben werden, dass das Java-Programm beendet werden soll.

```
import java.awt.*;
import java.awt.event.*;

public class FensterSchliessAdapter extends WindowAdapter
{
  private boolean exitSystem;

  // Konstruktor zum Schliessen des aktuellen Fensters,
  // wenn true
  public FensterSchliessAdapter(boolean exitSystem)
  {
    this.exitSystem = exitSystem;
  }

  // Leerer Konstruktor zum Anlegen des FensterSchliessAdapter.
  // Ruft den Konstruktor mit FensterSchliessAdapter(false) auf.
  public FensterSchliessAdapter()
  {
    this(false);
  }

  // Überschreiben der Methode windowClosing
  public void windowClosing(WindowEvent event)
  {
    // Aktuelles Fenster auf "unsichtbar" setzen und "wegwerfen"
    event.getWindow().setVisible(false);
    event.getWindow().dispose();

    // Programm beenden
    if (exitSystem)
      System.exit(0);
  }
}
```

Abb. 11.4   *Adapter-Klasse* FensterSchliessAdapter

Die Klasse `FensterSchliessAdapter` aus Abb. 11.4 funktioniert wie folgt:

- Sie importiert die Pakete `java.awt` und `java.awt.event`,
- ist von der Klasse `WindowAdapter` abgeleitet und
- besitzt zwei Konstruktoren: Den einen für die Übergabe von einem Booleschen Parameter und den anderen, falls kein Parameter übergeben wird (leerer Konstruktor).
- Diese beiden Konstruktoren dienen dazu, das Programm zu beenden, wenn die Adapter-Klasse mittels `FensterSchliessAdapter(true)` aufgerufen wird.
- Das aktuelle Fenster wird mit `event.getWindow()` ermittelt, dann mittels der Methode `setVisible(false)` auf *unsichtbar* gesetzt und danach mittels `dispose()` geschlossen.
- Danach wird das Programm mit `System.exit(0)` beendet.

Einfacher sieht das Programm `Fenster1` aus, wenn man anstelle von AWT die Grafikbibliothek Swing verwendet, wie Programm `Fenster1swing` aus Abb. 11.5 zeigt. Anstatt des

AWT-Grafikpakets wird nun mittels `import javax.swing.*` das Swing-Grafikpaket importiert und das Swing-Fenster JFrame anstelle des AWT-Fensters Frame verwendet. Man beachte, dass hier die erweiterte (extended) Java-Bibliothek javax angesprochen wird.

```
import javax.swing.*;

public class Fenster1swing
{
  public static void main(String[] args)
  {
    JFrame einFenster = new JFrame("Einfaches Fenster");

    einFenster.setSize(400,300);
    einFenster.setVisible(true);
  }
}
```

Abb. 11.5   Java-Programm Fenster1swing

Dieses Fenster lässt sich nun durch einfaches Anklicken der Schließknopfes rechts oben auf der Fensterleiste schließen. Allerdings läuft das Java-Programm immer noch weiter, womit man auch hier in der Konsole Ctrl-C zum Programmabbruch anwenden muss. Besser wird es mit einem einfachen Aufruf der Swing-Methode setDefaultCloseOperation (WindowConstants.DISPOSE_ON_CLOSE), wie Abb. 11.6 zeigt. Das Fenster lässt sich durch Drücken des Schließknopfes schließen und das Java-Programm damit beenden.

```
import javax.swing.*;

public class Fenster2swing
{
  public static void main(String[] args)
  {
    JFrame einFenster = new JFrame("Einfaches Fenster");

    einFenster.setDefaultCloseOperation
      (WindowConstants.DISPOSE_ON_CLOSE);

    einFenster.setSize(400,300);
    einFenster.setVisible(true);
  }
}
```

Abb. 11.6   Java-Programm Fenster2swing

Der Unterschied in der Anwendung von AWT und Swing ist oft gering: Anstelle der AWT-Bibliothek java.awt.* muss javax.swing.* importiert werden. Anstelle der AWT-Klasse Frame gilt es nun, die Swing-Klasse JFrame zu verwenden. Ähnliches sehen wir später noch häufiger, wo eine AWT-Klasse durch einfaches Voranstellen eines „J" ein Pendant in einer Swing-Klasse besitzt.

Grafiken mit Swing sind meist mächtiger und in manchen Fällen einfacher zu programmieren. Jedoch stellt AWT solche Grafikelemente zur Verfügung, die als Basis für Swing-Grafiken dienen, wie wir in den nächsten Kapiteln sehen werden.

11.3   Grundlegende Grafikoperationen in AWT

11.3.1   Klasse Graphics

Um Grafiken zu erzeugen, muss die Methode paint() der Klasse Graphics überschrieben werden. Diese Methode paint() dient dazu, die Grafik im Fenster zu zeichnen, beispielsweise auch dann, wenn das Fenster überdeckt war oder dessen Größe verändert wird.

Bevor wir jedoch mit dem Zeichnen im Fenster beginnen, nehmen wir noch ein paar Manipulationen am Fenster vor, wie der Programmcode in Abb. 11.7 zeigt:

- In der main-Methode wird das Grafik-Objekt einFenster generiert, indem die Klasse Grafik2 instanziert wird. Beim Anlegen dieses Objekts wird dann der entsprechende leere Konstruktor Grafik2() aufgerufen.
- Dieser Konstruktor ruft mit dem Befehl super("Grafik2") den Konstruktor der Oberklasse Frame auf und übergibt dieser den String "Grafik2". Der entsprechende Konstruktor in Frame setzt damit den Titel des Fensters.

```
import java.awt.*;
import java.awt.event.*;

public class Grafik2 extends Frame
{
  public Grafik2()
  {
    super("Grafik2");
    addWindowListener(new FensterSchliessAdapter(true));
    setBackground(Color.red);
    setSize(300,200);
    setVisible(true);
  }

  public void paint(Graphics g)
  {
    // Methode wird damit überschrieben...
  }

  public static void main(String[] args)
  {
    Grafik2 einFenster = new Grafik2();
  }
}
```

Abb. 11.7 *Java-Programm* Grafik2

Zusätzlich nehmen wir in diesem Beispiel noch die Methode setBackground(Color.red) hinzu, welche die Hintergrundfarbe im Fenster auf rot setzt. Nun kann in der Methode paint() angegeben werden, was im Fenster gezeichnet werden soll.

Beispiele von wichtigen *Grafikoperationen*, also Methoden zum Zeichnen von Formen und Schreiben von Text, sind im Folgenden angegeben. Eine ausführlichere Beschreibung finden Sie in der Java-Dokumentation zur Klasse Graphics.

Das Zeichnen von *Linien* erfolgt mit Methoden, die mit dem Schlüsselwort `draw...` beginnen. Die Parameter der Methoden sind halbwegs selbsterklärend – ansonsten hilft immer ein Blick in die Java-Dokumentation.

- `drawLine(int x1, int y1, int x2, int y2)` zeichnet eine Linie in der aktuellen Farbe vom Punkt (x1, y1) zum Punkt (x2, y2).
- `drawRect(int x, int y, int width, int height)` zeichnet ein Rechteck mit der linken oberen Ecke im Punkt (x, y) und der Breite `width` und der Höhe `height`, wobei die Höhe hier positiv nach unten zeigt.
- `drawOval(int x, int y, int width, int height)` zeichnet eine Ellipse, wobei x und y die Position des Schnittpunktes der oberen und linken Tangente und `width` und `height` die Radien in x- und y-Richtung sind.
- `drawArc(int x, int y, int width, int height, int startAngle, int arcAngle)` zeichnet einen Ellipsenbogen, also einen Ausschnitt einer Ellipse beginnend bei `startAngle` über den Winkel von `arcAngle`.
- `drawPolygon(int[] xPoints, int[] yPoints, int nPoints)` zeichnet ein Polygon mit `nPoints` Punkten der Koordinatenfelder `xPoints` und `yPoints`. Da ein Polygon geschlossen ist, wird der Endpunkt mit dem Anfangspunkt verbunden.
- `drawPolyline(int[] xPoints, int[] yPoints, int nPoints)` zeichnet eine Polygonlinie entsprechdn einem Polygon mit offenem Ende.
- `drawRoundRect(int x, int y, int width, int height, int arcWidth, int arcHeight)` zeichnet ein Rechteck mit abgerundeten Ecken mit den Rundungsradien `arcWidth` und `arcHeight` in x- und y-Richtung.

Das Zeichnen von *Flächen* erfolgt entsprechend, einzig die Methoden beginnen mit dem Schlüsselwort `fill...` anstelle von `draw...`, wie beispielsweise am ausgefüllten Kreis gezeigt:

- `fillOval(int x, int y, int width, int height)`
- usw.

Die Ausgabe von *Text und Zahlen* hängt davon ab, ob der Text in einer Zeichenkette oder einem Array von Zeichen oder mit Unicode-Werten gespeichert ist:

- `drawString(String str, int x, int y)` schreibt den String `str` an die Position (x, y).
- `drawChars(char[] data, int offset, int length, int x, int y)` schreibt insgesamt Anzahl `length` Zeichen aus dem char-Array `data` ab dem Eintrag `offset` an die Position (x, y).
- `drawBytes(byte[] data, int offset, int length, int x, int y)` schreibt insgesamt Anzahl `length` Zeichen aus dem byte-Array `data` ab dem Eintrag `offset` an die Position (x, y).

Alle diese vorgestellten Methoden werden dadurch aufgerufen, dass in der Methode `paint()`, beispielsweise im Programm `Grafik2`, auf das `Graphics`-Objekt g eine oder

mehrere dieser Methoden angewendet werden. Als Objektname hat sich eingebürgert, gerne
g als Abkürzung für englisch *graphic* zu nehmen.

Beispielsweise zeichnet

```
g.drawLine(int 100, int 50, int 200, int 150)
```

eine Linie in der Standard-Farbe schwarz vom Punkt (100, 50) zum Punkt (200, 150) auf
den Bildschirm. Zu Beachten ist dabei, dass das Bildschirmkoordinatensystem für Compu-
tergrafiken oben links mit (0, 0) startet. Nach rechts nehmen die x-Werte zu und nach *unten*
die y-Werte – entgegen dem mathematischen System.

Weitere Methoden der Klasse `Graphics` dienen dem Kopieren und Löschen von Flächen,
dem Ausschneiden von Zeichenbereichen oder dem Einschränken des maximalen Zeichenbe-
reichs, dem Einlesen von Fensterkoordinaten usw. Will man jedoch verschiedene Schrifttypen (Schriftarten, -größen und -stile) verwenden, so benötigt man die Klasse `Font`.

11.3.2   Klasse Font

Wichtige Grafikoperationen zum **Setzen des Font**, also der Schriftart und des Schrifttyps
sind über die Klasse `Font` gegeben. Im Folgenden zeigen wir Ihnen einige Beispiele; in der
Java-Dokumentation ist wie immer noch mehr zu `Font` zu finden.

Mittels des Aufrufs

```
Font einFont =
    new Font(String name, int style, int size)
```

wird der aktuelle Font auf die Schriftart `name`, den Stil `style` und die Schriftgröße `size`
gesetzt. Verfügbare Schrifttypen sind mindestens *Serif*, *SansSerif* und *Monospaced* bzw.
unter Windows *Arial*, *Times New Roman* und *Courier New*. Normalerweise sind auf jedem
Computer in Abhängigkeit vom Betriebssystem aber viel mehr Schriftarten installiert, auf die
dann zugegriffen werden kann.

Der Schriftstil wird durch Setzen einer Konstanten PLAIN, BOLD, ITALIC der Klasse
`Font` festgelegt. Diese Konstanten enthalten eigentlich `int`-Werte. Werden diese `int`-
Werte addiert, werden die verschiedenen Stile kombiniert:

- `Font.PLAIN`   0   Standard
- `Font.BOLD`   1   fett
- `Font.ITALIC`   2   kursiv
- (kein Schlüsselwort verfügbar)   3   fett und kursiv

Alle diese vorgestellten `Font`-Methoden werden dadurch aufgerufen, dass in der Methode
`paint()`, beispielsweise im Programm `Grafik2`, auf das `Graphics`-Objekt g die Methode `setFont()` angewendet wird. So setzt

```
g.setFont(einFont)
```

für das Objekt g einen bestimmten Font, der dann beim Schreiben von Text oder Zahlen, z.B. mit `drawString()`, aktiv wird.

Abfragen des *aktuell eingestellten Fonts* erfolgen über Methoden der Klasse Font mittels:

- Schriftart: `String getFamily()`
- Stil: `int getStyle()`
- Schriftgröße: `int getSize()`

Zusätzlich gibt es Grafikoperationen zum Ermitteln von und Arbeiten mit *Font-Metriken*. Font-Metriken dienen dazu, die Größe von einzelnen Zeichen oder gesamten Zeichenketten zu bestimmen. Dazu wird ein Objekt der Klasse `FontMetrics` wie folgt angelegt:

```
FontMetrics fm = getFontMetrics(font);
```

Die Ermittlung der Breite eines Zeichens oder einer gesamten Zeichenkette erfolgt dann beispielsweise über folgende Methoden:

- Breite eines Zeichens: `int charWidth(char ch)`
- Breite eines Strings: `int stringWidth(String s)`

Weitere Methoden dienen der Abfrage der Oberlänge, Unterlänge, Höhe und des Zeilenabstands eines bestimmten Fonts. Oftmals ist die Wirkungsweise einer Methode schon anhand des Methodennamens erkennbar. Ansonsten hilft ein Blick in die Java-Dokumentation, hier unter der Klasse Font.

11.3.3   Klasse `Color`

Eine weitere wichtige Klasse für die Grafik-Programmierung ist die Klasse `Color`, welche das Setzen von *Farben* unterstützt. Standardmäßig verwendet AWT das RGB-Farbschema (RGB für englisch *red-green-blue*), also ein Schema, das die Grundfarben rot, grün und blau als Basisfarben zur Erzeugung aller anderen Farben verwendet. Eine Instanz der Klasse Color wird mit den int-Werten r, g und b für das RGB-Farbschema im Zahlenbereich von jeweils 0 bis 255 wie folgt angelegt:

```
Color eineFarbe =
  new Color(int r, int g, int b)
```

Oder, wenn die RGB-Werte rf, gf und bf als float-Werte im Zahlenbereichen von 0.0 bis 1.0 gegeben sind:

```
Color eineFarbe =
  new Color(float rf, float gf, float bf)
```

Dem Grafikobjekt g wird dann die entsprechende aktuelle Farbe aus dem Objekt eineFarbe zugewiesen:

```
g.setColor(eineFarbe)
```

Ebenso ist möglich, dem Grafikobjekt g eine in der Klasse `Color` als Konstante vordefinierte Farbe zuweisen: `Color.white`, `Color.lightGray`, `Color.gray`, `Color.darkGray`, `Color.black`, `Color.red`, `Color.blue`, `Color.green`, `Color.yellow`, `Color.magenta`, `Color.cyan`, `Color.orange`, `Color.pink`

Sind die Farbwerte eines Grafikobjekts „verloren" gegangen, können diese per *Abfrage der Farbanteile* des entsprechenden `Color`-Objektes mit den folgenden Methoden ermittelt werden:

- Rotanteil: `int getRed()`
- Grünanteil: `int getGreen()`
- Blauanteil: `int getBlue()`

11.4   Beispiele mit AWT

Das Java-Programm `Grafik3` aus Abb. 11.8 bietet in Abb. 11.9 eine kleine Übersicht, welche Methoden die Klassen `Graphics`, `Font` und `Color` zur Verfügung stellen und wie diese aufgerufen werden.

```
import java.awt.*;
import java.awt.event.*;

public class Grafik3 extends Frame
{
  int x = 800;
  int y = 800;

  public Grafik3()
  {
    super("Grafik3");
    addWindowListener(new FensterSchliessAdapter(true));
    setBackground(Color.yellow);
    setSize(x,y);
    setVisible(true);
  }

  public void paint(Graphics g)
  {
    // Zeichnen von Grafikobjekten
    g.drawLine(10,40,790,40); // Linie
    g.drawRect(10,50,80,50); // Rechteck
    g.drawRoundRect(110,50,80,50,10,20); // abgerundetes Rechteck
    g.drawOval(210,50,80,50); // Ellipse
    g.drawArc(260,50,80,50,0,90); // Kreisbogen
    g.fillOval(360,50,80,50); // volle Ellipse
    int[] xp1 = {10,40,70,100};
    int[] yp = {150,110,190,130};
    g.drawPolygon(xp1,yp,xp1.length); // Polygon (geschlossen)
    int[] xp2 = {120,150,180,210};
    g.drawPolyline(xp2,yp,xp2.length); // Polygonlinie

    // Schreiben von Text
    g.drawString("Hallihallo",10,200); // Text
    char[] data1 = {'H','a','l','l','o'};
```

```
      g.drawChars(data1,0,data1.length,10,215); // Array mit Zeichen
   byte[] data2 = {64,65,66,67};
   g.drawBytes(data2,0,data2.length,10,230); // Array mit Bytes

   // Einlesen von Bildschirmkoordinaten mit Ausgabe
   g.drawString("x-Grösse = " + getSize().width +
                " y-Grösse = " + getSize().height,10,250);
   g.drawString("Einzug_links = " + getInsets().left,10,270);
   g.drawString("Einzug_rechts = " + getInsets().right,10,290);
   g.drawString("Einzug_oben = " + getInsets().top,10,310);
   g.drawString("Einzug_unten = " + getInsets().bottom,10,330);

   // Ermittlung des Standard-Fonts
   Font einFont1 = getFont();
   g.drawString("Standard-Schrifttyp = " +
                einFont1.getFamily(),10,370);
   g.drawString("Standard-Schriftstil = " +
                einFont1.getStyle(),10,390);
   g.drawString("Standard-Schriftgrösse = " +
                einFont1.getSize(),10,410);

   // Ermittlung aller verfügbaren Schriftarten
   String[] fontnamen = GraphicsEnvironment
                     .getLocalGraphicsEnvironment()
                     .getAvailableFontFamilyNames();

   // Modifizierung des Stils und der Schriftgrösse von Fonts
   for (int i=0; i<fontnamen.length; ++i) {
     // verschiedene Stile und Schriftgrössen
     int fontstil = i%4;
     int fontsize = i%10+10;
     Font einFont2 = new Font(fontnamen[i],fontstil,fontsize);
     g.setFont(einFont2);
     g.drawString(fontnamen[i],550,20*i+30);
   }

   // Verwendung von Font-Metriken
   String wort = "Hallo Welt";
   Font einFont3 = new Font("Arial",0,12);
   FontMetrics eineFontMetric = getFontMetrics(einFont3);
   g.setFont(einFont3);
   g.drawString("Arial:",350,180);
   g.drawString("Oberlänge = " + eineFontMetric.getAscent(),350,200);
   g.drawString("Unterlänge = " + eineFontMetric.getDescent(),350,220);
   g.drawString("Höhe = " + eineFontMetric.getHeight(),350,240);
   g.drawString("Zeilenabstand = " +
                eineFontMetric.getLeading(),350,260);
   g.drawString("Breite(" + wort + ") = " +
                eineFontMetric.stringWidth(wort),350,280);

   // Text im Fenster zentrieren
   int maxX = getSize().width-getInsets().left-getInsets().right;
   int maxY = getSize().height-getInsets().top-getInsets().bottom;
   wort = "Das Fenster ist " + maxX + "*" + maxY + " Pixel groß.";
   int wortlaenge = eineFontMetric.stringWidth(wort);
   g.drawString(wort,getInsets().left +
     ((maxX-wortlaenge)/2),getInsets().top+(maxY/2));

   // Farben setzen
   Color eineFarbe1 = new Color(255,127,0); // Farbe setzen
   g.setColor(eineFarbe1);
   g.fillRect(360,500,80,50); // volles Viereck
   g.setColor(Color.cyan);
   g.fillRect(360,560,80,50); // volles Viereck
   Color eineFarbe2 = new Color(0.0f,0.5f,1.0f); // Farbe setzen
   g.setColor(eineFarbe2);
   g.fillRect(360,620,80,50); // volles Viereck
```

```
    // Farben eines Objektes abfragen
    g.drawString("Rot = " + eineFarbe2.getRed(),300,730);
    g.drawString("Grün = " + eineFarbe2.getGreen(),300,745);
    g.drawString("Blau = " + eineFarbe2.getBlue(),300,760);
  }

  public static void main(String[] args)
  {
    Grafik3 einFenster = new Grafik3();
  }
}
```

Abb. 11.8 *Java-Programm* Grafik3 *mit verschiedenen Methoden der Klassen* Graphics, Font *und* Color

Das Programm Grafik3 aus Abb. 11.8 ist an den entsprechenden Stellen gut kommentiert, so dass der Bezug zwischen Programmtext und Grafik im Ausgabefenster in Abb. 11.9 direkt hergestellt werden kann.

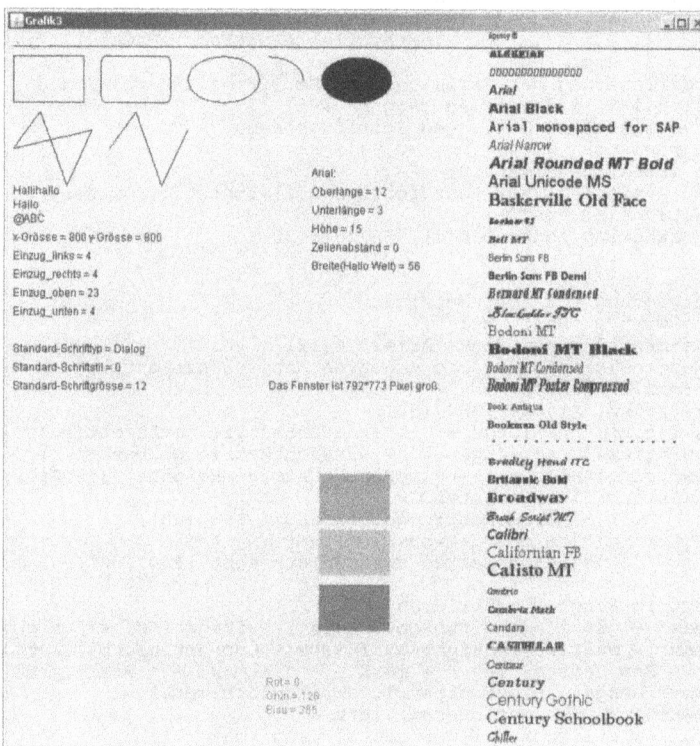

Abb. 11.9 *Ausgabe des Java-Programms* Grafik3 *mit verschiedenen Methoden der Klassen* Graphics, Font *und* Color

Einzig der Aufruf

```
    String[] fontnamen =
```

```
GraphicsEnvironment.getLocalGraphicsEnvironment()
    .getAvailableFontFamilyNames();
```

wurde bisher noch nicht erwähnt. Diese Sequenz der Methode `getAvailableFontFamilyNames()` angewendet auf das Resultat der Methode `getLocalGraphicsEnvironment()` der Klasse `GraphicsEnvironment` fragt alle aktuell verfügbaren Schriftarten auf dem Computer unter dem laufenden Betriebssystem ab. Die Schleife im Anschluss daran listet diese Schriftarten in den vier möglichen Schriftstilen normal, fett, kursiv, fett und kursiv sowie den Schriftgrößen von 10 bis 19 Pixel auf.

11.5 Grundlegende Grafikoperationen in Swing

Seit JDK 1.2 gibt es die mächtigere Grafikbibliothek *Swing*. Grafikanwendungen mit Swing bieten mehr Möglichkeiten als mit AWT. Viele der AWT-Features werden auch in Swing eingesetzt, z.B. die Verwendung von Farben, unterschiedlichen Schriftarten sowie Positionierung von Dialogelementen mit Layout-Managern, wie wir noch in Kapitel 12 sehen werden. Wichtig ist aber vor allem die Aussage, dass AWT- und Swing-Komponenten gemeinsam in einem Java-Programm verwendet werden dürfen.

Während AWT-Grafikelemente noch plattformspezifisches Aussehen aufweisen können, sind die Swing-Grafikelemente so weit als möglich plattformunabhängig. In der Sprache von Java spricht man dann davon, dass Swing leichtgewichtige (englisch *leightweight*) Komponenten zur Verfügung stellt, die zum maximal möglichen Grad, identisch auf allen Plattformen laufen.

Ein Blick in die Java-Dokumentation zeigt, was die Java-Grafikbibliotheken alles zu bieten haben – hier am Beispiel von Swing in Abb. 11.10.

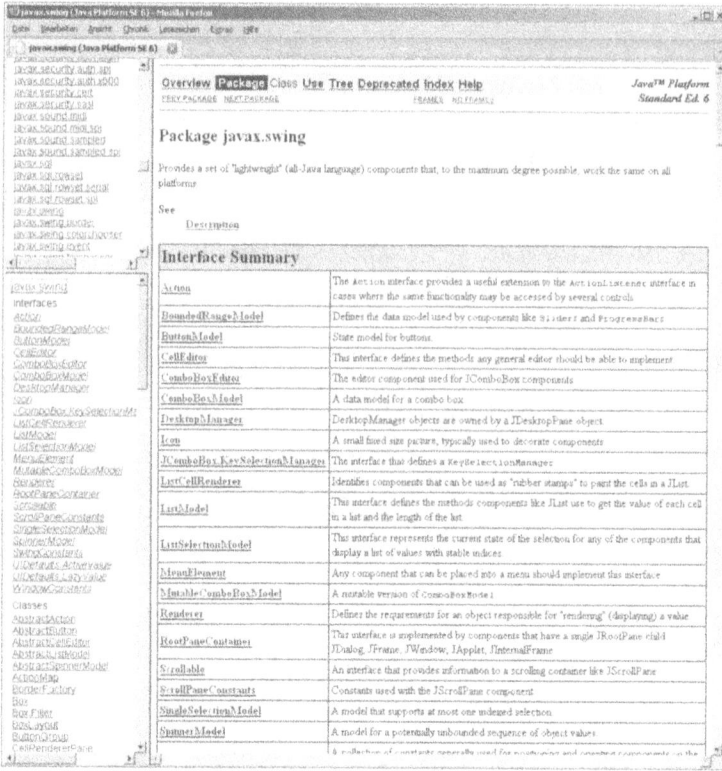

Abb. 11.10 *Swing in der Java-Dokumentation*

11.6   Grafik-API Java 2D

11.6.1   Einführung

API ist die Abkürzung für *Application Programming Interface* und definiert eine Beschreibung von Schnittstellen, wie Applikationen (Computerprogramme) auf bestimmte bestehende Software-Komponenten zugreifen können.

Das API namens *Java 2D* ist eine thematische Sammlung von Grafikelementen zur Unterstützung der *zweidimensionalen Grafikverarbeitung*. Mithilfe dieser Grafikelemente lassen sich mit geringem Aufwand anspruchsvolle 2D-Grafiken erstellen. Für das API Java 2D wurden dazu verschiedene Grafikelemente (Java-Quellcode) zusammengetragen und den Programmierern für die Entwicklung von Grafikanwendungen zur Verfügung gestellt.

Dabei ist dieses Grafik-API Java 2D ist kein eigenständiges Java-Paket, sondern greift auf bestehende Grafikelemente in folgenden, bereits bestehenden Java-Paketen zurück und kombiniert diese gedanklich zum API Java 2D:

- `java.awt`   Benutzerschnittstelle und Grafikwerkzeuge
- `java.awt.color`   Farben
- `java.awt.font`   Schriftarten
- `java.awt.geom`   Geometrie
- `java.awt.image`   Bildunterstützung
- `java.awt.image.renderable`   Bildverarbeitung
- `java.awt.print`   Druckerunterstützung

Java 2D bietet beispielsweise folgende Grafikmanipulationen an:

- Bearbeitung von geometrische Formen, geometrische Transformationen und Ausschneiden von Formen
- Füllen von Formen mit Farben, Mustern oder Farbverläufen, verschiedene Pinselstrichtypen
- umfangreiche Textformatierung
- Farbkomposition und -zerlegung mit Alpha-Werten
- Bildverarbeitung mit Rendering-Optionen und vieles mehr

Damit diese Grafikelemente über das Grafik-API Java 2D angesprochen werden können, gibt es die Klasse `Graphics2D`. Jedes `Graphics`-Objekt, wie wir es beispielsweise in den vorherigen Kapiteln 11.1 bis 11.5 kennengelernt haben, kann in ein `Graphics2D`-Objekt umgewandelt werden. Dazu bedarf es eines Castings, entsprechend einem etwas komplexeren Type-Cast aus Kapitel 4.3, wobei der neue Datentyp hier die Klasse `Graphics2D` ist:

```
Graphics2D g2d = (Graphics2D) g;
```

Das Objekt `g` der Klasse `Graphics` wird in das Objekt `g2d` der Klasse Graphics2D umgewandelt (*gecastet*), um erhält damit andere Eigenschaften. Ein Casting von Objekten bedeutet, dass im Allgemeinen das neue Objekt mehr, zumindest andere Methoden ausführen kann. So auch hier: Auf dieses neue `Graphics2D`-Objekt `g2d` können viele zusätzliche Grafik-Methoden angewendet werden, die auf `g` nicht anwendbar sind.

Um dieses Objekt `g2d` bearbeiten und letztendlich zeichnen zu können, muss auch hier eine `paint`-Methode, die von einer bestimmten Klasse – einer Art Container-Fläche, die alle zu malenden Objekte aufnimmt – abgeleitet ist, überschrieben werden. Als mögliche Container-Flächen stehen neben `Applet` und `Frame` auch `Canvas`, `Panel` usw. zur Verfügung, also spezielle Java-Klassen, wie wir in Kapitel 12 noch sehen werden.

Zu beachten ist, dass `paint` immer noch ein Objekt der Klasse `Graphics` übergeben bekommt, also `paint(Graphics g)`, nicht ein Objekt der Klasse `Graphics2D`. Das Casting von `g` auf `g2d` geschieht innerhalb der Methode `paint()`.

11.6.2   Grundbegriffe und Definitionen

Das `Graphics2D`-Objekt ist die Grundlage für Zeichenoperationen im API Java 2D. `Graphics2D` ermöglicht die Darstellung und Manipulation von Grafiken, wie beispielsweise die

Ausgestaltung von Umrissen und Linien, eine weitergehende Formatierung von Text oder die Bearbeitung von Bildern.

Dazu werden verschiedene Grafikelemente bereitgestellt, einerseits Klassen und andererseits Schnittstellen, sogenannte Interfaces (siehe Kapitel 13.8). Beispielsweise dient Paint zur Definition von Farbeinstellungen, Stroke zur Auswahl von Pinselstrichen und Shape zur Begrenzung von Zeichenumrissen. Durch spezielle Methoden der Klasse Graphics2D, wie draw oder fill, wird die Grafikbearbeitung aktiviert. Man kann sich die Sequenz am besten wie folgt vorstellen:

1. Erstellung von Grafikobjekten (Formen, Texte, Bilder)
2. Manipulation der Grafikobjekte (auch als *Rendering* bezeichnet) mittels Methoden von Graphics2D aus der Java 2D API
3. Ausgabe der modifizierten Grafikobjekte auf dem Bildschirm (oder beispielsweise einem Drucker)

11.6.3   Farben

Das Java 2D API bietet dem Entwickler verschiedene Möglichkeiten zur Definition von Farben. Die Klasse Color kennen wir bereits. Sie liefert Farben nach dem RGB-Farbschema. Zusätzlich kann auch noch ein Alpha-Wert angegeben werden, hier beispielsweise mit der Definition über int-Werte im Wertebereich von jeweils 0 bis 255:

```
Color(int r, int g, int b, int a)
```

Der Alpha-Wert a beschreibt darin die Transparenz der Farbe. 0 bedeutet vollständig transparent, 255 vollständig deckend bzw. lichtdicht oder opak.

Mit Color sind nur einfarbige Flächen möglich. Für die Erstellung von *Farbverläufen* in Grafikelementen dient dahingegen die Klasse GradientPaint. Verschiedene Arten von Farbverläufen sind mit ihr möglich. Beispielweise erzeugt das Java-Programm Gradient-PaintTest1 aus Abb. 11.11 einen linearer Verlauf zwischen den zwei Eckpunkten des Quadrats von den Koordinaten oben links (100, 100) zu den Koordinaten unten rechts (300, 300) ausgehend von der Farbe Color.blue nach Color.yellow.

```
import java.awt.*;
import java.awt.geom.*;
import java.awt.event.*;

public class GradientPaintTest1 extends Frame {

  public GradientPaintTest1() {
    super("GradientPaintTest");
    addWindowListener(new FensterSchliessAdapter(true));
    setSize(400,400);
    setVisible(true);
  }

  public void paint(Graphics g){
```

```
    // Casting des Graphics-Objekts zu einem Graphics2D-Objekt
    Graphics2D g2d = (Graphics2D) g;

    // Rechteck erzeugen
    Rectangle2D rect = new Rectangle2D.Double(100,100,200,200);

    // Verlaufsfarbe setzen
    GradientPaint gp = new GradientPaint(100,100,Color.blue,
                                         300,300,Color.yellow);

    // Verlaufsfarbe erzeugen
    g2d.setPaint(gp);

    //Rechteck mit Verlauf füllen
    g2d.fill(rect);
  }

  public static void main(String[] args) {
    GradientPaintTest1 einFenster = new GradientPaintTest1();
  }
}
```

Abb. 11.11 *Java-Programm GradientPaintTest1*

Das Erzeugen der Grafik über den Konstruktor GradientPaintTest1() kennen wir schon. Interessant wird es in der Methode paint. Dort wird mittels des Casting-Operators das Graphics-Objekt g in das Graphics2D-Objekt g2d gewandelt. Dann werden auf das Objekt g2d Java-2D-kompatible Grafikoperationen angewendet. Die Ausgabe des Quadrats auf weißem Hintergrund ist in Abb. 11.12 dargestellt, allerdings aus drucktechnischen Gründen hier nur schwarz-weiß.

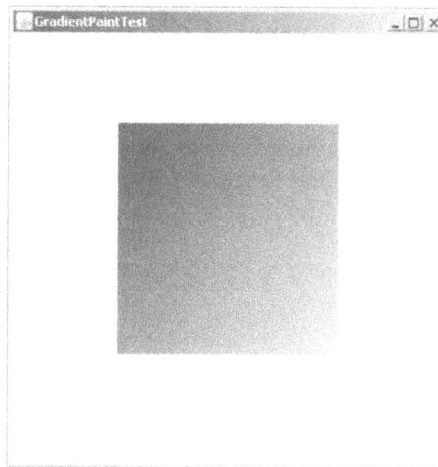

Abb. 11.12 *Java-Beispiel GradientPaintTest1 mit der Klasse GradientPaint für Farbverläufe von oben links nach unten rechts im inneren Quadrat*

Während die Klasse Graphics die Methode drawRect zum Zeichnen eines Rechtecks kennt, wird hier – da wir nun mit Graphics2D arbeiten – über die Klasse Rectangle2D.Double das eigenständige Rechteck-Objekt rect angelegt. Dabei ist die Klasse Double eine innere Klasse der Klasse Rectangle2D und liegt im Paket java.awt.geom. Mit dieser Klasse wird nun ein Rechteck an den Koordinaten (100, 100) für die linke obere Ecke und der Breite und Höhe von je 200 Pixel angelegt.

Der Farbverlauf wird über das Objekt gp der Klasse GradientPaint definiert:

```
GradientPaint gp =
  new GradientPaint(100,100,Color.blue,
                    300,300,Color.yellow);
```

Dabei wird an der Position (100, 100) die Farbe blau (Color.blue) gesetzt und an der Position (300, 300) gelb (Color.yellow). Den Farbverlauf dazwischen berechnet der Computer selber.

Mit g2d.setPaint(gp) wird der Farbverlauf, also das Farbverlaufobjekt, dem Grafikobjekt g2d zugewiesen. Mit g2d.fill(rect) wird das Rechteckobjekt rect ebenfalls dem Grafikobjekt g2d zugewiesen und gesagt, es soll mit dem vorher definierten Farbverlauf gefüllt werden. g2d.fill(rect) löst quasi das Zeichnen des Objekts aus.

Erweitern wir nun das Programm GradientPaintTest1 zu GradientPaintTest2, indem wir für die Definition des Farbverlaufs die entsprechende Zeile zu

```
GradientPaint gp =
  new GradientPaint(100,100,Color.blue,
                    110,110,Color.yellow,
                    true);
```

abändern, so ergibt sich die Grafik, wie sie in Abb. 11.13 (schwarz-weiß) dargestellt. Der Farbverlauf von blau nach gelb läuft vollständig über die kürzere Distanz von den Koordinaten (100, 100) bis (110, 110) ab. Aufgrund des Attributs true wird dieser Farbverlauf aber zyklisch über das gesamte Quadrat fortgesetzt, also wiederholt, womit sich diese nette Schraffur ergibt.

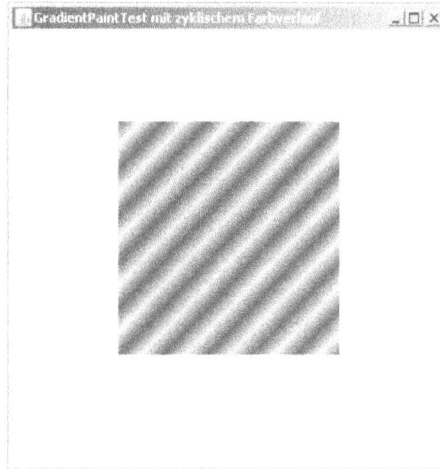

Abb. 11.13 *Java-Beispiel* GradientPaintTest2 *mit der Klasse* GradientPaint *für zyklische Farbverläufe von oben links nach unten rechts im inneren Quadrat*

Will man anstelle von Farbverläufen Texturen, also Strukturen, wiedergeben, so bietet sich die Klasse TexturePaint an. Sie erhält die Textur als ein Bild und gibt dieses so oft in dem gewählten Zeichenbereich wieder, wie es die Bildgröße zulässt. Für detaillierte Angaben sei auf die Java-Dokumentation zu TexturePaint verwiesen.

11.6.4   Formen

Im Packet java.awt.geom sind vordefinierte geometrische Objekte verfügbar, welche für die Darstellung in einem Graphics2D-Objekt verwendet werden können, wie Punkte, Linien, Rechtecke, Ellipsen und Kurven.

Punkte dienen beispielsweise dazu, die Koordinaten für komplexe grafische Objekte festzulegen. Dabei haben die Punkte – im Gegensatz zu Pixel – selber keine Ausdehnung und werden deshalb auch nicht gezeichnet. In Java 2D API werden diese Punkte durch die Klasse Point2D beschrieben. Point2D stellt dazu die zwei inneren Klassen Point2D.Double und Point2D.Float bereit, welche die Punktkoordinaten entweder als double- oder als float-Werte speichern.

Linien werden durch die Klasse Line2D repräsentiert, welche die zwei inneren Klassen Line2D.Double und Line2D.Float zum Zeichnen von Linien zur Verfügung stellt.

Neben den Rechtecken mit Rectangle2D, wie wir im obigen Beispiel bereits gesehen haben, gibt es in Java 2D noch *Rechtecke mit abgerundeten Ecken*, definiert durch die Klasse RoundRectangle2D. Beide Klassen besitzen auch die entsprechenden inneren Klassen für double- und float-Werte.

Für *Ellipsen* ist in Java 2D die Klasse `Ellipse2D` und für ein quadratisch parametrisiertes Kurvensegment die Klasse `QuadCurve2D` zuständig. Zur deren genauen Definition sei auch hier auf die Java-Dokumentation verwiesen.

11.6.5   Painting und Stroking

Painting bezeichnet das Ausfüllen von `Graphics2D`-Objekten mit Farben, Farbverläufen und Texturen. Dazu wird die Methode `fill` aufgerufen, wie wir im Beispiel `Gradient-PaintTest1` in Abb. 11.12 und Abb. 11.13 gesehen haben.

Stroking dahingegen ist das Zeichnen der Konturen eines `Graphics2D`-Objekts mit verschiedensten Umrissen. Hierzu wird die Methode und `draw` verwendet.

`Paint` und `Stroke` existieren auch, sind aber keine Klassen sondern Interfaces. Da wir Interfaces erst in Kapitel 13.8 ausführlich behandeln werden, umschreiben wir diese hier so, dass sie zusätzliche Methoden bereitstellen, da eine direkte Vererbung in ihrem Fall nicht möglich ist. `Stroke` liefert Methoden, welche einen Pinselstrichtyp definieren, also Strichstärke und -form festlegen. Die Klasse `BasicStroke` setzt diese dann um, wie das Programm `Stroking1` in Abb. 11.14 und die Grafik in Abb. 11.15 zeigen.

```
import java.awt.*;
import java.awt.geom.*;
import java.awt.event.*;

public class Stroking1 extends Frame {

  public Stroking1() {
    super("Stroking");
    addWindowListener(new FensterSchliessAdapter(true));
    setSize(800,400);
    setVisible(true);
  }

  public void paint(Graphics g){
    Graphics2D g2d = (Graphics2D)g;

    // Pinselstriche setzen mit allen möglichen Typen
    BasicStroke s1 = new BasicStroke(15, BasicStroke.CAP_BUTT,
                                BasicStroke.JOIN_BEVEL);
    BasicStroke s2 = new BasicStroke(15, BasicStroke.CAP_ROUND,
                                BasicStroke.JOIN_MITER);
    BasicStroke s3 = new BasicStroke(15, BasicStroke.CAP_SQUARE,
                                BasicStroke.JOIN_ROUND);

    // schraffiert
    float[] dash = {35, 25, 10, 25};
    BasicStroke s4 = new BasicStroke(15, BasicStroke.CAP_SQUARE,
                                BasicStroke.JOIN_MITER, 10,
                                dash, 0);

    // Verlaufsfarbe erzeugen
    GradientPaint gp = new GradientPaint(0,0,Color.blue,
                                0,50,Color.yellow,true);
    g2d.setPaint(gp);

    // V-förmigen Pinselstrich erstellen
    GeneralPath v1 = new GeneralPath();
```

```
      v1.moveTo(50, 50);
      v1.lineTo(100, 350);
      v1.lineTo(150, 50);
      g2d.setStroke(s1);
      g2d.draw(v1);

      // V-förmigen Pinselstrich erstellen
      GeneralPath v2 = new GeneralPath();
      v2.moveTo(250, 50);
      v2.lineTo(300, 350);
      v2.lineTo(350, 50);
      g2d.setStroke(s2);
      g2d.draw(v2);

      // V-förmigen Pinselstrich erstellen
      GeneralPath v3 = new GeneralPath();
      v3.moveTo(450, 50);
      v3.lineTo(500, 350);
      v3.lineTo(550, 50);
      g2d.setStroke(s3);
      g2d.draw(v3);

      // V-förmigen Pinselstrich erstellen
      GeneralPath v4 = new GeneralPath();
      v4.moveTo(650, 50);
      v4.lineTo(700, 350);
      v4.lineTo(750, 50);
      g2d.setStroke(s4);
      g2d.draw(v4);
   }

   public static void main(String[] args) {
      Stroking1 einFenster = new Stroking1();
   }
}
```

Abb. 11.14   *Java-Beispiel* Stroking1

Mittels

```
      BasicStroke s1 =
        new BasicStroke(15, BasicStroke.CAP_BUTT,
                            BasicStroke.JOIN_BEVEL);
```

wird der Pinselstrichtyp gesetzt. CAP_BUTT, CAP_ROUND und CAP_SQUARE definieren verschiedene Formen für das Ende des Pinselstrichs und JOIN_BEVEL, JOIN_MITER und JOIN_ROUND verschiedene Formen, wenn sich die Richtung des Pinselstrichs während des Malens ändert, wie die Grafik in Abb. 11.15 anschaulich zeigt. Die Zahl 15 ist die Strichstärke.

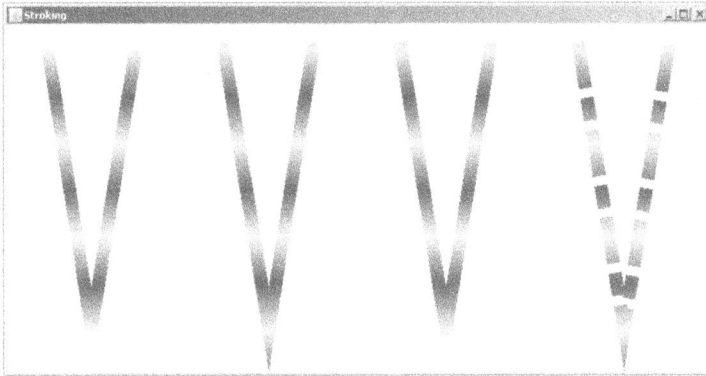

Abb. 11.15   *Java-Beispiel* `Stroking1` *mit verschiedenen Pinselstrichtypen und schraffierter Strichführung*

Ein schraffierter Pinselstrich wird mittels des zusätzlichen `float`-Arrays `dash` erzeugt, welches die Schraffur beschreibt: Hier `35` Pixel malen, `25` Pixel leer, `10` Pixel malen und schließlich `25` Pixel leer, wobei der Leerabstand um die Größe des jeweils definierten Endes des Pinselstriches reduziert ausfällt.

Das Programm `Stroking1` in Abb. 11.14 setzt dann noch einen Farbverlauf, wie wir ihn bereits aus Kapitel 11.6.3 kennen. Danach wird mit den Methoden `moveTo` und `lineTo` der Klasse `GeneralPath` über die Sequenz

```
GeneralPath v1 = new GeneralPath();
v1.moveTo(50, 50);
v1.lineTo(100, 350);
v1.lineTo(150, 50);
```

ein freier Pinselstrichpfad (das Objekt `v1`) definiert, der von den Anfangskoordinaten (`50`, `50`) über die Eckkoordinaten (`100`, `350`) nach (`150`, `50`) quasi ein großes „V" zeichnet. Danach wird mit `g2d.setStroke(s1)` der Pinselstrichtyp dem Grafikobjekt `g2d` übergeben und mit `g2d.draw(v1)` letztendlich das Grafikobjekt gezeichnet. Für die anderen drei Pinselstriche `v2`, `v3` und `v4` gilt Entsprechendes.

11.6.6   Weitere Möglichkeiten mit Java 2D

Im Folgenden sind einige weitere Möglichkeiten mit Java 2D kurz angegeben. Für detaillierte Informationen sehen Sie bitte in der Java-Dokumentation nach.

In Java 2D können Schriften weitergehend formatiert werden, als dies in `Graphics` mit `Font` und `drawString` möglich ist. In `Graphics2D` existiert ebenso eine Methode `drawString`. Zusätzlich wird über die Klasse `AttributedString` des Pakets `java.text` dem String für jedes Zeichen einzeln eine individuelle Formatierung mitgegeben. Dieser so formatierte Text wird dann mit einem so genannten `AttributedCharacterIterator` der Methode `drawString` übergeben und von dieser ausgegeben.

Mit Java 2D können auch Bilder bearbeitet werden. Mithilfe von Filter-Funktionen, wie sie aus komplexen Bildverarbeitungsprogrammen bekannt sind, können Java-Programme erstellt werden, die in Bildern verschiedenste Effekte erzielen. Eine Möglichkeit der Bildbearbeitung sind die Rendering-Optionen des Java 2D API, womit neben Bildern zusätzlich alle Grafikobjekte wie Formen und Texte bearbeitet werden können.

Als *Rendering* (von englischen *to render something* für *etwas wiedergeben, etwas machen*) bezeichnet man im Umfeld der Computergrafik den Prozess, aus vorliegenden Bildern oder Bildbeschreibungen ein neues digitales Bild zu erzeugen. Als wichtige Rendering-Optionen kommen hierbei Compositing und Transforming zum Einsatz.

Mit *Compositing* wird beschrieben, wie die Inhalte von Bildern oder anderen Grafikobjekten miteinander kombiniert werden. Für `Graphics2D`-Objekte wird dies unter anderem mit den Klassen bzw. Interfaces `Composite`, `CompositeContext` und `AlphaComposite` sowie den Methoden `createContext`, `setComposite` und `compose` umgesetzt.

Mit *Transforming* werden geometrische Transformationen auf `Graphics2D`-Objekte beschrieben. Folgende Transformationen sind dabei möglich: Translation (Verschiebung), Rotation (Drehung), Scherung (Verzerrung) und Skalierung von Bildinhalten. Transformationen werden durch die Klasse `AffineTransform` des Pakets `java.awt.geom` unter anderem mit den Methoden `translate`, `rotate`, `shear` und `scale` erzeugt.

Zusammenfassend lässt sich sagen, Java bietet standardmäßig bereits sehr viele Klassen und Methoden, um sehr komplexe Bildbearbeitungen bzw. -manipulationen vorzunehmen.

11.7 Lernziele und Aufgaben

11.7.1 Lernziele

Nach Durcharbeiten dieses Kapitels sollten Sie

- die wichtigsten Grafikklassen und -operationen von AWT kennen,
- Methoden der Klassen `Graphics`, `Font` und `Color` anwenden können,
- einfache Grafiken mit AWT erstellen können,
- Swing kennengelernt haben,
- die wichtigsten grafischen Komponenten von Java 2D benennen und erklären können, wie Farben und Formen, Painting und Stroking und
- sich fehlendes Wissen mit der Java-Dokumentation aneignen können.

11.7.2   Aufgaben

Haus des Nikolaus

Implementieren Sie das Java-Programm HausNikolaus mit AWT-Grafik, das ein Haus schrittweise mit 8 Linien zeichnet wie Abb. 11.16 zeigt. Beachten Sie dabei Folgendes:

- Jede neue Linie beginnt dort, wo die vorherige aufgehört hat.
- Wählen Sie eine geschickte Startposition, um in einem Zug, also ohne abzusetzen, das Haus zeichnen zu können.
- Zwischen dem Zeichnen von zwei aufeinander folgenden Linien ist jeweils eine Pause von 1 Sekunde. Verwenden Sie dazu die Anweisung Thread.sleep(1000); und try und catch, wie in Kapitel 7.3 gezeigt wurde.
- An jede neue Linie wird die nächste Silbe des Texts "*Das ist das Haus des Ni-ko-laus*" geschrieben.
- Setzen Sie die Schriftgröße 14.
- Die Hintergrundfarbe ist grün.
- Verwenden Sie die Klasse FensterSchliessAdapter.

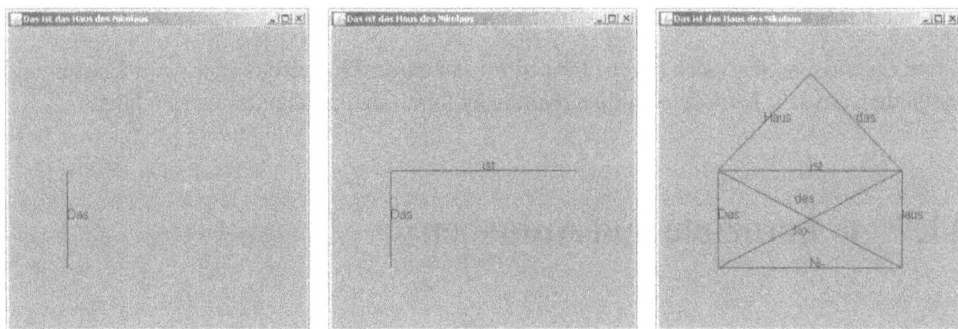

Abb. 11.16 *Ausgabe des Java-Programms* HausNikolaus *mit dem ersten, zweiten und letzten Zeichenschritt (von links nach rechts)*

12 Grafische Benutzeroberflächen

12.1 Einleitung

Eine Grafikoberfläche bzw. eine graphische Benutzeroberfläche wird als GUI (Abkürzung für das englische Wort *Graphical User Interface*) bezeichnet. Ein GUI ist die grafische Schnittstelle für den Benutzer zur Bedienung der Software. Denn neben der Tastatur für die Texteingabe und den Bildschirm für die Ausgabe von Text und Grafik hat es sich bewährt, dass der Benutzer auf dem Bildschirm per Maus oder vielleicht auch per Touch-Screen – einem berührungsempfindlichen Bildschirm – Eingaben tätigen kann. (Teilweise ist die Bedienung per Maus auch über Tastaturkürzeln ersetzbar.)

Allerdings gibt es sehr, sehr viele verschiedene Bildschirmtypen, angefangen von klassischen Computerbildschirmen über kleine Displays von Handys, Smartphones oder Handhelds zu überdimensionalen Bildschirmen in Entwicklungsabteilungen oder Minimaldisplays auf programmierbaren Haushaltsgeräten. Java hat den Anspruch, plattformunabhängig zu laufen, was es im Prinzip auch auf allen Geräten tut, auf denen eine Java Virtual Machine installiert ist. Einzig das Aussehen der Grafik ist manchmal doch noch von der Plattform, dem Computer abhängig.

Um eine Grafikoberfläche zu programmieren, setzt man vorzugsweise existierende GUI-Komponenten ein. Wie wir bereits aus Kapitel 11 wissen, gibt es standardmäßig in Java die zwei Grafikpakete AWT (java.awt) und Swing (javax.swing), die beide entsprechende GUI-Komponenten bereitstellen. AWT beinhaltet dabei GUI-Komponenten der ersten Generation, mit sogenanntem nativen Code: Die Grafiken sehen teilweise noch plattformabhängig aus. Swing stellt GUI-Komponenten der zweiten Generation bereit: Diese sind kein nativer Code, laufen also vollständig plattformunabhängig, haben meist mehr Funktionalität, sind aber eventuell etwas langsamer als AWT.

Für beide Pakete gilt Folgendes:

- Die Grundzüge der GUI-Programmierung bleiben bei beiden Paketen im Großen und Ganzen dieselben.
- Die Namen der Klassen werden im Allgemeinen durch ein „J" ergänzt: AWT kennt beispielsweise Button, Frame und List; Swing verwendet dahingegen JButton, JFrame und JList.
- Swing kennt im Vergleich zu AWT zusätzliche Klassen und mehr bzw. andere Methoden. Swing bietet damit weitere Grafikkomponenten und Optionen für die GUI-Programmierung.

- AWT und Swing können gemeinsam in Grafik- und GUI-Anwendungen eingesetzt werden.
- Neben AWT und Swing existieren noch andere Grafikpakete von anderen Anbietern wie beispielsweise SWT bei Eclipse (www.eclipse.org).

Um ein benutzerfreundliches GUI programmieren zu können, muss man sich über mehrere Punkte im Klaren sein. Die Gestaltung der Grafikoberfläche muss ausreichend überdacht sein.

Der Benutzer steht im Vordergrund: Denn was bringt es, wenn die gesamte Funktionalität der Software zwar im GUI abgebildet ist, der Benutzer aber mit ihm nicht zurechtkommt.

Die Struktur eines GUIs muss den Aufgaben und Prozessen entsprechen, die ein Benutzer damit ausführen soll. Dabei sieht beispielsweise ein Textverarbeitungsprogramm ganz anders aus als ein Informationsfenster oder eine Beenden-Abfrage. In unserem Buch über Java setzen wir voraus, dass im Rahmen des Software-Engineering ausreichend über die Gestaltung der Benutzeroberfläche nachgedacht wurde und erlauben uns, gleich zur Implementierung zu springen.

Im Rahmen der Programmierung eines GUIs, benötigt man sogenannte Container, in – oder besser auf – welchen weitere GUI-Komponenten platziert werden. Container sind bildlich gesprochen eine Art eines Behälters. Container sind beispielsweise die klassischen Fenster auf dem Bildschirm oder wiederum bestimmte Bereiche in GUIs. Weitere GUI-Komponenten werden entsprechend konfiguriert und in das Fenster oder diese Bereiche einfügt. Layout-Manager erlauben das automatische Positionieren der GUI-Komponenten, beispielsweise wenn sich die Fenstergröße ändert.

Alle Grafikobjekte haben bereits ein Standardverhalten integriert. Beispielsweise verändert sich beim Drücken eines Buttons dessen Schattierung oder es erscheint bei Auswahl eines Eintrags in einem Auswahlfeld schattiert das ausgewählte Element. Es werden aber keine funktionalen Ereignisse ausgelöst, solange diese nicht explizit programmiert sind.

Für GUI-Komponenten, Container, die erwähnten Layout-Manager und die Ereignisverarbeitung greift man auf Standard-Grafikelemente in Java zurück.

Und wie könnte es anders in Java sein – das sind jeweils Objekte von Klassen, welche eine Vielzahl von Methoden bereitstellen, um eine gewünschte Funktionalität zu implementieren.

12.2   Behälter – Container

Manche Klassen in AWT und Swing kann man als Behälter – sogenannte Container – beschreiben, da sie andere GUI-Komponenten aufnehmen können. Man kann sich dies auch so vorstellen: Wie beispielsweise ein Blatt Papier die Striche von bunten Stiften und andere aufgeklebte Zettel aufnehmen kann, können auch auf einem Container, wie beispielsweise einem Fenster der Klasse `Frame`, mehrere Bereiche der Klasse `Panel` liegen, die wiederum Knöpfe (`Button`) und Beschriftungen (`Label`) beinhalten. In Swing wären dies entsprechend die Klassen `JFrame`, `JPanel`, `JButton` und `JLabel`.

In AWT und Swing befinden sich die verschiedenen GUI-Komponenten in den Paketen `java.awt` und `javax.swing`. Zwar sind die GUI-Komponenten teilweise voneinander abgeleitet, aber die Vererbungshierarchie der Komponenten untereinander ist nicht besonders offensichtlich – zumindest nicht in dem Sinn, dass es eine klare und unmissverständliche Vererbungshierarchie gäbe. Wir versuchen im Folgenden, etwas Ordnung in das Ganze zu bringen.

Die abstrakte[3] Basisklasse `Component` stellt die Grundstruktur für alle Grafikelemente zur Verfügung, indem sie eine Größe und Position der Komponenten auf dem Bildschirm einfordert und auf Ereignisse reagieren kann. Von ihr abgeleitet sind die Klasse `Container`, aber auch `Button`, `Canvas`, `Checkbox`, `Choice`, `Label`, `List`, `Scrollbar`, `TextComponent`.

Die abstrakte Klasse `Container` definiert Methoden, die in den abgeleiteten Klassen benötigt werden. Diese Methoden erlauben beispielsweise das Hinzufügen von Grafikkomponenten auf einem Container, das Platzieren dieser Grafikkomponenten mit den sogenannten Layout-Managern und das Entfernen der Komponenten bei Nichtgebrauch.

Die wichtigste, von `Container` vererbte Methode ist `add`. Diese Methode ist mehrfach überladen und kann daher mit den unterschiedlichsten Parametern aufgerufen werden. `add` fügt dem Objekt einer Container-Klasse andere Grafikkomponenten hinzu. Von `Container` abgeleitete Klassen sind beispielsweise `Panel` und `Window`, aber auch `JComponent` und `ScrollPane`.

Die Klasse `Window` konkrete ist, kann sie instanziert werden. Sie erzeugt ein Fenster ohne Rahmen, Titelleiste und Menü und eignet sich gut als Informationsfenster einer Applikation. Von `Window` sind dann noch `Dialog`, `Frame` und `JWindow` sowie weitere Klassen abgeleitet.

Die Klasse `Frame` ist das Standard-Fenster mit Rahmen, Titelleiste und möglicherweise einem Menü, wie wir es von Applikationen auf dem Computer, aber auch aus unseren vorherigen Beispielen im Kapitel 11 kennen. Von `Frame` ist letztendlich noch die Klasse `JFrame` abgeleitet.

Die Klasse `Panel` ist ein einfacher Container, der gerne auf anderen Containern platziert wird, da er elegant gebündelt Grafikelemente aufnehmen kann. Von `Panel` ist schließlich die Klasse `Applet` abgeleitet, welche wir bei der Applet-Programmierung in Kapitel 9 verwendet hatten.

---

[3] In Kapitel 13.4 kommen wir darauf, was abstrakt bedeutet. An dieser Stelle nur soweit: Von einer *abstrakten* Klasse kann kein Objekt instanziert werden, nur von einer *konkreten* Klasse.

Die Klasse JComponent ist die Basisklasse für die Container-Klasse JPanel sowie für viele weitere Swing-Grafikkomponenten.

Stören wir uns jetzt aber nicht weiter an der scheinbar fehlenden Systematik in der Vererbungshierarchie der Grafikkomponenten, sondern wenden wir uns einigen wichtigsten GUI-Bedienelementen zu.

12.3   GUI-Bedienelemente

GUI-Bedienelemente sind spezielle GUI-Komponenten. Sie kennen diese aus Ihrer täglichen Arbeit mit dem Computer: Man muss mit der Maus etwas anklicken, in ein Feld ein Wort eintippen, in ein anderes Feld einen längeren Text schreiben, mit dem Scrollbar – wer kennt schon das deutsche Wort *Bildlaufleiste* – alles nach oben schieben und dann noch kleine, runde oder eckige Markierungsfelder aktivieren. Diese und noch mehr GUI-Bedienelemente existieren schon als entsprechende Java-Klassen.

Im Folgenden geben wir Ihnen einen umfangreichen Überblick. Zur Verdeutlichung dient das Beispielprogramm GUI1 aus Abb. 12.1 und dessen Ausgabe in Abb. 12.2.

```java
import java.awt.BorderLayout;
import javax.swing.*;

public class GUI1 extends JFrame {

  public GUI1() {
    super("GUI1");
    zeichneGUI();
  }

  public static void main(String[] args) {
    GUI1 einFenster = new GUI1();

    einFenster.setDefaultCloseOperation
      (WindowConstants.DISPOSE_ON_CLOSE);
    einFenster.setSize(600,100);
    einFenster.setVisible(true);
  }

  private void zeichneGUI () {
    JPanel jPanel1 = new JPanel();

    getContentPane().add(jPanel1, BorderLayout.CENTER);

    JButton jButton1 = new JButton();
    jPanel1.add(jButton1);
    jButton1.setText("Button");

    JLabel jLabel1 = new JLabel();
    jPanel1.add(jLabel1);
    jLabel1.setText("Label");

    JTextField jTextField1 = new JTextField();
    jPanel1.add(jTextField1);
    jTextField1.setText("TextField");
```

```
       JTextArea jTextArea1 = new JTextArea();
       jPanel1.add(jTextArea1);
       jTextArea1.setText("TextArea");

       JCheckBox jCheckBox1 = new JCheckBox();
       jPanel1.add(jCheckBox1);
       jCheckBox1.setText("CheckBox");

       JRadioButton jRadioButton1 = new JRadioButton();
       jPanel1.add(jRadioButton1);
       jRadioButton1.setText("RadioButton");

       ComboBoxModel jComboBox1Model =
         new DefaultComboBoxModel(
           new String[] { "Auswahl 1", "Auswahl 2" });
       JComboBox jComboBox1 = new JComboBox();
       jPanel1.add(jComboBox1);
       jComboBox1.setModel(jComboBox1Model);

     }
   }
```

Abb. 12.1 *Programm* GUI1 *zur Darstellung von verschiedenen GUI-Komponenten*

Da Swing eine einfache Verwaltung von Fenstern ermöglicht (siehe Kapitel 11.2.2), haben wir hier hauptsächlich Swing-Grafikkomponenten eingesetzt. Zur Erinnerung: Oftmals unterscheiden sich die Klassen von AWT zu Swing nur durch ein vorangestelltes „J". In manchen Fällen ändert sich die Schreibweise im Wort noch von einem Klein- zu einem Großbuchstaben (Checkbox und JCheckBox). In anderen Fällen gibt es in Swing eine gänzlich andere Lösung. Was jedoch meist anders ist, sind die Namen der jeweiligen Methoden, die zu den einzelnen Klassen gehören.

Das Programm GUI1 geht einen Schritt weiter, als wir es in der Grafik-Programmierung in Kapitel 11 kennengelernt hatten. Wird nämlich das Programm gestartet, ruft die main-Methode den Konstruktor GUI1() auf, der mit super wiederum den Konstruktor von JFrame aktiviert und ihm den Namen des Fensters („GUI1") übergibt. Danach wird die Methode zeichneGUI ausgeführt, welche den Inhalt des GUIs erstellt.

Diese Verkettung hat den Vorteil, dass nicht der Konstruktor die Methoden zum Zeichnen des GUIs kapselt, sondern die Methode zeichneGUI, welche nicht nur bei der Initialisierung des Objekts aufgerufen werden kann. Die main-Methode setzt noch mit setDefaultCloseOperation die Standard-Fensterschließoperation von Swing, was am sinnvollsten mit dem Aufruf

```
       einFenster.setDefaultCloseOperation
         (WindowConstants.DISPOSE_ON_CLOSE);
```

geschieht. Außerdem definiert die main-Methode mit setSize(600,100) die Fenstergröße und zeichnet mit setVisible(true) das GUI. Schließlich erscheint das GUI auf dem Bildschirm, wie Abb. 12.2 zeigt.

Abb. 12.2 *Ausgabe von GUI1 mit verschiedenen GUI-Komponenten*

Das Programm GUI1 aus Abb. 12.1 folgt einem einfachen Schema: Ein Objekt einer GUI-Komponente wird angelegt und per add der Container-Klasse hinzugefügt. Die Container-Klasse, die wir hier verwenden, ist JPanel. Die Zeile

getContentPane().add(jPanel1, BorderLayout.CENTER);

fügt das JPanel-Objekt jPanel1 dem aktuellen Fenster hinzu. (BorderLayout erklären wir später im Zusammenhang mit den Layout-Managern in Kapitel 12.5.) Betrachten wir zunächst die GUI-Bedienelemente.

Button (AWT) bzw. JButton (Swing) ist ein Knopf, der im Allgemeinen per darüber positioniertem Mauszeiger gedrückt werden kann. Wie jede andere GUI-Komponente stellen diese GUI-Bedienelemente – also die Klassen, von denen sie abgeleitet sind – verschiedenste Methoden zur Verfügung. Teilweise sind diese Methoden aber in AWT und Swing unterschiedlich. Beispielsweise erfolgt die Änderung der Beschriftung eines Knopfs in AWT mittels der Methode setLabel, in Swing aber mit setText.

Label (JLabel) ist ein einzeiliger Text, der zur Anzeige eines Wortes oder eines kurzen Textes an einer bestimmten Position im GUI oder zur Beschriftung von anderen GUI-Komponenten dient. Mit der Methode setAlignment kann in AWT eine zentrierte, links- oder rechtsbündige Ausrichtung des Textes vorgenommen werden; in Swing bedient man sich der Methoden setAlignmentX und setAlignmentY.

TextField (JTextField) ist ein rechteckiger Bereich, in welchem ein einzeiliger Text dargestellt und gegebenenfalls editiert werden kann. TextArea (JTextArea) ist ein mehrzeiliges Textfeld, das zur Bearbeitung von größeren Texten genutzt werden kann. Es besitzt eine ähnlich Funktionalität wie ein einzeiliges Textfeld; zusätzlich können aber noch vertikale und horizontale Scrollbars hinzugefügt werden, falls notwendig.

Checkbox (JCheckBox) ist ein Element, bei dem neben einem erläuternden Text ein Kästchen aktiviert werden kann – also im Kästchen ein Kreuz gesetzt wird. Entsprechend gibt diese Komponente den Wert true oder false zurück für aktiviert oder nicht.

In AWT lassen sich mit CheckboxGroup mehrere Checkbox-Objekte zu einer Einheit gruppieren, in welcher dann gleichzeitig immer nur ein Element aktiv sein kann. In Swing wird dazu vorzugsweise JRadioButton zusammen mit ButtonGroup verwendet.

Choice ist ein Grafikelement in AWT, mit dem eine von mehreren Alternativen, jeweils dargestellt durch einen kurzen Text, ausgewählt werden kann. In Swing wird dazu vorzugsweise JComboBox und ComboBoxModel verwendet. Im inaktiven Zustand wird im Auswahl-Feld die erste bzw. die zuletzt gewählte Alternative angezeigt. Wird mit der Maus das

Auswahlfeld aktiviert, erscheint eine Liste mit allen Alternativen, und es kann eine gewählt werden.

Weitere GUI-Bedienelemente sind beispielsweise noch Scrollbar (JScrollBar) als ein Schieberegler zum Positionieren eines Textbereichs oder auch Einstellen eines numerischen Wertes, JProgressBar zum Darstellen eines Fortschritts, JTable für eine zweidimensionale Tabelle u.v.m.

12.4 Menüs

Wird für eine Anwendung ein normales Fenster eingesetzt, in Java beispielsweise Frame oder JFrame, so befindet sich oftmals am oberen Fensterrand eine Leiste mit anklickbaren Befehlen. Diese Leiste wird Menü genannt. In AWT werden dazu die Klassen MenuBar, Menu und MenuItem eingesetzt. In Swing verwendet man JMenuBar, JMenu und JMenuItem, wie das Beispiel GUI2 aus Abb. 12.3 mit der Darstellung in Abb. 12.4 zeigt.

```java
import java.awt.BorderLayout;
import javax.swing.*;

public class GUI2 extends JFrame {

  public GUI2() {
    super("GUI2");
    zeichneGUI();
  }

  public static void main(String[] args) {
    GUI2 einFenster = new GUI2();

    einFenster.setDefaultCloseOperation
      (WindowConstants.DISPOSE_ON_CLOSE);
    einFenster.setSize(600,100);
    einFenster.setVisible(true);
  }

  private void zeichneGUI () {
    JPanel jPanel1 = new JPanel();

    getContentPane().add(jPanel1, BorderLayout.CENTER);

    JMenuBar jMenuBar1 = new JMenuBar();
    setJMenuBar(jMenuBar1);

    JMenu jMenu1 = new JMenu();
    jMenuBar1.add(jMenu1);
    jMenu1.setText("Datei");

    JMenuItem jMenuItem1 = new JMenuItem();
    jMenu1.add(jMenuItem1);
    jMenuItem1.setText("Nix");

    JMenuItem jMenuItem2 = new JMenuItem();
    jMenu1.add(jMenuItem2);
    jMenuItem2.setText("Beenden");
```

```
        JMenu jMenu2 = new JMenu();
        jMenuBar1.add(jMenu2);
        jMenu2.setText("Hilfe");

        JMenuItem jMenuItem3 = new JMenuItem();
        jMenu2.add(jMenuItem3);
        jMenuItem3.setText("Information");

        JButton jButton1 = new JButton();
        jPanel1.add(jButton1);
        jButton1.setPreferredSize(new java.awt.Dimension(100, 30));
        jButton1.setText("Ja");

        JButton jButton2 = new JButton();
        jPanel1.add(jButton2);
        jButton2.setPreferredSize(new java.awt.Dimension(100, 30));
        jButton2.setText("Nein");

        JButton jButton3 = new JButton();
        jPanel1.add(jButton3);
        jButton3.setPreferredSize(new java.awt.Dimension(100, 30));
        jButton3.setText("Vielleicht");
    }
}
```

Abb. 12.3   *Programm GUI2 zur Darstellung eines Menüs und dreier Knöpfe*

Mittels der zwei Aufrufe

```
        JMenuBar jMenuBar1 = new JMenuBar();
        setJMenuBar(jMenuBar1);
```

wird die Menüleiste als Objekt jMenuBar1 der Klasse JMenuBar angelegt und mit setJMenuBar dem aktuellen Fenster zugewiesen.

Über die nächsten drei Aufrufe

```
        JMenu jMenu1 = new JMenu();
        jMenuBar1.add(jMenu1);
        jMenu1.setText("Datei");
```

erhält die Menüleiste jMenuBar1 ihr erstes Pulldown-Menü jMenu1 als Instanz der Klasse JMenu mit der Überschrift „*Datei*".

Danach erstellen für jMenu1 die nächsten drei Aufrufe

```
        JMenuItem jMenuItem1 = new JMenuItem();
        jMenu1.add(jMenuItem1);
        jMenuItem1.setText("Nix");
```

den ersten Menüeintrag jMenuItem1 als Objekt von JMenuItem mit der Bezeichnung „*Nix*". Entsprechend wird der nächste Menüeintrag „*Beenden*" und das nächste Pulldown-Menü „*Hilfe*" mit dem Eintrag „*Information*" erzeugt.

Wie wir in Kapitel 12.3 kennengelernt haben, werden in GUI2 zusätzlich noch die drei Knöpfe jButton1, jButton2 und jButton3 als Instanzen der Klasse JButton angelegt und mit „*Ja*", „*Nein*" und „*Vielleicht*" beschriftet. Mittels des Aufrufs der Methode `setPreferredSize(new java.awt.Dimension(100, 30))` und Übergabe der Breite von `100` Pixel und der Höhe von `30` Pixel wird deren Größe fixiert. Letztendlich entsteht das GUI, wie es in Abb. 12.4 dargestellt ist.

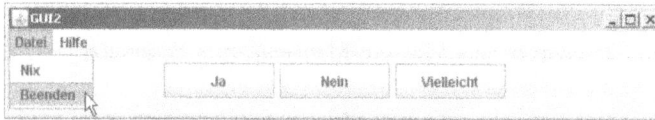

Abb. 12.4 *Ausgabe von GUI2 mit einem Menü und drei Knöpfen*

Das GUI ist insofern voll funktionsfähig, dass alle Knöpfe gedrückt und alle Menüeinträge angewählt werden können. Aber funktionell geschieht noch nichts, da bisher noch keine Ereignisverarbeitung implementiert ist. Doch bevor wir dazu kommen, wollen wir uns erst noch mit dem Layout von GUIs beschäftigen.

12.5 Layout

12.5.1 Allgemeines zu Layouts

In Java können die GUI-Komponenten fix im GUI positioniert werden, indem beispielsweise absolute Koordinaten angegeben werden. Dieses fixe Positionieren von GUI-Komponenten kann aber dazu führen, dass bei der Größenänderung des Fensters einige Komponenten außerhalb des sichtbaren Bereichs liegen oder andere überdecken. Ein fixes Positionieren ist daher oftmals nur sinnvoll, wenn die Größe des Fensters, aber auch die Größe der darin liegenden Komponenten unveränderlich ist.

Benutzerfreundliche GUIs sind solche, welche ihre Inhalte automatisch der Fenstergröße anpassen. Dies gilt insbesondere bei veränderlichen Bildschirmauflösungen. Dabei kann es Bereiche geben, in welchen die GUI-Komponenten eine feste Größe haben und notfalls nicht mehr angezeigt werden; es wird aber auch Bereiche geben, die sich und ihren Inhalt entsprechend der Fenstergröße anpassen.

Um solche GUIs programmieren zu können, stellt Java sogenannte Layout-Manager zur Verfügung. Diese ordnen automatisch die GUI-Komponenten entsprechend vorgegebener Layout-Strategien an. Dabei können in einem GUI verschiedene Layout-Manager für verschiedene Bereiche gleichzeitig zum Einsatz kommen.

Ein Layout-Manager ist – wie könnte es anders in Java sein – ein Objekt, das einem Container, also einem Objekt einer Container-Klasse, zugeordnet wird. Der Layout-Manager definiert für diesen Container die Positionierung aller darin liegenden GUI-Komponenten:

- Der Layout-Manager definiert Regeln zur Positionierung der GUI-Komponenten in Containern.
- Jedem Container werden mit der Methode add die verschiedenen GUI-Komponenten hinzugefügt. Beim Aufruf dieser Methode werden gegebenenfalls die Parameter des zugeordneten Layout-Managers mit übergeben.
- Der Layout-Manager stellt dabei nicht selber die GUI-Komponenten dar; das macht der Container.
- Ist in einem Container der Layout-Manager null gesetzt, werden die GUI-Komponenten fix positioniert.
- Ist einem Container explizit kein Layout-Manager zugewiesen, wird ein Standard-Layout für diesen Container verwendet.
- Wenn die GUI-Komponenten keinen Platz auf dem Container haben, werden sie im Allgemeinen nicht angezeigt.

Im Beispiel GUI2 aus Abb. 12.3 und Abb. 12.4 wurden bereits zwei Layout-Manager verwendet. Einmal wurde explizit über die Anweisung

```
getContentPane().add(jPanel1, BorderLayout.CENTER);
```

gesagt, dass die Container-Fläche jPanel1 mit einem *Border-Layout* in der Mitte des aktuellen Fensters zu platzieren ist (BorderLayout.CENTER).

Und, da kein Layout-Manager explizit für die drei Knöpfe jButton1, jButton2 und jButton3 angegeben war, wurden diese automatisch – als Standard-Layout – in einem *Flow-Layout* positioniert. Dies wird offensichtlich, wenn man das Fenster aus Abb. 12.4 schmäler, aber länger macht. In Abb. 12.5 sieht man jetzt eine Anordnung der drei Knöpfe übereinander anstatt nebeneinander.

Abb. 12.5 *Veränderte Ausgabe von* GUI2: *Da es nun schmäler, aber höher ist, werden die drei Knöpfe aufgrund des Flow-Layouts von oben nach unten angeordnet*

12.5.2   Flow-Layout

Schauen wir nochmals genauer das *Flow-Layout* an. Dieses positioniert und zentriert die GUI-Komponenten der Reihe nach von links nach rechts und, wenn quasi die Zeile voll ist, von oben nach unten, wie das Beispiel GUI3 aus Abb. 12.6 mit der Sequenz von schmäler werdenden Fenstern in Abb. 12.7 zeigt.

```java
import java.awt.BorderLayout;
import javax.swing.*;

public class GUI3 extends JFrame {

  public GUI3() {
    super("GUI3");
    zeichneGUI();
  }

  public static void main(String[] args) {
    GUI3 einFenster = new GUI3();

    einFenster.setDefaultCloseOperation
      (WindowConstants.DISPOSE_ON_CLOSE);
    einFenster.setSize(500,250);
    einFenster.setVisible(true);
  }

  private void zeichneGUI () {
    JPanel jPanel1 = new JPanel();

    getContentPane().add(jPanel1, BorderLayout.CENTER);

    JButton jButton1 = new JButton();
    jPanel1.add(jButton1);
    jButton1.setText(" - 1 - ");

    JButton jButton2 = new JButton();
    jPanel1.add(jButton2);
    jButton2.setText(" - 2 - ");

    JButton jButton3 = new JButton();
    jPanel1.add(jButton3);
    jButton3.setText(" - 3 - ");

    JButton jButton4 = new JButton();
    jPanel1.add(jButton4);
    jButton4.setText(" - 4 - ");

    JButton jButton5 = new JButton();
    jPanel1.add(jButton5);
    jButton5.setText(" - 5 - ");

    JButton jButton6 = new JButton();
    jPanel1.add(jButton6);
    jButton6.setText(" - 6 - ");
  }
}
```

Abb. 12.6 *Programm GUI3 zur Vorstellung des Flow-Layouts*

Das Programm GUI3 enthält im Quellcode nichts Neues: Das *Flow-Layout* wird standardmäßig für die Positionierung der sechs Knöpfe gewählt, weil explizit kein Layout-Manager angegeben ist. (Zur Erinnerung, BorderLayout.CENTER bezieht sich auf die Positionierung des Panels jPanel1, nicht auf die Knöpfe.) Das Flow-Layout behält dabei die Größe der GUI-Komponenten bei, wie Abb. 12.7 zeigt.

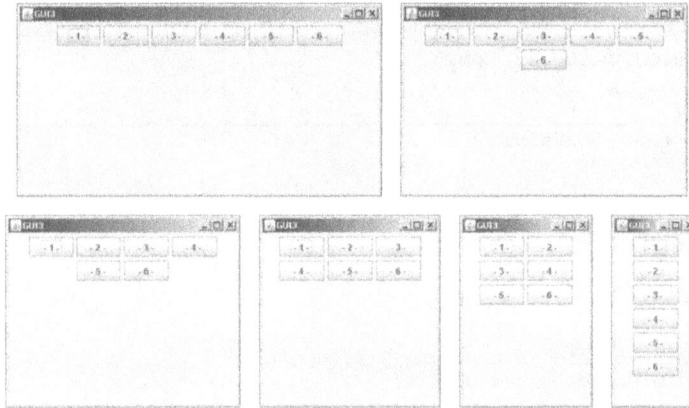

Abb. 12.7 *Ausgabe GUI3: Mit kleiner werdender Breite werden die Knöpfe in einem Flow-Layout von oben nach unten angeordnet*

12.5.3   Border-Layout

Im Gegensatz zum Programm GUI3 positioniert das Programm GUI4 aus Abb. 12.8 die sechs Knöpfe mit einem *Border-Layout*, indem die Anweisungen

```
BorderLayout jPanel1Layout = new BorderLayout();
jPanel1.setLayout(jPanel1Layout);
```

dem Container jPanel1 das Objekt jPanel1Layout als Instanz der Klasse Border-Layout zuweisen.

```
import java.awt.BorderLayout;
import javax.swing.*;

public class GUI4 extends JFrame {

  public GUI4() {
    super("GUI4");
    zeichneGUI();
  }

  public static void main(String[] args) {
    GUI4 einFenster = new GUI4();

    einFenster.setDefaultCloseOperation
      (WindowConstants.DISPOSE_ON_CLOSE);
    einFenster.setSize(500,250);
    einFenster.setVisible(true);
  }

  private void zeichneGUI () {
    JPanel jPanel1 = new JPanel();
    BorderLayout jPanel1Layout = new BorderLayout();
    jPanel1.setLayout(jPanel1Layout);

    getContentPane().add(jPanel1, BorderLayout.CENTER);
```

```
        JButton jButton1 = new JButton();
        jPanel1.add(jButton1, BorderLayout.CENTER);
        jButton1.setText(" - 1 - ");

        JButton jButton2 = new JButton();
        jPanel1.add(jButton2, BorderLayout.WEST);
        jButton2.setText(" - 2 - ");

        JButton jButton3 = new JButton();
        jPanel1.add(jButton3, BorderLayout.EAST);
        jButton3.setText(" - 3 - ");

        JButton jButton4 = new JButton();
        jPanel1.add(jButton4, BorderLayout.NORTH);
        jButton4.setText(" - 4 - ");

        JButton jButton5 = new JButton();
        jPanel1.add(jButton5, BorderLayout.SOUTH);
        jButton5.setText(" - 5 - ");

        JButton jButton6 = new JButton();
        jPanel1.add(jButton6);
        jButton6.setText(" - 6 - ");
    }
}
```

Abb. 12.8 *Programm GUI4 zur Vorstellung des Border-Layouts*

Ein *Border-Layout* sieht aus, wie in Abb. 12.9 gezeigt ist: Ein großer Bereich in der Mitte (CENTER), je ein kleinerer Bereich links (WEST) und rechts (EAST) sowie je ein langer schmaler Bereich oberhalb (NORTH) und unterhalb (SOUTH).

Die einzelnen Knöpfe werden mittels des Aufrufs

        jPanel1.add(jButton1, BorderLayout.CENTER);

mit Angabe einer Position, wie BorderLayout.CENTER, den entsprechenden Bereichen zugewiesen. Der sechste Knopf erhält keine explizite Angabe einer Position im Border-Layout und wird damit standardmäßig in der Mitte (CENTER) platziert.

Die Knöpfe nehmen automatisch die Größe des Bereichs ein. Der sechste Knopf überdeckt dabei sogar den ersten Knopf, der explizit in der Mitte platziert wurde.

Abb. 12.9 *Ausgabe von GUI4 mit einem Border-Layout*

Der Layout-Manager ist in Java über die Interfaces LayoutManager und LayoutMana-ger2 des Grafikpakets java.awt gegeben. Diese Interfaces (siehe Kapitel 13.8) stellen verschiedene Methoden für die einzelnen Layout-Klassen, wie FlowLayout oder Bor-derLayout, bereit. Weitere Layout-Klassen sind auszugsweise GridLayout, Grid-BagLayout, BoxLayout und CardLayout.

12.5.4   Grid-Layout

GridLayout ordnet die GUI-Komponenten gleichmäßig in einem Gitter von links nach rechts und von oben nach unten an, wobei jede Zelle und damit jede GUI-Komponente die gleiche Größe erhält. Das Programm GUI5 aus Abb. 12.10 zeigt dies am Beispiel mit den sechs Knöpfen.

```
import java.awt.BorderLayout;
import java.awt.GridLayout;
import javax.swing.*;

public class GUI5 extends JFrame {

  public GUI5() {
    super("GUI5");
    zeichneGUI();
  }

  public static void main(String[] args) {
    GUI5 einFenster = new GUI5();

    einFenster.setDefaultCloseOperation
      (WindowConstants.DISPOSE_ON_CLOSE);
    einFenster.setSize(500,250);
    einFenster.setVisible(true);
  }

  private void zeichneGUI () {
    JPanel jPanel1 = new JPanel();
    GridLayout jPanel1Layout = new GridLayout(3, 2);
    jPanel1.setLayout(jPanel1Layout);
    jPanel1Layout.setHgap(2);
    jPanel1Layout.setVgap(2);

    getContentPane().add(jPanel1, BorderLayout.CENTER);

    JButton jButton1 = new JButton();
    jPanel1.add(jButton1);
    jButton1.setText(" - 1 - ");

    JButton jButton2 = new JButton();
    jPanel1.add(jButton2);
    jButton2.setText(" - 2 - ");

    JButton jButton3 = new JButton();
    jPanel1.add(jButton3);
    jButton3.setText(" - 3 - ");

    JButton jButton4 = new JButton();
    jPanel1.add(jButton4);
    jButton4.setText(" - 4 - ");
```

```
      JButton jButton5 = new JButton();
      jPanel1.add(jButton5);
      jButton5.setText(" - 5 - ");

      JButton jButton6 = new JButton();
      jPanel1.add(jButton6);
      jButton6.setText(" - 6 - ");
   }
}
```

Abb. 12.10   *Programm GUI5 zur Vorstellung des Grid-Layouts*

Damit das `GridLayout` funktioniert, muss am Anfang des Quellcodes die entsprechende Anweisung `import java.awt.GridLayout` angegeben werden, falls nicht bereits alle AWT-Klassen importiert wurden. Die Zeilen

```
GridLayout jPanel1Layout = new GridLayout(3, 2);
jPanel1.setLayout(jPanel1Layout);
jPanel1Layout.setHgap(2);
jPanel1Layout.setVgap(2);
```

definieren dann ein *Grid-Layout* mit 3 Zeilen und 2 Spalten zur Anordnung der GUI-Komponenten auf dem Container `jPanel1Layout`. Zusätzlich wird mit `setHgap(2)` und `setVgap(2)` je ein horizontaler und vertikaler Abstand von je 2 Pixeln zwischen den GUI-Komponenten (den einzelnen Knöpfen) festgelegt, wie Abb. 12.11 zeigt.

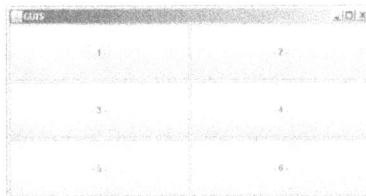

Abb. 12.11   *Ausgabe GUI5 zur Vorstellung des Grid-Layouts mit 3 Zeilen und 2 Spalten*

Werden mehr GUI-Komponenten auf dem Container abgelegt, als die Zeilen-Spalten-Definition über `GridLayout(3, 2)` erwarten lässt, so werden die überzähligen Komponenten in zusätzlichen Spalten hinzugefügt; die Zeilenzahl bleibt konstant. Werden weniger GUI-Komponenten auf dem Container abgelegt, als angegeben, bleiben die Zellen in den überzähligen Zeilen leer, falls nicht der Layout-Manager durch Wegnahme überzähliger Spalten das Layout kompakt gestalten kann.

12.5.5   Weitere Layouts

Eine komplexere Form des Grid-Layouts ist das *Grid-Bag-Layout*, welches die GUI-Komponenten in einem Gitter gegebenenfalls über mehrere Zeilen oder Spalten, welche dazu noch verschieden groß sein können, anordnet. Das Grid-Bag-Layout ist damit sehr flexibel, aber auch aufwändig zu definieren.

Eine Mischung aus Grid-Layout und Flow-Layout ist das *Box-Layout*, welches die GUI-Komponenten entweder vertikal oder horizontal anordnet. Die GUI-Komponeten werden solange in ihrer vordefinierten Größe hinzugefügt, solange der Platz reicht. Gelingt dies nicht, können die GUI-Komponenten bis auf eine minimale Größe verkleinert oder dem Container zusätzlicher Platz zugewiesen werden.

Ein etwas anderes Layout ist das *Card-Layout*, welches die GUI-Komponenten auf einem Container hintereinander, quasi wie auf Karteikarten oder sogenannten *Tabs*, anordnet. Zwischen den einzelnen Tabs kann geblättert oder auch gezielt hin- und hergesprungen werden.

12.6   Ereignisse und Verarbeitung

12.6.1   Event-Handling

Bisher zeigten die GUI-Komponenten nur ein grafisches Standard-Verhalten, wenn sie aktiviert wurden. Beispielsweise wurden die Knöpfe dunkel schattiert, wenn sie gedrückt wurden, oder die Menüeinträge grau hinterlegt, wenn sie angewählt wurden. Aber ein funktionales Ereignis lösten die GUI-Komponenten noch nicht aus. Das ändert sich nun in diesem Kapitel: Eine GUI-Komponente kann ein Ereignis, ein sogenanntes *Event*, verarbeiten.

Ein Event ist definiert als eine Interaktion eines Benutzers mit einer GUI-Komponente zum Auslösen einer Aktion.

Events sind beispielsweise das Drücken eines Knopfes, das Markieren einer Schaltfläche, aber auch das Bewegen oder Positionieren der Maus. Aktionen, die daraus resultieren, sind beispielsweise das Auslesen eines Variablenwertes, das Starten eines Algorithmus oder das Ändern einer Farbeinstellung. Betrachten wir dazu das Beispiel GUI6 aus Abb. 12.12 mit der Ausgabe in Abb. 12.13.

```
import java.awt.*;
import java.awt.event.*;
import javax.swing.*;


public class GUI6 extends JFrame {

  private JPanel jPanel1;

  public GUI6() {
    super("GUI6");
```

```
      zeichneGUI();
}

public static void main(String[] args) {
   GUI6 einFenster = new GUI6();

   einFenster.setDefaultCloseOperation
      (WindowConstants.DISPOSE_ON_CLOSE);
   einFenster.setSize(600,100);
   einFenster.setVisible(true);
}

private void zeichneGUI () {
   jPanel1 = new JPanel();

   getContentPane().add(jPanel1, BorderLayout.CENTER);

   JMenuBar jMenuBar1 = new JMenuBar();
   setJMenuBar(jMenuBar1);

   JMenu jMenu1 = new JMenu();
   jMenuBar1.add(jMenu1);
   jMenu1.setText("Datei");

   JMenuItem jMenuItem1 = new JMenuItem();
   jMenu1.add(jMenuItem1);
   jMenuItem1.setText("Nix");

   JMenuItem jMenuItem2 = new JMenuItem();
   jMenu1.add(jMenuItem2);
   jMenuItem2.setText("Beenden");

   jMenuItem2.addActionListener(new ActionListener() {
      public void actionPerformed(ActionEvent evt) {
         jMenuItem2ActionPerformed(evt);
      }
   }
   );

   JMenu jMenu2 = new JMenu();
   jMenuBar1.add(jMenu2);
   jMenu2.setText("Hilfe");

   JMenuItem jMenuItem3 = new JMenuItem();
   jMenu2.add(jMenuItem3);
   jMenuItem3.setText("Information");

   JButton jButton1 = new JButton();
   jPanel1.add(jButton1);
   jButton1.setPreferredSize(new java.awt.Dimension(100, 30));
   jButton1.setText("Ja");

   jButton1.addActionListener(new ActionListener() {
      public void actionPerformed(ActionEvent evt) {
         jButton1ActionPerformed(evt);
      }
   }
   );

   JButton jButton2 = new JButton();
   jPanel1.add(jButton2);
   jButton2.setPreferredSize(new java.awt.Dimension(100, 30));
   jButton2.setText("Nein");

   jButton2.addActionListener(new ActionListener() {
      public void actionPerformed(ActionEvent evt) {
         jPanel1.setBackground(Color.GREEN);
```

```
            }
        }
    );

    JButton jButton3 = new JButton();
    jPanel1.add(jButton3);
    jButton3.setPreferredSize(new java.awt.Dimension(100, 30));
    jButton3.setText("Vielleicht");

    jButton3.addMouseListener(new MouseAdapter() {
        public void mouseEntered(MouseEvent evt) {
            jButton3MouseEntered(evt);
        }
    );
    }

    private void jButton1ActionPerformed(ActionEvent evt) {
        jPanel1.setBackground(Color.RED);
    }

    private void jButton3MouseEntered(MouseEvent evt) {
        jPanel1.setBackground(Color.GRAY);
    }

    private void jMenuItem2ActionPerformed(ActionEvent evt) {
        System.exit(0);
    }

}
```

Abb. 12.12   *Programm GUI6 zur Erklärung des Event-Handlings in Java*

Die Behandlung eines Ereignisses (Events) wird als *Ereignisverarbeitung (Event-Handling)* bezeichnet. Die dazu benötigten Klassen, Interfaces und Methoden befinden sich im Paket java.awt.event. Da in GUI6 verschiedene Ereignisse verarbeitet werden, importieren wir mit java.awt.event.* vorsichtshalber gleich den gesamten Inhalt des Pakets.

Ein Event ist in Java ein Objekt einer bestimmten Event-Klasse. Dieses Event-Objekt beschreibt das Ereignis. In ihm sind verschiedene Informationen, wie Zeitpunkt des Events oder betroffene Komponente gespeichert. So ist im Programm GUI6 aus Abb. 12.12 beispielsweise evt das Event-Objekt der Event-Klasse ActionEvent, welches auf das Drücken eines Knopfes oder auch die Auswahl eines Menüpunktes reagiert.

Java behandelt in GUIs die folgenden Events:

*   ActionEvent kann von den meisten GUI-Komponenten ausgelöst werden und zeigt an, dass die GUI-Komponente standardmäßig aktiviert wurde.
*   MouseEvent kann für jede grafische Komponente implementiert werden, wenn es um die Bewegung oder Positionierung der Maus oder das Drücken der Knöpfe einer Maus (inklusive des Bewegens vom Mausrad) geht.
*   WindowEvent wird ausgelöst, wenn sich das Fenster ändert oder neu gezeichnet werden soll.

Damit eine GUI-Komponente ein Event-Objekt auslösen kann, stellt Java – in Abhängigkeit von der Art des Events – einerseits *Event-Interfaces*, sogenannte *Listener*, oder andererseits

Adapter-Klassen, sogenannte *Adapter*, zur Verfügung. Sowohl die *Listener* (Interfaces) als auch die *Adapter* (Klassen) werden den entsprechenden GUI-Komponenten über den Methodenaufruf addXYZListener hinzugefügt.

In GUI6 wird beispielsweise dem ersten Knopf jButton1 über die Methode addAction-Listener gesagt, welche Aktion er beim Gedrücktwerden auslösen soll. Der *Listener* wird hier über das *Interface* ActionListener realisiert, dessen Methode actionPerformed mit der gewünschten Aktion überschrieben wird.

In GUI6 wird aber beispielsweise auch dem dritten Knopf jButton3 über die Methode addMouseListener gesagt, welche Aktion er beim Berührtwerden mit der Maus auslösen soll. Hier wird jetzt ein *Adapter* über die *Klasse* MouseAdapter realisiert, dessen Methode mouseEntered mit der gewünschten Aktion überschrieben wird.

Die Erklärung, warum das eine Mal ein Interface (ActionListener) und das andere Mal eine Klasse (MouseAdapter) verwendet wird, folgt weiter unten (vergleichen Sie dazu auch Kapitel 13.8).

Die Aktion beim ersten Knopf jButton1 ist der Aufruf der Methode jButton1ActionPerformed. Die Aktion beim dritten Knopf jButton3 ist der Aufruf der Methode jButton3MouseEntered. Beide Methoden machen nichts anderes, als die Hintergrundfarbe des Containers jPanel1 auf rot bzw. grau zu ändern, was leider die Schwarzweißdarstellung des GUI in Abb. 12.13 nur unzureichend wiedergeben kann.

Abb. 12.13 *Ausgabe von GUI6: Die Hintergrundfarbe ändert sich entsprechend der Betätigung der Knöpfe „Ja" oder „Nein" oder beim Positionieren der Maus auf dem Knopf „Vielleicht".*

Weitere Events sind die folgenden zwei: Das Drücken des zweiten Knopfs jButton2 führt ebenfalls zu einer Farbänderung des Containers jPanel1, nun auf grün. Und das Auswählen des zweiten Menüpunkts jMenuItem2 im ersten Menü jMenu1 führt zum Aufruf der Methode jMenuItem2ActionPerformed, welche einfach das Programm beendet.

12.6.2 *Handler*-Methode oder *inline*

Sicher ist Ihnen der Unterschied im Event-Handling beim zweiten Knopf jButton2 im Gegensatz zu den anderen Events von jButton1, jButton3 und jMenuItem2 aufgefallen.

Um die Ereignisverarbeitung zu implementieren, gibt es grundsätzlich zwei verschiedene Möglichkeiten:

- Eine separate Methode – eine sogenannte *Handler-Methode* – wird erstellt, welche die Aktion, also die auszuführenden Methoden, bereitstellt.
- Die Aktion (auszuführenden Methoden) wird bei der GUI-Komponente direkt an Ort uns Stelle implementiert, was als *inline* bezeichnet wird.

Der Vorteil von *inline* ist, dass zusammen mit der GUI-Komponente auch deren auszulösende Aktion implementiert ist, nicht irgendwo anders im Quellcode. Der Vorteil von *Handler-Methode* ist, dass dieselbe Aktion als Events von verschiedenen GUI-Komponenten aufgerufen werden kann. Alle Aktionen eines GUIs können an einer bestimmten Stelle im Quellcode klar zusammen gebündelt werden.

Ob Sie nun inline oder separate Handler-Methoden bevorzugen, bleibt Ihnen überlassen. Beide implementieren die Aktionen von GUIs.

12.6.3   *Listener*-Interfaces und *Adapter*-Klassen

Kommen wir nochmals zu den *Listener*-Interfaces und den *Adapter*-Klassen zurück. Die Erklärung, warum es neben solchen Interfaces auch noch Adapter-Klassen gibt, geht darauf zurück, dass beim Einsatz eines Interfaces immer alle dessen Methoden implementiert werden müssen. Verwendet man für eine GUI-Komponente aber nicht alle Methoden zum Event-Handling, kann in Java ersatzweise für die Listener-Interfaces auch die Adapter-Klassen verwendet werden. Denn die Adapter erlauben, lediglich die gewünschten Methoden zu überschreiben, da sie die fehlenden Methoden automatisch definieren.

Beispielsweise im Programm `GUI6` aus Abb. 12.12 besitzt das *Listener*-Interface `Action-Listener` nur die einzige Methode `actionPerformed`, weil diese Methode die Standard-Aktion einer GUI-Komponeten (z.B. das Drücken eines Knopfes) ausführt. Wird diese einzige Methode überschrieben, ist das Interface vollständig implementiert und funktionsfähig. Damit kann in `GUI6` für `jButton1`, `jButton2` und `jMenuItem2` das Interface genommen werden.

Zur *Adapter*-Klasse `MouseAdapter` gibt es auch entsprechendes *Listener*-Interface, nämlich `MouseListener`. Dieses Interface besitzt aber die fünf Methoden `mouseEntered`, `mouseExited`, `mouseClicked`, `mousePressed` und `mouseReleased`, welche abfragen, ob die Maus auf eine GUI-Komponeten bewegt oder davon wegbewegt wurde oder ob der Mausknopf allgemein betätigt, gedrückt oder losgelassen wurde.

Würde das *Listener*-Interface `MouseListener` anstelle der *Adapter*-Klasse `MouseAdapter` verwendet werden, müssten alle fünf Methoden überschrieben werden, also fünf Aktion definiert werden, damit das Interface vollständig implementiert und funktionsfähig wäre. Die *Adapter*-Klasse `MouseAdapter` ist die Erweiterung zum Interface, womit jetzt nur noch die benötigten Methoden überschrieben werden müssen. In `GUI6` ist es die Methode `mouseEntered`.

12.7 Lernziele und Aufgaben

12.7.1 Lernziele

Nach Durcharbeiten dieses Kapitels sollten Sie

* die wichtigsten GUI-Komponenten in Java kennen,
* Container und GUI-Bedienelemente benennen können,
* verschiedene Layout-Manager anwenden können,
* Ereignisverarbeitung verstanden haben,
* eigene benutzerfreundliche GUIs mit Ereignisverarbeitung implementieren können.

12.7.2 Aufgaben

Erstellen Sie ein GUI Ihrer Wahl. Verwenden Sie dazu verschiedene Container, GUI-Bedienelemente und Layout-Manager. Weisen Sie jedem GUI-Bedienelement ein Event-Handling zu. Programmieren Sie die Event-Methoden teilweise mit Handler-Methoden, teilweise inline.

13 Fortgeschrittene Konzepte der Objektorientierung

13.1 Exceptions

Java besitzt einen Mechanismus zur gezielten Behandlung von Ausnahmen, so genannten *Exceptions*, die während der Programmausführung auftreten können. Fälle, in welchen Ausnahmen auftreten, sind beispielsweise der Zugriff auf nicht existierende Dateien, das Über- oder Unterschreiten von Feldgrenzen in Arrays, die unzulässige Ausführung mathematischer Operationen (wie eine Ganzzahldivision durch Null…) usw. Der Exception-Mechanismus in Java behandelt dann systematisch und gezielt die aufgetretene Ausnahme. Dies geschieht wie folgt:

- Ein Laufzeitfehler oder ein vom Entwickler bewusst herbeigeführtes (oder auch ein ungewollt eintretendes) Ereignis löst eine Ausnahme aus. Man spricht dann davon, dass ein *Exception geworfen* wurde.
- Diese Ausnahme kann nun unmittelbar von dem Programmteil, in dem sie ausgelöst wurde, behandelt werden. Oder die Ausnahme kann auch an den aufrufenden, übergeordneten Programmteil – „quasi nach oben" – weitergegeben werden.
- Eine Ausnahme kann so lange nach oben weitergegeben werden, bis ihre Behandlung erfolgt oder eine Weitergabe auf oberster Programmebene nicht mehr möglich bzw. vorgesehen ist. Der letzte Fall führt dann zum Abbruch des Programms und zur Ausgabe einer Fehlermeldung auf Systemebene.

13.1.1 Behandlung von Ausnahmen mit `try`, `catch` und `finally`

Das Behandeln von Ausnahmen erfolgt mit der `try-catch`-Anweisung:

```
try
  {
    Anweisung;
  }
catch (Ausnahmetyp e)
  {
```

```
    Anweisung;
  }
```

Der try-Block enthält dabei eine oder mehrere Anweisungen. Tritt dort ein Fehler des Typs Ausnahmetyp auf, wird die Programmausführung im try-Block unterbrochen und mit den Anweisungen im catch-Block fortgeführt. Hier kann nun auf den Fehler entsprechend eingegangen werden. Die Variable e ist hierbei ein Objekt (eine Objektvariable) des Typs respektive der Klasse Ausnahmetyp.

Die try-catch-Anweisung kann auch noch mit weiteren catch-Blöcken und einem finally-Block erweitert werden:

```
    try
      {
        Anweisung;
      }
    catch (Ausnahmetyp1 e1)
      {
        Anweisung;
      }
    catch (Ausnahmetyp2 e2)
      {
        Anweisung;
      }
    finally
      {
        Anweisung;
      }
```

Die weiteren catch-Blöcke werden durchlaufen, wenn im try-Block ein Fehler des Typs Ausnahmetyp1 oder Ausnahmetyp2 usw. auftritt.

Der finally-Block ist der Bereich, in dem quasi Aufräumarbeiten durchgeführt werden. Hier können beispielsweise Dateien geschlossen oder Ressourcen freigegeben werden. Die Anweisungen im finally-Block werden immer als letzter Teil ausgeführt, unabhängig davon,

- ob keine Ausnahme aufgetreten ist,
- ob eine Ausnahme aufgetreten ist und mit catch behandelt wurde,
- ob eine Ausnahme aufgetreten ist, die nicht catch behandelt werden konnte,
- ob der try-Block vorzeitig verlassen wurde (z.B. mit break, continue oder return).

13.1.2   Auswertung von Ausnahmen

In Java sind Ausnahmen bestimmte Klassen. Throwable ist die übergeordnete Fehler-Superklasse, von der alle anderen Fehlerklassen abgeleitet sind, die zur Laufzeit auftreten können. Throwable speichert die Fehlermeldung und einen Auszug des Laufzeit-Stacks, also der zwischengespeicherten Informationen, was wie passiert ist, und kann beide ausgeben. Von Throwable sind zwei unterschiedliche Klassen abgeleitet:

    Error und Exception

- Alle gravierenden Fehler, die hauptsächlich durch Probleme innerhalb der virtuellen Java-Maschine ausgelöst werden, werden durch die Klasse Error behandelt. Sie führen im Allgemeinen zum Abbruch des Programms, geben aber noch eine entsprechende Meldung aus. Solche Fehler sollten im Prinzip sehr selten bis nie vorkommen.
- Alle anderen Fehler, die innerhalb der Anwendung entstehen bzw. ausgelöst werden, werden durch die Klasse Exception oder einer ihrer Unterklassen behandelt. Diese Fehler können vom Programm abgefangen und individuell verarbeitet werden.

In Java existieren bereits viele verschiedene Unterklassen von Exception, die jeweils individuell spezielle Ausnahmen behandeln. Da in Java auftretende Ausnahmen immer Klassen sind, können durch Ableiten von Exception oder deren Unterklassen auch weitere eigene Fehlerklassen definiert werden.

Mittels folgender Methoden kann eine Ausnahme e (also das Objekt e) in der Anweisung catch (Ausnahmetyp e) näher spezifiziert werden:

- public String toString(): Liefert eine kurze Beschreibung über die Ausnahme.
- public String getMessage(): Liefert eine detaillierte Mitteilung über die Ursache der Ausnahme.
- public void printStackTrace(): Druckt den Fehler-Stack aus, der aufgrund der Ausnahme angefallen ist.

Als Typen – also als Klassen – für eine Ausnahme sind beispielsweise folgende Klassen häufig gebräuchlich:

- Die Ausnahme Exception ist die oberste Ausnahmebehandlung, die prinzipiell alle Fehler, welche in einer Anwendung selber (also nicht in der JVM) auftreten können, abhandelt.
- Die Ausnahme RuntimeException ist die Ausnahmebehandlung, die alle Laufzeitfehler abhandelt.
- Eine Division durch Null wird abgefangen durch die Ausnahme ArithmeticException, wie das Programm Try1 in Abb. 13.1 und Abb. 13.2 zeigt.
- Eine Überschreitung von Feldgrenzen wird mittels ArrayIndexOutOfBoundsException abgefangen werden, wie das Programm Try2 in Abb. 13.3 und Abb. 13.4 zeigt.

- Andere Unterklassen von Exception sind beispielsweise:

AclNotFoundException, ActivationException, AlreadyBoundException, Applica-
tionException, AWTException, BackingStoreException, BadAttributeValueEx-
pException, BadBinaryOpValueExpException, BadLocationException, BadStrin-
gOperationException, BrokenBarrierException, CertificateException, Class-
NotFoundException, CloneNotSupportedException, DataFormatException, Data-
typeConfigurationException, DestroyFailedException, ExecutionException,
ExpandVetoException, FontFormatException, GeneralSecurityException, GSSEx-
ception, IllegalAccessException, IllegalClassFormatException, Instantia-
tionException, InterruptedException, IntrospectionException, InvalidAppli-
cationException, InvalidMidiDataException, InvalidPreferencesFormatExcep-
tion, InvalidTargetObjectTypeException, InvocationTargetException, IOException, JMException, LastOwnerException, LineUnavailableException, Midi-
UnavailableException, MimeTypeParseException, NamingException, Noninver-
tibleTransformException, NoSuchFieldException, NoSuchMethodException, Not-
BoundException, NotOwnerException, ParseException, ParserConfigurationEx-
ception, PrinterException, PrintException, PrivilegedActionException, Pro-
pertyVetoException, RefreshFailedException, RemarshalException, RuntimeException, SAXException, ServerNotActiveException, SQLException, TimeoutEx-
ception, TooManyListenersException, TransformerException, Unmodifiable-
ClassException, UnsupportedAudioFileException, UnsupportedCallbackExcep-
tion, UnsupportedFlavorException, UnsupportedLookAndFeelException, URISyn-
taxException, UserException, XAException, XMLParseException, XPathExcep-
tion

Im Programm Try1 in Abb. 13.1 wird in der 7. Zeile im Laufe der for-Schleife durch die
Zahl 0 dividiert, was aufgrund der Ganzzahldivision zu einer Ausnahme führt, wie Abb. 13.2
zeigt.

```
public class Try1 {
  public static void main (String[] args) {
    // Hier kommt die Ausnahme in der Ganzzahldivision
    try
      {
        for (int i = -5; i < 5; i++)
          System.out.println(60/i);
      }
    catch (ArithmeticException e)
      {
        System.out.println("***Fehler aufgetreten***");
        System.out.println("Ursache: "+e.getMessage());
        System.out.println("Ausnahmetyp: "+e.toString());
        System.out.print("wo:");
        e.printStackTrace();
      }
    finally
      {
        System.out.println("Fehler fertig!");
```

```
        }
      System.out.println("Hier geht es weiter!");
    }
  }
```

Abb. 13.1 *Programm* Try1 *zur Erklärung der Ausnahmebehandlung mit* try *und* catch

Die aufgetretene Ausnahme `ArithmeticException` wird behandelt, indem mit den Methoden `getMessage()` und `toString()` sofort die Ursache und der Ausnahmetyp ausgegeben werden. Dann wird der `finally`-Block abgearbeitet und danach geht es im Programm weiter. Sobald `printStackTrace()` aufgrufen wird, wird der Laufzeit-Stack mit der Ausnahmemeldung zusammengestellt. Dessen Ausgabe muss nicht immer unmittelbar erfolgen, was hier gut zu sehen ist.

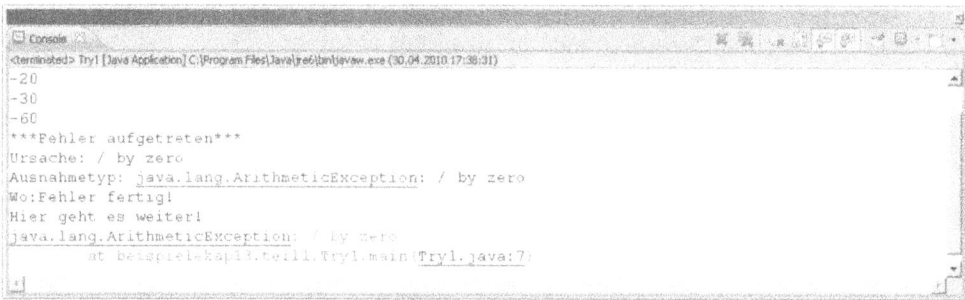

Abb. 13.2 *Ausgabe des Programms* Try1*: Einfaches* try *und* catch

Im Programm `Try2` in Abb. 13.3 wird in Zeile 9 wird im Laufe der `for`-Schleife mit dem Index `(5+i)` die Feldgröße des Array a überschritten, was zu einer Ausnahme führt, wie Abb. 13.4 zeigt.

```
public class Try2 {
  public static void main (String[] args) {
    int[] a = {1,2,3,4};
    try
    {
      for (int i = -5; i < 5; i++)
      {
        System.out.println(60/i);
        System.out.println(a[(5+i)]);
      }
    }
    catch (ArithmeticException e1)
    {
      System.out.println("***1. Fehler aufgetreten***");
      System.out.println("Ursache: "+e1.getMessage());
      System.out.println("Ausnahmetyp: "+e1.toString());
      System.out.print("wo:");
      e1.printStackTrace();
    }
    catch (ArrayIndexOutOfBoundsException e2)
```

```
    {
        System.out.println("***2. Fehler aufgetreten***");
        System.out.println("Ursache: "+e2.getMessage());
        System.out.println("Ausnahmetyp: "+e2.toString());
        System.out.print("wo:");
        e2.printStackTrace();
    }
    finally
    {
        System.out.println("Fehlerbehandlung...");
    }
    System.out.println("Alles OK!");
  }
}
```

Abb. 13.3 *Programm Try2 zur Erklärung der Ausnahmebehandlung mit* try *und* catch *von zwei Ausnahmen*

Noch bevor die Ganzzahldivision zu einer Ausnahme führt, wird auf das Array-Element a[4] zugegriffen, was es nicht gibt, da a nur von a[0] bis a[3] definiert ist. Dies löst ArrayIndexOutOfBoundsException aus, was im entsprechenden catch-Block behandelt wird.

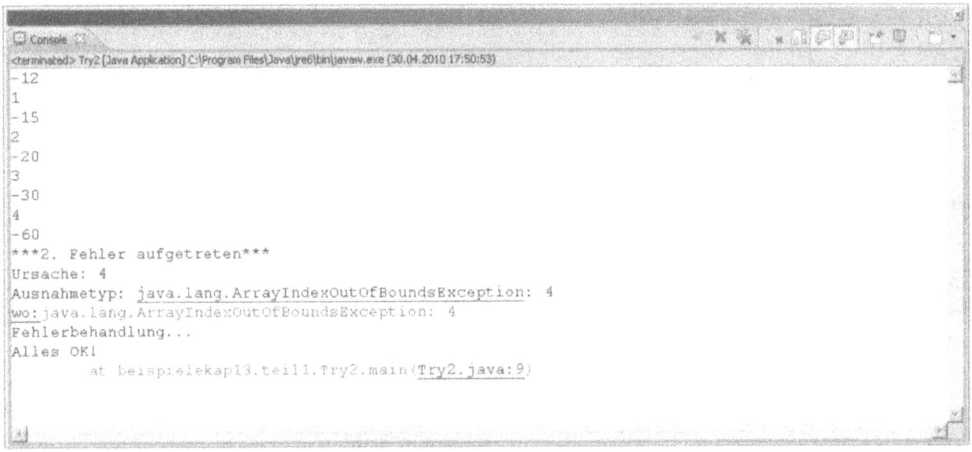

Abb. 13.4 *Ausgabe des Programms* Try2: try *und* catch *für zwei Ausnahmen*

13.1.3   Einlesen von Tastatureingaben mit try und catch

Das Einlesen von Tastatureingaben in der Eingabeaufforderung (DOS-Shell, Konsole etc.) erfolgt mit einer try und catch-Anweisung mittels folgender Zeilen:

```
try
  {
      Eingabe = ( new BufferedReader (
                  new InputStreamReader(System.in))
```

```
                      ).readLine();
    }
catch(Exception ex)
  {
      System.out.println(ex.toString());
  }
```

Dabei wird der Variablen `Eingabe` vom Typ `String` eine Zeichenkette der mit Return abgeschlossenen Eingabezeile aus der Konsole zugewiesen. Damit dies funktioniert, muss ganz am Anfang der Java-Datei die Anweisung `import java.io.*;` stehen. Genaueres zu den einzelnen verwendeten Anweisungen folgt im Kapitel 14.

Beinhaltet die Eingabe eine Ganzzahl, so kann die Zeichenkette `Eingabe` mit folgendem Methodeaufruf in die Variable `Ganzzahl` vom Typ `int` konvertiert werden:

```
Ganzzahl = Integer.parseInt(Eingabe);
```

Eine Konvertierung in eine Gleitzahl vom Typ `double` ist unter Verwendung des folgenden Methodeaufrufs ebenfalls möglich:

```
Gleitzahl = Double.parseDouble(Eingabe);
```

Damit Java plattformunabhängig laufen kann, garantiert die `try` und `catch`-Anweisung, dass das Java-Programm nicht abstürzt, falls keine Eingabe eingelesen werden könnte. Dies ist aber normalerweise bei PCs nie der Fall. Vielleicht stellt sich eher diese Frage bei Java-fähigen Kaffee- oder andersartigen Maschinen, die keine Tastatur im klassischen Sinn besitzen.

Die `try` und `catch`-Anweisung ist im Programmbeispiel `Input1` aus Abb. 13.5 ebenfalls notwendig, da die Konvertierungen mit `Integer.parseInt` oder `Double.parseDouble` einen Fehler erzeugen können, der dann entsprechend abgefangen wird. Dies ist beispielsweise dann der Fall, wenn solche Zeichen eingegeben werden, die nicht als eine Zahl oder Bestandteil einer Zahl (wir Dezimalpunkt oder Exponent) interpretiert werden können.

```
import java.io.*;
public class Input1 {
  public static void main (String[] args) {
    String Eingabe   = "";
    double Gleitzahl = 0.0;
    boolean Wiederholen = true;

    while (Wiederholen)
    {
      System.out.print("Zahl eingeben: ");
      try {
        Eingabe = (new BufferedReader(new
          InputStreamReader(System.in))).readLine();
        Gleitzahl = Double.parseDouble(Eingabe);
        System.out.println("Zahl = " + Gleitzahl);
        Wiederholen = false;
      }
      catch(Exception ex) {
```

```
          System.out.println("Eingabe ist keine Zahl!");
          System.out.println(ex.toString());
          Wiederholen = true;
        }
      }
    }
  }
}
```

Abb. 13.5 *Programm* Input1*: Einlesen einer Gleitzahl über die Tastatur mit* try *und* catch *von zwei Ausnahmen*

13.1.4   Weitergabe von Ausnahmen mit throws

Sollen auftretende Ausnahmen nicht zum Abbruch des Programms führen, müssen sie

- entweder mit try und catch am Ort des Auftretens behandelt werden oder
- mit try und catch in den umgebenden Blöcken behandelt werden oder
- mit dem Schlüsselwort throws an die aufrufende Instanz bzw. Methode weitergegeben werden. Dort müssen die Ausnahmen dann mit try und catch behandelt oder ebenfalls an die darüberliegende aufrufende Instanz bzw. Methode weitergegeben werden. Erfolgt bis in der obersten main-Methode keine Behandlung von auftretenden Ausnahmen, bricht das Programm mit einer Fehlermeldung ab.

throws wird bei der Methodendefinition zusätzlich mit angegebenen und definiert, welcher Ausnahmetyp in dieser Methode auftreten kann, aber dort nicht behandelt werden soll, sondern stattdessen an die aufrufende Methode weitergegeben wird.

Im Beispiel Throws1 in Abb. 13.6 tritt die Ausnahme ArithmeticException in der Methode berechneGanzzahlBruch auf, sobald durch die Zahl 0 dividiert wird.

```
public class Throws1 {
  public static void main (String[] args) {
    for (int i = 5; i > -5; i--) {
      try {
        System.out.println(berechneGanzzahlBruch(10, i));
      }
      catch (ArithmeticException e) {
        System.out.println("***Fehler aufgetreten***");
        System.out.println("Ursache: "+e.getMessage());
        System.out.println("Ausnahmetyp: "+e.toString());
        System.out.print("wo:");
        e.printStackTrace();
      }
    }
  }

  static int berechneGanzzahlBruch(int Zaehler, int Nenner)
    throws ArithmeticException
  {
    int ergebnis = Zaehler / Nenner;
    return ergebnis;
  }
}
```

Abb. 13.6 *Programm* Throws1*: Weitergabe einer Ausnahme (Ganzzahldivision durch Null) mit* throws *und Behandlung in der aufrufenden Methode*

Die Ausnahme der unzulässigen Ganzzahldivision wird wegen `throws ArithmeticEx-`
`ception` erst in der aufrufenden `main`-Methode mit `try` und `catch` behandelt, wie in
Abb. 13.7 zu sehen ist.

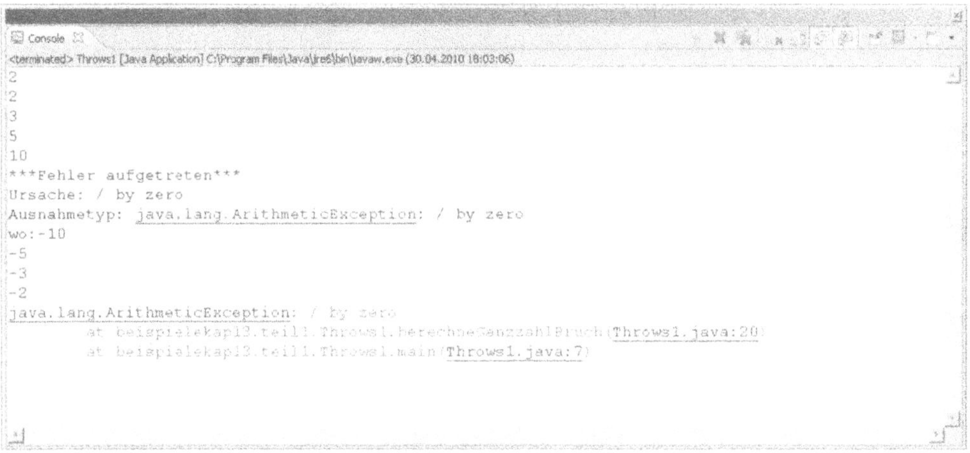

Abb. 13.7 *Ausgabe des Programms* `Throws1`: *Weitergabe von Ausnahmen mit* `throws`

13.1.5 Auslösen von Ausnahmen mit `throw`

Mit der Anweisung `throw` (ohne „s" am Ende, nicht zu Verwechseln mit dem Schlüsselwort `throws` mit „s"!) kann eine eigene Ausnahme ausgelöst, also geworfen werden. Dies
geschieht mittels folgender Anweisung, indem zusätzlich ein Ausnahmeobjekt angegeben
wird:

```
throw AusnahmeObjekt;
```

Das Ausnahmeobjekt, hier mit dem Namen `AusnahmeObjekt`, ist dabei

- ein Objekt eines Ausnahmetyps (also einer Klasse), der von einem bestehenden Ausnahmetyp (z.B. von einer Unterklasse von `Exception`) abgeleitet wurde oder
- ein Objekt eines bestehenden Ausnahmetyps, z.B. mit einem neuen Fehlertext: `throw`
  `new ArithmeticException("Wurzel für negative Zahlen nicht`
  `definiert");`

Das Programm in Abb. 13.8 und dessen Ausgabe in Abb. 13.9 verdeutlichen dies. In der
Methode `berechneWurzel(int Zahl)` wird vorab geprüft, ob mathematisch die Berechnung der Wurzel überhaupt zulässig ist.

```java
public class Throw1 {
  public static void main (String[] args) {
    for (int i = 5; i > -2; i--) {
      try {
        System.out.println(berechneWurzel(i));
      }
      catch (ArithmeticException e) {
        System.out.println("***Fehler aufgetreten***");
        System.out.println("Ursache: "+e.getMessage());
        System.out.println("Ausnahmetyp: "+e.toString());
        System.out.print("wo:");
        e.printStackTrace();
      }
    }
  }

  static double berechneWurzel(int Zahl) throws ArithmeticException {
    if (Zahl < 0)
      throw new ArithmeticException(
        "Wurzel für negative Zahlen nicht definiert");
    else
      return Math.sqrt(Zahl);
  }
}
```

Abb. 13.8   *Programm* Throw1: *Auslösen einer Ausnahmen mit* throw *mit einem neuen Ausnahmetext*

Da mathematisch keine Wurzel für negative Zahlen definiert ist (zumindest im reellen Zahlenraum), wird in der Methode berechneWurzel(int Zahl) die Ausnahme ArithmeticException mit eigenem Ausgabetext ausgelöst, wie Abb. 13.9 zeigt.

```
2.23606797749979
2.0java.lang.ArithmeticException: Wurzel für negative Zahlen nicht definiert
        at beispielekap13.teil1.Throw1.berechneWurzel(Throw1.java:20)
        at beispielekap13.teil1.Throw1.main(Throw1.java:7)

1.7320508075688772
1.4142135623730951
1.0
0.0
***Fehler aufgetreten***
Ursache: Wurzel für negative Zahlen nicht definiert
Ausnahmetyp: java.lang.ArithmeticException: Wurzel fur negative Zahlen nicht definiert
wo:
```

Abb. 13.9   *Ausgabe des Programms* Throw1: *Auslösen einer Ausnahmen mit* throw *mit einem neuen Ausnahmetext*

Was man aber auch in Abb. 13.9 sieht, ist, dass die Ausgabe von Ausnahmemeldungen in der Java-Konsole nicht immer vollständig synchron zu der Ausgabe von Berechungsergebnissen erfolgt. Dies liegt daran, dass die Ausnahmebehandlung das Konzept von Threads einsetzt, also eine (scheinbar) parallele Abarbeitung mehrerer Aufgaben vornimmt, worauf wir in Kapitel 15 eingehen werden.

13.2   Pakete

Jede Klasse in Java wird in einem Paket abgelegt. Dies dient der Organisation der in den Klassen angegebenen Methoden und Attribute. Die wichtigsten Klassen – also deren Methoden – sind der Java Virtual Machine bereits bekannt. Im Allgemeinen wird aber zum Auffinden der Klasse der Name des Pakets gefolgt von einem Punkt und dem anschließenden Klassennamen angegeben.

Ein Paket kann dabei ebenfalls selbst wiederum in einem anderen Paket liegen, womit dann der gesamte Name mehrere Punkte beinhaltet. Beispielsweise definiert `java.util.Date` die Klasse `Date` im Paket `util`, das wiederum im Paket `java` liegt. Eine Konvention in Java besagt, dass Paketnamen mit einem Kleinbuchstaben beginnen und Klassennamen mit einem Großbuchstaben.

Damit nun eine Klasse verwendet werden kann, muss mittels einer der beiden folgenden Möglichkeiten spezifiziert werden, wo genau diese Klasse und damit auch deren Methoden und Attribute liegen:

- Die Klasse wird innerhalb des Programmcodes, wo sie gerade referenziert wird, über ihren vollständigen Namen angesprochen:

  ```
  java.util.Date d = new java.util.Date();
  ```

- Oder am Anfang des Java-Programmcodes werden als eine der ersten Zeile noch vor den eigentlichen Klassendefinitionen die später benötigten Klassen mittels der `import`-Anweisung angegeben:

  ```
  import java.util.*;
  ...
  public class xyz {
    ...
    Date d = new Date();
    ... }
  ```

Dabei gibt es die `import`-Anweisung in zwei unterschiedlichen Varianten:

- Mit `import paket.Klasse;` wird nur genau die Klasse `Klasse` des Pakets `paket` importiert.

- Mit dem Stern bzw. Asterix (*) anstelle eines Klassenamens, also `import paket.*;` werden alle Klassen des Pakets `paket` auf einmal importiert werden. Dies gilt aber nicht für Unterpakete, also weitere Pakete im Paket `paket`.

Die Bedeutung der Punkte zur Trennung von Paketnamen liegt im strukturierten Ablegen der Klassen in einer entsprechenden Verzeichnisstruktur. Beispielsweise sind die Klassen vom Paket `java.util.*` im Verzeichnis `java\util\` abgelegt.

Das „Home-Verzeichnis" für die Java-Pakete ist dabei das File `src.zip` für alle `java`-Quellcodes und das File `jre/lib/rt.jar` für alle `class`-Files im entsprechenden Installationsverzeichnis des JDK.

*Die Verwendung vollständiger Namen hat den Nachteil, dass die Klassennamen sehr lang werden. Bequemer ist die Anwendung mit der `import`-Anweisung, womit sogleich alle Klassen eines Pakets mittels eines * importiert werden können. Der Nachteil ist eine etwas längere Kompilier- und Startzeit des Java-Programms, was aber bei der Rechenleistung von heutigen Computern gar nicht mehr auffällt.*

Tab. 13.1 zeigt ein paar der wichtigsten Pakete, die wir in diesem Buch teilweise auch schon verwendet haben oder noch verwenden werden.

`java.applet`	Applets
`java.awt`	Abstract Windowing Toolkit inkl. diverser Unterpakete
`java.io`	Bildschirm- und Datei-Input und Output
`java.lang`	Elementare Sprachunterstützung
`java.math`	Fließkomma-Arithmetik
`java.security`	Sicherheitsdienste
`java.sql`	Datenbankzugriff (JDBC)
`java.util`	Diverse Hilfsklassen und Methoden und Datenstrukturen
`javax.swing`	Swing-Grafikelemente
`javax.xml`	Zugriff auf XML-Dateien

Tab. 13.1   Wichtige Pakete und deren Bedeutung

Um selber erstellte Klassen einem bestimmten Paket zuordnen zu können, muss ganz am Anfang des Quelltextes (noch vor den `import`-Anweisungen) in der Datei, in dem die Klasse abgespeichert ist, eine geeignete `package`-Anweisung verwendet werden. Diese besteht aus dem Schlüsselwort `package` und dem Namen des Pakets, in dem die nachfolgende Klasse abgelegt werden soll, also ganz analog zur `import`-Anweisung.

Der Aufbau und die Bedeutung der Paketnamen in der `package`-Anweisung sind identisch zur `import`-Anweisung. Entsprechend gibt es auch Pakete in anderen Paketen:

```
package ZooPaket.Zoo1;
```

Hier wird im Paket ZooPaket das weitere Paket Zoo1 angelegt, in welchem die class-Dateien abgelegt werden.

Nur den Stern gibt es bei package-Anweisungen nicht, da für die Erstellung von Paketen bzw. die Zuordnung von Klassen zu bestimmten Paketen immer ein spezifischer, eindeutiger Paketname angegeben werden muss. Der Java-Compiler legt dann entsprechende Unterverzeichnisse gemäß den Angaben der package-Anweisung an und speichert in diesen Unterverzeichnissen die kompilierten Java-Klassen ab. Diese Pakete können dann quasi als Komponenten wiederverwendet werden.

13.3   Zugriffsspezifizierung

13.3.1   Modifier für Zugriffsspezifizierung

Modifier sind Schlüsselwörter in Java, die dem Compiler Zusatzinformationen über die *Zugriffsspezifizierung* von Klassen, Attributen und Methoden geben. Die häufigsten Modifier in Java sind die sog. *Access Modifier* namens public, protected, private und *friendly*.

Dabei ist zu beachten, dass *friendly* kein geschriebenes Java-Schlüsselwort ist wie die anderen drei Modifier public, protected und private. Sondern im Programmcode wird an der Stelle, an welcher der *friendly* Modifier stehen soll, einfach kein Schlüsselwort angegeben, was dann für den Java-Compiler heißt, dass hier ein *friendly* Zugriff gilt. *friendly* wird oftmals auch als *package-scoped* oder einfach *package* angegeben. (Nicht zu Verwechseln mit dem Paket-Schlüsselwort package!)

Die Access Modifier (public, protected, private, *friendly*) regeln wie nachfolgend angegeben die Zugriffserlaubnis (Sichtbarkeit) auf die Klassen, Methoden und Attribute innerhalb des gesamten Java-Programms. Pro Ausdruck kann dabei gleichzeitig nur eine Zugriffsspezifizierung, also ein Access Modifier, vergeben werden.

Zusätzlich geben wir in Klammern auch noch das UML-Symbol an, das wir bereits bei der grafischen Modellierung mit UML-Klassendiagrammen ab Kapitel 8 eingesetzt haben und später in Kapitel 16 noch gezielter verwenden werden.

- Elemente mit der Eigenschaft public sind in derselben Klasse sowie in jeder anderen Klasse des Java-Programms sichtbar, d.h aufrufbar. (In UML wird dies mit + angegeben.)
- Elemente mit der Eigenschaft protected sind in derselben Klasse sowie in den abgeleiteten Klassen und in den Klassen, welche im gleichen Paket liegen, sichtbar. (UML #)
- Elemente, die ohne einen Schlüsselwort-Modifier deklariert werden, also *friendly* sind, sind in derselben Klasse und noch in den Klassen desselben Pakets sichtbar. (in UML keine Kennzeichnung)
- Elemente mit der Eigenschaft private sind lediglich in derselben Klasse sichtbar. Außerhalb dieser Klasse gibt es keinen Zugriff auf die private Elemente einer Klasse. (UML -)

Als Gemeinsamkeit gilt, dass innerhalb derselben Klasse immer auf alle Elemente (Attribute, Methoden) egal welchen Access Modifiers zugegriffen werden kann. Die Restriktion für Zugriffe von außerhalb der Klasse nimmt von `public` über `protected` und *friendly* bis `private` stetig zu. Tab. 3.1 zeigt dies zusammenfassend in kompakter Form.

Zugriffsspezifizierung	Zugriff aus derselben Klasse	Zugriff von einer Klasse aus demselben Paket	Zugriff von einer abgeleiteten Klasse	Beliebiger Zugriff innerhalb des Java-Programms
`public`	ja	ja	ja	ja
`protected`	ja	ja	ja	nein
friendly	ja	ja	nein	nein
`private`	ja	nein	nein	nein

Tab. 13.2 *Zugriffsrechte auf Klassen in Java*

Nochmals mit anderen Worten: `private` ist der restriktivste Access Modifier. `private` Attribute oder `private` Methode können nur von der eigenen Klasseninstanz aufgerufen werden. `private` ist damit so restriktiv, dass nicht einmal die abgeleiteten Klassen auf `private` Attribute oder Methoden der Klasse zugreifen dürfen.

`public` ist der großzügigste Access Modifier. `public` Klassen, Attribute oder Methoden können überall in einem Java-Programm verwendet und aufgerufen werden. Allerdings sind solch programmierte Anwendungen nicht sicher, wenn beispielweise über das Netzwerk auf sie zugegriffen werden kann.

In jeder Java-Applikation (Ausnahme Applets) hat es zudem (mindestens) eine `main`-Methode, welche `public` sein muss. Diese Methode wird von der JVM aufgerufen und ist der Startpunkt des Java-Programms.

Das Programm `Zuweisung1` aus Abb. 13.10 versucht diese Eigenschaften der Access Modifier zu verdeutlichen. (Die Kommentare `//` haben hierbei nicht direkt etwas mit der Zugriffsspezifizierung zu tun; sie blenden nur einzelne Zeilen aus, um den Programmcode kompilierbar zu machen.)

```
public class Zuweisung1
{
   // Verschiedene Modifier fürs Attributs
   int zahl;
   //public int zahl;
   //protected int zahl;
   //private int zahl;

   // Setzen des Attributwertes
   public void setzeZahl(int wert)
   {
      this.zahl = wert;
```

```
    }

    // Ermitteln des Attributwertes
    public int ermittleZahl()
    {
      return this.zahl;
    }
  }
```

Abb. 13.10   *Klasse* Zuweisung1 *zur Verdeutlichung der Access Modifier*

Das Attribut zahl kann, wenn das Zeilenkommentar // entsprechend anders gesetzt wird, die Zugriffsspezifizierungen *friendly*, public, protected und private annehmen. Das Programm Modifier1 aus Abb. 13.11 zeigt entsprechend die Auswirkungen dieser Varianten. Je nach gewähltem Access Modifier (und Einbettung der beiden Klasse in ein gemeinsames Paket oder eine Vererbungshierarchie) sind verschiedene Zugriffsarten möglich:

eineZuweisung.zahl = 5; und/oder

eineZuweisung.setzeZahl(5);

Besitzt das Attribut zahl die Eigenschaft private, kann nur über die entsprechenden Methoden setzeZahl() und ermittleZahl() in der Klasse Zuweisung1 darauf zugegriffen werden. Die anderen Zugriffsarten führen zu einem Compilerfehler.

Diese Methoden werden nach den englischen Wörtern *to set* für „setzen" und *to get* für „ermittle" auch als *Setter-* und *Getter*-Methoden bezeichnet. Englischsprachig werden die entsprechenden Methoden damit oftmals auch als setAttribute() und getAttribute() bezeichnet.

```
public class Modifier1 {

  public static void main (String[] args) {

    // Erzeugen des Objektes
    Zuweisung1 eineZuweisung = new Zuweisung1();

    // direktes Setzen des Attributwertes
    eineZuweisung.zahl = 5;

    // Setzen des Attributwertes über Setter-Methode
    eineZuweisung.setzeZahl(5);

    // direkte Ausgabe des Attributwertes
    System.out.println(eineZuweisung.zahl);

    // Ausgabe des Attributwertes über Getter-Methode
    System.out.println(eineZuweisung.ermittleZahl());
  }
}
```

Abb. 13.11   *Programm* Modifier1 *zur Verdeutlichung der Access Modifier*

Zusammenfassend geben wir Ihnen an dieser Stelle ein paar Merkregeln zu den Access Modifier und zum Anlegen von Klassen in Dateien mit:

- Wird in Java die `public` Klasse `XYZ` in einer Datei abgespeichert, so muss diese Datei den gleichen Namen, also `XYZ.java`, haben.
- In einer Datei können auch mehrere Klassen definiert werden. Klassen können dabei sequentiell, also hintereinander, stehen oder ineinander eingebettet sein. Eingebettete Klassen sind solche Klassen, die innerhalb des umgebenden Blocks in einer anderen Klasse definiert werden. Sie sind nur innerhalb der umgebenden Klasse bekannt.
- Bei sequentiellen Klassen darf jedoch in einer Datei nur eine Klasse `public` sein. Die Datei muss dann wie diese `public` Klasse heißen. (Für den Dateinamen gelten keine eingebetteten Klassen.)
- Klassen selber können nur `public` oder *friendly* als Access Modifier haben. Klassen dürfen also nicht als `private` oder `protected` deklariert werden, da sie sonst nicht aufgerufen werden könnten.
- Es ist generell zu überlegen, welche Access Modifier für die Klassen, Attribute und Methoden verwendet werden sollten:
    - Mehr Sicherheit → mehr `private` Modifier
    - Mehr Flexibilität → mehr `public` Modifier
    - Eine gezielte Mischung zwischen Sicherheit und Flexibilität → `protected` oder *friendly*

13.3.2   Botschaften

Der Modifier `private` erlaubt aufgrund seiner Restriktivität das vollständige Schützen der Attribute (oder Methoden) gegen Zugriffe auf die Attributwerte von außerhalb der Klasse bzw. des Objekts. Sowohl das Setzen als auch das Auslesen von Attributwerten von außerhalb ist somit unterbunden. Nur über entsprechende Methoden, die so genannten *Setter*- und *Getter*-Methoden, kann auf `private` Attribute zugegriffen werden, wie Abb. 13.12 zu verdeutlichen versucht.

Man spricht dann davon, dass so genannte Botschaften an die Objekte gesendet werden. Im Allgemeinen sind diese Methoden so benannt, wie das Attribut heißt, auf das sie zugreifen. Dem Englischen folgend werden diese Methoden meist mit dem Wortlaut `setAttribut()` und `getAttribut()` bezeichnet. Sie setzen und ermitteln den Attributwert eines Attributs. Im spezifischen Fall, wie Abb. 13.12 zeigt, könnte es `setGewicht()` und `getGewicht()` heißen, um auf das Attribut `Gewicht` zuzugreifen.

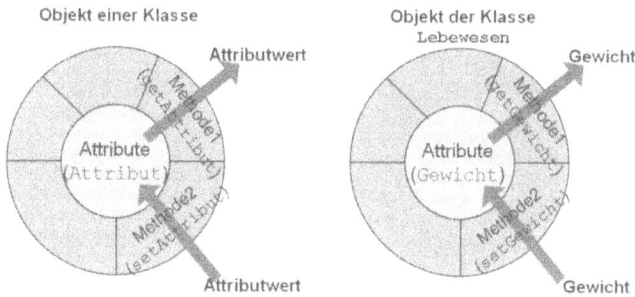

Abb. 13.12 Prinzip der Botschaften mit Setter- und Getter-Methoden in Java

In unserem Beispiel Zuweisung1 aus Abb. 13.10 bleiben wir aber bei der deutschen Namensgebung für Attribute und Methoden und nennen unsere Getter-Methode nicht get-Zahl() sondern ermittleZahl(). Diese Methode liefert als Rückgabewert den entsprechenden Attributwert des Attributs zahl. Der Rückgabetyp entspricht dem Datentyp des Attributs, hier int. Das Aufrufen des Attributs erfolgt über das Schlüsselwort this.

Ebenso nennen wir im Beispiel Zuweisung1 die Setter-Methode anstelle von set-Zahl(Datentyp attribut) nun setzeZahl(int wert). Sie setzt das entsprechende Attribut dieses Objekts, auf das mittels des Schlüsselwortes this zugegriffen wird. Hier gibt es keinen Rückgabewert, weshalb void steht.

Die Setter- und Getter-Methoden dürfen nicht private sein, wenn von außerhalb der Klasse auf diese Methoden zugegriffen werden soll.

13.4   Abstrakte Klassen und Methoden

Klassen und Methoden können unabhängig ihrer Access Modifier zusätzlich auch mit dem Schlüsselwort abstract versehen werden; sie werden dann als abstrakte Klassen bezeichnet. Zur Unterscheidung werden die „normalen" Klassen, wie wir sie bisher kennenlernten, als konkrete Klassen bezeichnet. Abstrakte Klassen können alles beinhalten wie konkrete Klassen auch; allerdings können abstrakte Klassen nicht instanziert werden, also keine Objekte von ihnen direkt abgeleitet werden.

Methoden können auch mittels abstract als abstrakt definiert werden. Jedoch besitzen abstrakte Methoden im Gegensatz zu konkreten Methoden keinen Anweisungsblock sondern nur die Definitionszeile.

Als ein Beispiel für abstrakte Klassen und Methoden ist in Abb. 13.13 die abstrakte Klasse Lebewesen angegeben, welche neben zwei konkreten Methoden die abstrakte Methode ermittleGewichtsklasse() enthält.

```
abstract public class Lebewesen {
  private String Farbe;
  private String Nahrung;
  private double Gewicht;

  public double getGewicht() {
    return this.Gewicht;
  }

  public void setGewicht(double gewicht) {
    this.Gewicht = gewicht;
  }

  abstract String ermittleGewichtsklasse();
}
```

Abb. 13.13 *Abstrakte Klasse* Lebewesen *mit der abstrakten Methode* ermittleGewichtsklasse()

13.4.1   Abstrakte Klassen

Abstrakte Klassen können nicht instanziert werden; d.h. von abstrakten Klassen können auf direktem Weg keine Objekte gebildet werden. Nur wenn konkrete Unterklassen von abstrakten Klassen abgeleitet werden, können von diesen Unterklassen auch Objekte angelegt werden. Voraussetzung ist, dass diese Unterklassen nicht als abstrakt definiert werden.

Abstrakte Klassen dienen somit als Basisklassen, von welchen mittels Vererbung erst neue (Unter-)Klassen angelegt werden müssen, um dann Objekte anlegen zu können. Von abstrakten Klassen (wie z.B. von Lebewesen in der Abb. 13.13), welche also mit dem Schlüsselwort abstract gekennzeichnet sind, können wiederum abstrakte Klassen, aber auch konkrete Klassen abgeleitet werden.

Ein kleiner Vorgriff auf Kapitel 16: Abstrakte Klassen werden in UML wie konkrete (normale) Klassen dargestellt mit der Ausnahme, dass der Klassenname kursiv geschrieben wird. Ist aus darstellungstechnischen Gründen die kursive Schrift nicht klar erkennbar, wird das Feld mit dem Klassennamen grau hinterlegt und/oder das Kommentar *{abstract}* angegeben. Im UML-Diagramm in Abb. 13.14 zeigen wir Ihnen sowohl die kursive Schrift als auch das Kommentar *{abstract}*.

In dem Beispiel in der Abb. 13.14 werden von abstrakten Klassen, welche also mit dem Schlüsselwort abstract gekennzeichnet sind, beginnend mit Lebewesen wiederum abstrakte Klassen abgeleitet (hier Tier, Säugetier, Affe). Es können aber auch konkrete Klassen instanziert werden, die dann nicht mit abstract definiert sein dürfen. Hier ist Schimpanse die konkrete Klasse, welche von der abstrakten Klasse Affe abgeleitet, aber nicht als abstract definiert wurden.

Von abstrakten Klassen können keine Objekte gebildet werden. Erst wenn eine konkrete Klasse abgeleitet wird, können von dieser auch Objekte gebildet werden.

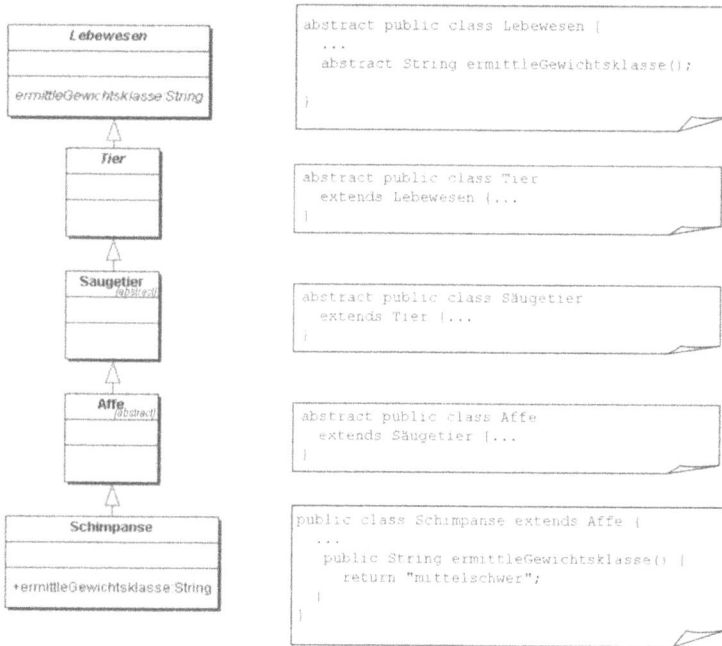

Abb. 13.14   Vererbungshierarchie mit abstrakten Klassen und Methoden

13.4.2   Abstrakte Methoden

Ist mindestens eine Methode in einer Klasse als `abstract` deklariert, so muss die entsprechende Klasse ebenfalls `abstract` sein. Die Klasse Lebewesen in Abb. 13.13 muss deshalb auf jeden Fall abstrakt sein. Außer im Schlüsselwort `abstract` unterscheiden sich abstrakte Methoden von konkreten (normalen) Methoden dadurch, dass kein Methodenblock nach der Methodendefinition steht:

```
abstract String ermittleGewichtsklasse();
```

Abstrakte Methoden können nicht aufgerufen werden. Sie reservieren aber quasi einen Methodennamen und definieren damit eine Art Schnittstelle. Denn erst wenn eine abstrakte Methode in einer abgeleiteten Klasse überschrieben und der fehlende Methodenblock implementiert wurde, wird eine abstrakte Klasse konkret und kann damit aufgerufen werden.

Eine abstrakte Klasse wird dann konkret, wenn *alle* ihre geerbten abstrakten Methoden implementiert sind, also dann konkret sind. Diese Konkretisierung der einzelnen abstrakten Methoden muss nicht auf einmal erfolgen, sondern kann auch über mehrere Vererbungsstufen geschehen.

Abstrakte Methoden erhalten wie abstrakte Klassen in Java das Schlüsselwort `abstract`*. Ist eine Methode als* `abstract` *definiert, muss die Klasse ebenfalls* `abstract` *sein.*

Die Konkretisierung der abstrakten Methode `ermittleGewichtsklasse()` erfolgt so, dass von der Klasse Lebewesen im Zuge der Bildung von Unterklassen irgendwann einmal die Methode einen Methodenblock erhält und somit konkret wird (in der Klase Schimpanse). Zusätzlich kann dabei auch noch die Zugriffsspezifizierung, also der Access Modifier, auf die Methode geändert werden. Ab da kann nun auch die Klasse konkret sein.

13.5 Methodenaufrufe und Polymorphismus

13.5.1 Methoden überlagern

Jede abgeleitete Klasse erbt sowohl Attribute als auch Methoden ihrer Basisklasse. Darüber hinaus dürfen natürlich aber auch neue Attribute und Methoden in der abgeleiteten Klasse definiert werden. Diese abgeleitete Klasse besitzt dann alle Attribute und Methoden aus der Basisklasse und zusätzlich diejenigen, welche neu in ihr definiert wurden.

Wird eine aus der Basisklasse geerbte Methode mit gleichem Namen und gleicher Parameterliste, aber anderer Funktionalität neu definiert, wird die ursprüngliche Methode sozusagen überlagert, quasi überschrieben. Beim Aufruf der Methode in einem Objekt dieser abgeleiteten Klasse wird standardmäßig die überlagernde, aber nicht die überlagerte, ursprünglich vererbte Methode verwendet.

Das Beispiel mit den beiden Klassen `Zuweisung3` und `Zuweisung6` aus Abb. 13.15 und Abb. 13.16 und dem Java-Programm `Ueberschreiben1` aus Abb. 13.17 versucht dies zu verdeutlichen.

```
public abstract class Zuweisung3
{
    // Verschiedene Modifier fürs Attributs
    private int zahl;
    private String satz;

    // Setzen des Attributwertes
    public void setzeZahl(int wert)
    {
        this.zahl = wert;
    }
    // Ermitteln des Attributwertes
    public int ermittleZahl()
    {
        return this.zahl;
    }

    // Setzen des Attributwertes
    public void setzeSatz(String wert)
    {
        this.satz = wert;
    }
    // Ermitteln des Attributwertes
    public String ermittleSatz()
    {
        return this.satz;
    }
}
```

Abb. 13.15   Klasse `Zuweisung3` *mit der ursprünglichen Definition der Methode* `ermittleSatz()`

In der Klasse Zuweisung3 in Abb. 13.15 steht die Methode ermittleSatz(). In der abgeleiteten Klasse Zuweisung6 in Abb. 13.16 wird diese Methode ermittleSatz() nochmals definiert, nun aber mit anderem Rückgabewert quasi als andere Funktionalität. Da ermittleSatz() nun neu definiert wird, ist ermittleSatz() aus Zuweisung3 überlagert, also überschrieben. D.h. es wird ermittleSatz() aus Zuweisung6 ausgeführt, wenn ein Objekt der Klasse Zuweisung6 darauf zugreift. (Von der Klasse Zuweisung3 könnte ohnehin kein Objekt angelegt werden, da diese Klasse abstrakt ist.)

```
public class Zuweisung6 extends Zuweisung3
{
   // Überschreiben der Methode
   public String ermittleSatz()
   {
     return ("ueberschrieben");
   }
}
```

Abb. 13.16 *Klasse* Zuweisung6 *mit Überlagerung der Methode* ermittleSatz()

Das Programm Ueberschreiben1 Abb. 13.17 ruft die Methode ermittleSatz() auf. Dabei wird die Methode in der Klasse Zuweisung6 verwendet und nicht die ursprüngliche Methode aus Klasse Zuweisung3.

```
public class Ueberschreiben1 {
   public static void main (String[] args) {
     Zuweisung6 eineZuweisung = new Zuweisung6();
     // Setzen des Attributwertes über Methode
     eineZuweisung.setzeSatz("Hallo");
     // Ausgabe des Attributwertes über Methode
     System.out.println(eineZuweisung.ermittleSatz());
   }
}
```

Abb. 13.17 *Klasse* Ueberschreiben1 *zur Verdeutlichung der Überlagerung von Methoden*

Letztendlich lautet die Bildschirmausgabe „*ueberschrieben*" und nicht „*Hallo*". Als Merkregel lässt sich somit Folgendes festhalten:

Wird in einer Vererbungshierarchie in einer Unterklasse eine Methode angegeben, die unter dem gleichen Namen bereits in einer Oberklasse definiert wurde, so wird jeweils diejenige Methode verwendet, die in der Vererbungshierarchie als nächste oben darüber steht.

13.5.2 Polymorphismus

In Java können Attribute, also Variablen, nicht nur Werte im eigentlichen Sinn (z.B. Zahlen oder Zeichenketten) zugewiesen bekommen, sondern auch Objekte. Eine solche Variable wird dann als Objektvariable bezeichnet. Die Objektvariablen können auch Objekte von den abgeleiteten Klassen aufnehmen.

Eine Objektvariable vom Typ Lebewesen aus dem Beispiel in Abb. 13.14 kann nicht nur Objekte der Klasse Lebewesen aufnehmen, sondern auch Objekte der Klassen Tier, Säugetier, Affe und Schimpanse, wie beispielsweise hier gezeigt ist:

```
Lebewesen ersteObjektvariable, zweiteObjektvariable;
...
ersteObjektvariable = einSchimpanse;
zweiteObjektvariable = einTier;
```

Dies ist ein Beispiel für *Polymorphismus* in Java. Polymorphismus bedeutet übersetzt „Vielgestaltigkeit" und bezeichnet die Fähigkeit von Objektvariablen, Objekte unterschiedlicher Klassen aufnehmen zu können. Dies gilt für alle Objekt von abgeleiteten Klassen, nicht aber für Objekte von übergeordneten Klassen.

13.5.3   Dynamische Methodenaufrufe

Aufgrund des Polymorphismus kann es sein, dass der Java-Compiler noch nicht weiß, welches Objekt eine Objektvariable zur Laufzeit aufnehmen wird. Also, ob die Objektvariable ersteObjektvariable ein Objekt der Klasse Lebewesen, Tier, Saeugetier, Affe oder Schimpanse zugewiesen bekommt.

Da diese Klassen Lebewesen, Tier, Saeugetier, Affe oder Schimpanse verschiedene Methoden gleichen Methodennamens enthalten können, wird erst zur Laufzeit klar, welche Methode aufgerufen werden muss. Dies wird als *dynamisches Binden* (*dynamic binding*) bezeichnet. In Java werden dazu die Methodenaufrufe dynamisch interpretiert.

13.6   Die Klasse Object

Ist eine Klasse nicht explizit von einer anderen Klasse mittels extends abgeleitet, so besitzt sie implizit die Basisklasse Object. Damit ist jede Klasse, die keine extends-Anweisung besitzt, quasi von der Klasse Object abgeleitet, woraus folgt, dass alle Klassen im Endeffekt als oberste Klasse die Klasse Object haben.

Object gilt als die Superklasse aller Klassen. Sie ist im Paket java.lang.Object abgelegt. Die Klasse Object definiert einige elementare Methoden, die für manche Objekte nützlich sein können, z.B.:

```
boolean equals(Object obj), protected Object clone() und
String toString()
```

Die Methode equals() testet, ob zwei Objekte identisch sind. clone() kopiert ein Objekt. toString() erzeugt eine String-Darstellung eines Objekts. Damit diese Methoden in abgeleiteten Klassen vernünftig funktionieren, müssen sie bei Bedarf überlagert werden. Die

Java-Dokumentation (siehe Kapitel 10.10) gibt dazu sowie über weitere Methoden der Klasse `Object` Auskunft.

Im Java-Beispiel `Start2` in Abb. 13.18 werden die zwei Objekte `ersterSchimpanse` und `zweiterSchimpanse` angelegt. Das Zeilenkommentar `//` trennt die beiden Alternativen, ein zweites Objekt mit identischen Einträgen zu generieren oder das zweite Objekt als identische Kopie des ersten anzulegen. Dann werden mit der Methode `equals()` beide Objekte verglichen.

```java
public class Start2 {
  public static void main(String[] args) {

    Schimpanse ersterSchimpanse  = new Schimpanse();
    Schimpanse zweiterSchimpanse = new Schimpanse();

    ersterSchimpanse.setName("Bonny");
    ersterSchimpanse.setGewicht(30.5);

    zweiterSchimpanse.setName("Bonny");
    zweiterSchimpanse.setGewicht(30.5);   //nur identische Einträge

    //zweiterSchimpanse = ersterSchimpanse;  //identische Objekte

    if (zweiterSchimpanse.equals(ersterSchimpanse))
      System.out.println("Schimpansen identisch");
    else
      System.out.println("Schimpansen nicht identisch");
  }
}
```

Abb. 13.18 *Programm* `Start2`

`equals()` testet dabei, ob beide Objekte identisch sind, oder ob sie nur gleiche Einträge besitzen. Wie Abb. 13.19 zeigt, stellt `equals()` fest, dass es zwei verschiedene Objekte sind, auch wenn die Einträge die gleichen sind.

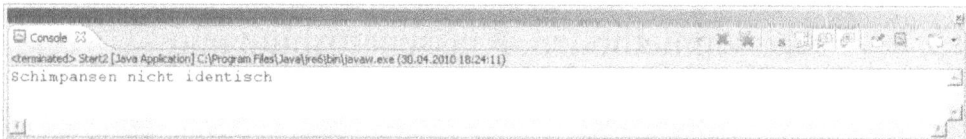

Abb. 13.19 *Objektvergleich mit* `equals()`

Da Felder (also Arrays) in Java quasi auch Objekte sind, können die entsprechenden Methoden von `Object` auch auf Felder angewendet werden. Mittels der Methode `clone()` werden alle Einträge vom int-Feld `feld1` in das int-Feld `feld2` kopiert, wobei noch ein Casting zum Feld-Typ `int[]` notwendig ist:

```java
int feld2[] = (int[]) feld1.clone();
```

Der folgende Ausdruck deklariert dahingegen nur eine weitere Variable feld2, die auf dasselbe int-Feld feld1 zeigt bzw. referenziert:

        int feld2[] = feld1;

Die Methode equals() testet nun, ob es sich um dasselbe Objekt handelt oder nicht. Das Programm FelderKopieren1 in Abb. 13.20 und dessen (teilweise) Ausgabe in Abb. 13.21 zeigen das Prinzip.

```
public class FelderKopieren1 {
  public static void main (String[] args) {
    int[] feld1 = {3,4};

    int[] feld2 = new int[2];
    feld2 = (int[]) feld1.clone();

    System.out.println("Feld = " + feld2[0] + " " + feld2[1]);
    if (feld2.equals(feld1))
      System.out.println("Felder identisch");
    else
      System.out.println("Felder nicht identisch");
  }
}
```

Abb. 13.20 Programm FelderKopieren1

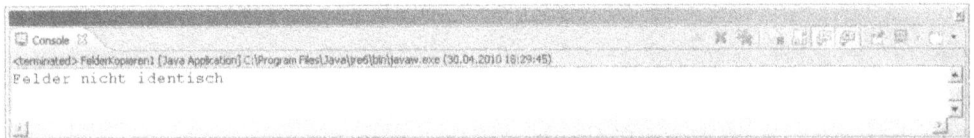

Abb. 13.21 Ausgabe des Programms FelderKopieren1

13.7   Klassenmethoden, Klassenattribute und Konstanten

Klassen, Methoden und Attribute mit dem Schlüsselwort static existieren vom Anlegen der Klasse bis zum Beenden des Programms, ohne dass von der Klasse ein konkretes Objekt erzeugt werden muss. Klassen, Methoden und Attribute sind damit ähnlich den globalen Funktionen und Variablen in anderen Programmiersprachen.

Wird das Schlüsselwort static nicht verwendet, sind die Attribute und Methoden einer Klasse immer an eine konkrete Instanz dieser Klasse – also an ein Objekt dieser Klasse – gebunden. Das bedeutet Folgendes:

- Die Attribute können erst mit dem Anlegen eines Objekts dieser Klasse Werte erhalten. Die Attributwerte sind dabei für jedes Objekt individuell; d.h. sie können sich von Objket zu Objekt unterscheiden.
- Die Methoden können erst mit dem Anlegen eines Objekts dieser Klasse verwendet werden und sind nur auf die einzelnen Objekte anwendbar.
- Die Attribute (und Methoden) in den jeweiligen Objekten bleiben dann so lange aktiv, bis die jeweiligen Objekte vom Garbage Collector freigegeben werden. Der Garbage Collector ist ein Systemprozess des Java Runtime Environment. Er bereinigt automatisch und kontinuierlich den Speicher von nicht mehr benötigten Objekten, um nicht den Speicher überlaufen zu lassen.

Wird `static` auf Methoden oder Attribute angewendet, spricht man von *Klassenmethoden* oder *Klassenattributen.*

Klassen, Methoden, Attribute und Objekte können mit dem Schlüsselwort `final` als konstant deklariert werden. Ist konstanten Attributen (auch als *Konstanten* bezeichnet) einmal ein Wert zugewiesen, darf dieser zur Laufzeit des Programms nicht mehr geändert werden. Konstante Methoden dürfen nicht überlagert werden. Und von konstanten Klassen darf keine weitere Klasse abgeleitet werden.

Die zwei Modifier `static` und `final` regeln zwar nicht direkt die Zugriffsspezifizierung auf Klassen, Attribute und Methoden, definieren aber zusätzliche Eigenschaften für deren Zugriff. Sie dürfen miteinander und mit den anderen Modifiern für Zugriffsspezifizierung (Access Modifier) kombiniert werden.

`static` kann auf Attribute und Methoden angewendet werden, um sie als statisch zu beschreiben. Diese `static`-Eigenschaft ist eine Klasseneigenschaft und führt zu Klassenattributen und Klassenmethoden. Der Zugriff auf `static`-Eigenschaften erfolgt direkt über die Klasse, nicht über ihre Objekte. Auch Klassen können als statisch definiert werden. Im Java-Programm `Immobilienverwaltung1` aus Abb. 8.6 haben wir als innere Klasse die statische Klasse `Einfamilienhaus` verwendet.

`final` ist ein Modifier, der Klassen, Attribute und Methoden als konstant bzw. nicht mehr veränderbar charakterisiert, d.h. deren Eigenschaften können, sobald einmal im Java-Programm gesetzt, nicht mehr geändert werden:

- Eine `final` Klasse kann nicht vererbt werden.
- Einem `final` Attribut kann kein neuer Wert zugewiesen werden.
- Eine `final` Methode kann nicht überschrieben werden.

13.7.1 Klassenattribute und Konstanten

Ein Attribut, das innerhalb einer Klasse mit dem Schlüsselwort `static` gekennzeichnet ist, nennt man Klassenattribut (oder auch statische Variable oder Klassenvariable). Im Gegensatz zu den Instanzattributen – den eigentlichen Attributen, die auch als Instanzvariablen bezeichnet werden und immer an ein konkretes Objekt gebunden sind – existieren Klassenattribute unabhängig von einem Objekt.

Jedes Klassenattribut wird nur einmal angelegt. Alle Methoden der Klasse können aus jeder Instanz darauf zugreifen, d.h. alle Objekte dieser Klasse sehen den gleichen Wert in diesem Attribut. Ändert ein Objekt den Wert eines Klassenattributs, ist er für alle Objekte geändert.

Klassenattribute sind vergleichbar mit globalen Variablen. Sie existieren vom Laden der Klasse bis zum Beenden des Programms. Namenskollisionen sind jedoch ausgeschlossen, so dass der Zugriff von außerhalb der Klasse `Klassenname` auf das Attribut `Klassenatt-``ributname` nur in der Form `Klassenname.Klassenattributname` erfolgen kann, sofern das Attribut auch als `public` deklariert ist.

Klassenattribute werden auch dazu verwendet, Konstante zu deklarieren. Dann wird das Schlüsselwort `static` mit dem Schlüsselwort `final` kombiniert, um eine unveränderliche „globale" Konstante mit „unbegrenzter" Lebensdauer (zumindest solange das Java-Programm läuft) zu erzeugen:

```
static final double STEUERSATZ = 7.6;
```

Das Schlüsselwort `final` verhindert, dass der Konstanten `STEUERSATZ` während der Ausführung des Programms ein anderer Wert zugewiesen werden kann. (Das ergäbe eine Fehlermeldung.) Als Namenskonvention für Konstanten gilt, dass diese mit GROSSBUCHSTABEN zu schreiben sind.

Es können auch Methoden als `final` deklariert werden. Solche Methoden dürfen dann in einer abgeleiteten Klasse nicht überschrieben werden. Ebenso können auch Klassen als `final` definiert werden. Von diesen Klassen dürfen dann mittels Vererbung keine weiteren Klassen abgeleitet werden. Es können auch Objekte und Arrays (die bekanntlich in Java eine besondere Art von Objekten darstellen) als `final` deklariert werden. Diese sind dann gegen Überschreiben geschützt. Allerdings können trotzdem einzelne Werte im Objekt oder Array durch direkten Zugriff auf einzelne Elemente bzw. Attribute geändert werden.

In der Klasse `Zuweisung5` in Abb. 13.22 werden zwei Attribute als `static` definiert (`STEUERSATZ` und `Zollzuschlag`), die damit sie zu Klassenattributen werden. `STEUERSATZ` ist darüber hinaus als `final` definiert; d.h. `STEUERSATZ` ist eine Konstante, die nirgendwo im Programm mehr verändert werden kann.

```
public class Zuweisung5 extends Zuweisung3
{
  static final double STEUERSATZ = 7.6;
  static double Zollzuschlag = 4.0;
}
```

Abb. 13.22   Klasse `Zuweisung5` *mit Klassenattributen und einer Konstanten*

Auf die Klassenattribute `STEUERSATZ` und `Zollzuschlag` kann nun zugegriffen werden, ohne dass sie konkret an ein Objekt gebunden sind. D.h. es muss bzw. darf kein Objekt

angelegt werden, um auf diese Klassenattribute zugreifen zu können. Die Werte der Klassenattribute erhält man alleine durch Angabe des Klassennamens:

> Zuweisung5.STEUERSATZ   bzw.   Zuweisung5.Zollzuschlag

Das nachfolgende Programm `Klassenvariable1` in Abb. 13.23 und Abb. 13.24 zeigt
dies.

```java
public class Klassenvariable1 {
  public static void main (String[] args) {

    double Grundbetrag, Endbetrag, Steuer;
    Zuweisung5 eineZuweisung = new Zuweisung5();

    // Setzen des Attributwertes über Methode
    eineZuweisung.setzeZahl(1000);

    // Ausgabe des Attributwertes über Methode
    Grundbetrag = eineZuweisung.ermittleZahl();
    System.out.println("Grundbetrag = " + Grundbetrag);

    // Zollzuschlag um 1 erhöhen
    ++Zuweisung5.Zollzuschlag;
    System.out.println("Zollzuschlag (%) = " + Zuweisung5.Zollzuschlag);
    System.out.println("MWSt (%) = " + Zuweisung5.STEUERSATZ);

    // Berechnung Steuer und Betrags
    Steuer = (Zuweisung5.STEUERSATZ + Zuweisung5.Zollzuschlag) / 100;
    Endbetrag = Grundbetrag * (1 + Steuer);
    System.out.println("Endbetrag = " + Endbetrag);
  }
}
```

Abb. 13.23 *Programm* `Klassenvariable1`

Das Klassenattribut `Zuweisung5.Zollzuschlag` kann beliebig im Programm geändert
werden. Im Gegensatz dazu kann das Klassenattribut `Zuweisung5.STEUERSATZ` nirgendwo mehr geändert werden, da es als `final`, also als Konstante, definiert ist.

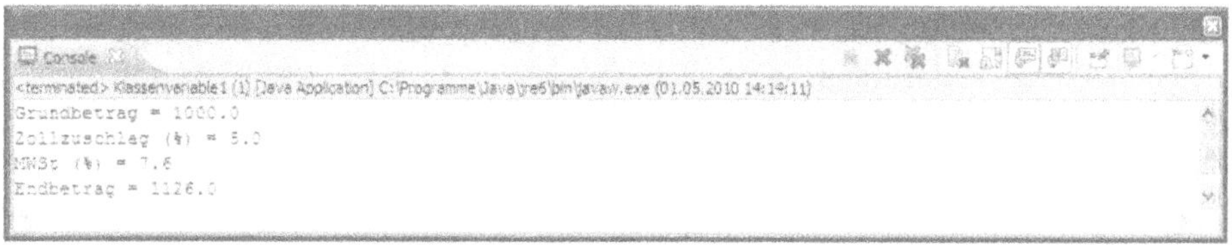

Abb. 13.24 *Ausgabe des Programms* `Klassenvariable1`

13.7.2   Klassenmethoden

Neben Klassenattributen gibt es in Java auch Klassenmethoden (auch als statische Methoden bezeichnet). Diese Methoden sind nicht an die Existenz eines Objektes gebunden. Klassenmethoden werden ebenfalls mit Hilfe des Schlüsselworts `static` definiert. Ihr Aufruf erfolgt wie bei Klassenattributen mittels vorangestellten Klassenname, hier `Klassenname`:

```
Klassenname.Klassenmethodenname
```

Die Klassen `System` und `Math` stellen beispielsweise verschiedenste Klassenmethoden zur Verfügung, die an kein Objekt gebunden sind, z.B. `System.out.println()`, `Math.pow()`, `Math.cos()`, etc.

Das bekannteste Beispiel für eine Klassenmethode ist aber die Methode `main`, die als Startpunkt für alle Java-Programme (Applikationen, nicht Applets) verwendet wird:

```
public static void main (String[] args)
```

Bei Aufruf eines Java-Programms startet der Java-Interpreter immer mit der `main`-Methode als Einsieg ins Hauptprogramm. Ein Java-Programm kann aber auch mehrere `main`-Methoden in verschiedenen Klassen beinhalten. Das Programm startet dann in der Klasse mit der `main`-Methode, die beim Aufruf angegeben wird.

13.8   Interfaces

In Java gibt es nur die Einfachvererbung und keine Mehrfachvererbung. D.h. eine Klasse kann von maximal einer anderen Klasse abgeleitet werden und deren Eigenschaften wie Methoden und Attribute per Vererbung erben. Wenn jetzt allerdings eine weitere Basisklasse interessante Methoden und Attribute besitzt, so können diese nicht nochmals an eine Klasse vererbt werden, die bereits von einer anderen Basisklasse abgeleitet ist.

Verwenden wir zur Verdeutlichung in Abb. 13.25 nochmals die Grafik aus Kapitel 9.3.4, wo wir für die Applets einen kleinen Vorgriff auf Interfaces machen mussten. So kann beispielsweise die Klasse `Vogel`, die von `Tier` und diese wiederum von `Lebewesen` abgeleitet ist (also deren Methoden und Attribute erbt), nicht auch noch von der Klasse `Fleischfresser` abgeleitet werden. Um diese Einschränkungen zu vermeiden, erlauben Interfaces eine restriktive Art einer Mehrfachvererbung einzuführen.

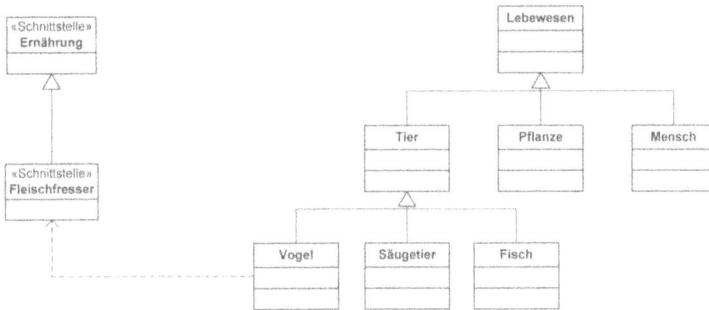

Abb. 13.25 *Beispielhafte Darstellung eines Interfaces:* Vogel *erbt von* Tier *und* Lebewesen *alle deren Attribute und Methoden. Jetzt ist* Vogel *aber noch ein* Fleischfresser *und benötigt weitere Eigenschaften, die er über die Interfaces* Fleischfresser *und* Ernährung *bekommt.*

Abb. 13.25 zeigt exemplarisch diese Möglichkeit. Vogel erbt von Tier und Lebewesen alle deren Attribute und Methoden. Jetzt ist Vogel aber noch ein Fleischfresser und benötigt weitere Methoden, die über die Interfaces Fleischfresser und Ernährung zur Verfügung gestellt werden.

Interfaces sind somit Schnittstellen, die es einer Klasse erlauben, auf Methoden bestimmter anderer Klassen zuzugreifen, von denen sie aber nicht abgeleitet wurde. Ein Interface, im Diagramm als <<*Schnittstelle*>> bezeichnet, ist eine besondere Form einer Klasse. Es wird aber anstelle des Schlüsselwortes class mit dem Schlüsselwort interface definiert und enthält ausschließlich abstrakte öffentliche Methoden und Konstanten. In Abb. 13.25 ist Fleischfresser ein solches Interface, welches übrigens selber noch vom Interface Ernährung abgeleitet ist.

Der Aufruf eines Interfaces von einer Klasse aus, welche die Methoden dieses Interfaces verwenden will, erfolgt im Deklarationsteil dieser Klasse zusätzlich durch Hinzufügen des Schlüsselworts implements NameSchnittstelle. In Abb. 13.25 ist Vogel eine solche Klasse, welche auf die Methoden des Interfaces Fleischfresser zugreifen soll, was durch einen schraffierten Pfeil gekennzeichnet wird.

13.8.1 Interfaces anlegen

Ein Interface lässt sich vielleicht am besten als eine spezielle Form einer Klasse bezeichnen. Das Interface stellt dabei zusätzliche „Eigenschaften" zur Verfügung, wie sie auch eine Klasse besitzen könnte. Es wird anstelle des Schlüsselwortes class mit dem Schlüsselwort interface definiert. Ein Interface beinhaltet in der Regel Methoden, welche in den implementierenden Klassen ausprogrammiert werden müssen, indem eine bestimmte Klasse die notwendigen Zugriffsmechanismen bzw. Daten bereitstellt.

Der Aufruf eines Interfaces mit dem Namen NameSchnittstelle von der Klasse MeineKlasse aus, welche die Methoden dieses Interfaces verwenden will, erfolgt im Deklara-

tionsteil dieser Klasse durch Hinzufügen des Schlüsselworts implements. Es gilt also
Folgendes:

```
public class MeineKlasse implements NameSchnittstelle
```

Ein Interface enthält Methodendefinition ohne Methodenkörper (wie abstrakte Methoden)
und Konstanten, aber keine Konstruktoren. Werden in einem Interface Attribute nicht mit
final deklariert, werden sie dennoch als final angesehen, da ein Interface nur Konstanten und keine variablen Attribute definieren kann.

Die Klasse Vogel aus Abb. 13.26 zeigt, wie das Interface Fleischfresser aus Abb.
13.27 für die Tierhierarchie aus Abb. 13.25 eingebunden werden kann.

```
public class Vogel extends Tier implements Fleischfresser {
  public double anzahl;
  public double menge;

  public String ermittleGewichtsklasse() {
    return "leicht";
  }
  public double anzahlMahlzeiten() {
    return this.anzahl;
  }

  public double mengeProMahlzeit() {
    return this.menge;
  }
}
```

Abb. 13.26 *Klasse* Vogel

Im Interface Fleischfresser (Abb. 13.27) werden die Methoden anzahlMahlzei-
ten() und mengeProMahlzeit() vorgegeben, aber ohne eine Funktionalität zu implementieren. Erst in der Klasse Vogel (Abb. 13.26) erhalten diese beiden Methoden eine
Funktionalität. Sie geben einfach den Wert der Attribute anzahl und menge zurück.

```
public interface Fleischfresser {
  public double anzahlMahlzeiten();
  public double mengeProMahlzeit();
}
```

Abb. 13.27 *Interface* Fleischfresser

13.8.2   Interfaces verwenden

Interfaces werden verwendet, wenn Klassen zusätzliche Eigenschaften erhalten sollen, die
nicht direkt mit der normalen Vererbungshierarchie abgebildet werden können. Gemäß dem
UML-Diagramm aus Abb. 13.25 sind die Klassen Fisch und Vogel indirekt von der Klasse Lebewesen (Abb. 13.28), nämlich über die Klasse Tier (Abb. 13.29), abgeleitet.

```
abstract public class Lebewesen {
   private String Farbe;
   private String Nahrung;
   protected double Gewicht;

   public double getGewicht() {
      return this.Gewicht;
   }

   public void setGewicht(double gewicht) {
      this.Gewicht = gewicht;
   }

   abstract String ermittleGewichtsklasse();
}
```

Abb. 13.28 *Klasse Lebewesen*

In Erweiterung zum in Abb. 13.25 dargestellten UML-Klassendiagramm soll nicht nur die Klasse Vogel das Interface Fleischfresser implementieren, sondern auch die Klasse Fisch, wie der Programmcode Abb. 13.30 zeigt. Entsprechend werden jetzt die Methoden anzahlMahlzeiten() und mengeProMahlzeit() auch in Fisch ausprogrammiert. (Als Funktionalität wird hier eine Zuweisung von Zufallszahlen zwischen 0 und 1 bzw. 200 verwendet.)

```
abstract public class Tier extends Lebewesen {
}
```

Abb. 13.29 *Klasse Tier*

Während die Klassen Lebewesen und Tier noch abstrakt sind, sind Vogel und Fisch konkrete Klassen. Nur so als Ergänzung: Deswegen müssen sie auch die abstrakte Methode ermittleGewichtsklasse(), welche von der abstrakten Klasse Lebewesen vorgegeben wird, konkret implementieren.

```
public class Fisch extends Tier implements Fleischfresser {

   public String ermittleGewichtsklasse() {
      return "mittel";
   }

   public double anzahlMahlzeiten() {
      return Math.random() * 1;
   }

   public double mengeProMahlzeit() {
      return Math.random() * 200;
   }
}
```

Abb. 13.30 *Klasse Fisch*

Indem Fleischfresser als Interface definiert wurde, werden nun die zusätzlichen Methoden anzahlMahlzeiten() und mengeProMahlzeit() zur Verfügung gestellt. Im Interface existiert noch keine Beschreibung, was die Methoden machen sollen, da der Methodenkörper fehlt. In den Klassen Fisch und Vogel müssen die Methoden damit erst noch genau spezifiziert werden, was sie individuell für die Objekte der Klassen Fisch und Vogel berechnen sollen.

Das Entscheidende liegt nun im Zugriff auf diese an sich zu verschiedenen Klassen gehörenden Methoden, die aber trotzdem alle auch zum gleichen Interface Fleischfresser gehören. Das Programm Fleischkonsum in Abb. 13.31 mit der Ausgabe in Abb. 13.32 verdeutlicht dies. Denn nun kann in der weiteren Methode berechneFleichkonsum() auf die Methoden anzahlMahlzeiten() und mengeProMahlzeit() zugegriffen werden, wobei je nach übergebenem Objekt (einFisch oder einVogel) die Methoden der entsprechenden Objekte bzw. Klassen aufgerufen werden.

```java
public class Fleischkonsum {
  public static void main(String[] args) {

    // Objekte anlegen
    Fisch   einFisch  = new Fisch();
    Vogel   einVogel  = new Vogel();

    // Anzahl und Menge für Vogel angeben
    // für andere werden diese Grössen automatisch gesetzt
    einVogel.menge = 0.5;
    einVogel.anzahl = 10;

    // Ermittle Gewichtsklasse
    System.out.println("Gewichtsklasse Fisch: "  +
      einFisch.ermittleGewichtsklasse());
    System.out.println("Gewichtsklasse Vogel: "  +
      einVogel.ermittleGewichtsklasse());

    // Berechnung Fleischkonsum
    System.out.println("Fleischkonsum Fisch: "  +
      berechneFleischkonsum(einFisch));
    System.out.println("Fleischkonsum Vogel: "  +
      berechneFleischkonsum(einVogel));
  }

  // Methode zur Berechnung des Fleischkonsums
  //    mittels Interface Fleischfresser
  public static double berechneFleischkonsum(Fleischfresser f) {
    return (f.anzahlMahlzeiten() * f.mengeProMahlzeit());
  }
}
```

Abb. 13.31   Programm Fleischkonsum

Die Ausgabe des Programms Fleischkonsum in Abb. 13.32 erscheint nicht spektakulär. Wenn wir aber genauer darüber nachdenken, haben wir mit diesem Beispiel zwei wesentliche Eigenschaften im Umgang mit der Objektorientiertheit in Java gelernt:

• Eine ursprünglich abstrakte Methode (ermittleGewichtsklasse()) aus einer abstrakten Basisklasse wird in den abgeleiteten Klassen konkretisiert und dort individuell auf Objekte angewendet.

- Ein Interface stellt zusätzliche Methoden (`anzahlMahlzeiten()` und `mengePro-Mahlzeit()`) bereit, die von Klassen übernommen werden können, ohne dass diese in der Vererbungshierarchie stehen. Das Einbinden dieser Methoden erfolgt zur Laufzeit und könnte über verschiedene Vererbungsstufen oder nicht direkt miteinander in Beziehung stehende Klassen erfolgen. Die ist ein Beispiel für den Polymorphismus in Java.

Abb. 13.32 *Ausgabe des Programms* `Fleischkonsum`

Zum Abschluss dieses Kapitels geben wir Ihnen noch ein paar eigenschaften von Interfaces mit:

Eine Klasse kann ein oder auch mehrere Interfaces implementieren. Diese werden dann mit Komma getrennt aufgelistet, wie z.B.:

```
public class Fisch
        implements Fleischfresser, Schwimmverhalten {
...}
```

Interfaces werden von den Basisklassen zu den abgeleiteten Klassen vererbt. Wenn eine Klasse von einer anderen Klasse abgeleitet ist, so erbt sie auch deren implementierte Interfaces. D.h. die Klasse `Fisch2` kennt dann die Interfaces `Fleischfresser` und `Schwimmverhalten`:

```
public class Fisch
        implements Fleischfresser {
...}

public class Fisch2 extends Fisch
        implements Schwimmverhalten {
...}
```

Interfaces können selber von anderen Interfaces abgeleitet werden und erben dabei entsprechend die Methodendefinition ohne Methodenkörper und Konstanten des Basis-Interfaces. Die Vererbung erfolgt wie bei Klassen mit dem Schlüsselwort `extends`:

```
interface Fleischfresser {
...}

interface Fleischfresser extends Ernährung {
...}
```

13.9   Lernziele und Aufgaben

13.9.1   Lernziele

Nach Durcharbeiten dieses Kapitels sollten Sie

- die Behandlung von Ausnahmen (Exceptions) mit `try`, `catch` und `finally` kennen und durchführen können,
- Ausnahmen mit `throws` weitergeben und mit `throw` auslösen können,
- Pakete bilden und verwenden können,
- sinnvolle Zugriffsspezifizierungen mittels der Access Modifier (`public`, `protected`, `private`, *firendly*) und Botschaften einsetzen können,
- das Konzept der abstrakten (`abstract`) Klassen und Methoden verstanden haben und umsetzen können,
- Methoden überlagern können und erklären können, wie dies in Java sinnvoll eingesetzt werden kann,
- verstanden haben, was Polymorphismus ist und wie dies in Java sinnvoll verwendet werden kann,
- das Konzept der Klassenmethoden, Klassenattribute und Konstanten mittels `static` und `final` verstanden haben und einsetzen können,
- das Konzept von Interfaces verstanden haben und sie anlegen und verwenden können.

13.9.2   Aufgaben

Schauen Sie sich nochmals das Beispiel aus Abb. 13.25 bis Abb. 13.32 mit der Vererbungshierarchie von Lebewesen, `Tier` usw. und dem Einsatz des Interfaces `Fleischfresser` genauer an.

Erweitern sie das Programm mit dem Interface `Schwimmverhalten` und denken Sie sich weitere Funktionalitäten aus, die in den Objekten zum Einsatz kommt.

Implementieren Sie dazu noch die fehlenden Klassen. Legen Sie Objekte von allen Klassen an und verwenden Sie gewisse Funktionalitäten, was die Lebewesen alles können und tun sollen.

14 Input/Output

14.1 Einführung

Häufige Anforderungen an Computer-Programme sind, Informationen aus externen Ressourcen einzulesen, Informationen an externe Ressourcen zu senden, Dateien anzulegen, umzubenennen und in Verzeichnissen zu strukturieren, Daten in Dateien abzuspeichern und wieder auszulesen. Im Wesentlichen geht es dabei um die Ein- und Ausgabe von Daten, im Allgemeinen auch Input und Output bzw. I/O genannt.

Java bietet hierfür eine Vielzahl von Zugriffsmöglichkeiten auf Dateien bzw. externe Ressourcen wie Hardware oder Netzwerke über einen Datenstrom, den so genannten *Stream*. Der Datenströme laufen von der Eingabe über die Verarbeitung bis hin zur Ausgabe. Eingabeströme werden als *Input-Streams* bezeichnet und beginnen aus Sicht des Java-Programms bei einer Datenquelle wie beispielsweise der Tastatur, einer Datei oder irgendwie im Netzwerk. Ausgabeströme heißen *Output-Streams* und enden beispielsweise in einer Datei, auf dem Bildschirm, bei einem Drucker oder im Netzwerk.

Um Daten in ein Java-Programm einlesen zu können, muss ein Stream an einer Datenquelle (hier *Source* genannt), z.B. einer Datei, geöffnet werden. Diese Daten werden dann sequentiell eingelesen. Dies geschieht im Allgemeinen über die Java-Schnittstelle System.in, die eine Verbindung zwischen Java-Programm und Betriebssystem des Computers herstellt.

Entsprechend kann ein Java-Programm auch Daten an eine externe Ressource (hier *Destination* genannt), z.B. eine Datei oder der Bildschirm, senden. Es wird ein Stream zu dieser Destination geöffnet und die Daten werden sequentiell geschrieben. Beim Ausgeben von Daten (z.B. auf der Konsole) wird beispielsweise ein Stream über System.out verwendet, der die entsprechende Schnittstelle zwischen Java-Programm und Betriebssystem des Computers herstellt.

Jeder Stream muss – oder sagen wir „sollte" – nach Beendigung der Datenübertragung wieder geschlossen werden, um die Übertragung richtig zu beenden und die Ressourcen wieder freizugeben. Wird dies im Java-Programm vergessen zu implementieren, so erledigt dies die Java Virtual Machine beim Beenden des Programms. Oder das Betriebssystem des Computers stellt dies automatisch sicher.

Es spielt eigentlich keine Rolle, ob Daten gelesen oder geschrieben werden. Die Vorgehensweise für sequentielles Lesen und Schreiben ist im Allgemeinen sehr ähnlich. Eine Ausnahme bilden nur die externen Ressourcen, die nur eine Datenrichtung kennen, wie beispielsweise Bildschirm für die Ausgabe und Tastatur für die Eingabe. Alle Klassen für Input und Output sind im Java-Package `java.io` vorhanden. Dieses Paket muss dann entsprechend importiert werden, um die passenden Klassen und deren Methoden anwenden zu können.

Es gibt verschiedene Streams je nach Art der zu übertragenden Daten: Byte-orientierte und Zeichen-orientierte. Daher gibt es auch verschiedene Stream-Klassen, welche sich je nach Datentyp (Bytes oder Unicode-Zeichen) unterscheiden:

> `Reader, Writer` sowie `InputStream, OutputStream`

Die Klassen `Reader` und `Writer` sind die abstrakten Superklassen für Zeichen-Streams, so genannte *Characterstreams* für die Verarbeitung von 16-Bit-Zeichen. Unterklassen dieser beiden Klassen implementieren spezialisierte Streams, die entweder dem Lesen und Schreiben von Unicode-Zeichen dienen oder deren Verarbeitung im Java-Programm vornehmen. Kurz gesagt lassen sich mit Unicode-Zeichen so ziemlich alle Schriftzeichen aller auf der Welt existierenden Alphabete bzw. Sprachen repräsentieren. D.h. mit Zeichen-Streams können alle deutschen Umlaute und das scharfe S, die französischen, spanischen, skandinavischen und weitere Akzente, die griechischen Buchstaben und solche aus anderen Alphabeten sowie sonstige Sonderzeichen (wie ä, ö, ü, ß, à, è, é, ç, ñ, å, α, β, ©, ®...) in einem Java-Programm intern verwendet sowie eingelesen und ausgegeben werden. (Eventuell können diese Zeichen aber nicht in der Konsole verwendet werden, wenn dies vom Betriebssystem nicht unterstützt wird.)

Die Klassen `InputStream` und `OutputStream` sind die abstrakten Superklassen für die so genannten *Bytestreams* zur Verarbeitung von 8-Bit-Daten. Unterklassen dieser beiden Klassen implementieren spezialisierte Streams, welche entweder das Lesen und Schreiben von Daten ermöglichen oder deren Verarbeitung vornehmen. Diese Klassen werden u.a. für das Lesen von Datenpaketen sowie von Dateien mit Standardzeichen (ASCII-Text, keine Umlaute oder Sonderzeichen) verwendet.

Die zwei abstrakten Superklassen zum Lesen sind `Reader` und `InputStream`. Sie definieren ähnliche lesende Methoden, aber für unterschiedliche Datentypen. Ein Standardname für die Methoden dieser lesenden Klassen ist:

> `read()`

Die zwei abstrakten Superklassen zum Schreiben sind `Writer` und `OutputStream`. Sie definieren ähnliche schreibende Methoden, aber für unterschiedliche Datentypen. Ein Standardname für die Methoden dieser schreibenden Klassen ist:

> `write()`

In den nachfolgenden Kapiteln gehen wir allgemein auf die Vielzahl der möglichen Klassen und deren Methoden für Input und Output ein. Da wir dies nur in einer nicht umfassenden Art und Weise machen können, verweisen wir gerne zur Vertiefung des Stoffs auf die Java-Dokumentation.

14.2   Datei- und Verzeichnisverwaltung: `File`

Mit den für die Datenströme vorhandenen Klassen (`Reader`, `Writer`, `InputStream`, `OutputStream` sowie deren Unterklassen) können keine Dateien umbenannt oder gelöscht werden. Dazu bedarf es der Klasse `File`. Diese Klasse dient dazu, Input/Output-Operationen plattformunabhängig vom Java-Programm ausführen zu können. Dabei repräsentiert ein (imaginäres) Objekt der Klasse `File` eine Datei oder ein Verzeichnis auf dem Dateisystem.

Das Erstellen eines Objekts der Klasse `File` ist unabhängig von der Existenz einer real existierenden Datei bzw. eines realen existierenden Verzeichnisses; es stellt zunächst ein imaginäres Objekt dar. Der Bezug zu einem real existierenden Verzeichnis oder einer real existierenden Datei wird erst durch Angabe eines expliziten Pfadnamens hergestellt. Dieser Pfadname kann dabei einen absoluten oder einen relativen Pfad kennzeichnen, also absolut in der Verzeichnisstruktur auf dem Computersystem benannt sein oder relativ zum aktuellen Arbeitsverzeichnis.

Pfadangaben sind systemtypisch und damit plattformabhängig. Auf Windows-Rechnern trennt beispielsweise ein Backslash die Pfade, wie `temp\test` zeigt. Auf Unix- oder Linux-Rechnern ist es ein anders geneigter Slash, also `temp/test`. Die Klasse `File` stellt dafür das Klassenattribut (Klassenvariable) `separatorChar` zur Verfügung, um das plattformspezifische Trennzeichen des Betriebssystems zu ermitteln, also

- \ bei Windows und
- / bei Unix oder Linux.

Die Klasse `File` stellt außerdem viele wichtige Funktionalitäten bereit, von denen wir im Folgenden nur einen Auszug wiedergeben können. Für ausführlichere Informationen sei auf die Java-Dokumentation verwiesen.

Das Anlegen eines Datei- oder Verzeichnisnamens wie `pathName`, der absolut oder relativ zu dem aktuellen Verzeichnis angegeben werden kann, erfolgt am besten über den Kontruktor der Klasse `File`:

```
public File(String pathName)
```

Der aktuelle Pfad, in welchem das Java-Programm sich gerade befindet, kann über den Schlüsselausdruck `"user.dir"` von den Systemeigenschaften abgefragt werden:

```
static String System.getProperty("user.dir")
```

Wichtige Methoden der Klasse `File` zum Abfragen und/oder Setzen von Dateieigenschaften oder Dateiattributen sind beispielsweise:

```
boolean canRead(), boolean canWrite(), boolean exists(),
String getAbsolutePath(), String getName(), String getPar-
ent(), String getPath(), boolean isAbsolute(), boolean is-
Directory(),boolean isFile(),long length() usw.
```

Jede Datei enthält das Datum ihrer letzten Änderung, das quasi als ein Zeitstempel mit abgespeichert wird. Mit der Methode long lastModified() kann das Datum abgefragt werden und mit setLastModified(long time) kann das Änderungsdatum explizit gesetzt werden.

Zum Anlegen von Verzeichnissen sowie Umbenennen und Löschen von Dateien und Verzeichnissen kommen beispielsweise folgende Methoden zum Einsatz:

boolean mkdir(), boolean mkdirs(), boolean renameTo(File d),boolean delete() usw.

Die statische Methode File[] listRoots liefert ein Array von Dateien zurück, das eine Auflistung der Wurzelverzeichnisse der Verzeichnisstruktur auf dem Computer enthält. Das Programm ListRoots in Abb. 14.1 ermittelt diese aktiven Wurzelverzeichnisse auf dem Computer und prüft für jedes einzelne, ob es bereit für einen Zugriff ist.

```java
import java.io.*;

public class ListRoots{
  public static void main( String args[] ){

    // ermitteln der Wurzelverzeichnisse
    File[] list = File.listRoots();

    // Überprüfen, ob aktiv/bereit oder nicht
    for ( int i = 0; i < list.length; i++ ){
      System.out.print( list[i].getPath() + " ist ");
      if(list[i].exists()){
          System.out.print("bereit.");
      }
      else {
          System.out.print("nicht bereit.");
      }
      System.out.println();
    }
  }
}
```

Abb. 14.1   *Programm* ListRoots *ermittelt die aktiven Wurzelverzeichnisse auf dem Computer*

Abb. 14.2 zeigt eine beispielhafte Ausgabe, wie es auf einem Computer mit Windows-Betriebssystem aussehen könnte.

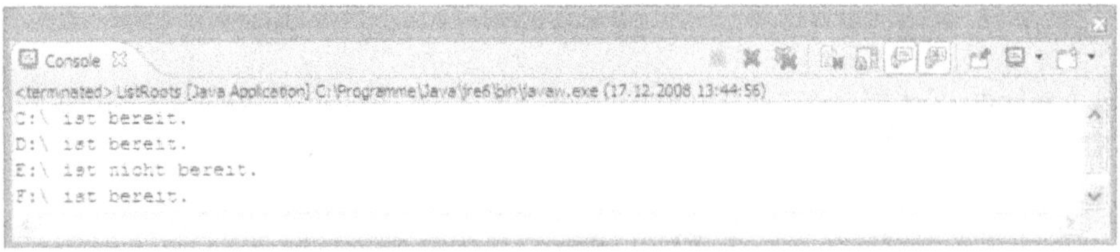

Abb. 14.2   *Ausgabe des Programms* ListRoots *auf einem Computer mit Windows-Betriebssystem*

Das Programm `VerzeichnisTest` aus Abb. 14.3 zeigt das Anlegen von Verzeichnissen mithilfe von Methoden der Klasse `File`.

```java
import java.io.*;

public class VerzeichnisTest{

  public static void main(String[] args){

    // Datei mit Pfad definieren
    File f1 = new File("C:\\test\\test2\\test3");
    System.out.println("getName: " + f1.getName());
    System.out.println("getAbsolutePath: " + f1.getAbsolutePath());
    System.out.println("getParent: " + f1.getParent());
    System.out.println("exists: " + f1.exists());
    System.out.println("getPath: " + f1.getPath());
    System.out.println("isAbsolute: " + f1.isAbsolute());

    // Verzeichnisstruktur und Datei anlegen
    f1.mkdirs();
    System.out.println("exists: " + f1.exists());
  }
}
```

Abb. 14.3 *Programm VerzeichnisTest*

Die Ausgabe des Programms `VerzeichnisTest` in Abb. 14.4 zeigt, dass das Verzeichnis `test3` als Unterverzeichnis vom Verzeichnispfad `test\test2` angelegt werden soll. Verschiedene Pfadteile werden ausgegeben. Dann wird geprüft, ob dieser Pfad schon besteht. Danach wird das Verzeichnis angelegt (falls es schon besteht, wird es überschrieben) und nochmals geprüft, ob dieser Pfad besteht, was er ja natürlich jetzt auch muss.

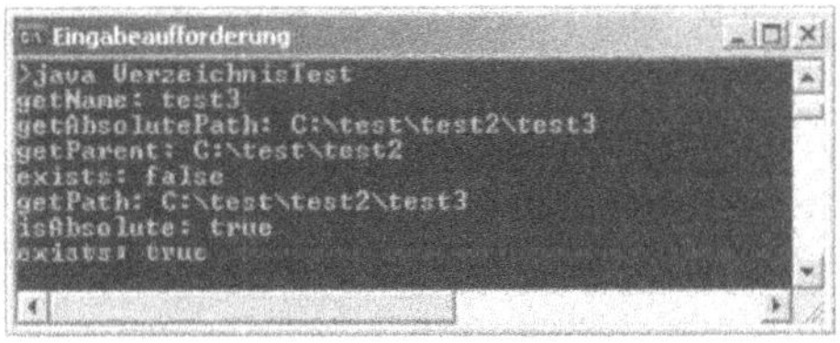

Abb. 14.4 *Ausgabe des Programms VerzeichnisTest*

Neben dem Anlegen von Verzeichnissen lassen sich mit der Methode `createNewFile()` der Klasse `File` auch Dateien anlegen:

```java
try{
   f1.createNewFile();
}
catch (IOException e){
   System.out.println(e.toString());
}
```

Da das Anlegen von Dateien nicht garantiert ist, wird die eventuell auftretende Ausnahme über IOException behandelt. (siehe Kapitel Abb. 13.1)

14.3 Byte-Streams: InputStream und OutputStream

Die Klassen InputStream und OutputStream sind die abstrakten Superklassen für *Bytestreams* zur Verarbeitung von 8-Bit-Daten. Andere konkrete Klassen wie z.B. FileInputStream und FileOutputStream sind von diesen abgeleitet.

Wichtige schreibende Methoden, die von OutputStream bereitgestellt werden, sind beispielsweise:

- write(int b): Schreibt ein einzelnes Byte in den Ausgabestrom.
- write(byte b[]): Schreibt die Bytes aus dem Array b in den Ausgabestrom.
- write(byte b[], int off, int len): Liest len Bytes ab Position off aus dem Array b[] und schreibt sie in den Ausgabestrom.
- void flush(): Versucht, jetzt direkt alle Daten zu schreiben, die intern (vom Betriebssystem) gepuffert wurden.
- void close(): Schreibt alle noch gepufferten Zeichen und schließt den Ausgabestrom.

Wichtige lesende Methoden, die von InputStream bereitgestellt werden, sind beispielsweise:

- int read(), int read(byte b[]), int read(byte b[], int off, int len): Liest Bytes ein. Die Parameter sind dabei vergleichbar mit denen der Methode write().
- int available(): Ermittelt die Anzahl an lesbaren Zeichen.
- long skip(long n): Überspringt n Zeichen.
- void reset(): Setzt den Lesezeiger in der Datei zurück an den Anfang der Datei.
- void close(): Schließt den Datenstrom.

Von diesen abstrakten Superklassen InputStream und OutputStream sind die konkreten Klassen FileInputStream und FileOutputStream abgeleitet, welche nun direkt eingesetzt werden können, Daten mittels eines Byte-Streams aus einer Datei zu lesen oder in eine Datei zu schreiben. Dabei kommen hauptsächlich die oben erwähnten Methoden zum Einsatz.

Mit der Klasse FileInputStream wird dafür ein Stream direkt an eine Datei gebunden. FileInputStream(String name) erzeugt einen solchen lesenden Stream zur Datei mit dem Dateinamen name, wobei name auch eine Pfadangabe vor dem Dateinamen beinhalten kann. Dahingegen erzeugt FileInputStream(File file) einen lesenden Stream aus einem gegebenen File-Objekt.

Existiert die Datei nicht oder kann sie nicht gelesen werden, lösen beide Klassen ein File-NotFoundException aus.

Das Programm LeseDatei aus Abb. 14.5 zeigt die Anwendung der Klasse FileInputStream, um die ersten 100 Bytes der Datei test.txt auszulesen.

```
import java.io.*;

public class LeseDatei
{
  public static void main(String args[])
  {
    byte buffer[] = new byte[100];
    try {
      // Öffnen der Datei
      FileInputStream in = new FileInputStream("test.txt");
      // Auslesen der Zeichen mit Bestimmung der Anzahl
      int len = in.read(buffer, 0, 99);
      // Schliessen der Datei
      in.close();
      // Umwandeln des Byte-Feldes in einen String
      String str = new String(buffer, 0, len);
      System.out.println(str);
    }
    catch (Exception e) {
      System.out.println(e.toString());
    }
  }
}
```

Abb. 14.5 *Programm* LeseDatei

Dazu wird die Datei geöffnet, die ersten 100 Bytes – falls überhaupt so viele in der Datei sehen – gelesen, die Datei geschlossen, das Byte-Feld buffer in den String str gewandelt und ausgegeben, wie Abb. 14.6 zeigt.

Abb. 14.6 *Ausgabe des Programms* LeseDatei

Die Umkehrung zu FileInputStream ist FileOutputStream. Diese konkrete Klasse ist von OutputStream abgeleitet und bietet alle nötigen Methoden, um Dateien zu schreiben.

FileOutputStream(String name) erzeugt einen schreibenden Stream zur Datei mit dem Dateinamen name und überschreibt gegebenenfalls bereits in dieser Datei existierende Daten. FileOutputStream(String name, boolean append) funktioniert entsprechend wie FileOutputStream(name), hängt jedoch bei true die neu zu schreibenden Daten an das Ende der bereits in der Datei existierenden Daten. Es werden also in der Datei Daten hinzugefügt anstatt überschrieben.

`FileOutputStream(File file)` erzeugt einen Stream zur Datei aus einem gegebenen `File`-Objekt. `FileOutputStream(File file, boolean append)` hängt die Daten an bereits existierende an.

Kann die Datei nicht angelegt oder beschrieben werden, lösen beide Klassen ein `FileNotFoundException` aus.

14.4   Zeichen-Streams: `Reader` und `Writer`

Die Klassen `Reader` und `Writer` sind die abstrakten Superklassen für Zeichen-Streams, so genannte *Characterstreams* zur Verarbeitung von 16-Bit-Zeichen.

Die wichtigen Methoden der Klasse `Writer` zum Schreiben sind sehr ähnlich zu den Methoden von `OutputStream` wie beispielsweise:

- `void write(int c)`: Schreibt ein einzelnes Zeichen mit der Integer-Kodierung c in den Ausgabestrom.
- `void write(char c[])`: Schreibt ein Feld von Zeichen c in den Ausgabestrom.
- `void write(char c[], int off, int len)`: Schreibt len Zeichen des Felds c ab der Position off in den Ausgabestrom.
- `void write(String str)`: Schreibt den String str in den Ausgabestrom.
- `void write(String str, int off, int len)`: Schreibt len Zeichen der Zeichenkette str ab der Position off in den Ausgabestrom.
- `void flush()`: Versucht, jetzt direkt alle Zeichen zu schreiben, die intern (vom Betriebssystem) gepuffert wurden.
- `void close()`: Schreibt noch alle gepufferten Zeichen und schließt den Ausgabestrom.

Die abstrakte Klasse `Reader` dient zum Lesen von 16-Bit-Zeichen-Streams und enthält ähnliche Methoden wie `InputStream`:

- `int read()`: Liest das nächste Unicode-Zeichen aus dem Eingabestrom und gibt dieses als kodierten `int`-Wert zurück. Der Rückgabewert liegt dabei im Bereich von 0 bis 65535 (Hexadezimal: 0x0000 - 0xFFFF). Die Methode liefert den Rückgabewert -1, wenn keine Daten mehr eingelesen werden können (z.B. Dateiende).
- `int read(char c[])`: Liest Zeichen in das Zeichenfeld c ein. Die Methode wartet solange, bis Eingaben entsprechend vorliegen. Der Rückgabewert ist die Anzahl der eingelesenen Zeichen oder -1, wenn das Ende des Datenstroms erreicht wurde.
- `int read(char c[], int off, int len)`: Liest len Zeichen in das Zeichenfeld c ab der Stelle off. Danach gibt es die Anzahl gelesener Zeichen zurück oder -1, wenn das Ende des Stroms erreicht wurde.
- `void close()`: Schließt den Eingabestrom.

Alle Methoden können hierbei ein IOException auslösen.

Von der Klasse Writer ist die konkrete Klasse OutputStreamWriter abgeleitet. Sie dient zur Konvertierung von Zeichen gemäß einem spezifischen Zeichenset, die dann in einem Stream geschrieben werden. OutputStreamWriter ist wiederum die Basisklasse für FileWriter, einer Klasse, welche die Ausgabe direkt in eine Datei erlaubt. Die Parameter sind dabei identisch zu denen von FileOutputStream. Das Programm FileWriterDemo aus Abb. 14.7 zeigt ein kleines Beispiel zum Einsatz der Klasse FileWriter.

```
import java.io.*;
public class FileWriterDemo
{
  public static void main(String args[])
  {
    try
    {
      FileWriter fw = new FileWriter("test3.txt");
      fw.write("Hallo, dies ist ein FileWriter");
      fw.close();
    }
    catch (IOException e) {
      System.out.println("Konnte Datei nicht erstellen");
    }
  }
}
```

Abb. 14.7 Programm FileWriterDemo

In Abb. 14.8 ist die entsprechende Ausgabe zu sehen, die das Programm FileWriterDemo in die Datei test3.txt geschrieben hat.

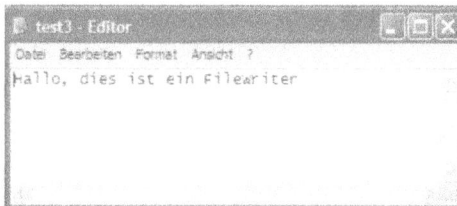

Abb. 14.8 Programm FileWriterDemo schreibt den Text in die Datei test3.txt

Die Konvertierung zwischen Byte- und Zeichen-Streams kann mit der Klasse InputStreamReader vorgenommen werden. InputStreamReader(InputStream in) bzw. InputStreamReader(InputStream in, String enc) erzeugt einen Eingabestrom, der gegebenenfalls die als Zeichenkette angegebene Zeichenkodierung enc anwendet. Diese Klasse kann eine UnsupportedEncodingException auslösen, wenn die Zeichenkodierung nicht angewendet werden kann.

Von InputStreamReader ist wiederum die Klasse FileReader abgeleitet, mit der direkt aus einer Datei gelesen werden kann:

- public FileReader(String name): Öffnet die Datei mit dem Dateinamen name, um die Daten als Zeichen einzulesen.
- public FileReader(File file): Öffnet das entsprechende File-Objekt, um die Daten als Zeichen einzulesen.

Das Programm FileReaderDemo aus Abb. 14.9 zeigt eine elegante Möglichkeit, aus der Datei test.txt Zeichen für Zeichen als int auszulesen und als char auf dem Bildschirm auszugeben. Die while-Schleife läuft solange, bis -1 als Werte von read() zurückgegeben wird. Dies geschieht genau am Dateiende, wenn alle Zeichen gelesen wurden.

```
import java.io.*;
public class FileReaderDemo{
  public static void main(String args[]){
    try{
      FileReader f = new FileReader("test.txt");
      int c;
      while ((c = f.read()) != -1)
        System.out.print((char)c);
      f.close();
    }
    catch (IOException e) {
      System.out.println("Fehler beim Lesen der Datei");
    }
  }
}
```

Abb. 14.9 Programm FileReaderDemo

14.5   Filter-Streams

14.5.1   Filtern von bestimmten Datentypen beim Lesen und Schreiben

Die bisher vorgestellten Streams haben immer direkt mit den Schnittstellen bzw. der Hardware für Input oder Output (wie einer Datei, der Tastatur oder dem Bildschirm usw.) kommuniziert. Falls aber nicht nur einzelne Bytes oder Zeichen gespeichert und gelesen werden sollen, bedarf es so genannter Filter-Streams, welche auf den vorgestellten Byte- oder Zeichen-Superklassen aufbauen und block- bzw. satzweise bestimmte Datentypen oder Zeichenketten lesen und schreiben können.

Diese Filter-Streams lesen dabei nicht einfach direkt die Daten über die Hardware-Schnittstellen und sie schreiben auch nicht einfach direkt dorthin, sondern verwenden eine weitergehende Funktionalität. Die Basisklassen für alle Filter-Streams sind FilterInputStream und FilterOutputStream sowie FilterReader und FilterWriter, welche von den Superklassen `InputStream`, `OutputStream`, `Reader` und `Writer` abgeleitet sind. Von den Filter-Streamklassen sind dann wiederum Klassen abgeleitet, die ganz spezielle Filter-Streams ermöglichen.

Ein gutes Beispiel bietet die Klasse `DataInputStream(InputStream in)`. Diese Klasse ist von der Klasse `FilterInputStream` abgeleitet und erwartet bereits im Konstruktor, dass das Argument in der Klasse `InputStream` übergeben wird. Zwar ist die Klasse `InputStream` abstrakt, womit keine Objekte von ihr abgeleitet werden können. Da aber von `InputStream` die konkrete Klasse `FilterInputStream` abgeleitet ist und aufgrund des Polymorphismus von Java, ist `in` ein Objekt der Klasse `FilterInputStream` oder auch einer anderen konkreten Klasse, die von `InputStream` abgeleitet ist. Gedanklich und sprachlich ist es aber vermutlich einfacher, wenn – wie in der Java-Dokumentation – einfach davon gesprochen wird, dass `in` ein Feld ist, das den Input-Stream repräsentiert.

Beispielsweise stellt die Klasse `DataInputStream` Methoden zur Verfügung, mit welchen spezifisch bestimmte Datentypen gelesen werden können:

> `boolean readBoolean()`, `byte readByte()`, `char readChar()`, `double readDouble()`, `float readFloat()`, `int readInt()`, `long readLong()`, `short readShort()`, `String readUTF()` usw.

Dabei ist `readUTF()` diejenige Methode, die für das Schreiben von Unicode-Zeichen nach dem (modifizierten) UTF-8-Standard zuständig ist. Informationen dazu finden Sie in der Java-Dokumentation. Ist das Lesen eines spezifischen Formats nicht möglich, wird ein `IOException` ausgelöst.

Die Klasse `DataOutputStream(OutputStream out)` verhält sich entsprechend zu `DataInputStream`. Dementsprechend gibt es folgende Methoden:

> `void writeBoolean(boolean b)`, `void writeByte(int b)`, `writeChar(char c)` usw.

Das Programm `FilterStreamDemo` aus Abb. 14.10 öffnet die Datei `test.txt` und speichert in ihr eine Ganzzahl (als `int`), eine Gleitzahl (als `double`) und einen String im Unicode-Format. Dann wird die Datei geschlossen. Danach wird ein Input-Stream auf dieselbe Datei geöffnet und eine `int`-Zahl, eine `double`-Zahl und ein `String` im Unicode-Format eingelesen und auf der Konsole ausgegeben. Zuletzt wird der Eingabe-Stream wieder geschlossen.

```
import java.io.*;

public class FilterStreamDemo{
  public static void main(String[] args){
    try{
      FileOutputStream fos = new FileOutputStream("test.txt");
      DataOutputStream dos = new DataOutputStream(fos);
      dos.writeInt(1234);
      dos.writeDouble(1.23456789);
      dos.writeUTF("Zeichenkette als String");
      fos.close();

      FileInputStream fis = new FileInputStream("test.txt");
      DataInputStream dis = new DataInputStream(fis);
      System.out.println(dis.readInt());
      System.out.println(dis.readDouble());
      System.out.println(dis.readUTF());
      fis.close();
    }
    catch(IOException e){
    }
  }
}
```

Abb. 14.10   *Programm* `FilterStreamDemo`

Ein Blick auf die Ausgabe des Programms `FilterStreamDemo` aus **Abb. 14.10** in **Abb. 14.11** zeigt, dass die Werte wie ursprünglich im Programmcode geschrieben wieder ausgegeben werden. In der Datei sind sie allerdings in einem speziellen binären Format abgespeichert, so dass die Zahlen (nicht der String) in einem normalen Text-Editor nicht als lesbare Ziffern erscheinen. Der Vorteil liegt im kompakten Speichern auf Datei von Werten bestimmter Datentypen in einem eindeutigen (Zahlen-)Format.

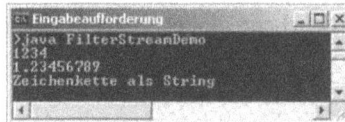

Abb. 14.11   *Ausgabe des Programms* `FilterStreamDemo`

14.5.2   Ausgaben auf der Konsole

Zur Ausgabe von Werten auf der Konsole ist nicht mehr viel zu sagen; wir haben es bereits häufig angewendet. Mit den Methoden `System.out.print(text)` oder `System.out.println(text)` wird der Inhalt des Attributs `text` in den Stream `System.out` geschrieben, welcher im Allgemeinen mit einer Ausgabe auf der Konsole verbunden ist.

Je nach Datentyp wird eine entsprechende Methode `print()` verwendet. Bei `println()` (sprich „*print line*") wird noch ein Zeilenumbruch angehängt. Soll eine formatierte Ausgabe erfolgen, so ist `printf()` zu verwenden. Näheres dazu ist in der Java-Dokumentation nachzulesen. Alle diese Methoden `print()`, `println()` und `printf()` gehören zu den Klassen `PrintStream` oder `PrintWriter`.

14.5.3   Eingaben von der Konsole

Häufig wird in kleinen Beispielprogrammen von der Konsole eingelesen, wie z.B. in diesem Buch in Kapitel 7.3 erwähnt und im Programm Rekursion1 in Abb. 7.12 gezeigt wurde. Wir wollen an dieser Stelle nochmals das Beispiel aufgreifen und zeigen in Abb. 14.12 die wenigen Programmzeilen, die zum Einlesen von Zahlen über die Konsole ausreichen.

```java
import java.io.*;

public class Rekursion1 {
  public static void main (String[] args) {

    System.out.println
      ("Fakultaet von positiver Integer-Zahl berechnen");

    // Zahl für Fakultaetsberechnung einlesen und auf Integer prüfen
    int zahl = 0;
    do {
      System.out.print("Zahl = ");
      try {
        zahl = Integer.parseInt((new BufferedReader(
          new InputStreamReader(System.in))).readLine());
      }
      catch(Exception ex) {
        System.out.println("Eingabe keine Integer-Zahl");
      }
    }
    while (zahl <= 0);

    // Aufruf der Fakultaets-Methode
    long ergebnis = berechneFakultaet(zahl);

    // Ausgabe des Ergebnisses
    System.out.println("Fakultaet von " + zahl + " = " + ergebnis);
  }


  // Methode zur rekursiven Berechnung der Fakultaet
  static public long berechneFakultaet(int zahl) {

    long ergebnis;

    if (zahl > 1)
      ergebnis = zahl * berechneFakultaet(--zahl);
    else
      ergebnis = 1;

    return(ergebnis);
  }
}
```

Abb. 14.12 *Programm* Rekursion1 *zur Berechnung der Fakultät liest eine positive Zahl von der Konsole ein*

System.in stellt einen Input-Stream zum Einlesen einer Tastatureingabe über die Konsole dar. Dieser wird über die Filter-Streamklasse InputStreamReader von den in der Konsole kodierten 8-Bit-Zeichen in normale Zeichen konvertiert wird. Da das Betriebssystem die eingegebenen einzelnen Zeichen irgendwie paketweise ans Java-Programm weitergibt, ermöglicht die Klasse `BufferedReader` die Zeichen so zu puffern, dass die Methode `readLine()` immer eine ganze Zeile auf einmal einliest.

Da der Rückgabewert der Methode `readLine()` ein String ist, kann dieser beispielsweise mit der Methode `Integer.parseInt()` in eine Ganzzahl gewandelt werden. Tritt eine Ausnahme auf, weil beispielsweise keine Ziffern eingegeben wurden, kann dies im `catch`-Block behandelt werden.

14.6   Lernziele und Aufgaben

14.6.1   Lernziele

Nach Durcharbeiten dieses Kapitels sollten Sie

- Sinn und Zweck von Input und Output verstehen,
- verschiedene Stream-Arten kennen,
- mit der Klasse File Dateien und Verzeichnisse anlegen, umbenennen und löschen können,
- Input und Output für Byte-Daten sowie Zeichen in eigenen Programmen verwenden können,
- Daten in Input- und Output-Streams filtern können und
- von der Konsole über die Tastatur Daten einlesen können.

14.6.2   Aufgaben

Schreiben Sie ein Programm, das eine Datei kopiert. Dazu wird eine Datei geöffnet, der Inhalt eingelesen und unter einem neuen Namen abspeichert. Beide Dateinamen werden dabei über die Konsole von der Tastatur eingelesen.

15 Threads

15.1 Was sind Threads?

Multitasking – wie wir es von Computer-Betriebssystemen kennen – bedeutet, dass mehrere Programme oder Prozesse „scheinbar" gleichzeitig, also parallel auf dem Computer ausgeführt werden. Der Prozessor, die zentrale Recheneinheit des Computers, ermöglicht dies, indem er ganz schnell zwischen den verschiedenen Prozessen hin und her wechselt und sie dabei „immer ein bisschen weiter ausführt". Die in den letzten Jahren aufkommenden Multicore-Prozessoren unterstützen dies noch mehr, dadurch dass sie wirklich mehrere Prozesse gleichzeitig ausführen können, so dass das Wort „scheinbar" gestrichen werden kann. Denn mehrere Prozessorkerne (Multicore) sind in der Lage, mehrere Programme oder Prozesse richtig parallel, also zeitgleich auszuführen.

Multithreading bedeutet, dass mehrere Teilaufgaben in einem Programm gleichzeitig ausgeführt werden. Eine Teilaufgabe eines Programms bezeichnet man dabei als einen *Thread*. Manche Programmiersprachen – insbesondere Java – ermöglichen, einzelne Programmteile innerhalb eines Programms für bestimmte Teilaufgaben zu definieren, die parallel mit anderen so definierten Programmteilen ausgeführt werden können oder sogar müssen. Ist der Prozessor nicht in der Lage eine vollständige parallele Ausführung zu ermöglichen, z.B. bei Singlecore-Prozessoren oder bei überlasteten Multicore-Prozessoren, so werden diese Teilaufgaben stückweise so schnell hintereinander, also sequentiell ausgeführt, dass es „scheinbar" parallel erscheint.

Der Unterschied zwischen Multitasking mit mehreren Programmen oder Prozessen und Multithreading mit mehreren Teilaufgaben bzw. Threads ist, dass jeder Prozess einen Satz an eigenen (eigentlich gegen Zugriff von außen geschützten) Variablen besitzt, während Threads die gleichen Variablen gemeinsam nutzen können.

> *Ein Thread ist ein nebenläufiger leichtgewichtiger Prozess. Nebenläufig, weil er quasi parallel neben anderen Threads läuft. Leichtgewichtig, weil er mit anderen Threads dieselben Daten teilt.*

Threads sind nicht Neues; wir kennen sie von verschiedenen Anwendungen, haben aber vermutlich noch nicht richtig darüber nachgedacht. Selbst in Java haben Sie schon Threads verwendet. Zwei Beispiele für Threads in Applikationen sind folgende:

- Browser: Er kann von verschiedenen Webadressen gleichzeitig Webseiten bzw. Daten herunterladen. Oder ein Browser kann ein Download durchführen, während der Inhalt in einem neuen Fenster angezeigt wird und gleichzeitig noch ein Video auf einer Webseite angezeigt wird.
- Java-Programm: Bei jeder Ausführung eines Java-Programms wird ein Thread gestartet, der für die Speicherbereinigung zuständig ist, indem er nicht mehr benötigte Objekte und Attribute löscht. Dies wird *Garbage Collection* genannt. Jede grafische Anwendung besitzt mindestens einen weiteren Thread, der auf Eingaben in der grafischen Benutzeroberfläche (GUI) wartet, während das Java-Programm im Hintergrund beispielsweise etwas berechnet und auf Datenbanken zugreift.

Im Fall des Java-Programms haben Sie in diesem Buch in Kapitel 12 schon mit Threads gearbeitet, ohne dass Ihnen das bewusst war. Denn das gesamte Event-Handling von grafischen Benutzeroberflächen basiert auf Threads.

15.2   Threads in Java

Genau betrachtet sind Threads in Java ein Block mit einer sequenzielle Abfolge von Anweisungen. Aus Sicht eines Java-Programms können mehrere Threads parallel zu anderen Threads laufen, wobei jeder Thread genau seinen Block an Anweisungen ausführt. Aus objektorientierter Sicht ist ein Thread in Java ein Objekt mit Attributen und Methoden oder eine Klassenmethode der Klasse Thread.

Ein Thread in einem Java-Programm wird im Allgemeinen so erzeugt, indem man

- eine Klasse implementiert, welche von java.lang.Thread abgeleitet ist oder welche das Interface java.lang.Runnable verwendet,
- in dieser Klasse dann die von der Basisklasse Thread bereitgestellte Methode run() überschreibt,
- ein Objekt der Klasse (und gegebenenfalls davon noch ein Objekt der Klasse Thread) anlegt und
- den Thread – also das Objekt – über den Aufruf der Methode start() startet.

Genauer betrachtet gibt es in Java prinzipiell zwei verschiedene Möglichkeiten, einen Thread zu erstellen:

- Eine Klasse erbt von der Klasse Thread, welche die entsprechenden Methoden bereitstellt.
- Eine Klasse implementiert das Interface Runnable, welche die Methoden von Thread zur Verfügung stellt.

15.2.1   Klasse `Thread` und Interface `Runnable`

Betrachten wir den ersten Fall. Hier wird eine neue Klasse `MyThread` von der Klasse `Thread` abgeleitet und dann die `run`-Methode mit der entsprechenden Funktionalität für den Thread überschrieben:

```
public class MyThread extends Thread{
   public void run(){
      ...
   }
}
```

Zur Initialisierung wird dann die `start`-Methode auf dem Objekt (`t`) der Klasse `MyThread` aufgerufen. Die funktioniert natürlich, weil `MyThread` die `start`-Methode von `Thread` erbt:

```
MyThread t = new MyThread();
t.start();
```

Im zweiten Fall implementiert die Klasse `MyThread` das Interface `Runnable` und überschreibt ebenfalls die `run`-Methode:

```
public class MyThread implements Runnable{
   public void run(){
      ...
   }
}
```

In der aufrufenden Methode ruft man dann die `start`-Methode auf dem Objekt (`th`) der Klasse `Thread` auf, welche als Parameter ein Objekt (`t`) der Klasse `MyThread` erhält:

```
MyThread t = new MyThread();
Thread th = new Thread(t);
th.start();
```

Warum gibt es aber diese zwei Varianten? In Java können Klassen aufgrund der Einfachvererbung nur von einer Klasse erben. Daher kann es notwendig sein, Threads mittels des `Runnable`-Interfaces zu programmieren, wenn bereits eine Vererbungshierarchie vorliegt. In den Beispielen `MyThreads` in Abb. 15.1 und `MyThreads2` in Abb. 15.2 sind nochmals beide Varianten im Vergleich dargestellt. Es werden zwei parallele Threads angelegt. Im Endeffekt benötigt die Variante mit dem Interface `Runnable` zwei Programmzeilen mehr.

```
public class MyThreads extends Thread{

  private String name;

  public MyThreads(String name){
    this.name = name;
  }

  public void run(){
    for(int i = 0; i < 100; i++){
      System.out.println(name + " : " + i);
    }
  }

  public static void main(String[] args){
    MyThreads t1 = new MyThreads("t1");
    MyThreads t2 = new MyThreads("t2");
    t1.start();
    t2.start();
  }
}
```

Abb. 15.1   *Programm MyThreads abgeleitet von der Klasse Thread*

Die Programme MyThreads in Abb. 15.1 und MyThreads2 in Abb. 15.2 legen in der main-Methode jeweils die zwei Objekte t1 und t2 an, die über den jeweiligen Konstruktor der Klasse ihren eigenen Namen, also das Attribut name, setzen („t1" oder „t2"). Das Programm MyThreads2 legt dann noch explizit die Objekte th1 und th2 der Klasse Thread an, da MyThreads2 nicht von Thread abgeleitet ist, sondern das Interface Runnable verwendet. Sobald auf diese Objekte die Methode start() aufgerufen wird, beginnt die Java Virtual Machine für jedes Objekt parallel abzuarbeiten, was in der Methode run() definiert wurde. Diese Methode run() muss hierzu überschrieben werden und zählt in diesem Beispiel von 0 bis 99 und gibt den Namen name des aktuellen Threads mit der aktuellen Zahl i aus.

```
public class MyThreads2 implements Runnable{

  private String name;

  public MyThreads2(String name){
    this.name = name;
  }

  public void run(){
    for(int i = 0; i < 100; i++){
      System.out.println(name + " : " + i);
    }
  }

  public static void main(String[] args){
    MyThreads2 t1 = new MyThreads2("t1");
    MyThreads2 t2 = new MyThreads2("t2");
    Thread th1 = new Thread(t1);
    Thread th2 = new Thread(t2);
    th1.start();
    th2.start();
  }
}
```

Abb. 15.2   *Programm MyThreads2 mit dem Interface Runnable*

Da die Bildschirmausgabe auf der Konsole nicht parallel sein kann, sondern immer sequentiell erfolgen muss, darf derjenige Thread schreiben, der „gerade schneller ist". Aufgrund der Zuteilung von Rechenzeit des Prozessors an die einzelnen Threads innerhalb des Java-Programms kommt es vor, dass ein Thread gerade eine gewisse Periode aktiv sein kann und mehrfach auf den Bildschirm schreiben darf, bis der andere Thread wieder dran ist.

Das Programm MyThread wurde dreimal gestartet und jedes Mal gibt es eine andere Ausgabe, wie Abb. 15.3 zeigt. Während im ersten Fall eine nahezu wechselseitige Zeitzuteilung zwischen t1 und t2 erfolgte, liegt im zweiten Fall die Tendenz anfangs eher bei t2 und im dritten Fall anfangs eher bei t1. Am Ende des Programms haben aber natürlich beide Threads bis 99 gezählt. (Das ist hier nicht gezeigt; versuchen Sie es selbst.)

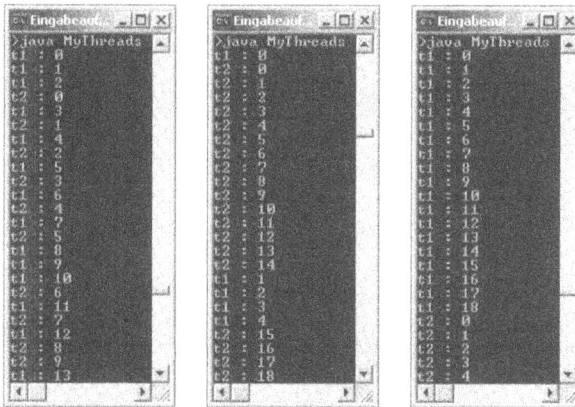

Abb. 15.3   *Drei verschiedene Ausgaben des Programms* MyThreads

15.2.2   Der Einsatz von Threads

Der Einsatz von Threads ist in Java nicht auf nur zwei Threads gleichzeitig beschränkt. Im Prinzip kann eine beliebige Anzahl von Threads verwendet werden, solange es die Performance des Computers und das Betriebssystems zulässt. Das Programm TextThread aus Abb. 15.4 zeigt ein Beispiel mit den drei Threads vogel, mensch und fisch.

```
class TextThreads extends Thread{

  private String text;

  public TextThreads(String text){
    this.text = text;
  }

  public void run(){
    for(int i = 0; i < 10; i++){
      try {
```

```
        sleep((int)(Math.random()*1000));
      }
      catch(InterruptedException e) {
      }
    System.out.println(text);
    }
  }

  public static void main(String args[]){
    TextThreads vogel  = new TextThreads("Vogel");
    TextThreads mensch = new TextThreads("Mensch");
    TextThreads fisch  = new TextThreads("Fisch");
    vogel.start();
    mensch.start();
    fisch.start();
  }
}
```

Abb. 15.4 *Programm* TextThreads

In der Methode run() läuft eine for-Schleife zehnmal. Dabei wird die Methode sleep() in einem try-catch-Block aufgerufen und dann der Name des Threads über das Attribut text ausgegeben.

Der Aufruf der Methode sleep(long millis) bewirkt eine Verzögerung von millis Millisekunden. Die Zeit, in welcher der Thread schlafen soll, wird hierbei der Methode sleep() in Millisekunden als long-Wert übergeben. In dieser Zeit „schläft" der Thread, ohne Rechenleistung des Prozessors in Anspruch zu nehmen. Der Aufruf der sleep-Methode muss in einem try-catch-Block eingefasst werden, um einen eventuell auftretendes InterruptedException abzufangen. In unserem Beispiel TextThreads ruht der Thread aufgrund der Zufallszahl eine zufällige Zeitspanne von 0 bis 1000 Millisekunden.

Damit nun die Klasse TextThreads den Code in der run-Methode ausführen kann, wird eine Instanz dieser Klasse erstellt, genauer gesagt drei Instanzen. Mit dem Aufruf der start-Methode wird für jeden der Threads vogel, mensch und fisch der Code im run-Bereich ausgeführt. Während die Thread parallel abgearbeitet werden, erfolgt die Ausgabe des Texts sequentiell, da ja nicht parallel auf die Konsole geschrieben werden kann. Zwischen den einzelnen Textausgaben wartet jeder Thread eine kurze Zeit von zufälliger Länge (0 bis 1000 Millisekunden), um unterschiedliche Ausführungszeiten von möglichen anderen Programmteilen zu simulieren.

Wie auch im Beispiel vorher, ist der Ablauf der Threads, also die Zuteilung der Rechenzeit an die Threads, nicht im Vorhinein bestimmbar und bei jedem Programmlauf auch anders. Zusätzlich kommt hinzu, dass jeder Thread noch jeweils eine zufällige Zeitspanne schläft. Abb. 15.5 zeigt diesbezüglich verschiedene Ausgaben für zwei Programmläufe.

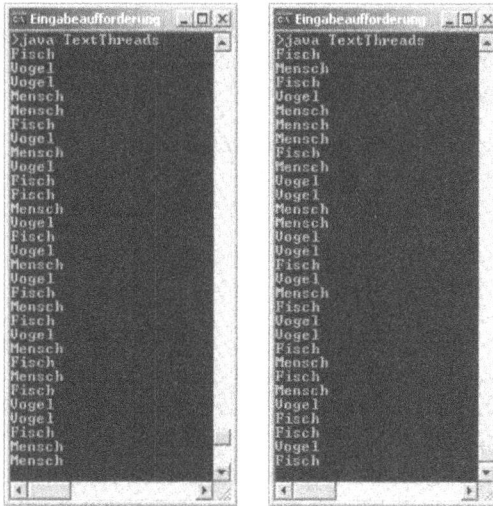

Abb. 15.5 Zwei verschiedene Ausgaben des Programms TextThreads

In zufälliger Reihenfolge (abhängig von einer zufälligen Wartezeit aufgrund der random-Methode und der Rechenzeitzuteilung an die Threads) werden die verschiedenen Threads vogel, mensch und fisch abgearbeitet. Insgesamt gibt jeder Thread zehnmal seinen Namen („Vogel", „Mensch" und „Fisch") aus und benötigt dazu maximal 10 * 1000 Millisekunden, also 10 Sekunden. Das Programm läuft aber insgesamt nicht maximal 3 * 10 Sekunden, sondern nur 1 * 10 Sekunden, da die drei Threads parallel ablaufen und damit deren Wartezeit auch parallel liegt.

15.3   Schwierigkeiten mit Threads

Die Beispiele aus den vorherigen Kapiteln zeigen in ihren Ausgaben (Abb. 15.3 und Abb. 15.5), dass Threads in einer unregelmäßigen Reihenfolge abgearbeitet werden: Sie geben nicht vorhersagbar, scheinbar unregelmäßig ihren jeweiligen Text aus. Werden die Programme erneut gestartet, ergibt sich stets eine andere Reihenfolge. Damit ist das zeitliche Verhalten von Threads nicht ohne weiteres bestimmbar.

Außerdem erkennt man, dass das parallele Ausführen von Threads nicht immer möglich ist. Denn beispielsweise ist die Ausgabe auf der Konsole von mehr als einem Text gleichzeitig nicht möglich. Und dann kommt noch hinzu, dass auf Systemen mit einem Prozessor oder ausgelasteten Systemen mit mehreren Prozessoren mehrere Threads nicht wirklich parallel ablaufen können, sondern nur sehr schnell sequentiell. Das Betriebssystem verteilt die Prozessorleistung in Abhängigkeit von definierbaren Prioritäten auf verschiedene Programme und – in Abstimmung mit der Java Virtual Machine – innerhalb von Java-Programmen auf die verschiedenen Threads.

Die parallele Abarbeitung von Programmteilen an sich kann aber auch zu Schwierigkeiten führen, wenn zwei oder mehrere Threads auf gemeinsam genutzte Ressourcen zugreifen. Folgende Probleme können dabei auftreten:

- Race Condition (oder auch *kritischer Wettlauf* genannt)
- Deadlock (oder auch *Verklemmung* genannt)

15.3.1   Race Conditions

Generell sind *Race Conditions* (kritischer Wettlauf, Wettlaufsituation) solche Programmfehler, die nur manchmal auftreten. Nämlich genau dann, wenn im Programm zur Laufzeit eine Konstellation vorliegt, in welcher das Ergebnis einer Berechnung vom zeitlichen Verhalten bestimmter Einzeloperationen abhängt. Bei Threads kann dies der Fall sein, wenn zufällig zwei parallele Threads zur gleichen Zeit auf dieselbe Variable zugreifen und damit einen eventuell falschen Variablenwert für ihre eigenen Operationen erhalten. Solche Race Conditions sind oftmals nur sehr schwer auffindbar.

In Erweiterung zum Beispiel MyThreads aus Abb. 15.1 versucht das Beispiel ThreadRaceCondition aus Abb. 15.6 einen Effekt von Race Conditions zu verdeutlichen. Das Programm gibt zusätzlich zum Thread-Namen („t1" oder „t2") und dem Wert der Zählvariable i den Wert des Klassenattributs zahl aus.

```
public class ThreadRaceCondition extends Thread{

  private static int zahl = 0;
  private String name;

  public ThreadRaceCondition(String name){
    this.name = name;
  }

  public void run(){
    for(int i = 0; i < 10; i++){
      System.out.println(name + " : " + i + " : " + zahl++);
    }
  }

  public static void main(String[] args){
    ThreadRaceCondition t1 = new ThreadRaceCondition("t1");
    ThreadRaceCondition t2 = new ThreadRaceCondition("t2");
    t1.start();
    t2.start();
  }
}
```

Abb. 15.6 Programm ThreadRaceCondition

In Abb. 15.7 ist zu sehen, dass im ersten Fall zweimal der Wert 0 erscheint, dafür aber nur bis 18 gezählt wird. Richtig muss sein, dass am Ende der Wert 19 erscheint; denn es wird zweimal von 0 bis 9 hoch gezählt, also 20-mal das (statische) Attribut zahl von 0 ausgehend inkrementiert. Außerdem fällt auf, dass die Reihenfolge vom Hochzählen mit der Abarbeitungsreihenfolge der Threads t1 uns t2 nicht übereinstimmt und sowieso nicht in der mathematisch richtigen Reihenfolge ist.

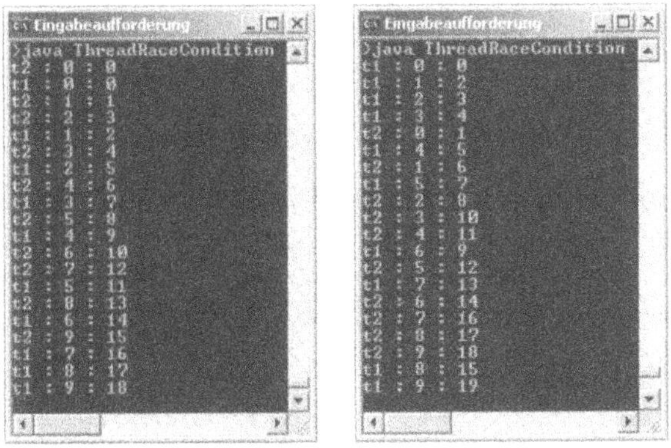

Abb. 15.7   Zwei verschiedene Ausgaben des Programms ThreadRaceCondition

Die Ursache dieses scheinbaren Fehlverhaltens liegt darin, dass der Vorgang des Inkrementierens und der Bildschirmausgabe intern in mehreren Schritten abläuft und daher der zweite Thread parallel schon einmal mit seinen Operationen beginnen kann, obwohl der erste noch zu Gange ist. Dies nennt man Race Condition, ein kritischer Wettlauf von Threads um die richtigen Werte von gemeinsam genutzten Attributen.

Um das Problem von Race Conditions zu vermeiden, muss als Koordinierungsmaßnahme eine Synchronisation der Threads durchgeführt werden. Hierzu gibt es in Java entweder die Möglichkeit, eine Sequenz von Anweisungen als unteilbare Operation zu definieren oder den Zugriff auf die betroffenen Attribute während der Operation zu sperren, um damit den korrekten Ablauf auf gemeinsam genutzte Ressourcen zu gewährleisten.

15.3.2   Deadlocks

Ein weiteres Fehlverhalten sind *Deadlocks* (Verklemmung), die dadurch entstehen, dass sich mehrere Threads gegenseitig blockieren, obwohl die Teilaufgaben eigentlich fehlerfrei abgearbeitet werden könnten.

Als ein anschauliches Beispiel kann man sich eine Straßenkreuzung mit vier abgehenden Straßen vorstellen, an welcher die Vorfahrtsregel „Rechts-vor-Links" gilt. Kommen nun zeitgleich vier Fahrzeuge an diese Kreuzung, so wartet jedes darauf, dass das Fahrzeug rechts von ihm fährt. Wenn sich alle korrekt verhalten, fährt am Ende keiner: Es liegt eine Verklemmung – ein Deadlock – vor.

Bei Threads kann dies ebenfalls passieren. Der eine Thread wartet darauf, dass der andere Thread etwas macht. Dieser Thread aber wartet seinerseits, bis der erste Thread etwas macht. Am Ende warten beide auf die erste Reaktion des anderen.

Solche Fehler, die mit der parallelen Abarbeitung von Programmteilen entstehen können (wie Race Conditions oder Deadlocks...) sind in Programmen nun schwer zu lokalisieren. Java kennt allerdings das Konzept des Monitors, um den Zugriff auf gemeinsame Ressourcen zu regeln (siehe Kapitel 15.4.2), oder die Synchronisation von Threads, um die einzelnen Threads ihre Aufgaben ohne Beeinflussung anderer Threads ausführen zu lassen.

15.3.3   Synchronisation

Grundsätzlich sind Threads in ihrem Ablauf voneinander unabhängig, d.h. jeder Thread führt aus, was die run-Methode vorgibt, und zwar unabhängig davon, was die anderen Threads gerade machen. Man spricht hier von einer *asynchronen Ausführung der Threads*. Sollen Threads aufeinander warten oder abgestimmt sein, müssen sie synchronisiert werden.

In Java erfolgt die *Synchronisation* mittels so genannter *Locks* (Englisch für *Sperre, Datensperre*) auf Methoden und Attribute von Klassen oder Objekten. Diese Klassen bzw. Objekte, d.h. der Zugriff auf diese, wird für andere Threads gesperrt, solange ein bestimmter Thread damit arbeitet. In Java wird dazu die entsprechende Methode oder das Objekt mit dem Schlüsselwort synchronized gekennzeichnet. Die mit synchronized gekennzeichneten Elemente werden dann quasi temporär unausführbar für mehrere Threads gemacht; nur ein Thread kann sie zeitgleich ausführen.

Ist eine Methode mit dem Wort synchronized markiert, muss ein Thread für die Ausführung dieser Methode zuerst das dazugehörige Klassen- bzw. Objekt-Lock holen. Das Klassen- bzw. Objekt-Lock wird erst wieder freigegeben, wenn die synchronisierte Methode beendet wurde. Sinn und Zweck der Synchronisation ist es, dass gemeinsam genutzte Ressourcen immer erst richtig ihre Operationen abschließen können, bevor andere darauf zugreifen.

Soweit die Theorie; die Praxis in Zeiten der Multicore-Prozessoren sieht aber etwas anders aus. Zwar führt das Schlüsselwort synchronized immer noch dazu, dass kein zweiter Thread gleichzeitig diese Methode ausführen darf. Das gilt aber nur auf ein und demselben Prozessorkern. D.h. ein anderer Thread kann Rechenzeit auf einem anderen Prozessorkern zugewiesen bekommen und dort eben doch parallel dieselbe Methode ausführen, wie ein anderer Thread, obwohl die Methode als synchronized bezeichnet ist.

Daraus folgt, dass der Umgang mit dem Schlüsselwort synchronized wohl überlegt sein muss. Für weitere Informationen sei hierzu auf die Java-Dokumentation verwiesen. Besser, aber nicht gerade einfacher, ist der andere Ausweg, die Threads gezielt über ihre Thread-Zustände zu synchronisieren, wie folgendes Kapitel zeigt.

15.4   Thread-Zustände

Threads können verschiedene Zustände annehmen. Im Software-Engineering werden Zustände, in welchen Software-Komponenten gedanklich eines Automaten (z.B. Getränkeautomat, Ampelschaltung usw.) verharren können, gerne in einem Zustandsautomaten-Diagramm oder einfach einem Zustandsdiagramm dargestellt. Für die Thread-Zustände ist ein solches Zustandsdiagramm in UML-Notation in Abb. 15.8 angegeben.

Ein Zustandsdiagramm ist prinzipiell einfach zu lesen: Der schwarze Punkt bedeutet Anfangszustand oder einfach „Start". Der umrandete schwarze Punkt bezeichnet den Endzustand oder einfach „Ende". Die Zustände dazwischen werden als Kästchen mit abgerundeten Ecken und einem spezifischen Namen angegeben. Die Übergänge von einem Zustand zum nächsten werden über die an den Pfeilen angezeigten Methoden oder Operationen erreicht.

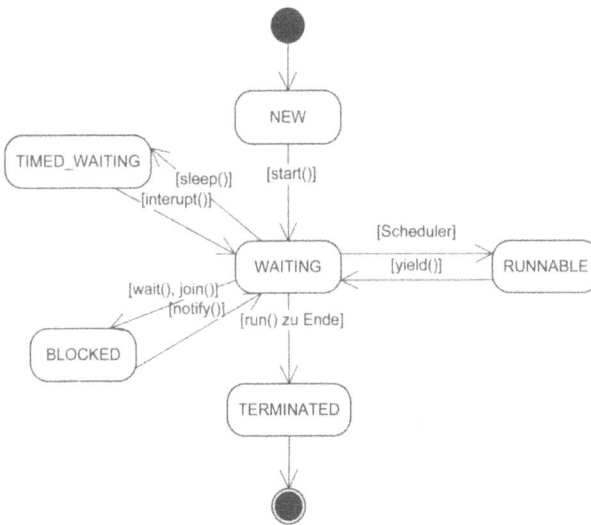

Abb. 15.8 *Zustandsdiagramm für die Zustände von Threads*

15.4.1   Thread-Zustände NEW, WAITING und RUNNABLE

Da Threads durch Objekte repräsentiert werden, muss zunächst eine Instanz der Klasse Thread erzeugt werden (direkt oder über das Interface Runnable, wie Kapitel 15.2 zeigt). Dabei kann dem Thread eine Priorität gegeben werden und/oder er einer Thread-Gruppe zugeordnet werden, wie Sie später noch sehen werden. Im Zustand NEW ist dann der Thread als Objekt angelegt.

Mit der Methode start() wird er in den Zustand WAITING versetzt. Hier wartet er darauf, dass ihm der Scheduler, ein plattformabhängiger Prozess der Java Virtual Machine, zum Set der anderen Threads (Prozesse) aufnimmt, die (blockweise) Rechenzeit zugewiesen bekommen. Der Thread rutscht dann in den Zustand RUNNABLE und arbeitet seine Operationen ab. Bei mehreren Threads im Zustand RUNNABLE, hängt es von den einzelnen Prioritäten der Threads und vom Scheduler ab, welcher Thread wie viel Rechenleistung erhält.

Mit der Methode yield() kann der Thread temporär wieder in den WAITING-Zustand zurückgeholt werden, bis ihn der Scheduler wieder in RUNNABLE versetzt. Damit erhalten aber die anderen Threads die Möglichkeit, temporär keine Rechenzeit mit diesem Thread teilen zu müssen. Denn, falls andere Threads im Zustand RUNNABLE sind, muss der mit yield() zurückgeholte Thread warten, bis er wieder ausgeführt werden kann. Sind keine anderen Threads mehr im Zustand RUNNABLE aktiv, wird dieser Thread sofort wieder ausgeführt.

Sind letztendlich die Aufgaben des Threads in der run-Methode abgearbeitet, gelangt der Thread automatisch von RUNNABLE über WAITING zum Zustand TERMINATED und ist damit am Ende.

15.4.2   Thread-Zustände TIMED_WAITING und BLOCKED

Ein Thread kann auch mit der Methode sleep() eine bestimmte Zeitperiode „schlafen geschickt" werden, wie wir im Beispiel TextThread in Abb. 15.4 gesehen haben. Damit landet er im Zustand TIMED_WAITING. In dieser Zeit bekommt er keine Rechenzeit mehr zugeteilt. Argumente der sleep-Methode sind sleep(long millis) oder noch genauer sleep(long millis, int nanos) für Milli- und Nanosekunden. Aus diesem Zustand kann er mittels interupt() wieder zurückgeholt werden.

Threads können mit den Methoden wait() und join() auch in den Zustand BLOCKED versetzt werden, um sie explizit mit anderen Threads zu synchronisieren oder die Ausführung anderer Threads zu ermöglichen. Dieser Vorgang wird als *Monitoring* bezeichnet und die dazu eingesetzten Objekte, die bestimmte Threads blockieren, als *Monitor*.

wait() ist eine Methode der Klasse Object, von welcher die Klasse Thread abgeleitet ist. Diese Methode dient dazu da, Threads in einen Wartezustand zu versetzen, bis sie mit der Methode notify() wieder reaktiviert werden oder mit wait(long millis) oder wait(long millis, int nanos) die maximale Wartezeit erreicht ist. Mit der Methode notifyAll() können alle wartenden Threads auf einmal zurückgeholt werden. join() dahingegen wartet darauf, dass der Thread von selbst ausläuft, also nicht mehr aktiv irgendwelche Operationen ausführt.

Die Methoden wait() und join() können auch mit der Methode interrupt() zurückgeholt werden. Wenn ein Thread seinen „Schlaf" oder seine Wartezustand beendet hat, wird er von den Zuständen TIMED_WAITING oder BLOCKED nicht gleich wieder in den Zustand RUNNABLE überführt, sondern zuerst in den Zustand WAITING, und erst dann wieder ausgeführt, wenn der Scheduler ihn in RUNNABLE versetzt.

15.4.3   Thread-Zustand TERMINATED

Das komplette Anhalten von Threads, ohne dass die run-Methode zu Ende gelaufen ist, ist nicht so einfach, gerade wenn mehrere Threads involviert sind. Ein Thread konnte gemäß Vorgaben alter Java-Versionen (bis JDK 1.2) prinzipiell mit der Methode stop() beendet werden. Da diese Methode jedoch unsicher war und Instabilitäten im Java-Programm zur Folge haben konnte, wird empfohlen, diese Methode in Java nicht mehr weiter zu verwenden (Englisch: *deprecated* = abgelehnt).

Falls aber ein Thread gestoppt werden muss, bietet sich folgende Methodik an:

- Beim Start wird ein Objekt t als Thread erzeugt.
- Zum Beenden des Threads wird dieses Objekt t explizit auf null gesetzt:

  ```
  t = null;
  ```

- In der run-Methode wird geprüft, ob das Thread-Objekt t noch existiert. Nur in diesem Fall werden die Anweisungen ausgeführt:

  ```
  public void run(){
      while(t != null){
          ...
      }
  }
  ```

Führen mehrere Threads die run-Methode aus, wird es komplizierter. Es muss dann im Einzelfall die Logik des Programms überprüft werden, ob es überhaupt notwendig ist, außerplanmäßig die run-Methode beenden zu müssen.

15.5 Organisation von Threads

15.5.1 Prioritäten

In Java wird jedem Thread eine *Priorität* zugewiesen, entweder explizit im Programmcode oder standardmäßig automatisch von der Java Virtual Machine. Diese Prioritäten dienen dazu, eine Vorrangregelung bei der Zuteilung der Rechenzeit auf die Threads vorzunehmen. Diese gezielte Zeitablaufsteuerung wird als *Scheduling* bezeichnet.

Die Prioritäten von Threads werden in Java mittels einer int-Zahl zwischen 1 (gespeichert im Klassenattribut Thread.MIN_PRIORITY) für die niedrigste Priorität und 10 (gespeichert in Thread.MAX_PRIORITY) für die höchste Priorität angegeben. Die Default-Priorität von Threads ist über Thread.NORM_PRIORITY mit 5 definiert. Das Ermitteln und Ändern der Priorität eines Threads erfolgt mit den Methoden getPriority() und setPriority().

Prinzipiell sollte das Scheduling in Java so erfolgen, dass ein Thread im höherer Priorität relativ gesehen schneller und häufiger Rechenzeit zugewiesen bekommt als ein Thread mit niedrigerer Priorität. Das ist allerdings die Theorie, denn in der Praxis bei Multicore-Prozessoren funktioniert dies unter Umständen nicht mehr richtig. Bestenfalls kann man versuchen, mit der Priorität 1 einen Thread auszubremsen und mit 10 einem Thread Vorrang vor anderen zu geben.

15.5.2   Thread-Gruppen

In Java sind die Threads so organisiert, dass sie eindeutig einer Thread-Gruppe zugeordnet
werden. Ähnlich einem Dateiverzeichnis sind die Threads und Thread-Gruppen in einer
Baumstruktur angeordnet, d.h. eine Thread-Gruppe kann Threads, aber auch wiederum eine
Thread-Gruppe beinhalten. Mit der Klasse ThreadGroup können die Thread-Gruppen
verwaltet werden, wobei Sicherheitsmechanismen die Zugriffsrechte auf die einzelnen
Thread-Gruppen und deren Threads regeln.

Wichtige Thread-Gruppen sind system und main, wie das Beispiel ThreadsInGroup
aus Abb. 15.9 in Abb. 15.10 zeigt. system ist die oberste Thread-Gruppe, welche neben
allen anderen Thread-Gruppen standardmäßig die Threads der Systemsteuerprozesse enthält
(deren Namen sind beispielsweise Reference Handler, Finalizer, Signal
Dispatcher usw.). main enthält diejenigen Threads einer Java-Anwendung, die nicht
explizit einer Thread-Gruppe zuordnet wurden.

```java
public class ThreadsInGroup
{
  public static void main(String args[]) {

    // Ermittle rekursiv oberste Thread-Gruppe
    ThreadGroup tg = Thread.currentThread().getThreadGroup();
    while (tg.getParent() != null)
      tg = tg.getParent();

    // Zeige Infos zu allen Thread-Gruppen
    showThreadGroup(tg);
  }

  public static void showThreadGroup(ThreadGroup tg) {

    // Gib Info über diese Thread-Gruppe aus
    System.out.println("\n" + tg);

    // Gib Info über alle Threads dieser Thread-Gruppe aus
    Thread t[] = new Thread[tg.activeCount()];
    tg.enumerate(t);
    for (int i = 0; i < t.length; i++)
      System.out.println(tg.getName() + " : " + t[i].toString());

    // Gib rekursiv alle Infos über diese Thread-Gruppen aus
    ThreadGroup tg2[] = new ThreadGroup[tg.activeGroupCount()];
    tg.enumerate(tg2);
    for (int i = 0; i < tg2.length; i++)
      showThreadGroup(tg2[i]);
  }
}
```

Abb. 15.9   *Programm* ThreadsInGroup

Im Programm ThreadsInGroup in Abb. 15.9 wird erst die oberste Thread-Gruppe system ermittelt. Dann werden die Infos zu dieser Gruppe sowie alle in ihr beheimateten
Threads aufgelistet, wie in Abb. 15.10 zu sehen ist. Danach werden alle Thead-Gruppen in
system ermittelt und rekursiv deren Threads (und Thread-Gruppen) ausgegeben. In unserem Beispiel ist dies nur die weitere Thread-Gruppe main mit dem Thread main für das
laufende Java-Programm ThreadsInGroup.

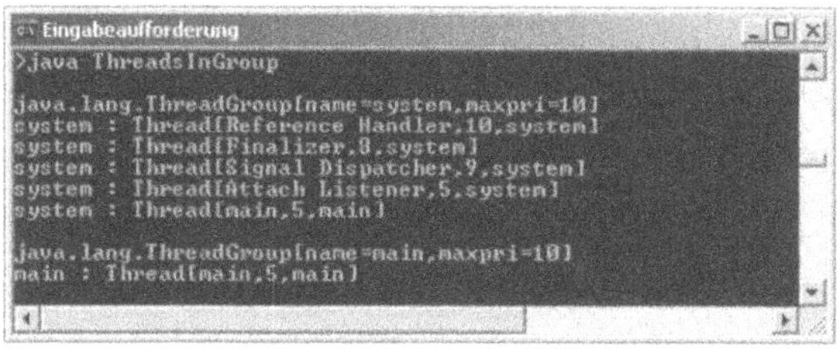

Abb. 15.10 *Ausgabe des Programms* `ThreadsInGroup`

15.6   Lernziele und Aufgaben

15.6.1   Lernziele

Nach Durcharbeiten dieses Kapitels sollten Sie

- Sinn und Zweck von Threads verstanden haben,
- Threads direkt über die Klasse `Thread` und über das Interface `Runnable` anlegen können,
- Schwierigkeiten in der Synchronisation von Threads erkennen können,
- Threads-Zustände kennen und Übergänge zwischen den Threads-Zuständen ausführen können und
- eigene Java-Programme mit Threads schreiben können.

15.6.2   Aufgaben

Schreiben Sie ein Programm, in welchem fünf Tiere um die Wette rennen. Jedes Tier ist ein Thread, rennt aber verschieden schnell. Alle Tiere starten gleichzeitig. Eigentlich sollte das schnellste Tier gewinnen. Ist dies denn immer so?

16 UML und Java

In den vorherigen Kapiteln wurden die Grundlagen der Objektorientierten Programmierung (wie z.B. Vererbung, Interfaces, Threads usw.) mit Java erläutert. In diesem Kapitel geht es jetzt darum, die Java-Programmierkonzepte allgemein in das Software-Engineering einzubetten. Dabei werden der Zusammenhang zwischen der Objektorientierten Modellierung und der Objektorientierten Programmierung besprochen. Zusätzlich stellen wir Ihnen diesbezüglich eine Softwareunterstützung vor, um die Programmentwicklung zu vereinfachen.

16.1 Grundlagen der Objektorientierten Modellierung

Modellierungstechniken werden häufig angewendet, um in Zuge der Analysephase die Anforderungen zu erheben. In der Regel ist davon auszugehen, dass der Kunde kein Spezialist für objektorientierte Konzepte ist und sein Fokus darauf gerichtet ist, dass er ein laufendes System erhält, das alle seine Anforderungen abdeckt.

Was sind nun die Hauptgründe, warum wir uns im Rahmen der Analyse und Programmierung mit Modellierung beschäftigen? Folgende Gründe gibt Ihnen die Disziplin des Software-Engineering mit, wobei diese einzelnen Punkte ohne eine Gewichtung aufgelistet sind:

- Die Problemlösung wird strukturiert.
- Die Kommunikation zwischen Kunde und Software-Entwicklern wird standardisiert.
- Die Komplexität wird so lange abstrahiert, bis das Problem besser verständlich wird.
- Verschiedene Lösungen können am „grünen Tisch" besser sichtbar gemacht werden.
- Stakeholder mit unterschiedlichen Vorkenntnissen können in das Projekt eingebunden werden.
- Das Risiko von Fehlern wird beherrschbarer gemacht.
- Entwicklungskosten können gesenkt werden.
- Und schließlich: „Ein Bild sagt mehr als tausend Worte."

16.2 Zusammenhang zwischen UML und Java

Die Unified Modelling Language (UML) ist heute der Quasi-Standard für Objektorientierte Modellierung. Aktuell ist UML in der Version 2.2 verfügbar, die Standardisierung der Notation wird von der Object Management Group (OMG, http://www.omg.org/) wahrgenommen.

UML selber ist lediglich eine Notation, aber keine Methodik für die Softwareentwicklung. Ein Vorgehensmodell, welches UML perfekt unterstützt, ist der (proprietäre) Rational Unified Process von IBM/Rational (http://www-01.ibm.com/software/awdtools/rup/). Kritiker werfen UML vor, es sei zu komplex und ließe sich zu wenig für bestimmte Bereiche „customizen", also den Ansprüchen entsprechend adaptieren. Tatsache ist allerdings, dass UML ein Produkt gelungener Standardisierung im Bereich der Informatik ist und kein Software-Analytiker oder Programmierer heute mehr an UML „vorbeikommt".

UML unterstützt die Phasen von Objektorientierter Analyse (OOA) über Objektorientiertes Design (OOD) bis hin zu Objektorientierter Programmierung (OOP) durch dreizehn verschiedene so genannte Diagrammtypen. Bei OOA geht es darum, den Modellausschnitt, der von Interesse ist, vollständig abzubilden. Da in dieser Phase vorwiegend mit dem Kunden interagiert wird, steht die Verständlichkeit im Vordergrund und nicht technische Details. Bei OOA werden zum Beispiel Aktivitäts- und Use-Case-Diagramme eingesetzt. Daneben können neben UML auch andere Diagramme eingesetzt werden, wie z.B. das Stakeholder-Diagramm, das die relevanten Stakeholder und deren Bedeutung im Projekt visualisiert.

Bei OOD gilt es darzustellen, wie das Software-System die Aufgabe lösen wird. Hier werden die Systemstruktur (Komponenten) und deren Interaktionen modelliert. Diese Diagramme (z.B. verfeinertes Klassendiagramm, Komponentendiagramm, Sequenzdiagramm) sind in der Regel nur mehr für den Fachmann verständlich, weil OO-Wissen (OO = objektorientiert) erforderlich ist. Bei OOD wird noch keine Programmiersprache festgelegt, erst bei OOP erfolgt die Implementierung der Modelle und Diagramme in Quellcode. Die Komponenten werden entsprechend mit Software-Technologien umgesetzt (z.B. Enterprise Java Beans, Mehrschichtarchitekturen usw.)

In UML2, also UML ab Version 2.0, gibt es sechs Strukturdiagramme zur Modellierung statischer Aspekte. Diese sind:

- Klassendiagramm
- Kompositionsstrukturdiagramm
- Komponentendiagramm
- Verteilungsdiagramm
- Objektdiagramm
- Paketdiagramm

Des Weiteren gibt es sieben Verhaltensdiagramme zur Modellierung von dynamischen Aspekten:

- Aktivitätsdiagramm
- Anwendungsfalldiagramm (Use-Case-Diagramm)
- Interaktionsübersichtsdiagramm
- Kommunikationsdiagramm
- Sequenzdiagramm
- Zeitverlaufsdiagramm
- Zustandsdiagramm

Der ständige Abgleich zwischen den UML-Modellen, deren Transformation in Quellcode und umgekehrt sowie die Verknüpfung mit Entwicklungs- und Testwerkzeugen wird durch sogenannte CASE-Tools (Computer-Aided Software Engineering Werkzeuge) unterstützt. Für unsere Zwecke soll in diesem Buch vor allem ein Aspekt in den Vordergrund gestellt werden, nämlich die Transformation von UML-Modellen in Quellcode, also die Implementierung von Software-Modellierungen in Java-Code. Dies ist genau der Übergang zwischen OOD und OOP.

Die korrekte Implementierung von Elementen in der OO-Notation in UML und der Programmiersprache ist der Kernpunkt der CASE-Tools. Die Abbildung von UML auf Java haben wir beispielhaft für einige ausgewählte Konstrukte (z.B. Vererbung, Interface usw.) in Kapitel 8 bereits ausführlich besprochen. Abb. 16.1 (vgl. http://www.st.informatik.tu-darmstadt.de/pages/lectures/inf1/ws01-02/uebungen/umlkr.pdf aus [4]) zeigt dies nochmals aus anderer Betrachtungsweise kurz zusammengefasst.

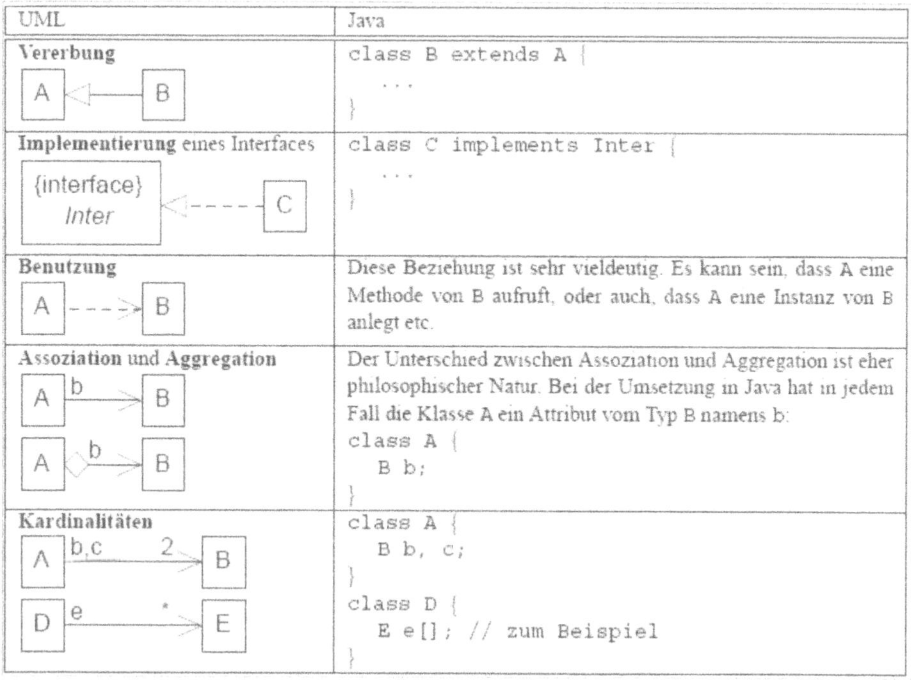

Abb. 16.1 *Zusammenhang zwischen UML und Java aus [4]*

In den meisten Fällen ist die stringente Transformation von Klassendiagrammen in eindeutigen Java-Code klar vorgegeben. Manchmal kann es aber vorkommen (z.B. bei Kardinalitäten, siehe Abb. 16.1), dass unterschiedliche Codegenerierungsstrategien angewendet werden können. D.h. der Programmierer muss trotz aller CASE-Tools immer noch mitdenken.

Wie finden Sie nun ein gutes CASE-Tool? In dieser Frage wollen wir Sie nicht zu weit beeinflussen. Allgemein gilt, dass zur Beurteilung der Qualität von CASE-Tools vor allem folgende Kriterien herangezogen werden können:

- Wird die aktuelle Version von UML umgesetzt? Viele Tools setzen die aktuelle UML-Version häufig nur schrittweise um, aber nicht alle Diagramme auf einmal.
- Qualität des Forward Engineering, also des Generierens der Quellcodedateien aus dem UML-Modell
- Performance des erzeugten Code (z.B. Speicherbedarf usw.)
- Qualität des Reverse Engineering, also die Option, zue Erzeugung von UML-Modellen aus Quellcode
- Qualität des Roundtrip-Engineering (= Forward Engineering + Reverse Engineering): Dies bezeichnet die Fähigkeit des CASE-Tools, den Programmcode, die Modelldaten und die UML-Diagramme jederzeit konsistent zu halten (Motto: Modell = Code und Code = Modell).
- Benutzerfreundlichkeit der Modellierung (Qualität und Benutzerfreundlichkeit des Design-Tools)

16.3   Programmierumgebung Eclipse

Nach der ganzen Theorie und mühseliger Arbeit mit der Konsole ist es an der Zeit, dass wir Ihnen kurz die Programmierumgebung (IDE = Integrated Development Environment) *Eclipse* vorstellen. Ein IDE ist weniger als ein CASE-Tool, aber auch in jedem CASE-Tool integriert.

Warum ein IDE anstelle der Programmierung in der Konsole? Natürlich können Sie grafische Benutzeroberflächen auch ohne IDE rein per Textprogrammierung erstellen. IDEs speziell mit einem GUI-Builder nehmen Ihnen aber viel Schreibarbeit ab und erhöhen die Qualität, da sie durch den grafischen Zusammenbau von GUIs weniger Wissen erfordern und viele Fehler schon beim Programmieren gefunden werden.

Neben Eclipse gibt es noch weitere IDE mit GUI-Builder wie beispielsweise NetBeans on Sun oder JBuilder von Borland.

16.3.1   Installation

Am besten installieren Sie Eclipse, indem Sie den Hinweisen auf der Homepage www.eclipse.org folgen und die Installationsdatei der aktuellsten, stabilsten Version von Eclipse für Ihr Betriebssystem herunterladen und ausführen. Eclipse nimmt dabei keine Einträge in der Registry Ihres Computers vor und lässt sich damit auch ohne Administratorrechte installieren.

Wenn Sie dann Eclipse starten, wird nach einem Hauptverzeichnis gefragt, in welchem die gesamten Dateien der Softwareentwicklung abgelegt werden. Sie können die Standardvorgabe übernehmen oder ein eigenes Verzeichnis angeben. Das Startfenster informiert Sie noch über die Version von Eclipse: Galileo steht beispielsweise für Eclipse 3.5 und Ganymede für Eclipse 3.4. Mit Helios ist ab Juni 2010 dann auch Eclipse 3.6 verfügbar.

Da – in unserem Empfinden – Eclipse standardmäßig noch nicht gut die Erstellung eines GUIs unterstützt, empfehlen wir Ihnen, zusätzlich das Plugin Jigloo von Cloudgarden zu installieren, das als Freeware im nicht-kommerziellen Bereich gratis eingesetzt werden darf. Um es in Eclipse zu installieren, gehen Sie auf *Help* → *Software Updates....* Mit *Add Site* und der Eingabe und Auswahl von http://cloudgarden1.com/update-site und *Jigloo GUI Builder* installieren Sie das Plugin.

Eclipse ist in der Standardversion sicher ein tolles DIE, aber nur so halb ein prima funktionierendes CASE-Tool. Im folgenden Kaapitel zeigen wir Ihnen, wie Sie mit einem Plug-in Eclise auch zu einem leistungsfähigen CASE-Tool machen können.

16.4   UML-Plug-in für Eclipse

Im Folgenden wird dargestellt, wie mit einem UML Plug-in die Entwicklungsumgebung Eclipse zu einem CASE-Tool erweitert werden kann. Eclipse selber kann über Plug-ins (z.B. Editoren, GUI-Entwicklung, etc.) entsprechend erweitert werden. Die zusätzliche Funktionalität wird dabei entweder via Zugang zum Internet eingespielt oder alternativ in die entsprechenden Plug-in Ordner kopiert.

Das Prinzip klingt einfach und bestechend, hat aber auch seine Nachteile. Vielfach funktionieren Plug-ins nicht oder nur sehr schlecht bzw. unterstützen nur veraltete Eclipse-Versionen. Eine guten Überblick über existierende Eclipse-Plug-ins nach diversen Kategorien bietet die Webseite http://www.eclipseplugincentral.com/. Dabei werden die Plug-ins samt Hersteller kurz vorgestellt und die unterstützten Eclipse-Versionen angegeben.

Zu Demonstrationszwecken wählen wir das Omondo Plug-in aus, welches unter http://www.ejb3.org/ heruntergeladen werden kann.

Wichtig ist dabei, die am Rechner installierte Eclipse-Version zu beachten. Omondo-Demo-Versionen können 30 Tage benutzt werden und sind für Eclipse 3.3, 3.4 und 3.5 verfügbar. Die Installation des Omondo Plug-in ist denkbar einfach. Bei den meisten Eclipse Plug-ins wird die Installation entweder online über eine entsprechende URL oder das Kopieren der Plug-in Dateien in das Plug-in Verzeichnis vorgenommen. Bei der Installation von Omondo lädt man hingegen unter Windows die Installer-Datei (jar-Datei) in ein temporäres Verzeichnis und führt diese aus.

Nach der Wahl der gewünschten Sprache ist es wichtig, den korrekten Pfad der Eclipse-Installation anzugeben, wie Abb. 16.2 zeigt.

Abb. 16.2 *Angabe des korrekten Eclipse-Verzeichnises bei der Omondo Installation*

Im Folgenden soll die Generierung von Quellcode (genauer von Code-Skeletten) aus UML-Diagrammen exemplarisch besprochen werden. Das Prinzip ist dabei immer das gleiche. Aus einfachen Klassen- und Paketdiagrammen generiert ein CASE-Tool Java-Quellcode, der dann entsprechend ergänzt und modifiziert werden kann.

Wir definieren dabei die Klasse Person und die davon abgeleitete Klasse Student. Das Plug-in unterstützt dabei die Klassen-, Attribut- und Methodendefinition, indem UML-Definitionen in Java-Code oder -Codeskelette transformiert werden (sogenanntes *Forward Engineering*). Änderungen im Code führen zu einer automatischen Anpassung der UML-Diagramme (sogenanntes *Reverse Engineering*).

Ein Klassendiagramm wird angelegt, indem unter File > New > Other > UML Diagrams > UML Class Diagram das Symbol UML-Klassendiagramm (Endung .ucd) angewählt wird. Die Modellierung erfolgt durch Drag&Drop der gewünschten Elemente auf die Zeichenfläche.

Zuerst werden die Klassen Person und Student im Designer erzeugt, wie Abb. 16.3 zeigt. Mittels des Ableitungspfeils, der von Student auf Person zeigt, wird dem CASE-Tool gesagt, dass die Klasse Student von der Klasse Person abgeleitet ist. Zusätzlich können in CASE-Tools per Mausklick und Konfigurationsmenüs den Klassen wichtige Parameter mitgegeben werden. Abb. 16.4 zeigt diese für die Definition des neuen Attributs studium als private. Neben allen Attributen können auf diesem Weg auch die Methoden spezifiziert werden, die eine Klasse bereitstellt.

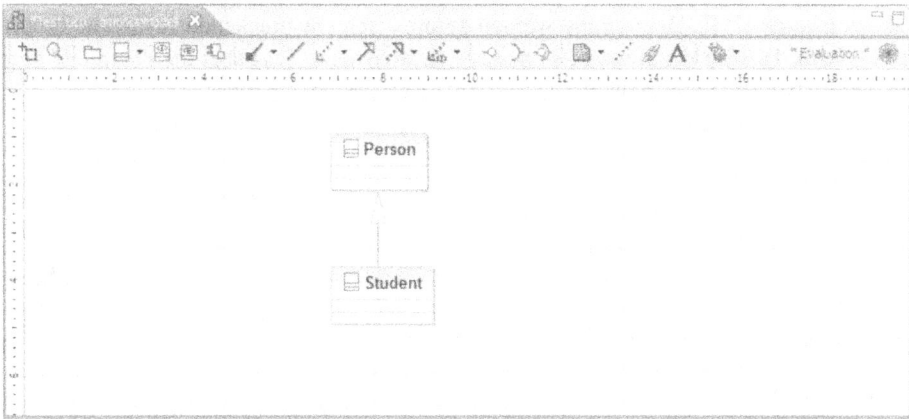

Abb. 16.3   *Erstellen der Klassen* Person *und* Student *mit Omondo*

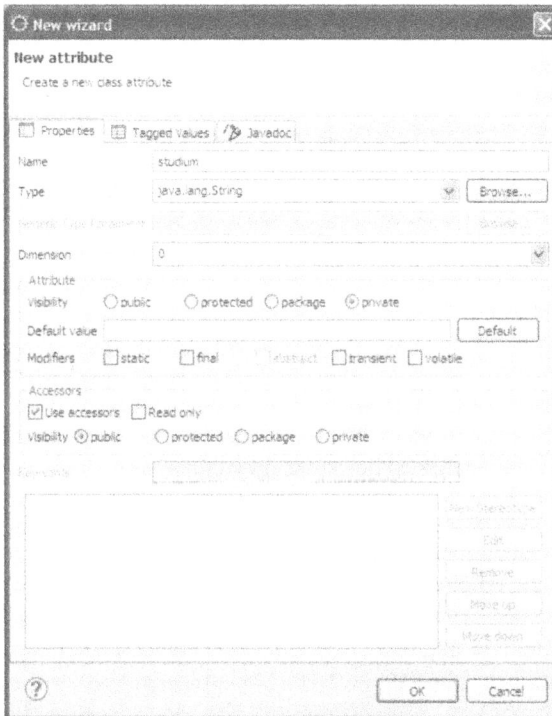

Abb. 16.4   *Attributdefinition mit Omondo*

Für die erzeugten UML-Diagramme werden automatisch entsprechende Java-Dateien generiert, wie **Abb. 16.5** für die Klasse Person zeigt. Man sieht, dass aber die komplette Logik, die in den Methoden steckt, noch per Hand implementiert werden muss.

```
package omondomodell;

public class Person {

  /*
   * (non-javadoc)
   */
  private String name;

  public Person() {
  }

  /**
   * Getter of the property <tt>name</tt>
   *
   * @return Returns the name.
   *
   */

  public String getName() {
    return name;
  }
  /**
   * Setter of the property <tt>name</tt>
   *
   * @param name
   *
   */
  public void setName(String name) {
    this.name = name;
  }
}
```

Abb. 16.5   *Code-Fragment der Klasse* Person *mit ihren Attributen und Methoden in einem CASE-Tool erzeugt*

Konstruktoren sowie Getter- und Setter-Methoden für die gewählten Attribute können ebenfalls mit einigen wenigen Mausklicks erzeugt werden, wie Abb. 16.6 zeigt.

In Diagrammen mit einer großen Anzahl an Klassen können die Attribut- und Methoden-Bereiche (die so genannten Compartments) ausgeblendet werden, um die Übersichtlichkeit im UML-Diagramm zu erhöhen. Welche Informationen genau in einer Klasse angezeigt werden, kann man auf der Zeichenfläche steuern. Möchte man Javadoc-Kommentare erzeugen, werden bei der Generierung einer Java-Quelldatei automatisch Tags eingefügt, die vervollständigt werden können.

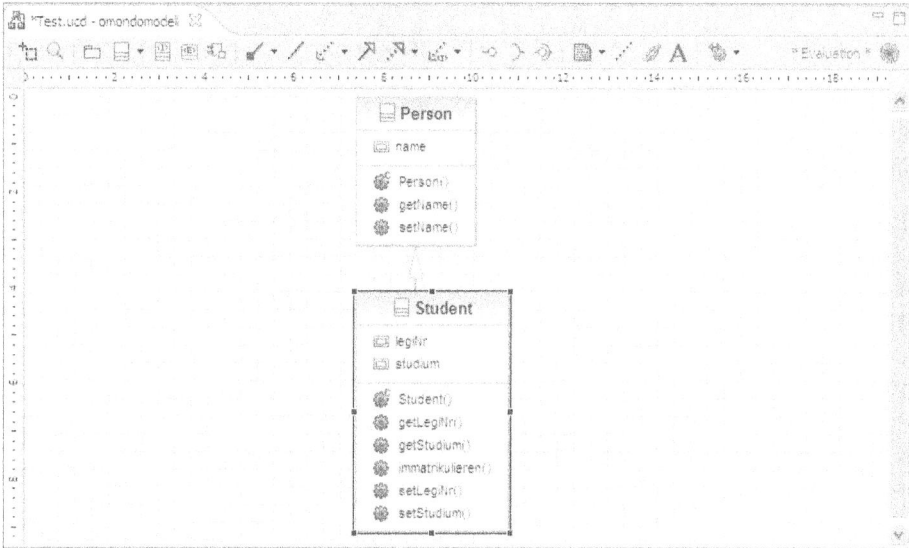

Abb. 16.6 *Klassenmodellierung mit Omondo mit entsprechenden Methoden*

Die Reverse-Engineering-Fähigkeiten des Omondo-Plug-in testet man am besten, indem man in einem beliebigen Java-Package ein neues UML-Klassendiagramm (Endung .ucd) erzeugt. Das Plug-in analysiert daraufhin die Beziehungen zwischen den Klassen und stellt in animierter Weise die Struktur entsprechend dar.

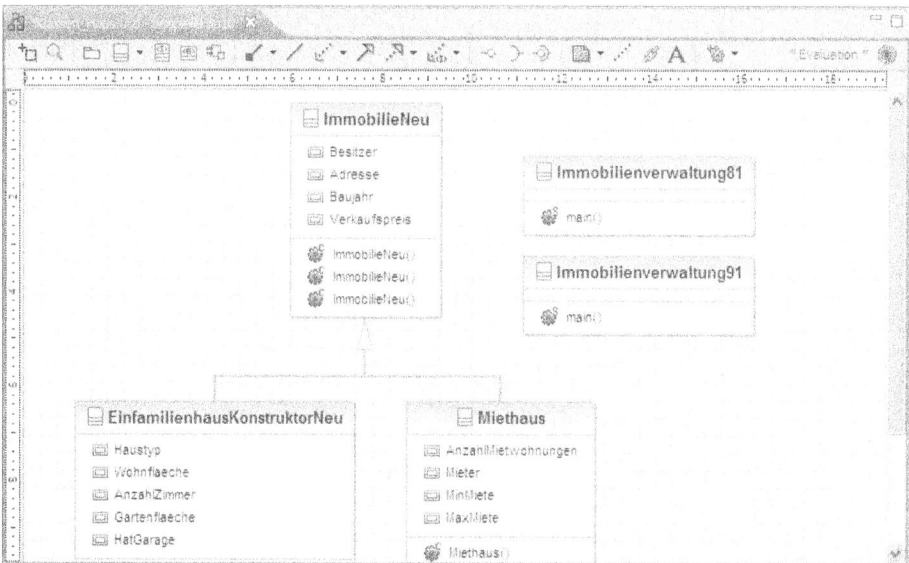

Abb. 16.7 *Reverse Engineering mit Omondo (Haushierarchie, vgl. 10.4, Ausschnitt)*

16.5   Lernziele und Aufgaben

16.5.1   Lernziele

Nach Durcharbeiten dieses Kapitels sollten Sie

- den Zusammenhang zwischen UML und Java verstanden haben,
- die Programmierung mit Java im Kontext des Software-Engineering-Zyklus verstehen und
- Eclipse mit UML-Plug-ins anwenden können.

16.5.2   Aufgaben

Machen Sie sich mit einem CASE-Tool Ihrer Wahl vertraut, z.B. Eclipse.

17 Einführung in die Java Enterprise Edition Technologie

In den vorangegangenen Kapiteln haben wir uns sehr ausführlich mit kleineren und ein biss-chen grösseren Java-Programmen für eine Desktop-Programmierung beschäftigt und dabei die wesentlichen Elemente des Sprachumfangs von Java kennengelernt. Java kann aber auch für komplexe Enterprise-Anwendungen eingesetzt werden. Dies wird in diesem Kapitel bei-spielhaft anhand der so genannten Java Server Pages (JSP) erläutert. Dabei gehen wir nicht in die Tiefe, verweilen aber nicht zu lange bei Einzelheiten, sondern versuchen, Ihnen den groben Rahmen von komplexen Java Enterprise-Anwendungen näher zu bringen.

17.1 Kurzüberblick Java EE

Insgesamt werden für Java drei so genannte Editionen angeboten:

- Java Standard Edition (Java SE) für Desktop-Anwendungen
- Java Enterprise Edition (Java EE) für Enterprise-Anwendungen, d.h. in der Regel Mehr-schichtarchitekturen
- Java Mobile Edition (Java ME) für Anwendungen, die auf Mobiltelefonen, Handhelds, Personal Digital Assistants (PDA) etc. laufen, z.B. Spiele, Messaging-Funktionen usw.

Die Java EE existiert seit kurzem in der Version 6 (Dezember 2009). Jede Version der Java EE besteht aus den Application Programming Interfaces (APIs) für verschiedene Themenfel-der wie Geschäftslogik, Security, Web Services, XML usw. Jedes API wird über einen Java Specification Report (JSR) beschrieben. Dieser JSR ist gleichzeitig die Basis für die Imple-mentierungen der verschiedenen Hersteller (z.B. IBM, Oracle, BEA WebLogic...). Gleich-zeitig werden von Sun auch Referenzimplementierungen für alle API bereitgestellt. Die Java EE ist neben dem .NET-Framework von Microsoft der zweite „Big Player" im Technologie-Markt für Enterprise-Anwendungen. Der Markt teilt sich zwischen diesen beiden Anbietern zu ungefähr je zur Hälfte auf.

Eine komplexe Enterprise-Anwendung kann z.B. eine Web-Anwendung mit vielen Clients sein, wo die Geschäftslogik und die Datenhaltung auf eigenen Servern laufen. Dies sind sehr häufig E-Business-Anwendungen mit hohem Workload, wo ausgefeilte Security- und Trans-aktionsmechanismen notwendig sind. (Beispiele sind die Systeme von ebay und Amazon.)

Am Häufigsten wird in der Praxis die 3-Schicht-Anwendung gewählt. Allgemein spricht man von einer n-tier-Architektur, wobei n die Anzahl der gewählten Schichten ist (Englisch tier = Schicht).

Eine 3-Schicht-Architektur besteht aus den Elementen *Client*, *Applikationsserver* und *Datenbank*. Die Trennung hilft die Komplexität zu reduzieren, weil jede Aufgabe von einer eigenen Schicht wahrgenommen wird.

- Client: Er steht für die Benutzereingaben und Darstellung der Ergebnisse des Systems via HTTP-Protokoll zur Verfügung. Hier werden die Technologien HTML, CSS, Applets etc. eingesetzt.
- Applikationsserver: Dieser dient zur Ausführung der Geschäftslogik (z.B. Berechnungen, Warenkorb- und Bezahlfunktionen etc.).
- Datenbankserver: Dieser übernimmt die Datenhaltung. Mit der Java EE können die verschiedensten handelsüblichen relationalen Datenbank-Systeme wie mySQL, MS-SQL-Server, Oracle, DB2 etc. genutzt werden.

Der Applikationsserver kann unterschiedlich ausgestaltet sein. Wenn die Geschäftslogik mit den *Enterprise Java Beans* (EJB) abgebildet wird, ist ein vollwertiger Applikationsserver (z.B. JBoss oder IBM Websphere) erforderlich. Wird die Geschäftslogik mit JSP programmiert, so genügt ein *Web Container*, der Java Code interpretieren kann und Ausgaben z.B. über das HTTP-Protokoll an den Client sendet.

17.2   Installation der Infrastruktur für JSP

Im Folgenden beschäftigen wir uns mit dem Aufbau der Infrastruktur für JSP. Eine sehr einfache Lösung ist die Verwendung der Eclipse EE-Version und des Apache / Tomcat Webcontainers.

Die Eclipse EE-Version lässt sich genauso wie die Standard-Eclipse-Version sehr einfach installieren. Das zip-File wird von der Seite http://www.eclipse.org/downloads/ (Eclipse IDE for Java EE Developers (ca. 190 MB)) heruntergeladen und ausgepackt. Die Datei `eclipse.exe` verknüpft man am besten mit dem Desktop und schon kann man beginnen, Web-Anwendungen mit Java zu erstellen.

Für die Installation von Apache / Tomcat (aktuell Version 6, Dezember 2009) geht man auf die Webseite http://tomcat.apache.org/. Am besten lädt man unter Windows die Installer-Datei auf den Rechner und startet diese. Innerhalb weniger Minuten ist der Web Container installiert. Apache ist dabei der Webserver und Tomcat der Web Container (eigentlich auch ein Applikationsserver) als Add-on, der Java interpretiert.

JSP sind – vereinfacht gesagt – HTML-Seiten, die mit Java-Code zur Programmierung der Geschäftslogik angereichert sind. Wir zeigen im Folgenden, wie ein JSP-Projekt erstellt und eine einfache JSP-Seite ausgeführt wird.

Bevor mit der Programmierung begonnen werden kann, muss der Web Container im Eclipse-Programm angemeldet werden. Dazu geht man in Eclipse unter `Window > Preferences > Server > Runtime Environments`. Im nächsten Schritt wählt man den vorhin installierten Apache Tomcat v6 aus und gibt das korrekte Installationsverzeichnis (in der Regel auf C:\ oder D:\) an. Möchte man ein eigenes *View* für den Server unter Eclipse erstellen, so geht man in Eclipse unter `Window > Show View > Other > Server` und wählt `Servers`. Ein eigenes View hat den Vorteil, dass man den Server über das View steuern (z.B. Start / Stop des Servers) und den aktuellen Zustand einsehen kann. In dem neu eingeblendeten View `Server` wählt man RMT (= Rechte Maustaste) `New Server` und wählt den Apache Tomcat aus. Damit ist die Verknüpfung von Eclipse und Apache Tomcat abgeschlossen.

Da Eclipse projektorientiert ist, besteht der nächste Schritt in der Erstellung eines Projektordners. In unserem Fall empfiehlt es sich, ein `Dynamic Web Project` anzulegen, wie Abb. 17.1 zeigt.

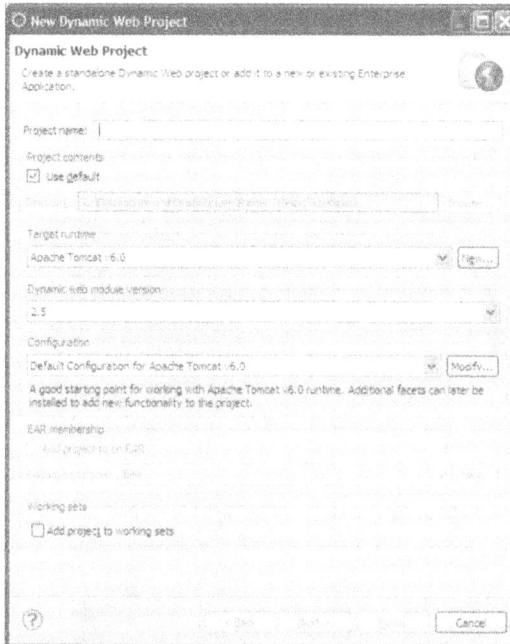

Abb. 17.1 *Erstellung einer JSP-Seite (1)*

Wir vergeben einen Projektnamen (z.B. `datum.jsp`) und können im nächsten Schritt eine einfache JSP-Seite erstellen. Dazu klicken wir auf `Web Content` im Projektverzeichnis, wie Abb. 17.2 zeigt, wählen RMT und selektieren JSP. Wir vergeben einen Dateinamen und können im nächsten Schritt ein JSP-Template auswählen.

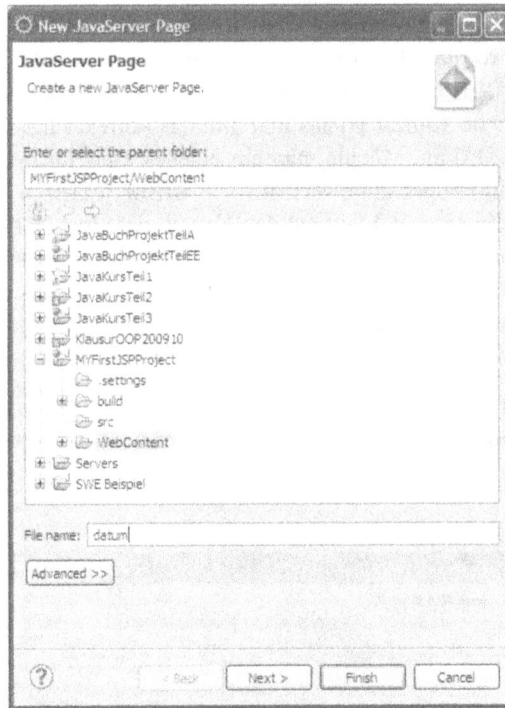

Abb. 17.2 *Erstellung einer JSP-Seite (2)*

Angeboten werden hier verschiedenen Templates basierend auf HTML, XHTML- und XML-Syntax. Als Ergebnis erhalten wir die HTML-Skelett-Seite aus Abb. 17.3. Prinzipiell könnten wir jetzt die HTML-Seite schon auf dem Server ausführen lassen, da eine JSP-Seite auch ohne Java-Code zulässig ist. Um zu testen, ob der Web Container funktioniert, fügen wir nach dem <body>-Tag folgende Zeile ein: <%= new java.util.Date() %>

```
<?xml version="1.0" encoding="ISO-8859-1" ?>
<%@ page language="java" contentType="text/html; charset=ISO-8859-1"
    pageEncoding="ISO-8859-1"%>
<!DOCTYPE html PUBLIC "-//W3C//DTD XHTML 1.0 Transitional//EN"
"http://www.w3.org/TR/xhtml1/DTD/xhtml1-transitional.dtd">
<html xmlns="http://www.w3.org/1999/xhtml">
<head>
<meta http-equiv="Content-Type" content="text/html; charset=ISO-8859-1"
/>
<title>JSP-Testseite</title>
</head>
<body>

<%= new java.util.Date() %>

</body>
</html>
```

Abb. 17.3 *Erstellung einer JSP-Seite (3)*

Dies ist ein JSP-Ausdruck, der die Anzeige des aktuellen Datums bewirkt. Nach der Speicherung klicken wir im Eclipse Package Explorer auf die JSP-Datei, wählt RMT > `Run as >` `Run on Server`.

Daraufhin wird er Server (d.h. der Web Container Apache / Tomcat) gestartet, das JSP-Programm zur Datumsanzeige ausgeführt und die Uhrzeit im Eclipse-internen Browser angezeigt (Abb. 17.4). Natürlich ist es auch möglich, diese Seite in einem handelsüblichen Browser anzuzeigen. Dazu kopiert man die URL in die Adresszeile des Browsers.

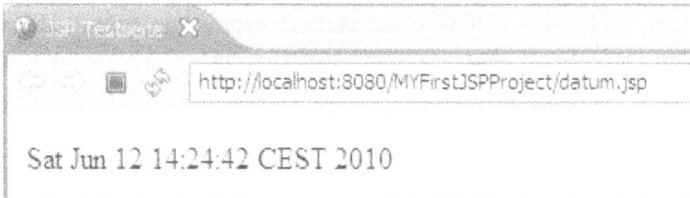

Abb. 17.4   *Erstellung einer JSP-Seite (4)*

Im nächsten Abschnitt werden die verschiedenen Sprachelemente von JSP vorgestellt und anschließend gezeigt, wie man eine mySQL-Datenbank anbinden kann.

An dieser Stelle sei nochmals darauf hingewiesen, dass man seine eigene JSP-Infrastruktur selbst zusammenstellen und konfigurieren kann. Alternativ zu Eclipse kann z.B. die Oracle NetBeans Entwicklungsumgebung (http://netbeans.org/) gewählt werden und neben Apache / Tomcat gibt es eine Reihe leistungsfähiger Alternativen für Web Container (z.B. Glassfish, JBoss…).

17.3   Sprachelemente von JSP

Im Folgenden werden wichtige JSP-Konstrukte exemplarisch vorgestellt:

- JSP-Ausdrücke (= Expressions)
- JSP-Scriptlets
- JSP-Deklarationen
- Implizite Objekte für Scriptlets und JSP-Ausdrücke
- JSP-Direktiven
- Kommentare

17.3.1   JSP-Ausdrücke (Expressions)

JSP-Ausdrücke haben wir schon beim einführenden JSP-Beispiel kennengelernt. Sie erzeugen immer eine Ausgabe. JSP-Ausdrücke können auch als Abkürzung für `out.println()` innerhalb von Scriptlets interpretiert werden.

Mit derartigen Ausdrücken

```
<%= Ausdruck %>
```

werden (errechnete) Werte wie Variablenwerte oder Rückgabewerte von Funktionen ausgegeben. Dabei kann auf bekannte Objekte und Methoden zurückgegriffen werden, wie in Abb. 17.6 gezeigt wird.

Zu beachten ist dabei folgendes:

- Innerhalb der Tags `<%=` und `%>` steht ein gültiger Java-Ausdruck ohne abschließendes Semikolon. (Da es automatisch in ein `print()` gesetzt wird, darf dort kein Semikolon vor der schließenden Klammer stehen.)
- Es können in JSP-Ausdrücken nur Anweisungen aufgerufen werden, die eine Zeichenkette (`String`), einen primitiven Datentyp oder ein Objekt (z.B. `Date`, hier wird intern die Methode `toString()` gerufen) zurückgeben.

17.3.2   JSP-Scriptlets

Scriptlets werden (ähnlich wie bei PHP-Anwendungen) wohl bei JSP-Anwendungen am häufigsten verwendet. Sie sind gewöhnliche Java-Anweisungen im Rahmen eines ansonsten statischen HTML-Dokumentes. Scriptlets erlauben die Kodierung beliebiger Java-Anweisungen innerhalb eines JSP-Dokumentes:

```
<% Scriptlet Code %>
```

Das JSP-Programm aus Abb. 17.5 erzeugt eine Folge von 100 Zahlen und gibt das Ergebnis als HTML am Browser aus.

```
<?xml version="1.0" encoding="ISO-8859-1" ?>
<%@ page language="java" contentType="text/html; charset=ISO-8859-1"
    pageEncoding="ISO-8859-1"%>
<!DOCTYPE html PUBLIC "-//W3C//DTD XHTML 1.0 Transitional//EN"
"http://www.w3.org/TR/xhtml1/DTD/xhtml1-transitional.dtd">
<html xmlns="http://www.w3.org/1999/xhtml">
<head>
<meta http-equiv="Content-Type" content="text/html; charset=ISO-8859-1"
/>
<title>Test-Schleife</title>
</head>
<body>

<%
  for (int i = 1; i <= 100; i++) {
    out.println("<h2><center>" +i+ ". Durchlauf</center></h2>");
  }
```

```
%>
</body>
</html>
```

Abb. 17.5 *Scriptlet-Beispiel*

17.3.3 JSP-Deklarationen

Die JSP-Deklarationen

```
<%! Java Code; %>
```

dienen zur Definition von globalen Variablen und vollständigen Methoden. Variablen können zudem auch direkt initialisiert werden, vorausgesetzt dass keine Ausführung möglich ist.

Das nachfolgende Programm aus Abb. 17.6 zeigt eine recht häufig auftretende Kombination von Ausdruck und Deklaration.

```
<?xml version="1.0" encoding="ISO-8859-1" ?>
<%@ page language="java" contentType="text/html; charset=ISO-8859-1"
    pageEncoding="ISO-8859-1"%>
<!DOCTYPE html PUBLIC "-//W3C//DTD XHTML 1.0 Transitional//EN"
"http://www.w3.org/TR/xhtml1/DTD/xhtml1-transitional.dtd">
<html xmlns="http://www.w3.org/1999/xhtml">
<head>
<meta http-equiv="Content-Type" content="text/html; charset=ISO-8859-1"
/>
<title>Faklultaetsberechnung</title>
</head>

<%!
  public int fakultaet(int a) {
    int b = 1;
    int c = 1;
    while (b < a) {
      c = c * (++b);
    }
    return c;
  }
%>

<body>
Die Fakultät von 5 ist:
<b><%= fakultaet(5) %></b>
</body>
</html>
```

Abb. 17.6 *Anwendung einer JSP-Deklaration*

Über den Ausdruck wird der Aufruf der Methode gesteuert. Die Deklaration muss nicht zwingend nach dem <head>-Tag geschrieben werden, aus Gründen der Übersichtlichkeit ist es aber angeraten.

17.3.4   Implizite Objekte

Über implizite Objekte haben wir Zugriff auf vordefinierte Variable der JSP-Spezifikation. Ihr Name kann nicht verändert werden. Eigene Variablen im Programm dürfen auch nicht so benannt werden. Das wichtigste implizite Objekt ist das `request`-Objekt. Damit können Formularinhalte ausgewertet und weiterverarbeitet werden.

Das JSP-Programm `checkZahlen` aus Abb. 17.7, das eine Eingabe von Benutzer entgegennimmt, prüft, ob genau vier Ziffern (z.B. eine Schweizer Postleitzahl) eingegeben wurden. Dabei wird am Programmbeginn geprüft, ob der `senden`-Button schon gedrückt wurde. Ist dies nicht der Fall, wird das Formular aufgebaut, sonst das Programmergebnis. Die Validierung der Eingabe wird unter Zuhilfenahme von regulären Ausdrücken (`matches`-Methode der Klasse `Pattern` im Paket `java.util.regex`) realisiert. Damit können mächtige Validierungen (z.B. Gültigkeit von E-Mail-Adressen) realisiert werden.

```
<?xml version="1.0" encoding="ISO-8859-1" ?>
<%@ page language="java" contentType="text/html; charset=ISO-8859-1"
    pageEncoding="ISO-8859-1"%>
<!DOCTYPE html PUBLIC "-//W3C//DTD XHTML 1.0 Transitional//EN"
"http://www.w3.org/TR/xhtml1/DTD/xhtml1-transitional.dtd">
<html xmlns="http://www.w3.org/1999/xhtml">
<head>
<meta http-equiv="Content-Type" content="text/html; charset=ISO-8859-1"
/>
<title>E-Mail-Prüfung</title>
</head>
<body>

<%
  if (request.getParameter("senden") == null) {
  // Formular anzeigen, weil "senden"-Button noch nicht gedrückt wurde
%>

<h3>Formular zur Zahlenprüfung</h3>
<form action="checkZahlen.jsp" method="post">Eingabe:
<input type="text" name="eingabe"></input> <br></br>
<input type="submit" name="senden"></input>
</form>

<%
  } else {
  // Nicht das Formular, sondern jetzt Reaktion auf die Eingabe anzeigen
  // Eingabe überprüfen mit Pattern-Matching
  if (request.getParameter("eingabe").matches("\\d{4}")){
    out.println("<b>Ihre Eingabe ist gültig!");
  } else {
    out.println("<b>Eingabe ist ungültig!</b>");
  }
  out.println("<p><a href=\"checkZahlen.jsp\">Zur Eingabe</a></p>");
}
%>

</body>
</html>
```

Abb. 17.7   Beispiel für das implizite Objekt „request"

Ein Nachteil dieser Realisierung besteht darin, dass HTML-Code und Programmlogik in einer JSP-Datei zusammengefasst sind. Dies erschwert die Lesbarkeit und vermischt auch die beiden Rollen, die an der Programmentwicklung beteiligt sind, der Webdesigner und der Java-Programmierer. Es empfiehlt sich daher, den Programmcode in zwei separate Dateien zu zerlegen, in eine HTML-Datei die das Formular beschreibt und in eine JSP-Datei, welche die Programmlogik enthält. Die HTML-Datei ruft dabei die JSP-Datei auf.

Bei JSP-Anwendungen gibt es sehr mächtige weiterführende Möglichkeiten, diese Trennung konsistent umzusetzen. Mit Hilfe von *JavaBeans* etwa kann Geschäftslogik aus der JSP-Datei ausgelagert werden. Die JSP-Seite wird dann nur mehr für elementare Validierungen und als „Sandwich" zwischen Formular und JavaBeans benutzt. Eine andere Möglichkeit sind die so genannten *Taglibs*. Dabei kann häufig benutzter Code via XML-Tags in eine JSP-Seite eingebunden werden. Der Einsatz von Scriptlets in einer JSP-Seite kann damit ebenfalls reduziert werden.

17.3.5 JSP-Direktiven

Mit den JSP-Direktiven wird dem Web Container mitgeteilt, wie eine JSP-Seite bearbeitet werden soll:

```
<%@ direktivenname attribut="wert" attribut2="wert" ...
%>
```

Insgesamt gibt es drei Arten von Direktiven:

- `page`: Damit werden die Eigenschaften einer JSP-Seite beschrieben.
- `include`: Damit können andere JSP-Seiten eingebunden werden.
- `taglib`: Damit können Tags definiert werden, in denen immer wiederkehrende Anweisungen gekapselt werden (siehe auch oben).

Zum Beispiel ändert die JSP-Direktive

```
<%@ page contentType="text/xml" %>
```

über das Attribut `contentType` den MIME-Typ der JSP-Datei von der Default-Einstellung HTML in XML. Dies ist dann notwendig, wenn z.B. eine XML-Datei ausgegeben werden soll.

17.3.6 Kommentare

Im Wesentlichen gibt es folgende drei Möglichkeiten, Kommentare auf einer JSP-Seite anzubringen:

- Das JSP-Kommentar, welches der speziellen JSP-Syntax folgt:
```
<%-- ... --%>
```

- Java-Kommentare innerhalb vom Scriptlet-Code:
    // für einzeilige Kommentare und
    /* ... */ für mehrzeilige Kommentare

- Mit dem bekannten HTML-Kommentar
    <!-- ... -->
  welches aber nur außerhalb des JSP-Codes eingesetzt werden kann.

17.4   Datenbankanbindung

In diesem Kapitel gehen wir darauf ein, wie man unter JSP eine Datenbankanbindung aufbauen kann. Dies wird beispielhaft für eine mySQL-Datenbank gezeigt.

Im ersten Schritt verweisen wir auf die URL http://www.mysql.com/ und installieren das Datenbanksystem mySQL. Am einfachsten ist es, unter Windows die Installationsdatei herunterzuladen und auszuführen. Dabei kann auch gleich ein Datenbankaccount erstellt werden, den wir später beim Verbindungsaufbau zur Datenbank benötigen. Soll mySQL nicht bei jedem Windows - Start automatisch gestartet werden, kann dies im Betriebssystem entsprechen eingestellt werden. Alternativ kann mySQL auch über sehr bequem über XAMPP (URL: http://www.apachefriends.org/de/xampp.html) installiert werden, wie Abb. 17.8 zeigt.

Abb. 17.8   XAMPP-Installation

Im nächsten Schritt muss der Datenbanktreiber installiert werden, der es ermöglicht, dass mySQL unter Java angesprochen werden kann. Dieser Datenbanktreiber wird JDBC-Treiber für Java Database Connector genannt. Dies wird mit der Installation des mySQL Connector/J 5.1.12 (URL: http://www.mysql.com/downloads/connector/j/) bewerkstelligt.

Wir gehen auf diese Webseite, laden das zip-File herunter, entpacken dieses und importieren die Datei `mysql-connector-java-5.1.12-bin.jar` (siehe Abb. 17.9) in das

WEB-INF/lib-Verzeichnis des JSP -Projektes, in dem die Datenbankverbindung benutzt werden soll.

Abb. 17.9 *MySQL Connector/J im Eclipse Package Explorer*

Nun sind die Voraussetzungen geschaffen, dass die Datenbankverbindung unter Java aufgebaut werden kann. Wir starten den Apache Webserver und den mySQL-Datenbankserver über das XAMPP-Control Panel, wie Abb. 17.10 zeigt. Standardmäßig ist die Beispiel-Datenbank cdcol mit der Tabelle cds vorhanden. Darin sind einige CD-Titel gespeichert.

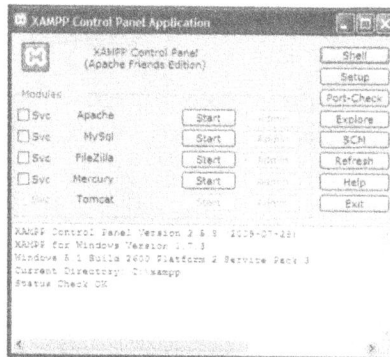

Abb. 17.10 *XAMPP Control Panel*

Über den Aufruf von http://localhost/phpmyadmin kann die Datenbank leicht eingesehen und administriert werden (z.B. Vergabe von neuen Usern). Es ist an dieser Stelle anzumerken, dass nach der Default-Installation von XAMPP einige Sicherheitslücken geschlossen werden müssen. So gibt es einen root-User ohne Passwort. Diese und andere Lücken können aber sehr bequem über das XAMPP Control Panel beseitigt werden.

Mit dem Programm `jdbcBasic.jsp` aus Abb. 17.11 testen wir nun die Verbindung zur Datenbank. Dabei wird der Treiber geladen und die Anmeldung zur Datenbank durchgeführt. Über Test-Ausgabekommandos können wir sehr leicht prüfen, ob die Verbindung erfolgreich aufgebaut werden konnte. Um mit SQL unter Java arbeiten zu können, muss zudem das Package `java.sql.*` importiert werden.

```
<?xml version="1.0" encoding="ISO-8859-1" ?>
<%@ page language="java" contentType="text/html; charset=ISO-8859-1"
    pageEncoding="ISO-8859-1"%>
<%@ page import="java.sql.*"%>
<!DOCTYPE html PUBLIC "-//W3C//DTD HTML 4.01 Transitional//EN">
<html>
<head>
<meta http-equiv="Content-Type" content="text/html;charset=iso-8859-1">
<title>Datenbankzugriff mit JDBC</title>
</head>
<body>

<%
  try {
    Class.forName("com.mysql.jdbc.Driver");
    Connection conn = DriverManager.getConnection(
      "jdbc:mysql://localhost/cdcol", "root", "rteles");
    Statement stmt = conn.createStatement();
    out.println("Verbindung erfolgreich!");
  } catch (ClassNotFoundException err) {
    out.println("DB-Driver nicht gefunden!");
    out.println(err);
  } catch (SQLException err) {
    out.println("Connect nicht moeglich");
    out.println(err);
  }
%>

</body>
</html>
```

Abb. 17.11   Test der JDBC-Verbindung (`jdbcBasic.jsp`)

Als abschließendes Beispiel (siehe Abb. 17.12) führen wir nun eine einfache SELECT-Anweisung durch. Dabei wird eine Verbindung zur Datenbank aufgebaut, eine Abfrage durchgeführt und das Ergebnis in Form einer Tabelle ausgegeben.

Der Verbindungsaufbau zur Datenbank muss wieder in ein try-catch-Statement eingebunden werden. Die SQL-Abfrage wird in einer String-Variablen gespeichert. Die Variable ResultSet enthält das Ergebnis der Abfrage, d.h. in unserem Fall die Records, die zurückgegeben werden. Die Ausgabe erfolgt in HTML-Tabellenform. Über eine while-Schleife werden die Records der Reihe zeilenweise ausgegeben. Abschließend werden alle datenbankbezogenen Objekte wieder geschlossen.

```
<?xml version="1.0" encoding="ISO-8859-1" ?>
<%@ page language="java" contentType="text/html; charset=ISO-8859-1"
    pageEncoding="ISO-8859-1"%>
<%@ page import="java.sql.*"%>
<!DOCTYPE html PUBLIC "-//W3C//DTD HTML 4.01 Transitional//EN">
<html>
<head>
<meta http-equiv="Content-Type" content="text/html;charset=iso-8859-1">
<title>Alle Daten anzeigen mit JDBC</title>
</head>
<body>
<p>Alle CD-Titel anzeigen mit JDBC</p>

<%
  try {
    Class.forName("com.mysql.jdbc.Driver");
    Connection conn = DriverManager.getConnection(
      "jdbc:mysql://localhost/cdcol", "root", "rteles");
    Statement stmt = conn.createStatement();
    String sql = "select titel from cds";
    ResultSet res = stmt.executeQuery(sql);
    out.println("<br><table border='2'>");
    out.println("<th>CD-Titel</th>");
    while (res.next()) {
      out.println("<tr><td>" + res.getString(1) + "</td></tr>");
    }
    out.println("</table>");
    res.close();
    stmt.close();
    conn.close();
  } catch (ClassNotFoundException err) {
    out.println("DB-Driver nicht gefunden!");
    out.println(err);
  } catch (SQLException err) {
    out.println("Connect nicht möglich");
    out.println(err);
  }
%>

</body>
</html>
```

Abb. 17.12   *SELECT-Abfrage auf die Datenbank cdcol*

Das Ergebnis der SELECT-Abfrage ist in Abb. 17.13 dargestellt.

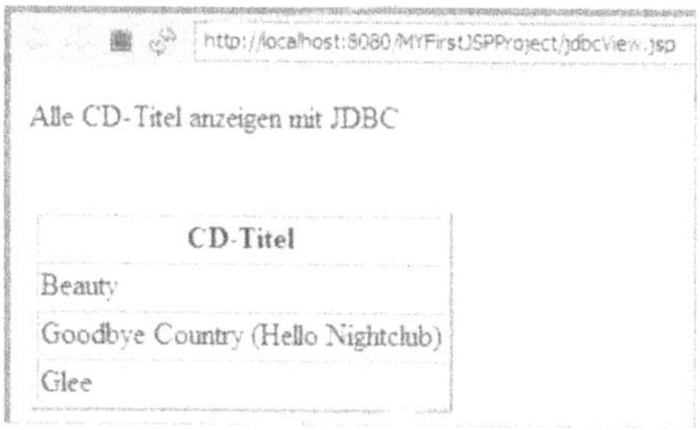

Abb. 17.13   *Ergebnis der SELECT-Abfrage auf die Datenbank cdcol*

17.5   Lernziele und Aufgaben

17.5.1   Lernziele

Nach Durcharbeiten dieses Kapitels sollten Sie

*   die verschiedenen Java-Editionen (SE, EE, ME) kennen,
*   den Aufbau einer 3-Schicht-Architektur für Enterprise-Anwendungen verstanden haben,
*   die Infrastruktur zur Entwicklung von JSP unter Eclipse EE aufsetzen können,
*   einfache JSP-Seiten erstellen können und
*   Datenbankanbindung mit mySQL realisieren können.

17.5.2   Aufgaben

Arbeiten Sie die Innhalte dieses Kapitels nochmals genau durch.

18 Lösungen zu den Aufgaben

Wenn es sich nicht um offensichtliche Lösungen zu den Aufgaben aus den Kapiteln 6 bis 11 handelt, stellen wir in diesem Kapitel einen Lösungsvorschlag vor. Wie immer bei Programmcode, gibt es keine allein gültige Musterlösung, sondern nur Vorschläge für gute Lösungen.

18.1   Kapitel 6: Schleifen

```java
public class For4 {
  public static void main (String[] args) {

// erzeugt imax Zeilen
    int imax = 7;
    for (int i = 1; i <= imax; i++) {

// schreibt i-mal das Zeichen '8' pro Zeile
      for (int j = 1; j <= i; j++) {
          System.out.print('8');
      }

// neue Zeile
      System.out.println();
    }
  }
}
```

Abb. 18.1 *Java-Programm* For4 *(geschachtelte* for*-Schleifen)*

```java
public class For5 {
  public static void main (String[] args) {

// erzeugt imax Zeilen
    int imax = 7;
    for (int i = 1; i <= imax; i++) {

// schreibt i-mal die Zahl i pro Zeile
      for (int j = 1; j <= i; j++) {
        System.out.print(i);
      }
// neue Zeile
      System.out.println();
    }
  }
}
```

Abb. 18.2 *Java-Programm* For5 *(geschachtelte* for*-Schleifen)*

```
public class For6 {
  public static void main (String[] args) {

// erzeugt imax Zeilen
    int imax = 7;
    for (int i = imax; i >= 1; i--) {

// schreibt i-mal die Zahl i pro Zeile
      for (int j = 1; j <= i; j++) {
        System.out.print(i);
      }

// neue Zeile
      System.out.println();
    }
  }
}
```

Abb. 18.3 *Java-Programm* For6 *(geschachtelte* for-*Schleifen)*

```
public class For7 {
  public static void main (String[] args) {

// erzeugt imax Zeilen
    int imax = 7;
    for (int i = 1; i <= imax; i++) {

// schreibt (imax-i)-mal ein Leerzeichen pro Zeile
      for (int j = 1; j <= (imax-i); j++) {
        System.out.print(' ');
      }

// schreibt i-mal die Zahl i pro Zeile
      for (int j = 1; j <= i; j++) {
        System.out.print(i);
      }

// neue Zeile
      System.out.println();
    }
  }
}
```

Abb. 18.4 *Java-Programm* For7 *(geschachtelte* for-*Schleifen)*

```
public class For8 {
  public static void main (String[] args) {

// erzeugt imax Zeilen
    int imax = 7;
    for (int i = imax; i >= 1; i--) {

// schreibt (imax-i)-mal ein Leerzeichen pro Zeile
      for (int j = 1; j <= (imax-i); j++) {
        System.out.print(' ');
      }

// schreibt i-mal die Zahl i pro Zeile
      for (int j = 1; j <= i; j++) {
```

```
                    System.out.print(i);
            }
// neue Zeile
        System.out.println();
        }
    }
}
```

Abb. 18.5 *Java-Programm* `For8` *(geschachtelte* `for`*-Schleifen)*

```
public class For9 {
    public static void main (String[] args) {

// erzeugt imax Zeilen
        int imax = 7;
        for (int i = 1; i <= imax; i++) {
// schreibt (i-1)-mal ein Leerzeichen pro Zeile
            for (int j = 1; j <= (i-1); j++) {
                System.out.print(' ');
            }

// schreibt (imax-i+1)-mal die Zahl i pro Zeile
            for (int j = 1; j <= (imax-i+1); j++) {
                System.out.print(i);
            }

// neue Zeile
        System.out.println();
        }
    }
}
```

Abb. 18.6 *Java-Programm* `For9` *(geschachtelte* `for`*-Schleifen)*

```
// Halber Tannenbaum
public class ForSchleife {
    public static void main (String[] args) {

        for (int i = 1; i <= 5; i++)
        {
            for (int j = 1; j <= 3; j++)
            {
                for (int k = 1; k < j+i; k++)
                {
                    System.out.print("*");
                }
                System.out.println();
            }
        }
    }
}
```

Abb. 18.7 *Java-Algorithmus* `ForSchleife` *(Halber Tannenbaum)*

18.2   Kapitel 7: Methoden, Algorithmen und Rekursion in Java

Zufallszahlen für Lottozahlen

```
public class Zufallszahlen {
  public static void main(String[] args) {

    System.out.println("1 <= Zufallszahl <= 49\n");
    for (int i=0; i<6; i++)
    {
        int Zahl = (int)(Math.random()*49)+1;
        System.out.println("Zufallszahl "+i+"\t = "+Zahl);
    }
  }
}
```

Abb. 18.8 *Java-Algorithmus* Zufallszahlen *(Lottozahlen)*

Wenn das Programm Zufallszahlen für die Auslosung von sechs Lottozahlen verwendet wird, ist nicht garantiert, dass jede Zahl nur einmal vorkommt. Sollen doppelte Zahlen vermieden werden, muss bei jeder neu erzeugten Zahl überprüft werden, ob diese schon vorkommt. Wenn ja, wird sie kein zweites Mal genommen, sondern eine weitere Zufallszahl erzeugt.

Wechselseitige Rekursion

```
import java.io.*;
public class WRekursion {
  public static void main (String[] args) {

// Zahl einlesen und auf positives Integer prüfen
    System.out.println("Gerade oder ungerade Integer-Zahl");
    int zahl = 0;
    do {
      System.out.print("Zahl = ");
      try {
        zahl = Integer.parseInt((new BufferedReader(
          new InputStreamReader(System.in))).readLine());
      }
      catch(Exception ex) {
        System.out.println("Eingabe keine Integer-Zahl");
      }
    }
    while (zahl <= 0);

// Aufruf der Gerade-Methode
    boolean gerade = pruefeGerade(zahl);

// Ausgabe des Ergebnisses
    if (gerade)
      System.out.println("Zahl " + zahl + " ist gerade");
    else
      System.out.println("Zahl " + zahl + " ist ungerade");
  }
```

```
// Methode zur Prüfung, ob Zahl gerade (EVEN)
   static public boolean pruefeGerade(int zahl) {

     boolean ergebnis;
     if (zahl == 0)
       ergebnis = true;
     else
       ergebnis = pruefeUngerade(--zahl);

     return ergebnis;
   }
// Methode zur Prüfung, ob Zahl ungerade (ODD)
   static public boolean pruefeUngerade(int zahl) {

     boolean ergebnis;
     if (zahl == 0)
       ergebnis = false;
     else
       ergebnis = pruefeGerade(--zahl);

     return ergebnis;
   }
}
```

Abb. 18.9 *Java-Algorithmus* Rekursion2 *(Wechselseitige Rekursion)*

18.3 Kapitel 8: Klassen, Objekte, Methoden, Vererbung, Konstruktoren

Klasse Tier

Tier
+Name : String
+AnzahlBeine : int
+beschreibeTier() : void

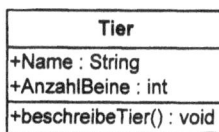

Abb. 18.10 *UML-Diagramm* Tier

```
public class Tier {
   public String Name;
   public int AnzahlBeine;

   public void beschreibeTier()
   {
     System.out.println(Name + " hat " + AnzahlBeine + " Beine");
   }
}
```

Abb. 18.11 *Klasse Tier*

Tierheim

```
public class Tierheim {

  public static void main(String[] args) {

    Tier einHund = new Tier();
    einHund.Name = "Fiffi";
    einHund.AnzahlBeine = 4;

    Tier einFisch = new Tier();
    einFisch.Name = "Blubb";
    einFisch.AnzahlBeine = 0;

    einHund.beschreibeTier();
    einFisch.beschreibeTier();

  }
}
```

Abb. 18.12 Java-Programm Tierheim

18.4   Kapitel 9: Java-Applets

Beispiel JavaApplet6

```
import java.awt.*;
import java.applet.*;

public class JavaApplet6 extends Applet implements Runnable {

  Image  einBild1, einBild2, einBild3, einBild4;
  int    Zaehler = 0;
  Thread thread1 = null;

  public void init() {
    System.out.println("Applet wird initialisiert.");
    einBild1 = getImage(getDocumentBase(), "World1.png");
    einBild2 = getImage(getDocumentBase(), "World2.png");
    einBild3 = getImage(getDocumentBase(), "World3.png");
    einBild4 = getImage(getDocumentBase(), "World4.png");
  }

  public void start() {
    System.out.println("Applet wird gestartet.");
    if (thread1 == null) {
      thread1 = new Thread(this);
      thread1.start();
    }
  }

  public void stop() {
    System.out.println("Applet wird gestoppt.");
    thread1 = null;
  }

  public void run() {
    while (true) {
      repaint();
      try {
```

```
        thread1.sleep(1000);
      }
      catch (Exception e) {}
    }
  }

  // Bild wird ausgegeben
  public void paint (Graphics g) {

    Zaehler = (Zaehler>=3) ? 0 : (Zaehler+1);

    System.out.println(Zaehler);

    switch (Zaehler%4) {
      case 0:
        g.drawImage(einBild1, 0, 0, 300, 300, this);
        break;
      case 1:
        g.drawImage(einBild2, 0, 0, 300, 300, this);
        break;
      case 2:
        g.drawImage(einBild3, 0, 0, 300, 300, this);
        break;
      case 3:
        g.drawImage(einBild4, 0, 0, 300, 300, this);
        break;
    }
  }

}
```

Abb. 18.13 *Java-Applet* JavaApplet6

```
<html>
  <body>
    <applet code="JavaApplet6.class" archive="JavaApplet6.jar"
      width="300" height="300">
    </applet>
  </body>
</html>
```

Abb. 18.14 *Aufruf von* JavaApplet6

Aufruf zum Einpacken der Java-Klasse und der vier Bilder in ein jar-File :

```
jar cf JavaApplet6.jar JavaApplet6.class World1.png
World2.png World3.png World4.png
```

18.5　　Kapitel 11: Grafik

Haus des Nikolaus

```
import java.awt.*;
import java.awt.event.*;

public class HausNikolaus extends Frame {

  // Fenstergrösse
  int x = 400;
  int y = 400;

  // Wartezeit im Millisekunden
  int s = 1000;

  // Hauskoordinaten
  int xl = (int) (0.2*x); // links
  int xm = (int) (0.5*x); // mitte
  int xr = (int) (0.8*x); // rechts
  int yo = (int) (0.2*y); // oben
  int ym = (int) (0.5*y); // mitte
  int yu = (int) (0.8*y); // unten

  int xml = (xl+xm)/2; // mitte links
  int xmr = (xm+xr)/2; // mitte rechts
  int ymo = (ym+yo)/2; // mitte oben
  int ymu = (ym+yu)/2; // mitte unten

  public HausNikolaus() {
    super("Das ist das Haus des Nikolaus");
    addWindowListener(new FensterSchliessAdapter(true));
    setBackground(Color.green);
    setSize(x,y);
    setVisible(true);
  }

  public void paint(Graphics g) {
    // Setzen der Schriftgrösse 14
    Font einFont = new Font("Arial", 0, 16);
    g.setFont(einFont);

    // Zeichnen von Grafikobjekten
    try {
      g.drawLine(xl,yu,xl,ym);
      g.drawString("Das",xl,ymu);
      Thread.sleep(s);
      g.drawLine(xl,ym,xr,ym);
      g.drawString("ist",xm,ym);
      Thread.sleep(s);
      g.drawLine(xr,ym,xm,yo);
      g.drawString("das",xmr,ymo);
      Thread.sleep(s);
      g.drawLine(xm,yo,xl,ym);
      g.drawString("Haus",xml,ymo);
      Thread.sleep(s);
      g.drawLine(xl,ym,xr,yu);
      g.drawString("des",xm-20,ymu-20);
      Thread.sleep(s);
      g.drawLine(xr,yu,xl,yu);
      g.drawString("Ni-",xm,yu);
      Thread.sleep(s);
      g.drawLine(xl,yu,xr,ym);
      g.drawString("ko-",xm-20,ymu+20);
```

```
            Thread.sleep(s);
            g.drawLine(xr,ym,xr,yu);
            g.drawString("laus",xr,ymu);
        }
        catch(Exception ex) {
            System.out.println(ex.toString());
        }
    }

    public static void main(String[] args) {
        HausNikolaus einFenster = new HausNikolaus();
    }
}
```

Abb. 18.15 *Beispielhaftes Java-Programm* HausNikolaus

19 Literatur- und Bildnachweis

[1] Helmut Balzert; Lehrbuch der Software-Technik: Software-Entwicklung; Band 1, 2. Auflage; Spektrum Akademischer Verlag, Heidelberg 2001.

[2] Earth from space, Apollo 17 mission. Copyright and Credit NASA/Goddard Space Flight Center, Scientific Visualization Studio. Quelle: http://svs.gsfc.nasa.gov/vis/a000000/a002600/a002681/index.html; Stand: 22.6.10

[3] Sun Microsystems, http://java.sun.com/javase/downloads/index.jsp, Java SE 6 Documentation, jdk-6u18-docs.zip, Stand: 22.6.2010.

[4] Grundzüge der Informatik I – WS 2001/2002, UML-Kurzreferenz; Seite 3; TU Darmstadt, Fachbereich Informatik, Fachgebiet Softwaretechnik. Quelle: http://www.st.informatik.tu-darmstadt.de/pages/lectures/inf1/ws01-02/uebungen/umlkr.pdf; Stand 22.6.10.

www.ingramcontent.com/pod-product-compliance
Lightning Source LLC
Chambersburg PA
CBHW081050220326
41598CB00038B/7043